CORRUPÇÃO EMPRESARIAL E ADMINISTRAÇÃO PÚBLICA

DIAGNÓSTICO E ESTRATÉGIAS DE ENFRENTAMENTO

VICTOR AGUIAR DE CARVALHO

Carlos Ari Sundfeld
Prefácio

Patrícia Baptista
José Vicente Santos de Mendonça
Apresentação

CORRUPÇÃO EMPRESARIAL E ADMINISTRAÇÃO PÚBLICA
DIAGNÓSTICO E ESTRATÉGIAS DE ENFRENTAMENTO

Belo Horizonte

2022

© 2022 Editora Fórum Ltda.

É proibida a reprodução total ou parcial desta obra, por qualquer meio eletrônico, inclusive por processos xerográficos, sem autorização expressa do Editor.

Conselho Editorial

Adilson Abreu Dallari
Alécia Paolucci Nogueira Bicalho
Alexandre Coutinho Pagliarini
André Ramos Tavares
Carlos Ayres Britto
Carlos Mário da Silva Velloso
Cármen Lúcia Antunes Rocha
Cesar Augusto Guimarães Pereira
Clovis Beznos
Cristiana Fortini
Dinorá Adelaide Musetti Grotti
Diogo de Figueiredo Moreira Neto (*in memoriam*)
Egon Bockmann Moreira
Emerson Gabardo
Fabrício Motta
Fernando Rossi
Flávio Henrique Unes Pereira
Floriano de Azevedo Marques Neto
Gustavo Justino de Oliveira
Inês Virgínia Prado Soares
Jorge Ulisses Jacoby Fernandes
Juarez Freitas
Luciano Ferraz
Lúcio Delfino
Marcia Carla Pereira Ribeiro
Márcio Cammarosano
Marcos Ehrhardt Jr.
Maria Sylvia Zanella Di Pietro
Ney José de Freitas
Oswaldo Othon de Pontes Saraiva Filho
Paulo Modesto
Romeu Felipe Bacellar Filho
Sérgio Guerra
Walber de Moura Agra

FÓRUM
CONHECIMENTO JURÍDICO

Luís Cláudio Rodrigues Ferreira
Presidente e Editor

Coordenação editorial: Leonardo Eustáquio Siqueira Araújo
Aline Sobreira de Oliveira

Rua Paulo Ribeiro Bastos, 211 – Jardim Atlântico – CEP 31710-430
Belo Horizonte – Minas Gerais – Tel.: (31) 2121.4900
www.editoraforum.com.br – editoraforum@editoraforum.br

Técnica. Empenho. Zelo. Esses foram alguns dos cuidados aplicados na edição desta obra. No entanto, podem ocorrer erros de impressão, digitação ou mesmo restar alguma dúvida conceitual. Caso se constate algo assim, solicitamos a gentileza de nos comunicar através do *e-mail* editorial@editoraforum.com.br para que possamos esclarecer, no que couber. A sua contribuição é muito importante para mantermos a excelência editorial. A Editora Fórum agradece a sua contribuição.

Dados Internacionais de Catalogação na Publicação (CIP) de acordo com ISBD

C331c	Carvalho, Victor Aguiar de
	Corrupção Empresarial e Administração Pública / Victor Aguiar de Carvalho. - Belo Horizonte : Fórum, 2022.
	364p. ; 14,5cm x 21cm.
	Inclui bibliografia.
	ISBN: 978-65-5518-393-1
	1. Direito. 2. Direito Administrativo. 3. Direito Econômico. 4. Direito Empresarial. I. Título.
2022-1329	CDD 341.3
	CDU 342.9

Elaborado por Vagner Rodolfo da Silva - CRB-8/9410

Informação bibliográfica deste livro, conforme a NBR 6023:2018 da Associação Brasileira de Normas Técnicas (ABNT):

SOUZA, Matheus Silveira de. *Corrupção Empresarial e Administração Pública*: diagnóstico e estratégias de enfrentamento. Belo Horizonte: Fórum, 2022. 364p. ISBN 978-65-5518-393-1.

SUMÁRIO

PREFÁCIO
Carlos Ari Sundfeld..11

APRESENTAÇÃO
DO CORRUPTO AO CORRUPTOR: A MUDANÇA DE PERSPECTIVA NO COMBATE À CORRUPÇÃO NO BRASIL
Patrícia Baptista, José Vicente Santos de Mendonça........................15

INTRODUÇÃO..21

CAPÍTULO 1
CONSIDERAÇÕES SOBRE A CORRUPÇÃO NA ADMINISTRAÇÃO PÚBLICA E SUA RELAÇÃO COM AS EMPRESAS............................27

1.1 A corrupção empresarial junto à Administração e suas perniciosas consequências para o país..27
1.2 As múltiplas acepções do termo "corrupção"............................31
1.3 As diferentes formas de corrupção...40
1.4 A corrupção como problema multifacetado: as diversas perspectivas de análise das causas da corrupção na Administração Pública...43
1.5 Análise econômica das causas da corrupção na Administração Pública..47
1.5.1 Considerações sobre a perspectiva econômica e sobre os incentivos à corrupção...47
1.5.2 A corrupção como dilema de agência..50
1.5.3 A corrupção como problema de ação coletiva............................53
1.6 O equilíbrio estável de corrupção na Administração Pública brasileira e a corrupção empresarial como um problema de ação coletiva: círculo vicioso e seleção adversa.............................57
1.7 Conclusões parciais: a gravidade e a complexidade da corrupção empresarial na Administração Pública.......................61

CAPÍTULO 2
O ENFRENTAMENTO DA CORRUPÇÃO EMPRESARIAL ENTRE DIFICULDADES E ESPERANÇAS 63

2.1 A dificuldade de disrupção do equilíbrio: formas de *accountability* e a resiliência da demanda por corrupção 63

2.2 A relação das empresas com o equilíbrio estável de alta corrupção: a ação empresarial 71

2.3 A expansão global do enfrentamento da corrupção empresarial pelo lado da oferta 73

2.4 O enfrentamento da corrupção empresarial pelo lado da oferta no Brasil: uma trajetória recente 77

2.5 O aprimoramento dos incentivos por reformas incrementais: limites e possibilidades 79

2.6 Premissas para o aprimoramento do tratamento jurídico da corrupção empresarial 83

2.6.1 Prevenção e dissuasão como escopos centrais 83

2.6.2 A minimização do custo social total 88

2.6.3 Órgãos dotados de suficiente autonomia para aplicação do regime anticorrupção 89

2.7 Conclusões parciais: o necessário aprimoramento do combate à corrupção empresarial pelo lado da oferta no Brasil e as premissas para a condução da empreitada 92

CAPÍTULO 3
POR UMA ABORDAGEM INTEGRADA PARA O ENFRENTAMENTO DA CORRUPÇÃO EMPRESARIAL NO BRASIL 95

3.1 Os quatro eixos de uma abordagem integrada: a necessária interconexão 95

3.2 Primeiro eixo: a dissuasão dos indivíduos 97

3.2.1 A imprescindibilidade do risco de responsabilização pessoal 97

3.2.2 A responsabilização pessoal como uma ameaça crível: a experiência brasileira com a Operação Lava Jato e as necessárias cautelas da aplicação do Direito Penal 99

3.2.3 A experiência norte-americana e a ênfase na responsabilização individual: antes e depois do *Yates Memo* 103

3.3 Segundo eixo: a responsabilização da pessoa jurídica 105

3.3.1 Por que responsabilizar a empresa? 105

3.3.2 Análise econômica da responsabilização da pessoa jurídica 108

3.3.2.1 A teoria da dissuasão 108

3.3.2.2	Lições da análise econômica: a responsabilização da pessoa jurídica como um modelo dissuasório	113
3.3.3	Os limites da dissuasão pela ameaça de punição à pessoa jurídica	116
3.3.3.1	Da baixa efetividade e do alto custo da persecução e punição à corrupção	116
3.3.3.2	Nível ótimo de dissuasão como mero exercício teórico	120
3.3.3.3	Racionalidade perfeita como mera suposição	121
3.3.4	A insuficiência do modelo dissuasório e sua necessária complementação	124
3.4	Terceiro eixo: o engajamento das empresas no esforço anticorrupção	124
3.4.1	Além da teoria da dissuasão: as particularidades da presença empresarial	124
3.4.2	A dependência estatal da cooperação empresarial: assimetria informacional e custo-efetividade	126
3.4.3	Responsabilização baseada no cumprimento de contrapartidas	128
3.4.4	As três atividades de autorregulação anticorrupção	130
3.4.5	O regime composto de responsabilização empresarial e sua adoção no Brasil	131
3.5	Quarto eixo: o incentivo à autodenúncia empresarial e à solução negocial	134
3.5.1	Consensualidade e pragmatismo para a solução de casos de corrupção: mais uma tendência global	134
3.5.2	As complexidades para o desenho de soluções negociais eficientes: a tensão entre dissuasão e cooperação	137
3.6	Conclusões parciais: quatro eixos complementares e interconectados	139

CAPÍTULO 4
A RESPONSABILIZAÇÃO DA PESSOA JURÍDICA NO BRASIL: O CAOS LIBERTA, NÃO DISSUADE 141

4.1	Revisitando a adequada estrutura de responsabilização da pessoa jurídica	141
4.2	O sistema brasileiro de combate à corrupção é um sistema? O modelo multiagências à brasileira e o microssistema normativo de defesa da integridade	144
4.3	Múltiplos planos de responsabilização da pessoa jurídica	153
4.4	A responsabilização pela via judicial	155

4.4.1	A ação por ato de improbidade administrativa e a ameaça pouco crível	156
4.4.2	A responsabilização judicial pela Lei Anticorrupção	160
4.4.3	A tormentosa sobreposição entre a Lei nº 8.429/1992 e a Lei nº 12.846/2013	162
4.5	A responsabilização administrativa	166
4.5.1	O Processo Administrativo de Responsabilização e sua esperada baixa efetividade	166
4.5.2	Sancionamento administrativo por corrupção nas contratações públicas	170
4.5.2.1	As contratações públicas como campo fértil para a corrupção e a sobreposição de normas sancionatórias	170
4.5.2.2	A exclusão de participação nos procedimentos como instrumento de reforço da política anticorrupção e a necessária possibilidade de autossaneamento empresarial	173
4.6	Estímulo aos *whistleblowers*: uma alternativa para minorar a inefetividade do sistema?	184
4.7	Uma hipótese a ser comprovada: o reforço à reciprocidade na relação de corrupção	193
4.8	Macropropostas para o aprimoramento do regime de responsabilização	197
4.8.1	A aproximação entre órgãos de controle e a necessária transversalidade	197
4.8.2	Releitura do sistema à luz do *ne bis in idem*	199
4.8.3	A conferência de serviços como instrumento de coordenação	205
4.9	Conclusões parciais: um modelo inefetivo e desarmônico	209

CAPÍTULO 5
O ENGAJAMENTO EMPRESARIAL AO ESFORÇO ANTICORRUPÇÃO E OS SISTEMAS DE *COMPLIANCE* NO BRASIL 211

5.1	A necessária cooperação público-privada	211
5.2	Esclarecimentos iniciais: o que é e qual é a importância de um programa de *compliance* anticorrupção?	214
5.2.1	Desmistificando a nomenclatura: no que consiste o programa de *compliance* anticorrupção?	214
5.2.2	A importância do programa de *compliance* anticorrupção	219
5.2.3	Compliance como nova governança regulatória e metarregulação	220
5.3	A origem e a evolução dos programas de *compliance*	223

5.4	A efetividade como elemento fundamental em um programa de *compliance*	230
5.5	As complexidades que circundam os programas de *compliance*	232
5.5.1	O custo dos programas de *compliance*	232
5.5.2	O fardo informacional imposto à Administração Pública	233
5.5.3	O possível *compliance* de fachada e outras ineficiências econômicas	236
5.5.4	As limitações técnicas inerentes aos programas de *compliance*	240
5.6	Da euforia do *compliance* ao *compliance* anticorrupção efetivo	243
5.6.1	Os elementos tradicionais de um programa de *compliance* efetivo	245
5.6.2	Além do arcabouço tradicional: o desafio da genuína efetividade	247
5.6.2.1	A cultura de *compliance* como requisito de efetividade	247
5.6.2.2	*Compliance* comportamental	250
5.6.2.3	A necessidade de métricas	253
5.6.3	Metarregulação de verdade: evitando o microgerenciamento estatal	254
5.7	Levando incentivos a sério: como o sistema brasileiro de combate à corrupção deveria considerar os programas de integridade?	257
5.7.1	A necessária autocrítica do Poder Público	257
5.7.2	Benefícios pelo programa de integridade: quando e como?	258
5.7.3	Leniência, cooperação plena e *compliance*	261
5.7.4	A legislação brasileira concede benefícios suficientes para o *compliance*?	263
5.7.5	Exigências de programas de integridade em contratações públicas: euforia ou efetividade?	264
5.8	Conclusões parciais: *compliance* além da retórica	267

CAPÍTULO 6
SOLUÇÕES NEGOCIAIS E INSEGURANÇA JURÍDICA: O REGIME DE AUTODENÚNCIA E LENIÊNCIA NO BRASIL..........................271

6.1	Soluções negociais: a expansão global da justiça possível	271
6.2	O interesse público na implementação de um regime negocial	275
6.2.1	O efeito dissuasório da corrupção: instabilidade dos conluios, garantia de sancionamento, alavancagem investigativa e sancionamento dos indivíduos	276
6.2.1.1	O alcance aos indivíduos como escopo central do regime negocial anticorrupção	281

6.2.2	Os aspectos de eficiência do regime negocial	282
6.2.3	A preservação e a reengenharia do setor privado por meio de soluções negociais	285
6.3	Requisitos para um regime de leniência eficiente e os problemas do modelo brasileiro	289
6.3.1	O real temor de punição como requisito fundamental para a autodenúncia	291
6.3.2	A concessão de suficientes benefícios e proteções	294
6.3.2.1	A inexistência de repercussão criminal pelo modelo da Lei nº 12.846/2013	297
6.3.2.2	A mitigação sancionatória no Brasil	299
6.3.3	Transparência, previsibilidade e segurança jurídica: o modelo multiagências à brasileira e a incerteza em relação aos acordos celebrados	302
6.4	Como se comporta quem deve e não teme? As consequências dos problemas no desenho do modelo de leniência brasileiro para a celebração de acordos e para a instauração de programas de integridade	314
6.5	Breves propostas para a reorientação do regime de leniência no Brasil	315
6.6	Conclusões parciais: o que esperar do futuro do modelo brasileiro de leniência?	318

CONCLUSÃO 321

ENCERRAMENTO 339

REFERÊNCIAS 341

PREFÁCIO

Neste livro sobre as opções jurídicas quanto à prevenção e ao combate à corrupção, Victor Aguiar de Carvalho, dialogando com uma literatura atual e madura, destaca a importância de um arranjo consistente nos incentivos voltados às empresas – seja para evitar que elas corrompam agentes públicos, seja para que revelem, assumam, corrijam e superem suas faltas. Além disso, com base em ampla radiografia sobre o Brasil, o livro constata que, embora nosso ordenamento jurídico anticorrupção venha sendo capaz de produzir bastante barulho, suas conquistas ainda são limitadas.

Circunstância crucial, que explica parte relevante dos problemas, foi a de nosso ordenamento anticorrupção ter sido construído em sucessivos impulsos corporativos. Associações dos ministérios públicos foram decisivas na concepção e na aprovação da Lei da Improbidade de 1992. Ao privilegiar o interesse corporativo em usar a luta anticorrupção como meio de angariar capital político – e, em seguida, conquistar vantagens corporativas –, era natural que essas demandas focassem na defesa de normas para viabilizar a propositura fácil de ações judiciais de improbidade contra muitos réus, superando antigas exigências e dificuldades das ações penais, bem como para lançar ameaças de sanções radicais sem as mesmas limitações das normas penais. Buscou-se a máxima liberação e empoderamento de promotores e procuradores para ocupar espaços vagos na arena pública, em vez de montar um sistema com incentivos mais claros, equilibrados e seguros para a dissuasão de potenciais corruptores.

O resultado foi um dilúvio de ações de improbidade confusas e intermináveis, em que não se consegue distinguir quando se está debatendo a repressão de possíveis atos de corrupção ou, apenas, a direção e a qualidade de políticas e ações públicas. Em vez de permitir a repressão eficaz da corrupção, o que a Lei de Improbidade acabou fazendo foi propaganda de uma categoria que desejava ser percebida como esquadrão nacional da moralidade – e que, com o tempo, acabaria sendo cobrada, tanto internamente quanto pela opinião pública e pelo mundo político.

Em 2013, quando novas soluções legislativas em relação a empresas corruptoras foram cogitadas, havia surgido uma oportunidade política de rever algumas falhas do sistema, mas ela acabaria desperdiçada. A Lei Anticorrupção, editada na ocasião, em vez de rever a Lei da Improbidade – o que supunha enfrentar resistências das associações dos ministérios públicos e dirimir a sério problemas de coordenação do controle público brasileiro –, acabou por ser somente mais uma lei para atribuir, agora aos órgãos de controle administrativo interno (como a Controladoria Geral da União – CGU, no âmbito federal), novos poderes, sobrepostos aos dos demais controladores. Tentou-se criar concorrência entre ministérios públicos e controladores internos na luta pelo título de esquadrão da moralidade, quando o correto teria sido coordená-los. Foi por meio dessa lei e nesse contexto que o acordo de leniência surgiu na luta anticorrupção, sobretudo como veículo da pretendida afirmação institucional dos controladores internos, muito mais que como solução segura e eficaz para crises empresariais provocadas por práticas corruptas.

Foi uma opção legislativa ainda mais surpreendente pelo ângulo do interesse público, por, naquela época, já estar em desenvolvimento outra anomalia de nosso mundo público: os controladores de contas, passando por cima das normas de competência e usando do mesmo discurso anticorrupção, vinham conferindo a si mesmos, em ocasiões escolhidas, os papéis de controladores gerais, corregedores e superiores hierárquicos da administração pública, em praticamente quaisquer assuntos – tudo isso com absoluta autonomia, sem se coordenar com órgão nenhum. Também o controle de contas queria se afirmar como verdadeiro esquadrão da moralidade e, para isso, mostrou-se disposto a gastar energia para se contrapor aos demais controladores e aos acordos de leniência por eles negociados ou concluídos.

Esses movimentos de sobreposição de órgãos de vigiar e punir foram defendidos por intelectuais e veículos de comunicação, acreditando que a multiplicação seria um antídoto às capturas, mas os controladores passaram a se embaralhar, atrapalhar e até sabotar, levando à dispersão e ao descrédito não só o amontoado de processos, que supostamente combatiam a corrupção, como também os recém-criados acordos de leniências. Desembocou-se em crise. O modelo de sobreposição e competição não correspondeu às expectativas, e continuamos à espera de reformas nos controles da improbidade, interno e de contas, para que, coordenados, eles se tornem capazes de entregar resultados crescentes e permanentes na luta contra a corrupção.

Em paralelo, coisas positivas foram obtidas no campo dos inquéritos e processos estritamente penais, fruto da revisão de leis (para permitir as colaborações premiadas, por exemplo) e da modernização das práticas de investigação (que explicam grandes operações, como a Lava Jato), mas nada é simples na luta anticorrupção. A confusão dos controles sobrepostos comprometeu em parte os incentivos para a colaboração premiada no campo penal e ainda faltavam ajustes importantes na máquina criminal, como o engajamento sincero das várias instâncias judiciais e uma maior colegialidade nos ministérios públicos, para evitar que o açodamento, os projetos individuais e a partidarização acabassem por afetar descobertas ou anular processos penais em cascata. A partir de 2019, com a mudança da situação política e as iniciativas da chefia do Poder Executivo Federal para desmoralizar a Justiça e os ministérios públicos, os avanços nesse campo parecem neutralizados.

Por isso, este livro é importante. Ele faz um diagnóstico equilibrado dos problemas gerados pela total descoordenação de nossos controles públicos na luta anticorrupção e aponta caminhos para desobstruir os debates sobre a necessária correção de rumos. É um livro necessário na hora certa. Não podemos perder mais tempo. Evitar e combater de verdade a corrupção tem de ser prioridade nacional. Cabe ao mundo jurídico, agora mais profissional e bem orientado por normas realistas, construir as condições para que populismo, amadorismo, manipulação e corporativismo não consigam aprisionar essa agenda.

Um livro de qualidade e com boas ideias, como o que Victor Aguiar de Carvalho nos oferece, é mais uma razão para a esperança de que, desta vez, com as lideranças certas, as quais nos têm faltado, e com foco no interesse comum, e não em pautas pessoais ou corporativas, conseguiremos, por fim, avançar de verdade.

Carlos Ari Sundfeld
Professor Titular da FGV Direito SP. Presidente da Sociedade Brasileira de Direito Público – SBDP.

APRESENTAÇÃO

DO CORRUPTO AO CORRUPTOR: A MUDANÇA DE PERSPECTIVA NO COMBATE À CORRUPÇÃO NO BRASIL

Doença e remédios são antigos. Desde os tempos coloniais há, em nosso país, instrumentos contra a corrupção.[1] A preocupação com a proteção da Fazenda e a crítica ao enriquecimento ilícito frequentam o debate público há tempos, e o Direito, à sua maneira, foi incorporando ferramentas para coibir tais condutas.

A resposta mais comum é a do Direito Penal. O Código Penal do Império, por exemplo, tipificou os crimes de peita (art. 133 – Receber dinheiro, ou outro algum donativo; ou aceitar promessa directa, e indirectamente para praticar, ou deixar de praticar algum acto de officio contra, ou segundo a lei.) e de suborno (art. 134 – Deixar-se corromper por influencia, ou pediterio de alguem, para obrar o que não dever, ou deixar de obrar o que dever). A partir do advento do Código Penal de 1940, peita e suborno foram substituídos pelos termos corrupção ativa e passiva, sinalizando modificação conceitual na legislação penal.[2]

No final de 1958, a Lei Bilac Pinto (Lei nº 3.502/1958) ensaiou mudança, encaminhando a repressão à corrupção para o campo da responsabilidade civil. Previu que a obtenção de vantagens econômicas diversas sujeitaria o servidor à perda dos bens, os quais seriam

---

[1] Um relato dos mecanismos anticorrupção existentes no período colonial e sua respectiva aplicação encontra-se no excelente trabalho da historiadora mineira Adriana Romeiro (*Corrupção e poder no Brasil*: uma história, séculos XVI a XVIII. Belo Horizonte: Autêntica, 2017).

[2] Cf. FARIA, Aléxia Alvim Machado. *Peita, suborno e a construção do conceito jurídico penal de corrupção*: patronato e venalidade no Brasil imperial (1824-1889). 2018. Dissertação (Mestrado) – Faculdade de Direito, Universidade Federal de Minas Gerais, Minas Gerais, 2018. Disponível em: http://hdl.handle.net/1843/BUOS-B2HFKE. Acesso em: 16 maio 2022.

processados pelo rito da lei processual civil, a pedido dos entes da Administração direta e indireta, sendo possível cumular, com o pleito, perdas e danos que tiverem sido experimentados.[3]

A Lei nº 3.502/58 somente foi revogada em 1992, pela Lei nº 8.429, a famosa Lei de Improbidade Administrativa. Essa lei instituiu sistema repressivo que mescla sanções de ordem civil (ressarcimento do dano, multa civil, perda dos bens) e administrativa (perda da função pública, proibição de contratar com o Poder Público), perseguidas via ação por improbidade administrativa e passou a sujeitar a seus ditames não apenas servidores públicos, mas também particulares que concorram ou induzam o ato de improbidade.

Um pouco mais à frente, em 2010, visando dar cumprimento a convenções internacionais, o presidente encaminhou ao Congresso projeto de lei propondo a responsabilização das pessoas jurídicas por atos lesivos praticados contra a Administração Pública (inicialmente o PLS nº 6826/2010 e, posteriormente, PLC nº 39/2013). Segundo a exposição de motivos, a opção pela responsabilização administrativa e civil das sociedades empresárias decorreu da constatação de que o Direito Penal não oferecia meios efetivos ou céleres para sua punição. Aliás, as empresas seriam "muitas vezes as reais interessadas ou beneficiadas pelos atos de corrupção". Afirmou-se, ainda, que a responsabilização civil "seria a que melhor se coaduna com os objetivos sancionatórios aplicáveis às pessoas jurídicas".[4]

O projeto resultou na Lei Federal nº 12.846/2013 (a "Lei Anticorrupção"), celebrada, quando de sua edição, como lei moderna que, finalmente, ao mirar o bolso de acionistas e empresários, seria eficaz contra o problema.

E o resto foi o que se sabe. O país viu-se às voltas com a Operação Lava Jato. O tema esteve mais em evidência do que nunca. A opção pelo Direito Penal, que até então era tida por anacrônica, entrou em campo com time completo, ainda que com alguns jogadores voltando do exterior (ação penal, delação premiada, Ministério Público e Judiciário criminais). Também foram chamados jogadores novatos, como o acordo de leniência.

É em tal contexto que o autor desta obra lançou-se à pesquisa que nela veio resultar. Este livro é, em sua maior parte, fruto de sua tese

---

[3] PINTO, Francisco Bilac Moreira. *Enriquecimento ilícito no exercício de cargos públicos*. 1. ed. Rio de Janeiro: Forense, 1960.

[4] Disponível em: https://legis.senado.leg.br/diarios/ver/18493?sequencia=131. Acesso em: 16 maio 2022.

de doutorado, aprovada, com louvor e distinção, na linha de direito público da Pós-Graduação *stricto sensu* em Direito da Universidade do Estado do Rio de Janeiro.

Compuseram a banca examinadora, além de nós, orientadores (mas que não respondemos por suas virtudes), os professores Luís Roberto Barroso (UERJ), Gustavo Binenbojm (UERJ), Floriano de Azevedo Marques Neto (USP) e Carlos Ari Sundfeld (FGV-SP), quarteto que é praticamente um *dream team* do Direito Público.

A investigação aqui empreendida é desdobramento das discussões suscitadas pela pesquisa anterior do autor, publicada no livro *Cartéis em Licitações* (Rio de Janeiro: Lumen Juris, 2018), excepcionalmente bem recebida pela comunidade jurídica. Os debates travados na ocasião trouxeram à tona que os cartéis atuantes em licitações não são mais que pontas do *iceberg* das práticas de corrupção no cotidiano da Administração Pública.

Deparando-se com tal cenário e munido de disposição acadêmica, restava a Victor lançar-se à empreitada maior: examinar se e como o arranjo normativo institucional existente no Brasil mostra-se capaz de criar um sistema de incentivos eficiente ao enfrentamento da corrupção.

De pronto, o autor excluiu os dilemas da demanda por corrupção, assim entendida como "ímpeto, por parte de agentes da Administração, de ingressar nessas relações ilícitas". Embora, como visto anteriormente, a repressão à demanda por corrupção, mirando o servidor corrupto, seja mais tradicional, "essa estratégia", observa Victor, "apresentou resultados bastante limitados".

Alinhada com movimentos contemporâneos, capitaneados por organismos internacionais, e pela influência dos Estados Unidos – ambos também no DNA da Lei Anticorrupção –, a pesquisa foi direcionada ao tema da oferta de corrupção, isto é, aos arranjos para a responsabilização empresarial por condutas corruptas que a empresa incita e a todos os problemas daí advindos.

A abordagem evidencia o aspecto poliédrico da corrupção. Há os que corrompem e os que são corrompidos; os que demandam e os que oferecem; os que são vítimas e os que lucram, papéis que às vezes se confundem e que, com frequência, entrelaçam-se. É relevante perceber a complexidade das relações corruptas: personagens, pressupostos e consequências. Bravatas e ingenuidades não colaboram para o amadurecimento do modelo jurídico-institucional de enfrentamento à corrupção. E Victor não é bravateiro nem ingênuo.

Entre os méritos da obra estão, de um lado, a honestidade intelectual, de que decorre a abordagem crítica quanto ao funcionamento das instituições e das ferramentas; de outro, a incorporação da perspectiva multidisciplinar, notadamente a econômica.

O autor não se preocupou em festejar novidades; ele vai ao encontro de questões incômodas, como a de saber se a euforia quanto à ideia de *compliance* se justifica. Não se estaria criando um *compliance* de fachada, capaz de disfarçar culturas empresariais tolerantes (ou, no limite, até sutilmente incentivadoras) de práticas de corrupção? A mesma investigação realista é feita em relação ao sistema multiportas, às ações de improbidade, ao acordo de leniência.

No que toca à abordagem multidisciplinar, o autor aqui se aproveita da sua dupla formação, em Direito e em Economia, para combinar elementos e apresentar leituras inovadoras. Advoga uma hermenêutica afastada da dogmática tradicional. Enxerga o arcabouço normativo-institucional anticorrupção como sistema de incentivos apto – ou não – à dissuasão das condutas corruptas. Nessa perspectiva, o trabalho se beneficiou do período que o autor passou, como *Visiting Researcher*, na Faculdade de Direito da Universidade de Harvard.

Última nota: a desconstrução de estruturas e medidas de combate à corrupção, em curso no momento em que escrevemos esta Apresentação, não compromete a obra, ao contrário. Mais do que nunca, é preciso ter à mão instrumentos capazes de desincentivar a corrupção empresarial. A demanda por corrupção permanece viva, bem viva. A falta de oferta talvez seja o caminho mais viável para asfixiá-la, e este livro oferece boas ideias sobre o que fazer.

Mas não nos demoremos mais. O leitor está agora livre para se questionar e, é bem possível, também se angustiar. Ainda que não encontre na obra o alento da resposta fácil – dos moralismos de ocasião, das leis milagrosas, das instituições salvadoras –, que, ao menos, venha-lhe o conforto de reflexões sólidas. Vão nesse sentido as palavras finais do autor, com as quais também nos despedimos, lançando-as a seguir como aperitivos do prato principal:

"O diagnóstico de tantas disfunções no atual arranjo normativo-institucional para o enfrentamento da corrupção empresarial não deve levar à desesperança. Muito pelo contrário. A consciência sobre os problemas existentes no modelo brasileiro é requisito imprescindível para que se possa aperfeiçoá-lo."

Patrícia Baptista
Doutora em Direito Público pela Universidade de São Paulo (USP) e Mestre em Direito Público pela Universidade do Estado do Rio de Janeiro (UERJ). Professora de Direito Administrativo da UERJ.

José Vicente Santos de Mendonça
Doutor e Mestre em Direito Público pela Universidade do Estado do Rio de Janeiro (UERJ). *Master of Laws* pela Harvard Law School. Professor de Direito Administrativo da UERJ.

INTRODUÇÃO

Em 11 de abril de 2017, uma cena inusitada ocorreu em um edifício de alto padrão na Lagoa, bairro da cidade do Rio de Janeiro. Alguns moradores desceram à portaria do prédio para testemunhar e comemorar a prisão de um vizinho. O ex-secretário estadual de Saúde do Rio de Janeiro, que ocupara o cargo de 2007 a 2013, estava sendo preso preventivamente, em uma operação da Polícia Federal e do Ministério Público Federal, em razão do suposto envolvimento em atos de corrupção relacionados a pregões internacionais ocorridos em anos anteriores.[1]

Em julho de 2020, o Estado do Rio de Janeiro completava quatro meses imerso em um quadro de emergência sanitária provocado pela disseminação da Covid-19. No dia 10 daquele mês, o ex-secretário de Saúde – que ocupara a pasta em uma nova gestão estadual, eleita por se apoiar em um incisivo discurso de combate à corrupção – foi preso preventivamente, em razão de suposto envolvimento em atos ilícitos perpetrados em procedimentos administrativos adotados para o combate à pandemia.[2]

Alguns elementos unem os dois episódios citados. Ambos ocorreram no mesmo órgão da Administração e se relacionavam a atividades de compras ou contratações públicas, embora cometidos durante gestões estaduais que se posicionavam como opositoras políticas entre si. Além disso, nos dois episódios teriam ocorrido supostos atos de corrupção cometidos por meio de um conluio entre agentes públicos

---

[1] Cf. https://oglobo.globo.com/brasil/pedi-para-os-porteiros-me-avisarem-quando-este-dia-chegasse-diz-vizinha-de-sergio-cortes-21190765 e http://www.mpf.mp.br/rj/sala-de-imprensa/noticias-rj/operacao-fatura-exposta-lava-jato-rj-mira-na-saude-durante-a-gestao-cabral. Acesso em: 24 jan. 2022.

[2] Cf. https://oglobo.globo.com/rio/ex-secretario-de-saude-edmar-santos-preso-em-operacao-do-mprj-24525376. Acesso em: 24 jan. 2022.

de elevada hierarquia e pessoas jurídicas interessadas em celebrar negócios com o Poder Público.

A corrupção não é um problema simples de ser estudado. Não há consenso nem mesmo quanto à definição do fenômeno. Em relação às possíveis causas, existem muitas hipóteses, mas poucas certezas. No entanto, as graves consequências sociais desse ilícito são mais fáceis de perceber: a corrupção leva ao desperdício de recursos públicos, prejudica o ambiente de negócios, dificulta o crescimento econômico e afeta as políticas públicas elaboradas pela Administração, comprometendo a tutela de direitos fundamentais. Além disso (e mais grave), ao macular o ideal republicano para colocar a máquina pública a serviço de interesses privados espúrios, a corrupção esgarça a crença social no Estado e na capacidade do Poder Público de desempenhar suas funções, o que pode comprometer, por fim, até mesmo a sustentação da democracia.

Quando a relação corrupta se forma entre uma empresa[3] (por meio de seus representantes) e agentes públicos, o potencial de dano para a sociedade mostra-se ainda maior. Por conseguinte, um olhar mais atento para o enfrentamento da corrupção empresarial junto à Administração Pública merece atenção prioritária. Seguindo essa toada e adotando inevitável recorte de objeto, este livro dedica-se a examinar a responsividade jurídica do arranjo normativo-institucional brasileiro em relação aos episódios de corrupção empresarial perante a Administração.

Como em qualquer operação econômica, a corrupção possui um lado da oferta e outro da demanda por esse ilícito.[4] De acordo com a nomenclatura adotada neste trabalho, a *demanda* por corrupção concerne ao eventual ímpeto, por parte de agentes da Administração, de ingressar nessas relações ilegais. Os demandantes são agentes públicos desonestos que detêm poder para favorecer particulares em troca de

---

[3] O termo "empresa", em linguagem técnica própria do Direito Empresarial, refere-se ao exercício de uma atividade organizada com finalidade econômica. Assim, a "empresa" não seria um sujeito de direito. No mais das vezes, a denominação correta para o que usualmente se chama de "empresa" seria "sociedade empresária", que, desde que constituída nos termos da lei, é o sujeito de direito que exerce a atividade econômica. Existem, ainda, outras modalidades de pessoas jurídicas, também costumeiramente denominadas de "empresa", a despeito da imprecisão técnica. Com o objetivo de dar maior fluidez ao texto, "empresa" será utilizado em seu sentido leigo, sem apego ao rigor técnico na matéria. Sobre o tema, cf. REQUIÃO, Rubens. *Curso de direito comercial*. 34. ed. rev. e atual. São Paulo: Saraiva, 2015. p. 87-89. v. 1.

[4] Cf. DIXIT, Avinash. Corruption: Supply-Side and Demand-Side Solutions. *In*: MAHENDRA DEV, S.; BABU, P. G. (Eds.). *Development in India*. Londres: Springer, 2016. p. 58; e DIXIT, Avinash. How Business Community Institutions Can Help Fight Corruption. *The World Bank Economic Review*, v. 29, Issue suppl_1, p. S25-S47, 2015.

benefícios indevidos. Um exemplo seria um membro da alta cúpula do Poder Executivo disposto a utilizar sua influência para moldar procedimentos de contratação pública, com o escopo de favorecer um determinado grupo empresarial. Já a *oferta* de corrupção refere-se ao possível suprimento desses benefícios indevidos pelos atores privados que se relacionam com o Poder Público. Nessa hipótese, o ofertante de corrupção seria a empresa que concede vantagens ao agente político em troca do indevido favorecimento.

Naturalmente, na vida real, oferta e demanda por corrupção estão intrinsecamente relacionadas. No entanto, considerando a complexidade das relações negociais corruptas e, por consequência, o imprescindível recorte de objeto para o estudo do fenômeno, esta obra se dedica ao tratamento da *oferta* de corrupção pelas empresas.

Durante décadas, apenas poucos países implementaram instrumentos jurídico-normativos voltados ao tratamento da oferta de corrupção pelas empresas. O combate a esses ilícitos focava, notadamente, a tentativa de restringir a demanda por corrupção por parte dos agentes públicos. Contudo, essa estratégia apresentou resultados bastante limitados.

Nos últimos anos, como consequência da pressão por parte de organismos multilaterais – especialmente da Organização para a Cooperação e Desenvolvimento Econômico (OCDE) e da Organização das Nações Unidas (ONU) –, impulsionados por influência política norte-americana, houve uma expansão global dos sistemas jurídicos de responsabilização empresarial, que incrementou a atenção dedicada a reprimir a oferta de corrupção por parte de tais pessoas jurídicas.

Essa tendência global acabou por também chegar ao Brasil, notadamente por meio da publicação da Lei nº 12.846/2013. Esse diploma soma-se e, por vezes, sobrepõe-se a um arcabouço normativo-institucional já existente no país para formar uma rede de *accountability* anticorrupção, usualmente denominada de "sistema brasileiro de combate à corrupção".

Para aqueles que analisam o Direito também por um olhar próprio das ciências econômicas, uma das funções das normas jurídicas é justamente alterar os incentivos concedidos aos atores sociais, com o escopo de impulsionar os comportamentos socialmente desejados e desestimular os indevidos. Seguindo essa lógica, a organização jurídico-institucional produz, deliberada ou espontaneamente, um conjunto de estímulos e desestímulos ao comportamento dos atores econômicos e sociais – aqui denominado de "sistema de incentivos" –, que pode ser modificado e aprimorado para que se alcancem pretendidas finalidades de interesse público.

Nesse contexto, o presente estudo almeja responder à seguinte pergunta central: o atual arranjo normativo-institucional brasileiro para o enfrentamento, pelo lado da oferta, da corrupção empresarial junto à Administração Pública produz um eficiente e adequado sistema de incentivos?

Entendemos que um sistema de incentivos eficiente deve apresentar dois objetivos norteadores. O primeiro é prevenir e dissuadir a ocorrência de atos de corrupção, alcançando a voluntária e proativa conformidade ao ordenamento jurídico. Uma estratégia de enfrentamento da corrupção empresarial não deve se limitar a ter como cerne a imposição de punições de natureza retributiva. De fato, embora a ameaça sancionatória seja imprescindível para o escorreito funcionamento do regime, a possível imposição de punições deve funcionar como um mecanismo dissuasório, e não como um fim em si mesmo. Já o segundo objetivo é reduzir os custos sociais totais decorrentes dos episódios de corrupção, que não se limitam aos danos ocasionados diretamente pela empresa, englobando também o custo gerado pelo próprio aparato estatal de enfrentamento desses ilícitos.

Ao longo desta obra, almeja-se investigar quatro hipóteses centrais:

1) Um eficiente sistema de incentivos para enfrentar a corrupção empresarial precisa integrar diferentes eixos de atuação, complementares e interconectados, haja vista que nenhum deles é, por si só, hábil a produzir suficientes incentivos preventivos e dissuasórios.

2) Há problemas no sistema de incentivos atualmente produzido pelo regime brasileiro de enfrentamento da corrupção empresarial, acarretando o reforço dos laços de corrupção entre empresas e agentes públicos.

3) O regime de combate à corrupção instituído pela Lei nº 12.846/2013 foi estruturado pressupondo um excessivo otimismo quanto ao empenho da própria Administração Pública em promover o *enforcement* da política anticorrupção, o que não é realista.

4) Um sistema de incentivos mais bem-estruturado precisa alcançar os indivíduos que integram as pessoas jurídicas, com o escopo de conformar seus comportamentos e evitar que cometam ilícitos, não bastando apenas punir as empresas.

Em consonância com a primeira hipótese, esta obra analisa o enfrentamento da corrupção empresarial por meio de uma abordagem integrada de quatro diferentes eixos: a responsabilização dos indivíduos envolvidos, a ameaça sancionatória sobre as pessoas jurídicas beneficiadas, a aposta no engajamento das empresas no esforço anticorrupção e o tratamento dos casos por meio de soluções negociais.

Nenhum desses eixos, sem a complementação dos demais, será hábil em prevenir e dissuadir a corrupção sistêmica empresarial de modo sustentável, uma vez que todos apresentam limitações. Mais que isso, esses mecanismos sequer tendem a funcionar a contento se os demais, que os complementam e com eles se inter-relacionam, também não forem estruturados de maneira adequada. Há intensa interconexão entre eles, usualmente ignorada pela comunidade jurídica.

Por conseguinte, pretende-se demonstrar que uma estratégia eficiente de enfrentamento da corrupção empresarial precisa adotar uma perspectiva holística, conjugando diferentes eixos de atuação de modo complementar e interconectado. Em acréscimo, cada um desses diferentes eixos também precisa ser, em si, organizado a contento, para que não produza incentivos disfuncionais e consequências não intencionais.

Este livro adota um marco teórico híbrido e interdisciplinar, fazendo uso de elementos próprios das ciências econômicas e da ciência política, conjugados ao exame jurídico do tema. Afastando-se das idealizações retóricas próprias da literatura jurídica, busca-se, neste livro, uma ampla compreensão do arranjo normativo-institucional brasileiro de combate à corrupção empresarial, analisando as potenciais consequências produzidas por esse desenho, à luz, sempre que possível, das evidências empíricas já identificadas tanto no Brasil como no exterior. Seguindo a mesma abordagem metodológica, apresentam-se também prescrições de cunho normativo concernentes ao rearranjo institucional e normativo do sistema brasileiro anticorrupção.

As críticas e sugestões apresentadas nesta obra devem ser compreendidas em sua justa medida. Em nenhum momento sustenta-se que os aperfeiçoamentos ao tratamento da corrupção empresarial pelo lado da oferta, sugeridos ao longo do texto, erradicariam a corrupção na Administração Pública. Tamanha ousadia apenas revelaria desconhecimento sobre a complexidade do problema. No entanto, não fazer nada em relação às disfuncionalidades do atual modelo brasileiro apenas garante que o desenho permanecerá fadado à falha.

Tampouco sugere-se que o combate à demanda por corrupção – por meio de aprimoramentos à governança pública ou persecução de agentes públicos que tenham cometido crimes e atos ímprobos – seja prescindível. Em verdade, o enfrentamento da corrupção pelos lados da oferta e da demanda são abordagens complementares, e ambas são necessárias.

O escopo do presente estudo é mais realista, embora igualmente importante frente à magnitude e à complexidade do desafio que a corrupção impõe à sociedade. Pretendemos verificar se o arranjo normativo-institucional brasileiro para o enfrentamento da corrupção empresarial já produz um sistema de incentivos adequado e eficiente ou se gera incentivos disfuncionais e consequências não intencionais. Além disso, apontaremos sugestões para aprimorar o sistema atual, respeitada a ordem constitucional vigente.

Ainda que incapaz de eliminar integralmente a corrupção empresarial, o aperfeiçoamento do sistema de incentivos a que as empresas se submetem tornaria menos vantajosa a decisão de incorrer em condutas ilícitas, mesmo nos cenários mais propensos à corrupção.

Como será visto, o acúmulo de reformas graduais, como as aqui propostas, produziu relevantes resultados anticorrupção ao longo da história em diversos países, ainda que lentamente. Se existe alguma "bala de prata" contra a corrupção na Administração Pública, esse instrumento ainda não foi encontrado. Como dito por Bruno Reis, professor de ciência política da UFMG, o combate à corrupção é tarefa permanente do Estado, a ser continuamente aprimorado.[5] Não há fórmulas mágicas ou panaceias que eliminarão de vez o problema.

---

[5] REIS, Bruno Pinheiro Wanderley. Sistema eleitoral, corrupção e reforma política. *Revista do CAAP*, v. XIX, n. 1, p. 13, 2013.

CAPÍTULO 1

CONSIDERAÇÕES SOBRE A CORRUPÇÃO NA ADMINISTRAÇÃO PÚBLICA E SUA RELAÇÃO COM AS EMPRESAS

1.1 A corrupção empresarial junto à Administração e suas perniciosas consequências para o país

O ano de 2020 já ficou marcado pela eclosão de uma pandemia provocada pelo vírus SARS-CoV-2. Não foram necessários muitos meses para que se constatasse que, no Brasil, a explosão do número de casos da doença convivia com um surto de novos episódios de corrupção envolvendo agentes públicos em conluio com empresas fornecedoras de medicamentos e insumos médico-hospitalares ou com gestoras de unidades de saúde. Mais uma vez, a história recente do país registrava grandes escândalos de corrupção, alçando o problema a uma das principais questões de debate nacional.

Até o final da década de 1990, o estudo da corrupção despertou interesse acadêmico apenas modesto ao redor do mundo. O tema era uma espécie de tabu.[6] Somente a partir de meados dos anos 2000 observou-se um crescimento substancial da produção internacional sobre o assunto.[7] No Brasil, entretanto, o tópico começou a receber atenção acadêmica compatível com sua relevância econômica e social apenas com o advento da Operação Lava Jato, em meados da década de 2010.

---
[6] Cf. ROTHESTEIN, Bo; VARRAICH, Aiysha. *Making Sense of Corruption*. Cambridge: Cambridge University Press, 2017. p. 10-16.
[7] Ibid., p. 7-12.

Não deveria ser assim. Afinal, a corrupção provoca graves e perniciosas consequências. Seu efeito mais óbvio concerne ao desperdício de recursos financeiros. O Fundo Monetário Internacional (FMI) já estimou que, no mundo inteiro, gasta-se, apenas com o pagamento de subornos, aproximadamente US$1,5 a 2 trilhões a cada ano, o que seria cerca de 2% do PIB mundial.[8,9] Segundo a Federação das Indústrias do Estado de São Paulo, o custo médio anual da corrupção no Brasil representa de 1,38% a 2,3% do PIB.[10] Já a OCDE, tratando do pagamento de propinas em transações internacionais, observou que, em média, 10,9% do valor dos negócios correspondia ao pagamento de montantes indevidos.[11]

No entanto, as consequências perniciosas da corrupção não se limitam às perdas financeiras diretas. Para o meio empresarial, uma Administração Pública corrupta aumenta as dificuldades de fazer negócios, seja pelo acréscimo nos custos de transação, seja em razão dos riscos reputacionais e de punição, seja pela criação de incertezas sobre a viabilidade de um determinado empreendimento.[12] Tais circunstâncias acabam inevitavelmente levando ao incremento da informalidade, em razão da fuga da burocracia corrupta, além do arrefecimento do ritmo de crescimento do país.[13]

---

[8] FUNDO MONETÁRIO INTERNACIONAL. *Corruption*: costs and mitigating strategies. 2016. Disponível em: https://www.imf.org/external/pubs/ft/sdn/2016/sdn1605.pdf. Acesso em: 10 set. 2020.

[9] Convém esclarecer que, em geral, esses dados são apenas extrapolações de números – também aproximados – obtidos em outros trabalhos. Ante a considerável imprecisão, há quem sustente que sequer deveriam ser utilizados. Todavia, considerando a evidente dificuldade de que algum dia venha a ser produzida uma estimativa realmente confiável da magnitude financeira perdida com corrupção, optamos por mencionar os referidos números apenas como sugestão da ordem de grandeza do problema analisado, sem qualquer pretensão de que sejam considerados exatos. Para as críticas, cf. STEPHENSON, Matthew. It's Time to Abandon the "$2.6 Trillion/5% of Global GDP" Corruption-Cost Estimate. *The Global Anticorruption Blog*, 15 jan. 2016. Disponível em: https://globalanticorruptionblog.com/2016/01/05/its-time-to-abandon-the-2-6-trillion5-of-global-gdp-corruption-cost-estimate/. Acesso em: 20 jul. 2020.

[10] Dado extraído do *site* da FIESP, cf. CUSTO da corrupção no Brasil chega a R$ 69 bi por ano. *FIESP*, 2013. Disponível em: http://www.fiesp.com.br/noticias/custo-da-corrupcao-no-brasil-chega-a-r-69-bi-por-ano. Acesso em: 20 jul. 2020.

[11] *OECD Foreign Bribery Report*: An Analysis of the Crime of Bribery of Foreign Public Officials. Paris: OECD Publishing, 2014. p. 26.

[12] Cf. OCDE. *The rationale for fighting corruption*. CleanGovBiz – Integrity in practice. Disponível em: https://www.csrhellas.net/network/wp-content/uploads/media/Anti-corruption_ISO.pdf. Acesso em: 20 jul. 2020.

[13] Na literatura identifica-se correlação entre a percepção de corrupção e as baixas taxas de crescimento econômico, não sendo claro, no entanto, qual seria a relação de causalidade entre tais variáveis. É possível que a causalidade aconteça em ambos os sentidos: tanto a

Há também inequívoca correlação positiva entre corrupção, desigualdade e pobreza.[14] Ray Fisman e Miriam Golden apontam que sociedades mais corruptas usualmente apresentam maior desigualdade na distribuição de renda. Segundo os autores, diferentes canais conectam essas variáveis: países corruptos tendem a tributar os mais ricos em menor patamar, investir menos em programas sociais e ter um sistema de educação pública enfraquecido pela corrupção.[15]

Em decorrência do desvirtuamento ou do uso ineficiente dos recursos públicos, a corrupção acaba comprometendo a necessária promoção dos direitos fundamentais, que deveria decorrer das políticas públicas instituídas. A má gestão de recursos durante a pandemia de Covid-19 é mais um caso, entre tantos, em que direitos fundamentais são indiretamente violados pela corrupção.

Na verdade, a mais grave consequência da corrupção não é de ordem financeira. Esse ilícito também corrói a própria legitimidade do Estado e da democracia. Ao macular o ideal republicano para colocar a máquina pública a serviço de interesses privados espúrios, a corrupção esgarça a crença social no Estado e na capacidade da Administração Pública de desempenhar suas funções, levando a um sentimento de pessimismo e desesperança em relação ao Poder Público, às instituições políticas e até ao próprio regime democrático. Ademais, a ascensão de governos corruptos coloca a própria sustentação da democracia em questionamento, uma vez que suscita perigosa desconfiança do povo quanto à capacidade do regime político de produzir resultados eleitorais que atendam aos anseios populares.

Todos os efeitos da corrupção são amplificados quando praticada por empresas, sobretudo por aquelas que possuem mais recursos. Afinal, a corrupção empresarial pode dar azo ao que se denomina "corrupção grandiosa" (cf. seção 1.3), que envolve os mais elevados estratos do Poder Público – quase sempre em conluio com interesses empresariais –, afetando projetos e políticas estatais.

---

corrupção ocasione a baixa taxa de crescimento como o diminuto dinamismo da economia leve à corrupção. Cf. ROSE-ACKERMAN, Susan. Introduction and overview. *In*: ROSE-ACKERMAN, Susan (Ed.). *International Handbook on the Economics of Corruption*. Cheltenham: Edward Elgar Publishing Limited, 2006. p. xvi.

[14] Para uma lista de estudos sobre o tema, cf. ROSE-ACKERMAN, Susan; PALIFKA, Bonnie J. *Corruption and Government* – Causes, Consequences and Reform. 2. ed. Nova York: Cambridge University Press, 2016. p. 33.

[15] FISMAN, Ray; GOLDEN, Miriam A. *Corruption* – what everyone needs to know. Nova York: Oxford University Press, 2017. p. 96-98.

Por exemplo, uma pessoa física proprietária de um automóvel poderia pretender pagar propina a um agente público do Departamento Estadual de Trânsito (Detran) para obter facilidades em seu licenciamento anual. Em comparação, uma empresa que presta serviço de transporte rodoviário de passageiros poderia não apenas cometer o mesmo ilícito relacionado ao licenciamento anual de sua frota, mas também, por exemplo, oferecer vantagens indevidas ao chefe do Poder Executivo local para ser favorecida em expedientes de reajuste tarifário ou beneficiada em procedimentos de contratação pública.[16]

Há diversas formas de malversação de recursos sociais em razão da corrupção empresarial perante a Administração.[17] A própria escolha dos projetos e das políticas públicas levados adiante pode sofrer indevida influência do interesse empresarial. Com o comprometimento das decisões administrativas por interesses pessoais, recursos públicos acabam sendo direcionados para políticas que não deveriam ser prioritárias ou para projetos mal concedidos.

Além disso, o desenho de um procedimento licitatório, usualmente necessário para a execução da política pública, também pode ser

---

[16] Em situação fática assemelhada, o Ministério Público Federal (MPF), no bojo da denominada Operação Ponto Final, relativa à Lava Jato no Rio de Janeiro, apresentou, entre outras, a denúncia autuada sob o nº 0505914-23.2017.4.02.5101, relacionada a supostos ilícitos concernentes ao setor de transporte de passageiros. De acordo com a imputação do MPF, empresas de ônibus vinculadas à Federação das Empresas de Transportes de Passageiros do Estado do Rio de Janeiro contribuiriam em favor de uma "caixinha da propina", utilizada para pagamentos a agentes públicos em troca de ações em benefício das empresas, a exemplo do combate intensivo contra o transporte alternativo, a autorização para reajuste das tarifas de ônibus intermunicipais e benefícios tributários em favor das empresas. A referida denúncia está disponível em: http://www.mpf.mp.br/rj/sala-de-imprensa/docs/pr-rj/DENUNCIA%20PONTO%20FINAL%201_Redigido.pdf. Acesso em: 17 set. 2020.

[17] Pensando especificamente nas contratações públicas, Susan Rose-Ackerman e Bonnie J. Palifka identificam alguns mecanismos usuais, que podem ocorrer isolada ou concomitantemente, utilizados pelos agentes públicos para materializarem a corrupção nos procedimentos de compras e contratações públicas. A primeira forma se dá quando os corrompidos membros da cúpula da Administração optam por comprar bens ou executar obras relativas a projetos que não apresentam nenhuma racionalidade econômica. São os casos dos popularmente denominados "elefantes brancos", grandes obras públicas com baixa relevância para o desenvolvimento do País. Uma segunda estratégia habitual é optar por projetos de engenharia únicos, com desenhos arquitetônicos raros, uma vez que projetos pouco usuais são mais difíceis de serem monitorados pelos órgãos de controle ante a falta de parâmetros de comparação. Outra espécie de distorção por corrupção ocorre quando o particular, com a conivência da Administração, consegue se sagrar vencedor do leilão mesmo oferecendo um preço irrealista, mas já sabendo que, no futuro, durante a execução do contrato, será contemplado com aditivos que lhe permitam trabalhos e remunerações adicionais ou com reduzida fiscalização, que lhe conceda a oportunidade de executar o objeto economizando materiais ou entregando produtos de baixa qualidade. Cf. ROSE-ACKERMAN, Susan; PALIFKA, Bonnie J. *Corruption and Government* – Causes, Consequences and Reform. 2. ed. Nova York: Cambridge University Press, 2016. p. 101, 104-105, 108-109.

desvirtuado por corrupção, mediante a adoção de estratégias e escolhas (políticas ou supostamente técnicas) com o escopo de maximizar o benefício advindo dos desvios.[18] A fase de execução contratual pode ser igualmente pródiga em artimanhas para favorecimento indevido dos contratados. Assim, é possível que a ineficiência provocada pela corrupção empresarial se faça presente desde a concepção do projeto ou da política pública até sua efetiva execução.

Embora não se conheça ao certo a frequência com que os ilícitos da espécie ocorrem, as evidências empíricas trazidas por estudos recentes indicam que malfeitos empresariais são mais disseminados do que se supõe frente ao reduzido número de casos que vêm à luz. Por exemplo, uma pesquisa envolvendo mais de 5 mil profissionais em quase 100 países indicou que, nos 24 meses anteriores, 30% dos entrevistados vivenciaram episódios de corrupção, 19% testemunharam fraudes em licitações e 11% lidaram com práticas relacionadas à lavagem de dinheiro. Um terço dos entrevistados também afirmou que foi vítima de um pedido de propina ou perdeu uma oportunidade de negócios para um concorrente que possivelmente havia pagado propinas.[19]

Portanto, além de terem potencial muito danoso, as evidências numéricas sugerem que os ilícitos empresariais aqui tratados são consideravelmente recorrentes nas relações público-privadas.

1.2 As múltiplas acepções do termo "corrupção"

Mas o que exatamente é corrupção? Embora se trate de um fenômeno presente desde sempre na organização social humana, estudar o tema mostra-se uma tarefa tormentosa. Afinal, a própria definição do

---

[18] Cf. ROSE-ACKERMAN, Susan; PALIFKA, Bonnie J. *Corruption and Government* – Causes, Consequences and Reform. 2. ed. Nova York: Cambridge University Press, 2016. p. 99. Em semelhante sentido, também sobre o desperdício ou uso ineficiente de recursos públicos, cf. OCDE. *The rationale for fighting corruption*. CleanGovBiz – Integrity in practice. Disponível em: https://www.csrhellas.net/network/wp-content/uploads/media/Anti-corruption_ISO.pdf. Acesso em: 20 jul. 2020.

[19] PWC. Fighting fraud: a never-ending battle. *PwC's Global Economic Crime and Fraud Survey*. Disponível em: https://www.pwc.com/gx/en/forensics/gecs-2020/pdf/global-economic-crime-and-fraud-survey-2020.pdf. Acesso em: 26 maio 2020. Cf. também DYCK, Alexander; MORSE, Adair; ZINGALES, Luigi. *How pervasive is corporate fraud?* 2017. Disponível em: https://www.law.nyu.edu/sites/default/files/upload_documents/Adair% 20Morse%20 How%20Pervasive%20is%20Corporate%20Fraud.pdf. Acesso em: 26 maio 2020; e SOLTES, Eugene. The frequency of corporate misconduct: public enforcement versus private reality. *Journal of Financial Crime*, v. 26, n. 4, p. 923-937, out. 2019.

que seria corrupção já é, por si só, objeto de controvérsia na literatura, e obras inteiras já se dedicaram a tal questão.[20]

Há uma espécie de compreensão social abstrata sobre o que seria um ato de corrupção, tanto que as duas seções anteriores puderam ser escritas sem que se apresentasse uma definição formal para o fenômeno. Todavia, também é certo que o existente senso comum sobre o termo não é dotado de suficiente precisão terminológica.

Sem uma densificação mais profunda do conteúdo do termo, não se saberá sequer o tipo de conduta que se pretende evitar na Administração. Mais ainda, a palavra "corrupção" também não pode ser esvaziada a ponto de poder ser instrumentalizada como arma retórica, de modo que qualquer decisão técnica ou política da qual se discorde possa ser imputada como corrupta. Por exemplo, a atividade de *lobby*, concernente a promover interesses privados em relação a agentes políticos, quando exercida dentro dos limites estabelecidos pelo Direito, ainda que não desperte simpatias do cidadão médio, não deve ser confundida com corrupção.[21]

O termo tampouco deve se converter em sinônimo para qualquer atividade social de ética duvidosa. Há atos que são reprováveis, mas nem por isso caracterizam corrupção.[22] Esta também não deve receber o mesmo tratamento conferido a fenômenos distintos, mas igualmente presentes na Administração Pública, como a simples incompetência.

De toda sorte, nenhuma tentativa de estabelecer uma definição coesa para a corrupção será imune a críticas. Não se ambiciona aqui solucionar esse desafio terminológico que atravessa décadas na literatura especializada, mas apresentar diversas e possíveis abordagens conceituais e indicar uma que pareça ter maior potencial explicativo e epistêmico.

---

[20] Como exemplos de livros que se dedicam a debater a melhor compreensão da corrupção, cf. ROTHESTEIN, Bo; VARRAICH, Aiysha. *Making Sense of Corruption*. Cambridge: Cambridge University Press, 2017; e UNDERKUFFLER, Laura S. *Captured by evil*: the idea of corruption in law. New Haven: Yale University Press, 2013.

[21] Para análise mais profunda da tensa relação entre a atividade de *lobby* e a corrupção, cf. ROSE-ACKERMAN, Susan. Corruption & Purity. *Daedalus*, v. 147, n. 3, p. 106-107, 2018.

[22] Um exemplo prosaico ajuda a ilustrar a questão. É fato notório que o benefício do pagamento de meia entrada em atividades culturais em favor de estudantes tem levado à proliferação do uso de carteiras estudantis com a validade já expirada, quando não simplesmente falsas. Sem dúvida, a prática é condenável sob o aspecto ético, além de configurar um ilícito civil, quando não também criminal. Todavia, apenas um conceito amplíssimo de corrupção englobaria tal atitude, uma vez que a prática não se enquadra nem na acepção estritamente jurídica da palavra "corrupção" (que, no Direito brasileiro, é um termo definido pelo Direito Penal) nem representa uma espécie de abuso ou mal uso de poder para benefício privado. Em suma, nem todo ilícito e nem todo ato antiético merece ser denominado de corrupção, sob risco de vulgarização do termo.

Como tentativa de densificar o conteúdo do termo, um caminho óbvio é recorrer às acepções jurídicas. Para o Direito, corrupção é um ato ilícito definido como tal pelo ordenamento jurídico. No Direito brasileiro, corrupção em sentido estrito é exclusivamente a conduta típica assim descrita pelo Código Penal. Inseridos no título de crimes contra a Administração Pública, há três tipos penais que se referem explicitamente à corrupção: a corrupção passiva (art. 317), a corrupção ativa (art. 333) e a corrupção ativa em transação comercial internacional (art. 337-B). Há, ainda, outras condutas típicas assemelhadas, que concernem ao abuso do cargo ou função pública em proveito pessoal – a exemplo de peculato (art. 312), emprego irregular de verbas ou rendas públicas (art. 315), concussão (art. 316), prevaricação (art. 319), tráfico de influência e tráfico de influência em transação comercial internacional (arts. 332 e art. 337-C) –, mas que, a rigor, não são corrupção sob a denominação do Direito Penal, recebendo títulos próprios.

De acordo com a acepção jurídica, somente serão corruptos os atos que o Direito assim definir. Não havendo estrita subsunção dos fatos à norma jurídica, não restará caracterizada a corrupção. No entanto, o conceito jurídico brasileiro para esse ilícito parece demasiadamente restrito para englobar toda a complexidade do fenômeno, não permitindo uma compreensão mais ampla dos elementos que o caracterizam. No parágrafo anterior, foram apontadas condutas igualmente criminosas, também atinentes ao mau uso do poder estatal por agentes públicos, mas que, para o Direito Penal, não são tecnicamente corrupção. Outros comportamentos reprováveis, associados a uma abstrata ideia social de corrupção, sequer encontram um enquadramento típico imediato, a exemplo de nepotismo, clientelismo ou patrimonialismo.

Em acréscimo, o Direito Penal, por sua gravidade, obedece a rigorosos princípios regentes, que acabam por estreitar ainda mais o leque de situações fáticas abarcadas pelo restrito conceito jurídico de corrupção. Por exemplo, no Brasil, não se admite, como regra, a responsabilização penal das pessoas jurídicas, seja em razão da suposta impossibilidade de praticarem por si só uma ação, seja por também ser considerado inviável auferir a culpabilidade de entes personalizados.[23] Na hermenêutica jurídica brasileira, a rigor, uma empresa não incorre em corrupção, em seu sentido técnico; apenas as pessoas físicas a ela

---

[23] Cf. BITENCOURT, Cezar Roberto. *Tratado de Direito Penal*: Parte Geral. 25. ed. São Paulo: Saraiva, 2019. p. 317; e BRODT, Luís Augusto; MENEGHIN, Guilherme de Sá. Responsabilidade penal da pessoa jurídica: um estudo comparado. *Revista dos Tribunais*, v. 961, p. 3-4, nov. 2015.

vinculadas poderiam eventualmente sofrer responsabilização criminal, caso suas condutas amoldem-se a um dos tipos penais incriminadores.[24]

Para além da esfera penal, não há conceito jurídico de corrupção no Brasil. O próprio Direito Administrativo, disciplina que se ocupa justamente da ação estatal, não apresenta um conceito próprio para o fenômeno, socorrendo-se, não raras vezes, do instituto da improbidade administrativa (art. 37, §4º, Constituição de 1988, e Lei nº 8.429/1992) para conceder tratamento jurídico a comportamentos que se amoldariam à compreensão social abstrata sobre corrupção. Todavia, improbidade administrativa não se confunde com o senso comum sobre corrupção e tampouco é um equivalente administrativo ao conceito criminal de corrupção.

Com efeito, a improbidade administrativa possui acepção consideravelmente mais ampla, englobando um vasto espectro de condutas perpetradas por agentes públicos que afrontam a juridicidade e maculam bens ou interesses públicos. Um exemplo extremo ratifica o ponto: a jurisprudência do STJ reconhece que tortura perpetrada por policiais contra presos mantidos em sua custódia é um ato ímprobo. Por mais que se trate de grave e reprovável afronta não apenas à juridicidade administrativa, como também a direitos fundamentais do custodiado, tal conduta, em si, não configura corrupção.[25,26]

---

[24] No mais, conforme o conceito analítico de crime, somente restará configurado o delito caso a ação se amolde aos elementos do tipo penal (de acordo com a interpretação jurisprudencial à época vigente), além de se revelar antijurídica e culpável. Não sendo assim, determinada conduta, por maior reprobabilidade social que tenha recebido, não será considerada corrupção para fins de responsabilização penal. A história brasileira apresenta um claro exemplo sobre o ponto. Em 1992, menos de dois anos após ter sido eleito, Fernando Collor renunciou ao cargo de Presidente da República após aprovação de pedido de *impeachment* pelo Senado, devido a um escândalo de corrupção. O fundamento do referido pedido era, entre outros crimes associados, a prática de corrupção que se pautava no "Esquema PC Farias", uma vez que Paulo César Farias, tesoureiro da campanha de Collor, teria supostamente arquitetado um arranjo de compra e venda de favores a empresários, tendo como moeda de troca promessas, caso o candidato fosse eleito. A despeito da renúncia, o Senado aprovou o *impeachment*, o que acarretou a inabilitação de Fernando Collor para funções públicas por oito anos, além do afastamento da Presidência, que já havia sido concretizado por outra via. Já no âmbito criminal, Collor foi absolvido pelo STF no julgamento da Ação Penal 307-3/DF, ante a falta de provas de qual teria sido o ato de ofício específico ou a promessa supostamente realizada pelo ex-presidente em troca das vantagens alegadamente recebidas, o que se exigia conforme jurisprudência à época fixada. Sobre o caso, cf. FURTADO, Lucas Rocha. *Brasil e corrupção*: análise de casos (inclusive a Lava Jato). Belo Horizonte: Fórum, 2018. p. 115 e s.

[25] Cf. STJ. REsp nº 1.177.910/SE. Primeira Seção. Relator: Ministro Herman Benjamin. Sessão de 26.08.2015. Diário da Justiça Eletrônico, Brasília, DF, 17.02.2016.

[26] Pela amplitude do instituto da improbidade administrativa, a literatura jurídica sobre o tema evita trazer uma conceituação precisa, apontando elementos valorativos para sua densificação. Entendimento clássico, suscitado por José Afonso da Silva, sustentava que a

Assim, há evidente falta de congruência entre a compreensão social sobre corrupção e os conceitos jurídicos existentes. A crítica não se restringe ao Brasil.[27] Por um lado, quando excessivamente restritivos, a exemplo da definição penal brasileira, a concepção jurídica de corrupção pode excluir diversos atos que, de acordo com o senso comum da sociedade, seriam considerados corruptos. Por outro, acepções jurídicas demasiadamente amplas em seu conteúdo, como é o caso da improbidade administrativa, padecem de problema de hiperinclusão, englobando condutas que, embora maculem a juridicidade administrativa, não se confundem com a compreensão social abstrata de corrupção.

Ante a insuficiência das categorias jurídicas, estudiosos do tema passaram a buscar acepções mais abrangentes para o termo, indo além da seara do Direito. De acordo com Dan Hough, atualmente é possível observar um conjunto de conceitos de corrupção que, com pequenas

---

probidade administrativa era uma forma de moralidade administrativa que recebeu especial consideração da Constituição. Em suas palavras, seria uma imoralidade administrativa "qualificada pelo dano ao erário e correspondente vantagem ao ímprobo ou a outrem". Contemporaneamente, entende-se que a probidade administrativa não tem sua extensão limitada apenas pelo referido princípio constitucional, absorvendo-a e buscando suporte também em outros princípios constitucionais da Administração Pública, a exemplo de eficiência e de impessoalidade. Sobre a divergência, cf. SILVA, José Afonso da. *Curso de Direito Constitucional Positivo*. 37. ed. rev. e atual. São Paulo: Malheiros, 2014. p. 678; e GARCIA, Emerson; ALVES, Rogério Pacheco. *Improbidade Administrativa*. 7 ed. rev., ampl. e atual. São Paulo: Saraiva, 2013. p. 100-102. Há também quem prefira densificar o conteúdo da improbidade administrativa apontando-a como espécie de má gestão pública e de violação a deveres públicos. Nesse sentido, cf. OSÓRIO, Fábio Medina. *Teoria da Improbidade Administrativa*: má gestão pública, corrupção, ineficiência. São Paulo: Revista dos Tribunais, 2013.

[27] Não é apenas no Brasil que a interpretação jurídica concedida a determinadas previsões normativas pode levar a concepções restritivas em relação ao que se exige para que reste configurado um ato ilícito da espécie. Nos Estados Unidos, por exemplo, o entendimento da Suprema Corte exarado no caso *McDonnel v. the United States* foi objeto de severas críticas em razão do que restou entendido como ato oficial ("*official act*"), um dos elementos necessários para caracterizar a incidência do *U.S. federal bribery statute* (18 USC 201). Para a corte, somente se caracterizaria um ato oficial mediante o "exercício formal de um poder governamental", o que excluiria condutas mais singelas, como simplesmente conceder acesso, marcar uma reunião etc. Para críticas sobre a decisão, cf. ROTBERG, Robert I. *The Corruption Cure*: how citizens and leaders can combat graft. Princeton: Princeton University Press, 2017. p. 22-23; STEPHENSON, Matthew. The Supreme Court's McDonnel Opinion: A Post-Mortem. *The Global Anticorruption Blog*, 19 jul. 2016. Disponível em: https://globalanticorruptionblog.com/2016/07/19/the-supreme-courts-mcdonnell-opinion-a-post-mortem/. Acesso em: 13 jul. 2020. Para observações mais gerais sobre as limitações dos conceitos jurídicos para o tratamento da corrupção, cf. ROTHESTEIN, Bo; VARRAICH, Aiysha. *Making Sense of Corruption*. Cambridge: Cambridge University Press, 2017. p. 22-25; e UNDERKUFFLER, Laura S. *Captured by evil*: the idea of corruption in law. New Haven: Yale University Press, 2013. p. 9-14.

variações, gira em torno da lógica de abuso do poder delegado ou do poder confiado a determinado agente público.[28]

Nessa linha de argumentação, se o povo confere poder a agentes públicos para praticar determinados atos, seus representantes devem agir em conformidade com o que se acredita ser o interesse público[29]. Todavia, caso desvirtuem o poder emanado do povo e se comportem voltados aos seus próprios benefícios, em busca de vantagens indevidas de qualquer natureza, restaria configurado um episódio de corrupção.[30]

Derivações dessa emblemática formulação são hoje acolhidas por relevantes organizações não governamentais e organismos internacionais, bem como por alguns dos mais importantes autores da literatura anticorrupção. A definição mais difundida ao redor do mundo é a da Transparência Internacional, que conceitua corrupção como o "abuso do poder confiado para ganhos privados".[31,32]

Autores de referência na literatura especializada também utilizam variações das acepções mencionadas. Susan Rose-Ackerman, em estudos mais tradicionais, e Johann Graf Lambsdorff adotam uma acepção singela para o fenômeno, tratando a corrupção como "o mau uso do poder público para benefício privado".[33] Para Michael Johnston, a corrupção "envolve o abuso de confiança, geralmente envolvendo poder público,

---

[28] Do original em inglês *"abuse of entrusted power"*. Cf. HOUGH, Dan. *Analysing corruption*. Newcastle: Agenda Publishing, 2017. p. 38.

[29] Não se desconhecem as dificuldades que derivam de uma concepção unitária de interesse público. Sobre o tema, cf. BINENBOJM, Gustavo. *Uma teoria do Direito Administrativo*: direitos fundamentais, democracia e constitucionalização. 3. ed. rev. e atual. Rio de Janeiro: Renovar, 2014. p. 29-33, 83-130.

[30] Em semelhante sentido, cf. HOUGH. Op. cit., p. 38.

[31] Tradução livre com base no original em inglês "the abuse of entrusted power for private gain". WHAT is corruption? *Transparency International*. Disponível em: https://www.transparency.org/what-is-corruption/#define. Acesso em: 13 jul. 2021.

[32] O elemento central da definição – "poder delegado" ou "poder confiado", tradução livre do original em inglês *"entrusted power"* – é suficientemente amplo para açambarcar qualquer ato, de natureza pública ou privada, que se espera que um terceiro desempenhe adequadamente com base no poder que lhe é atribuído. A Transparência Internacional pretende, assim, que seu conceito também alcance atos de corrupção privada, cujo conceito será exposto na seção seguinte. Sobre o ponto, cf. ROSE-ACKERMAN, Susan; PALIFKA, Bonnie J. *Corruption and Government* – Causes, Consequences and Reform. 2. ed. Nova York: Cambridge University Press, 2016. p. 9.

[33] LAMBSDORFF, Johann Graf. *The Institutional Economics of Corruption and Reform* – Theory, Evidence and Policy. Cambridge: Cambridge University Press, 2007. p. 16; e ROSE-ACKERMAN, Susan. *Corruption and Government* – Causes, Consequences and Reform. Cambridge: Cambridge University Press, 1999. p. 91.

para benefício privado que com frequência, mas certamente não sempre, vem na forma de dinheiro".[34]

A despeito de terem se propagado pelo mundo, o conjunto de acepções concernentes à lógica de abuso de Poder Público em benefício privado também não é imune a críticas. Em síntese, seus detratores apontam que determinar concretamente o que seria um "abuso" ou "mau uso" – conceitos abstratos – seria uma tarefa tormentosa, comprometendo a robustez da definição. Além disso, a própria noção do que seria agir conforme o interesse público – em oposição aos interesses privados – também nem sempre é tão clara. Sustenta-se, ainda, que falar em Poder Público confiado aos agentes públicos não é a descrição correta da realidade de países ditatoriais (onde usualmente abunda corrupção), nos quais o Poder Público foi tomado à força da população.[35]

A essas considerações somamos outra: as acepções em exame voltam-se a descrever apenas os comportamentos praticados dentro do setor público. De fato, esse entendimento emblemático foca apenas as condutas perpetradas pelo agente público corrupto ou corrompido, que utiliza incorretamente seu poder para obter benefícios indevidos. Todavia, a corrupção na Administração não está relacionada apenas ao agente público. O particular também incorre no mesmo malfeito ao oferecer ou prometer indevidas vantagens, com o escopo de desvirtuar o exercício do Poder Público.[36]

As críticas ao entendimento dominante têm levado alguns autores, especialmente cientistas políticos, a experimentar outras definições. Por exemplo, Bo Rothstein prefere buscar o que seria o oposto de corrupção. Em sua compreensão, um conceito universalmente aceito do fenômeno deveria considerar a imparcialidade como o elemento básico para a construção dos arranjos jurídicos e implementação de políticas públicas. Assim, o oposto de corrupção seria o exercício do Poder Público com imparcialidade, sendo a corrupção, em antítese, o favorecimento no exercício do Poder Público.[37]

---

[34] JOHNSTON, Michael. *Syndromes of Corruption*: wealth, power and democracy. Cambridge: Cambridge University Press, 2005. p. 11.

[35] Sobre as críticas, cf. KURER, Oskar. Definitions of corruption. *In*: HEYWOOD, Paul M. *Routledge Handbook of Political Corruption*. Londres: Routledge, 2015. p. 32-35; e ROTHSTEIN, Bo; VARRAICH, Aiysha. *Making Sense of Corruption*. Cambridge: Cambridge University Press, 2017. p. 50-51.

[36] No Direito Penal, tal bifurcação é muito clara, uma vez que existem crimes praticados pelo agente público contra a Administração, a exemplo da corrupção passiva (art. 317), e crimes praticados por particulares em desfavor da Administração, como a corrupção ativa (art. 333).

[37] Para mais detida análise dessas ideias, cf. ROTHSTEIN, Bo. What is the opposite of corruption? *Third World Quarterly*, v. 35, n. 5, p. 737-752, jul. 2014; e ROTHESTEIN, Bo;

Por sua vez, Alina Mungiu-Pippidi entende que a corrupção é uma consequência de uma sociedade que se rege pelo particularismo – em oposição ao que denomina universalismo ético –, razão pela qual o controle da corrupção é a habilidade de restringir o particularismo e evitar que o Estado seja instrumentalizado para servir a interesses privados em vez de interesses públicos.[38]

Já os economistas passaram a utilizar a linguagem própria de sua ciência para construir conceitos econômicos de corrupção que, embora singelos, são bastante coesos. Para Susan Rose-Ackerman, em acepção nitidamente permeada pelo pensamento econômico, a corrupção representa "o uso ilícito da propensão dos particulares a pagar por dado benefício como critério de tomada de decisão".[39] Já para Tina Søreide, corrupção é o "comércio de decisões que não deveriam estar à venda".[40]

Em todas as acepções abrangentes vistas, o termo "corrupção" é utilizado como um conceito guarda-chuva.[41] O malfeito pode ser praticado por pessoas tanto físicas como jurídicas – o que é relevante para o presente trabalho. Além disso, o enfoque abrangente engloba diversas práticas estatais indevidas, ainda que sutis, que representam desvirtuamentos do Poder Público para favorecimentos particulares. Por essa leitura, o dito suborno, mediante o oferecimento de quantias financeiras indevidas a um agente público, é apenas a espécie mais evidente de corrupção. Outras práticas da esfera pública, que usualmente recebem designação autônoma – como nepotismo, patrimonialismo, patronagem, clientelismo, troca de favores, particularismo no tratamento –, podem também caracterizar espécies de corrupção.[42]

A concepção abrangente de corrupção ajuda também a melhor identificar e repelir – como condutas corruptas que são – práticas na

---

VARRAICH, Aiysha. *Making Sense of Corruption*. Cambridge: Cambridge University Press, 2017. p. 125-148.

[38] MUNGIU-PIPPIDI, Alina. *The Quest for Good Governance*: how societies develop control of corruption. Cambridge: Cambridge University Press, 2015. p. 15-19.

[39] ROSE-ACKERMAN, Susan. Introduction and overview. *In*: ROSE-ACKERMAN, Susan (Ed.). *International Handbook on the Economics of Corruption*. Cheltenham: Edward Elgar Publishing Limited, 2006. p. xvii.

[40] SØREIDE, Tina. *Corruption and Criminal Justice*. Cheltenham: Edward Elgar, 2016. p. 13.

[41] Para mais detalhado exame da corrupção como um conceito guarda-chuva, cf. VARRAICH, Aiysha. Corruption: an umbrella concept. *QoG Working Paper Series*, n. 5, jun. 2014; e ROTHESTEIN, Bo; VARRAICH, Aiysha. *Making Sense of Corruption*. Cambridge: Cambridge University Press, 2017. p. 14-16.

[42] Susan Rose-Ackerman e Bonnie J. Palifka trazem uma lista não exauriente de distintas espécies de corrupção, em ROSE-ACKERMAN, Susan; PALIFKA, Bonnie J. *Corruption and Government* – Causes, Consequences and Reform. 2. ed. Nova York: Cambridge University Press, 2016. p. 8-9.

Administração Pública que se naturalizam e se perpetuam no Brasil, a despeito de há muito afrontarem a juridicidade administrativa. Por exemplo, segundo a conotação abrangente aqui exposta, a insistente tentativa, por parte de gestores públicos, de celebrar parcerias com organizações da sociedade civil escolhendo discricionariamente seus parceiros privados, mesmo em hipóteses em que a oportunidade de colaboração com a Administração é limitada, à revelia de qualquer procedimento seletivo-objetivo, apenas para favorecê-los em razão de proximidades pessoais, representa um ato de corrupção. De forma mais genérica, a concessão, dentro da Administração Pública, de um benefício em favor de um agente público, motivada apenas por satisfazer ao sentimento de amizade nutrido por superior hierárquico, sem qualquer critério objetivo e impessoal que justifique a benesse a um agente específico em detrimento dos demais, representa não apenas uma violação aos princípios constitucionais da isonomia e da impessoalidade administrativa, mas também um ato de corrupção em sua acepção ampla.

Apesar de todas as críticas e limitações, entendemos que, em comparação às insuficientes definições jurídicas, examinar a corrupção por meio de seu conceito amplo – seja com base nas acepções econômicas expostas anteriormente, seja por meio das já tradicionais concepções de mau uso do poder confiado para obtenção de benefícios privados – apresenta maior potencial epistêmico e explicativo para o fenômeno, aproximando-se mais da concepção social sobre corrupção na Administração.

Sem a pretensão de construir uma acepção imune a discordâncias, parece-nos que um conceito suficiente para o ato de corrupção em sentido amplo seria *a conduta dolosa de desvirtuamento ou voltada ao desvirtuamento do Poder Público para satisfazer a interesses privados (próprios ou de terceiros) de qualquer natureza*. Ao longo deste capítulo, adotaremos essa acepção ampla ao tratarmos dos aspectos gerais da corrupção.

No entanto, convém observar que, quando nos referimos especificamente à corrupção praticada por empresas em detrimento da Administração Pública, pelo próprio tipo de conduta usualmente envolvido nessa relação, o conceito de corrupção naturalmente acaba por se restringir. A corrupção empresarial melhor se amolda às acepções econômicas antes suscitadas. Em regra, uma empresa que incorre em um ato de corrupção objetiva uma relação de troca (*quid pro quo*) com o agente público corrompido, oferecendo uma vantagem por um favorecimento indevido. Por vezes, a relação de troca é clara e direta:

oferece-se o benefício ilícito pela prática de um ato de ofício. Em outras oportunidades, podem ser feitos pagamentos regulares apenas em troca de uma "boa relação" com os gestores públicos, que certamente redundará em favorecimentos espúrios em algum momento.

A despeito das vantagens epistêmicas de pensar na corrupção por meio de uma acepção abrangente do termo, há evidentes limitações. O conceito guarda-chuva é útil para melhor compreender o fenômeno e ajudar a identificar práticas reprováveis que, por vezes, naturalizam-se e se repetem indevidamente. Todavia, quando da responsabilização de uma pessoa por um ato compreendido como corrupto segundo uma acepção abrangente, inevitavelmente as autoridades públicas precisarão recorrer às categorias jurídicas existentes. Portanto, ainda que nos pareça possível falar, sob uma conotação ampla, em um ato de corrupção cometido por uma empresa, sua responsabilização se pautará, por fim, em normas como a Lei nº 8.429/1992 e a Lei nº 12.846/2013, que adotam conceitos jurídicos distintos e mais restritos.

1.3 As diferentes formas de corrupção

Há diferentes formas ou categorias de corrupção citadas pela literatura. Aqui serão abordadas apenas aquelas relacionadas à corrupção empresarial perante a Administração. Neste livro, o foco é a corrupção que ocorre no setor público. A ela opõe-se a dita corrupção privada, relacionada às condutas que se amoldam ao conceito social abstrato de corrupção, mas que ocorrem apenas entre atores do setor privado.[43]

Outra categorização notadamente relevante para o Brasil diferencia a pequena corrupção da corrupção grandiosa. A pequena, também denominada "corrupção da burocracia", é aquela mais rotineiramente vivenciada pelo cidadão comum e por pequenas empresas. Envolve burocratas corruptos da ponta da máquina pública, que vislumbram a oportunidade de angariar vantagens pessoais em razão de monopolizarem poder para desempenhar determinada atividade

---

[43] Para uma abordagem sobre a corrupção no setor privado, cf. FURTADO, Lucas Rocha. *Brasil e corrupção*: análise de casos (inclusive a Lava Jato). Belo Horizonte: Fórum, 2018. p. 36-41; e ROSE-ACKERMAN, Susan; PALIFKA, Bonnie J. *Corruption and Government* – Causes, Consequences and Reform. 2. ed. Nova York: Cambridge University Press, 2016. p. 121-124, 222-225.

ou por conta de seu poder decisório, por vezes discricionário, para conceder determinado benefício ou impor um ônus.[44]

Já a corrupção grandiosa é a que ocorre nas esferas mais elevadas da Administração Pública, usualmente envolvendo grandes desvios de recursos. Consiste na distorção de políticas públicas e de relevantes projetos estatais para benefício das lideranças políticas, em detrimento do interesse público.[45] Quase sempre a corrupção grandiosa se materializa por um conluio entre os extratos superiores da Administração e interesses empresariais. Eventualmente há também a associação de agentes dos substratos inferiores da burocracia, necessários para operacionalizar o esquema desonesto.

Como é natural, os fenômenos da pequena corrupção e da corrupção grandiosa acabam por se vincular, uma vez que esta última, oriunda de altos cargos da Administração Pública, inevitavelmente estimula, quando não legitima, a proliferação da pequena corrupção.

A classificação entre pequena corrupção e corrupção grandiosa é importante para o estudo do fenômeno no Brasil. Conforme a pesquisa *Latinobarómetro*, entre nós existe a percepção de que a corrupção entre agentes políticos é significativamente mais disseminada do que entre servidores públicos. Com efeito, enquanto 27% da população considera que "todos" ou "quase todos" os servidores são corruptos, 62% tem a mesma impressão em relação ao presidente e seus funcionários; 59%, em relação aos parlamentares; e 56%, em relação aos vereadores.[46,47]

---

[44] ROSE-ACKERMAN, Susan. Introduction and overview. In: ROSE-ACKERMAN, Susan (Ed.). *International Handbook on the Economics of Corruption*. Cheltenham: Edward Elgar Publishing Limited, 2006. p. xviii-xix.

[45] Cf. ROSE-ACKERMAN, Susan. *Corruption and Government* – Causes, Consequences and Reform. Cambridge: Cambridge University Press, 1999. p. 27; e TRANSPARENCY INTERNATIONAL. *The Anti-Corruption Plain Language Guide*, p. 23. Disponível em: https://images.transparencycdn.org/images/2009_ TIPlainLanguageGuide_EN.pdf. Acesso em: 18 jul. 2020.

[46] LATINOBARÓMETRO. *Informe 2018*, p. 67. Disponível em: https://www.latinobarometro.org/latdocs/ INFORME_2018_LATINOBAROMETRO.pdf. Acesso em: 8 ago. 2020.

[47] Em pesquisa realizada em 2019, a Transparência Internacional identificou um considerável aumento na percepção de corrupção entre funcionários públicos no Brasil. Em 2017, o percentual dos entrevistados que entendia que a maioria dos agentes governamentais era corrupta alcançava apenas 24%. Tal percentual saltou para 54% em 2019. Acreditamos que esse incremento tenha relação com o enorme volume de informações na imprensa sobre casos de corrupção na Administração no período da Lava Jato e que não seja suficiente, por si, para negar a afirmação de que, no Brasil, existe mais elevada percepção de corrupção entre políticos do que entre servidores públicos. A despeito do referido incremento da percepção da corrupção entre servidores, na mesma pesquisa a percepção de corrupção entre os membros do Legislativo e na cúpula do Executivo ainda continuava maior, alcançando 63% e 57%, respectivamente. Cf. TRANSPARÊNCIA INTERNACIONAL.

Em semelhante toada, o Barômetro da Corrupção para a América Latina e o Caribe, pesquisa organizada pela Transparência Internacional, apontou o Brasil como um dos países da região com menor incidência de experiências com subornos relacionados a serviços estatais básicos, como saúde, educação ou serviços judiciários. Apenas 11% da população relatou contato com esse tipo de pequena corrupção, percentual inferior até mesmo ao do Chile (13%) – país considerado referência anticorrupção na América Latina – e substancialmente menor que em outras nações próximas, como Colômbia (20%) ou México (34%).[48]

Portanto, as pesquisas mencionadas reforçam o entendimento de que a população brasileira percebe a pequena corrupção na burocracia estatal como um problema menor e menos disseminado que a corrupção de agentes políticos, nos extratos mais elevados do Poder Público. Nesse passo, uma política anticorrupção que se pretenda efetiva deveria almejar combater notadamente a corrupção grandiosa. Contudo, como se verá ao longo deste livro, não é o que se observa no Brasil.

Outra classificação importante para o presente estudo questiona como as relações corruptas se processam em um determinado meio. A corrupção está amplamente espraiada, sendo a norma de comportamento ou ocorre apenas pontualmente? A literatura distingue a corrupção esporádica (ou isolada) da corrupção sistêmica ou endêmica.[49] A primeira se manifesta em sociedades ou segmentos da sociedade em que os malfeitos da espécie ocorrem apenas em episódios bem definidos. Já a corrupção sistêmica caracteriza-se por episódios de corrupção que acontecem de forma reiterada e disseminada em uma certa localidade ou em um determinado segmento de organização política, econômica

---

Barômetro Global da Corrupção: América Latina e Caribe 2019, p. 37. Disponível em: https://barometro.transparenciainternacional.org.br/. Acesso em: 12 set. 2020.

[48] Ibid. p. 15-16.

[49] Há quem entenda que corrupções sistêmica e endêmica são sinônimos. Outros enxergam diferenciação, indicando, em síntese, que a sistêmica revelaria a existência de uma espécie de organização institucional que favoreceria ou até exigiria a ocorrência de eventos de corrupção, enquanto a endêmica seria a microcorrupção privada cotidiana, espraiada e naturalizada no meio social. Filiamo-nos à corrente que interpreta os conceitos como sinônimos. A pretensa diferenciação advém, em verdade, da adoção de um conceito amplíssimo de corrupção (tratando como tal ocorrências que, em verdade, são de má-fé ou falta de ética) e da distinção de *locus* em que ocorrem os episódios. Entendendo os conceitos como sinônimos, cf. U4. *Glossary*. Disponível em: https://www.u4.no/terms#. Acesso em: 19 jul. 2020. Em sentido oposto, traçando a diferenciação, cf. HANNS, Luiz Alberto. Qual das três corrupções decidiremos combater? *O Estado de S. Paulo*, São Paulo, 27 maio 2017. Disponível em: https://economia.estadao.com.br/noticias/geral,qual-das-tres-corrupcoes-deciremos-combater,70001816141. Acesso em: 19 jul. 2020. O referido autor também aponta uma terceira classificação, atinente à corrupção sindrômica, que se referiria a uma "síndrome típica do subdesenvolvimento, que entrelaça má gestão, burocracia e corrupção".

ou social. Em um quadro de corrupção sistêmica, esse ilícito deixa de ser uma exceção e passa a ser a regra. Retornaremos à análise da corrupção sistêmica adiante (seções 1.5.3 e 1.6).

1.4 A corrupção como problema multifacetado: as diversas perspectivas de análise das causas da corrupção na Administração Pública

A corrupção na Administração Pública é um problema complexo e multifacetado. Em relação às suas causas, há muitas hipóteses, mas ainda poucas certezas. Decifrar a multiplicidade de prováveis fatores causais não é um desafio trivial.

Diversas abordagens acadêmicas já foram utilizadas para investigar os possíveis determinantes da corrupção, como as perspectivas sociológica e antropológica,[50] histórica[51] e psicológica;[52] o exame do componente moral;[53] a análise da corrupção como subproduto das relações político-eleitorais;[54] entre outras possíveis construções elucubradas pela mente humana. Provavelmente todas as explicações desenvolvidas com base nessas óticas, se bem construídas, guardariam algum potencial explicativo para o fenômeno.

Não se pretende aqui rejeitar nenhuma das referidas abordagens. No entanto, considerando também a inviabilidade técnica de conjugar em um mesmo estudo todas as ciências que se dedicam ao tema, adota-se, neste livro, uma perspectiva predominantemente econômica para tratar a corrupção, buscando unir o Direito e a economia no exame

---

[50] Para resumo, cf. ROTHESTEIN, Bo; VARRAICH, Aiysha. *Making Sense of Corruption*. Cambridge: Cambridge University Press, 2017. p. 25-30. Mais detidamente, cf. TORSELLO, Davide; VENARD, Bertrand. The Anthropology of Corruption. *Journal of Management Inquiry*, v. 25, n. 1, 2015.

[51] USLANER, Eric. *The Historical Roots of Corruption*: mass education, economic inequality and state capacity. Cambridge: Cambridge University Press, 2017.

[52] NOVAES, Camila Souza. A guerra contra a corrupção no Brasil: uma perspectiva psicológica. *Revista Populus*, v. 5, p. 215-247, 2018.

[53] Sustentando haver um inequívoco componente moral na corrupção, cf. UNDERKUFFLER, Laura S. *Captured by evil*: the idea of corruption in law. New Haven: Yale University Press, 2013. p. 223-243.

[54] No Brasil, as relações entre dinheiro e eleições, analisadas com base em episódios de corrupção da história brasileira recente, são objeto do estudo de Bruno Carazza (cf. CARAZZA, Bruno. *Dinheiro, eleições e poder*: as engrenagens do sistema político brasileiro. São Paulo: Companhia das Letras, 2018). No exterior, para uma coletânea de artigos sobre o tema, cf. HEYWOOD, Paul M. *Routledge Handbook of Political Corruption*. Londres: Routledge, 2015.

dos elementos que produzem esse fenômeno, bem como das possíveis soluções.

Há algumas razões para essa abordagem metodológica. A corrupção empresarial é uma realidade econômica, devendo ser examinada como tal. Como já destacado anteriormente (cf. Introdução), assim como ocorre em qualquer operação econômica, há, na corrupção empresarial, um lado da oferta e outro da demanda por corrupção. Nesse passo, é natural que se recorra à perspectiva econômica para o estudo desse fenômeno.

Além disso, considerando que, nesta obra, pretende-se examinar o sistema de incentivos produzido pelo atual arranjo normativo-institucional brasileiro, bem como propor eventuais aperfeiçoamentos, uma perspectiva interdisciplinar revela-se imprescindível. As ciências jurídicas, isoladamente e em sua abordagem tradicional, não parecem dotadas das ferramentas necessárias para aferir os estímulos e desestímulos gerados pela organização jurídico-institucional estatal, devendo, para tanto, socorrer-se de outras disciplinas.[55]

Sem prejuízo, convém tecer breves considerações em relação a outra possível interpretação, por sua difusão no debate brasileiro. Há, entre nós, entendimento corrente que enfatiza que a corrupção seria uma espécie de herança histórico-cultural, um subproduto da formação social brasileira, que remonta até o período colonial português e, assim, teria permanecido na orientação moral da população.[56] Não é incomum encontrar referências explícitas ou veladas a essa ideia – seja em conversas informais sobre o tema, seja na literatura convencional ou jurídica –, que, por vezes, é suscitada não como uma mera hipótese, mas como se fosse uma verdade incontroversa.

---

[55] Em semelhante abordagem, Patrícia Baptista ressalta a necessária perspectiva interdisciplinar do Direito Administrativo contemporâneo, que requer o desenvolvimento de um pluralismo metodológico com base nos aportes de outras ciências, como economia, psicologia e ciência política. Cf. BAPTISTA, Patrícia. Transformações do Direito Administrativo: 15 anos depois – reflexões críticas e desafios para os próximos quinze anos. In: BRANDÃO, Rodrigo; BAPTISTA, Patrícia (Org.). Direito Público. Rio de Janeiro: Freitas Bastos, 2015. p. 396-398.

[56] Na literatura jurídica brasileira, também criticando o que denomina de "visão dominante de que os elevados índices de corrupção praticados no Brasil (...) estão vinculados ao passado ou à identidade do brasileiro e que não podem, portanto, ser superados" e adotando semelhante interpretação à qual ora expomos, Lucas Rocha Furtado sustenta que "essa visão acerca do brasileiro – que em nosso sentir é equivocada – não é determinante para a ocorrência de elevados níveis de corrupção no Brasil". Rejeitando possíveis explicações relacionadas à origem histórico-cultural, para o autor, as principais causas para o elevado nível de corrupção no Brasil estão "em nosso sistema jurídico administrativo" e na "certeza da impunidade". FURTADO, Lucas Rocha. Brasil e corrupção: análise de casos (inclusive a Lava Jato). Belo Horizonte: Fórum, 2018. p. 23-27.

É preciso cautela com tal compreensão, uma vez que pode conduzir a duas interpretações equivocadas: (i) a de que haveria certo determinismo histórico-cultural quanto aos altos níveis de corrupção brasileiros, o que tornaria os esforços de enfrentamento do problema, de certo modo, inócuos; e (ii) a de que o brasileiro – ou qualquer outro povo que conviva com elevados índices de corrupção – seria moral e eticamente mais flexível e, por isso, teria maior aceitação a tais ilícitos.

Contudo, as pesquisas históricas e empíricas mais recentes não parecem sustentar a hipótese tradicional mencionada. De fato, comparar o atual quadro de corrupção brasileiro ao de outros países do mundo e atribuir o resultado do presente à histórica formação social do país parece ignorar que nações como Dinamarca, Suécia ou Estados Unidos – com história e tradições muito distintas das brasileiras e que atualmente apresentam ótimas *performances* nos índices de corrupção – também já foram bastante corruptas em séculos passados.

Com efeito, no início do século XX, os Estados Unidos ainda apresentavam problemas típicos de um país em desenvolvimento, como instituições instáveis e altos níveis de corrupção. Embora seja controverso apontar quais eventos foram decisivos para a mudança de paradigma de integridade pública, parece certo que apenas no início do século XX alcançou-se melhor controle do quadro de recorrente corrupção que igualmente existia lá.[57] A mesma constatação pode ser feita em relação a Dinamarca ou Suécia, que figuram como atuais referências de integridade pública. Em ambos os países há registros históricos de elevados níveis de corrupção entre a burocracia estatal ainda no começo do século XIX. Sucessivas reformas foram necessárias para que, apenas no final do mesmo século, encontrassem o rumo do universalismo ético.[58]

---

[57] Para mais detida análise dos Estados Unidos como um País em desenvolvimento no início do século XX e superação do quadro de corrupção sistêmica naquele país, cf. CUÉLLAR, Mariano-Florentino; LEVI, Margaret; WEINGAST, Barry. *Conflict, institutions and public law*: reflections on twentieth-century America as a developing country. Disponível em: https://ostromworkshop.indiana.edu/pdf/seriespapers/2017fall-colloq/levi-paper.pdf (acesso em: 10 set. 2020); e CUÉLLAR, Mariano-Florentino; STEPHENSON, Matthew C. Taming Systemic Corruption: The American Experience and its Implications for Contemporary Debates. *QoG Working Paper Series*, n. 6, set. 2020.

[58] Sobre a experiência histórica de Dinamarca e Suécia no combate à corrupção, cf. ROTBERG, Robert I. *The corruption cure*: how citizens and leaders can combat graft. Princeton: Princeton University Press, 2017, p. 199-208; MUNGIU-PIPPIDI, Alina. *The Quest for Good Governance*: how societies develop control of corruption. Cambridge: Cambridge University Press, 2015. p. 57-82; ROTHSTEIN, Bo; TEORELL, Jan. Getting to Sweden, Part II: breaking with corruption in the nineteenth century, *Scandinavian Political Studies*, v. 38, n. 3, 2015, p. 238-254.

Não seria ousadia afirmar, assim, que a sociedade estadunidense, dinamarquesa ou sueca do século XIX era possivelmente tão corrupta quanto a organização social hoje presente em países que vão mal em indicadores de corrupção – a exemplo do Brasil –, a despeito de toda a diferença de percurso histórico-cultural. A constatação de que diversos países ao redor do mundo já conseguiram superar seus quadros de difundida corrupção suscita uma lição de otimismo para o Brasil, ao mesmo tempo que indica que interpretações com viés determinista devem ser afastadas.

No mais, tampouco há evidências de que a população de países em que a corrupção está enraizada tenha maior flexibilidade moral e ética do que outros povos quanto à aceitação de corrupção. Como referido diversas vezes na literatura em ciência política, estudos modernos indicam que a reprovação às práticas indevidas é bastante semelhante em países que apresentam distintos níveis de corrupção. Com efeito, mesmo em lugares considerados mais corruptos, a população em geral (e também, naturalmente, os agentes públicos) tem plena consciência de que aqueles atos são equivocados, compreende suas consequências negativas para a sociedade, apresenta posição moral contrária à corrupção e não evidencia padrão ético distinto de reprobabilidade ao que deveria ser considerado corrupção.[59] Portanto, a corrupção não se perpetuaria nessas localidades por uma suposta maior flexibilidade moral ou um possível determinismo histórico-cultural, e sim por outros fatores causais que mantêm a corrupção como a "regra do jogo" ao longo do tempo.

Assim, evitando abordagens tradicionais da espécie, que nos parecem menos explicativas, preferimos analisar a corrupção na Administração Pública notadamente sob a perspectiva da análise econômica e das suas já consolidadas interconexões com outros campos de estudo, como a ciência política.

---

[59] Cf. ROTBERG, Robert I. *The corruption cure*: how citizens and leaders can combat graft. Princeton: Princeton University Press, 2017. p. 27-28, 30-32.; PERSSON, Anna; ROTHSTEIN, Bo; TEORELL, Jan. Why Anticorruption Reforms Fail – Systemic Corruption as a Collective Action Problem. *Governance: An International Journal of Policy, Administration, and Institutions*, v. 26, n. 3, p. 449–471, p. 455-456, jul. 2013; e ROTHESTEIN, Bo; VARRAICH, Aiysha. *Making Sense of Corruption*. Cambridge: Cambridge University Press, 2017. p. 47-49.

1.5 Análise econômica das causas da corrupção na Administração Pública

1.5.1 Considerações sobre a perspectiva econômica e sobre os incentivos à corrupção

A perspectiva econômica busca identificar, no sistema de incentivos advindo do arranjo jurídico-institucional, quais elementos estimulam a corrupção ou ajudam a suprimi-la.[60] Sob a leitura econômica, a corrupção guarda estrita relação com os incentivos e desincentivos a que os agentes públicos e privados estão expostos.[61]

Uma premissa básica da teoria econômica neoclássica – trazida à análise jurídica, em especial, pela Escola de Chicago[62] – é a de que o ser humano responde a incentivos.[63] Nessa linha de pensamento, sustenta-se que as pessoas tendem a adotar comportamentos racionais maximizadores de sua satisfação (ou utilidade) pessoal. O ser humano adaptaria seu agir de acordo com as circunstâncias do meio, em busca de melhor atender seu próprio interesse.[64]

Embora a suposta racionalidade perfeita do *Homo economicus* tenha sido criticada por diversas escolas posteriores do pensamento econômico, com reflexos também nas linhas de análise econômica

---

[60] Sobre a perspectiva econômica para análise da corrupção como problema, cf. ROSE-ACKERMAN, Susan; PALIFKA, Bonnie J. *Corruption and Government* – Causes, Consequences and Reform. 2. ed. Nova York: Cambridge University Press, 2016. p. 36-37, 51-229. Já tivemos a oportunidade de apresentar abordagem mais completa sobre a análise econômica da corrupção em CARVALHO, Victor Aguiar de. Corrupção e análise econômica: como o sistema de incentivos influencia o quadro de comportamentos ilícitos. *In*: CYRINO, André; MIGUEIS, Anna Carolina; PIMENTEL, Fernanda Morgan (Coord.). *Direito Administrativo e Corrupção*. Belo Horizonte: Fórum, 2020. p. 89-115.

[61] Convém registrar que, na verdade, mesmo dentro da perspectiva econômica, a corrupção já foi abordada com base em diferentes teorias. Para ser mais exato, aqui utilizamos especialmente elementos de abordagem neoclássica e institucional. Não tratamos de outras possíveis leituras, a exemplo daquelas próprias de economistas heterodoxos. Para uma diferente abordagem, cf. KHAN, Mushtaq H. Determinants of corruption in developing countries: the limits of conventional economic analysis. *In*: ROSE-ACKERMAN, Susan. (Ed.). *International Handbook on the Economics of Corruption*. Cheltenham: Edward Elgar Publishing Limited, 2006.

[62] Para um exame detido do pensamento da Escola de Chicago, cf. MERCURO, Nicholas; MEDEMA, Steven G. *Economics and the Law*: from Posner to Postmodernism and beyond. 2. ed. Princeton: Princeton University Press, 2006. p. 94-155.

[63] Sobre o tema, cf. POSNER, Richard A. *Economic Analysis of Law*. 4. ed. Boston: Little, Brown and Company, 1992, p. 4.

[64] Loc. cit.

do Direito,[65] certo é que até hoje as ciências econômicas acreditam na importância da concessão dos incentivos corretos para o alcance dos resultados almejados. Em outros termos, a visão econômica tradicional acredita que é possível prever qual é o comportamento provável em geral, no agregado, ainda que indivíduos isoladamente considerados nem sempre obedeçam aos teóricos padrões de racionalidade.

Em linhas gerais, a literatura econômica sobre corrupção com inspiração neoclássica sustenta que surgem riscos à ocorrência do ilícito em tela quando se colocam duas condições: (i) há um poder estatal cuja forma de exercício desperta interesse dos agentes privados; e (ii) os agentes públicos percebem espaço (incentivos) para utilizar esse poder em troca de benefícios pessoais.[66]

Em semelhante toada, Susan Rose-Ackerman e Tina Søreide aduzem que os riscos à corrupção se fortalecem quando um agente público concentra poder de monopólio para a prática de um ato de alocação de benefícios escassos[67] ou imposição de ônus ou custos ao particular.[68] O cenário torna-se ainda mais propenso a violações à

---

[65] Nessa seara, merece destaque a economia comportamental, que, associada ao Direito, deu origem à denominada *"behavioral law and economics"*. Mediante combinação de conceitos de economia e psicologia, defende-se que a forma de tomada de decisões dos seres humanos em muitas situações se afasta das previsões típicas de racionalidade estrita da teoria neoclássica. Para exame e também críticas, cf. WRIGHT, Joshua D.; GINSBURG, Douglas H. Behavioral Law and Economics: Its Origins, Fatal Flaws, and Implications for Liberty. *Northwestern University Law Review*, v. 106, n. 3, set. 2012. Disponível em: http://papers.ssrn.com/sol3/papers.cfm?abstract_id=2147940. Acesso em: 25 jul. 2020.

[66] Em semelhante sentido, cf. KHAN, Mushtaq H. Determinants of corruption in developing countries: the limits of conventional economic analysis. *In*: ROSE-ACKERMAN, Susan (Ed.). *International Handbook on the Economics of Corruption*. Cheltenham: Edward Elgar Publishing Limited, 2006. p. 219-220.

[67] O termo "escassez" é utilizado aqui sob a lógica econômica. Em Direito, a palavra remete à absoluta insuficiência de algo. Em economia, o sentido é mais sutil, relacionando-se à simples limitação da capacidade de produzir ou oferecer todos os bens e serviços demandados em uma sociedade. Em nossa organização, os recursos são, como regra, limitados. A economia, em sua definição mais usual, é justamente a ciência que estuda a forma por meio da qual a sociedade gerencia e aloca seus recursos escassos. Nesse sentido, cf. MANKIW, N. Gregory. *Introdução à Economia*: princípios de micro e macroeconomia. Trad. 2. ed. Rio de Janeiro: Campus, 2001. p. 3-4.

[68] Cf. SØREIDE, Tina; ROSE-ACKERMAN, Susan. Corruption in State Administration. *In*: ARLEN, Jennifer. *Research handbook on corporate crime and financial misdealing*. Cheltenham: Edward Elgar Publishing Limited, 2018. p. 196-197. Cf. também ROSE-ACKERMAN, Susan; PALIFKA, Bonnie J. *Corruption and Government* – Causes, Consequences and Reform. 2. ed. Nova York: Cambridge University Press, 2016. p. 126.

integridade quando esse poder pode ser exercido como ato discricionário e em um quadro de baixa *accountability*.[69,70]

Ocorre que a alocação de recursos escassos, de acordo com os princípios e regras definidos pelo ordenamento jurídico, é uma função típica do Estado. Como exemplo, pode-se pensar nas vagas para determinados serviços complexos de saúde ou para matrícula em universidades públicas, nas licenças ambientas de operação em determina região e, ainda, na alocação de recursos públicos em convênios ou contratos. Todos são casos de escassez.

Veja o exemplo das compras e das contratações públicas. O procedimento licitatório apresenta fragilidades à corrupção justamente por unir o problema da escassez econômica com o poder estatal para minudenciar os critérios de qualificação para participação no certame.[71] Afinal, como é intuitivo observar, são limitados não apenas os recursos públicos destinados às compras e às contratações, mas também o número de contratos públicos disponíveis, de modo que os potenciais interessados devem concorrer entre si para celebrar o negócio com a Administração. No mais, inegavelmente resta ao Poder Público certa margem discricionária para especificar os critérios de participação, inclusive aqueles atinentes à habilitação, respeitando os requisitos do art. 37, XXI, da Constituição de 1988.

A relação corrupta também pode ser analisada com base no que a economia costuma denominar "poder de barganha" entre as partes. Não se entenda aqui a expressão "barganha" como atinente a uma necessária negociação comutativa. A ideia subjacente à alocação de "poder de barganha" melhor se refere à capacidade de negociação entre as partes ou, de forma mais simples, ao equilíbrio de poder

---

[69] Cf. ROSE-ACKERMAN, Susan; PALIFKA, Bonnie J. *Corruption and Government* – Causes, Consequences and Reform. 2. ed. Nova York: Cambridge University Press, 2016. p. 127.

[70] Esse modo de interpretar o fenômeno em exame considera, por conseguinte, que os atos ilícitos poderiam ser evitados ou, ao menos, reduzidos mediante a modificação do sistema de incentivos com o qual agentes públicos e privados se deparam. Seguindo essa toada, Robert Klitgaard chegou a elaborar uma estilizada equação que, em sua visão, sintetizaria a presença de incentivos à corrupção: Corrupção = Poder de Monopólio + Discricionariedade – Accountability. Cf. KLITGAARD, Robert. *Controlling Corruption*. Berkeley: University of California Press, 1988. p. 75. Para críticas à fórmula, ante o fato de reduzir problema complexo a uma roupagem demasiadamente singela, cf. STEPHENSON, Matthew. Klitgaard's Misleading "Corruption Formula". *The Global Anticorruption Blog*. Disponível em: https://globalanticorruptionblog.com/2014/05/27/klitgaards-misleading-corruption-formula/. Acesso em: 3 nov. 2019.

[71] Cf. SØREIDE, Tina; ROSE-ACKERMAN, Susan. Corruption in State Administration. *In*: ARLEN, Jennifer. *Research handbook on corporate crime and financial misdealing*. Cheltenham: Edward Elgar Publishing Limited, 2018. p. 198.

na relação entre as partes. Aplicando tal lógica à corrupção, quanto mais importante a decisão administrativa for para os interesses do administrado, maior será o "poder de barganha" do agente público naquela relação corrupta e menor será o poder do particular para recusar o pedido de pagamento de benefício privado ou resistir ao incentivo de oferecer a vantagem ilícita.[72]

A análise econômica leva em consideração, ainda, a atuação ativa dos atores externos à Administração Pública, como as empresas. Não se presume – como o Direito costuma fazer – que as normas jurídicas ou as políticas estatais serão passivamente obedecidas por seus destinatários. Os envolvidos comportam-se de forma estratégica, interagindo com os agentes públicos e respondendo aos incentivos que lhes são postos pelo Estado de forma a otimizar seus interesses.[73]

1.5.2 A corrupção como dilema de agência

No campo da análise econômica, durante as últimas décadas, a abordagem dominante para tratar da corrupção foi interpretá-la como um dilema de agência.[74] Como se viu na seção 1.2, as definições mais usuais para a corrupção, a exemplo da construída pela Transparência Internacional, definem o problema em exame como um uso indevido ou abusivo do poder recebido para obtenção de ganhos privados. Essa concepção majoritária baseia-se justamente no dilema de agência.

Também conhecido como problema principal-agente,[75] o dilema de agência serviu como marco teórico para trabalhos seminais sobre a

---

[72] Ibid. p. 196-197.
[73] Cf. ROSE-ACKERMAN, Susan. The Institutional Economics of Corruption. *In*: GRAAF, Gjalt de; MARAVIC, Patrick von; WAGENAAR, Pieter (Eds). *The Good Cause*: theoretical perspectives on corruption. Opladen & Farmington Hills: Barbara Budrich Publishers, 2010. p. 50.
[74] Em revisão da literatura já se identificou que, em uma amostra de 115 trabalhos, todos haviam aderido explicitamente a tal representação ou deduziam narrativas relacionadas à formulação em exame. A diferença relevante estava apenas na forma de modelagem: 60% dos trabalhos se pautavam na corrupção burocrática, em que o principal é o representante eleito pelo povo e os agentes são a burocracia estatal; e 40% desenhavam o dilema de agência integrando à corrupção política, apontando o povo como o principal. Cf. UGUR, Mehmet; DASGUPTA, Nandini. *Evidence on the economic growth impacts of corruption in low-income countries and beyond*: a systematic review. Londres: EPPI-Centre, Social Science Research Unit, Institute of Education, University of London, 2011. p. 43-44.
[75] Para uma visão geral sobre a utilização do problema do principal-agente na Análise Econômica do Direito, cf. COOTER, Robert; ULEN, Thomas. *Direito & Economia*. Tradução: Luis Marcos Sander e Francisco Araújo da Costa. 5. ed. Porto Alegre: Bookman, 2010. p. 208-209, 419-421.

perspectiva econômica da corrupção, a exemplo dos estudos de Susan Rose-Ackerman[76] e Robert Klitgaart.[77] Trata-se de uma modelagem empregada na análise econômica do Direito para descrever uma situação em que uma pessoa, o principal, é representado por outra, o agente, que é quem pessoalmente pratica atos ou celebra negócios em nome do principal ou sob sua orientação.[78] Em outros termos, o agente interage com terceiros em nome do principal e o faz (ou deveria fazer) em obediência às suas orientações. O dilema de agência adota como pressuposto a teoria da escolha racional. Ou seja, tanto agente como principal seriam seres racionais e que buscariam maximizar seus próprios interesses.

No entanto, por vezes, os interesses do agente e do principal acabam se revelando conflitantes. Nessas hipóteses, o agente eventualmente poderia passar a se comportar buscando apenas seu melhor proveito pessoal, "traindo" as expectativas ou orientações do principal. De fato, há frequentemente espaço para essa atuação estratégica do agente, em especial por duas razões: (i) o principal pode ter dificuldades de monitorar adequadamente o comportamento do agente; e, (ii) não raras vezes, há considerável assimetria informacional entre o principal e o agente.

Analisando a corrupção como um dilema de agência, o principal seria o próprio povo, cujos interesses eventualmente são traídos por agentes públicos (agentes políticos ou agentes administrativos) interessados em obter benefícios pessoais abusando do poder que, em última análise, deriva do povo.[79] Os estudos que se pautam nesse

---

[76] Cf. ROSE-ACKERMAN, Susan. *Corruption*: a study in political economy. Nova York: Academic Press, 1978.

[77] Cf. KLITGAARD, Robert. *Controlling Corruption*. Berkeley: University of California Press, 1988.

[78] A utilização mais comum do dilema de agência para análise de um problema jurídico refere-se ao contrato de mandato do Código Civil, regulado pelos arts. 653 e seguintes do Código Civil. No caso, o mandante, que seria o principal, outorga poderes ao mandatário, que é o agente, para, em seu nome, praticar atos ou administrar interesses.

[79] Não se trata da única forma de modelagem da corrupção como um dilema de agência. Uma outra vertente, preocupada especialmente com a pequena corrupção, aponta como agentes apenas os membros da burocracia estatal. O principal seria o governo eleito, que busca implementar um determinado projeto político sufragado nas urnas. Por vezes, o agente da burocracia estatal, observando a oportunidade de se corromper para auferir proveitos pessoais, desviaria das orientações traçadas pelo principal e buscaria se aproveitar da máquina pública para auferir benefícios pessoais. Nesse sentido, cf. KLITGAARD. Op. cit. p. 69-71. Ocorre que, em cenários de grande corrupção e de corrupção sistêmica, não são apenas os burocratas que se corrompem. Em geral, também a elite política está envolvida, sendo, em verdade, provavelmente quem mais aufere benefícios pessoais ou político-partidários desses ilícitos. Assim, parece-nos mais realista a modelagem que considera o

tipo de análise buscam corrigir os incentivos ao mau uso do poder pelos agentes públicos, em detrimento do povo, melhor alinhando os interesses de ambos.[80]

Não faltariam problemas concretos que pudessem ser apresentados por meio dessa modelagem. É possível citar, mais uma vez, os reiterados escândalos de corrupção nas contratações públicas brasileiras. O regime geral de contratações públicas é pródigo em peculiaridades que fragilizam a posição do contratado frente à Administração, criando possibilidades para o eventual abuso de poder por parte de agentes mal-intencionados.[81] Políticos da alta cúpula, por vezes com a colaboração de agentes públicos de menor hierarquia, em troca de benefícios pessoais, usam indevidamente seu poder administrativo para favorecer sociedades empresariais que participam dos procedimentos, em detrimento da coletividade.

Para buscar aprimorar o sistema de incentivos e reduzir o risco de corrupção, há quem aposte justamente na eliminação de desnecessárias oportunidades de atuação arbitrária do agente. Por exemplo, Marçal Justen Filho já defendeu que a corrupção decorreria de "oportunidades ofertadas pelo direito para escolhas prepotentes do agente público".[82] O autor se referia às prerrogativas extraordinárias existentes na contratação pública, que conferem à Administração poderes unilaterais para a tomada de decisões em determinados cenários, criando poder de monopólio para a concessão de benefícios ou imposição de custos.

---

povo como principal e os agentes públicos em geral como agentes. Sobre a evolução do modelo principal-agente para exame da corrupção, cf. PERSSON, Anna; ROTHSTEIN, Bo; TEORELL, Jan. Why Anticorruption Reforms Fail – Systemic Corruption as a Collective Action Problem. *Governance: An International Journal of Policy, Administration, and Institutions*, v. 26, n. 3, p. 453, jul. 2013.

[80] Por exemplo, a forma de recrutamento do corpo burocrático, a política remuneratória e o nível de motivação intrínseca são elementos que podem contribuir para o alinhamento dos interesses de principal e agente. A profissionalização do serviço público, mediante a admissão por critérios meritórios e impessoais, é uma das formas de evoluir nesse sentido, embora certamente não seja o bastante para eliminar todos os corruptos. Sobre o tema, cf. BOEHM, Frédéric; LAMBSDORFF, Johann. Corrupción y anticorrupción: em perspectiva neoinstitucional. *Revista de Economía Institucional*, v. II, n. 21, p. 45-72, 2009, p. 58.

[81] MARQUES NETO, Floriano de Azevedo. O Direito Administrativo e a Corrupção. *In*: CYRINO, André; MIGUEIS, Anna Carolina; PIMENTEL, Fernanda Morgan (Coord.). *Direito Administrativo e Corrupção*. Belo Horizonte: Fórum, 2020. p. 55.

[82] JUSTEN FILHO, Marçal. Corrupção e contratação administrativa: a necessidade de reformulação do modelo jurídico brasileiro. *Gazeta do Povo*, Curitiba, 5 jun. 2015. Disponível em: http://www.gazetadopovo.com.br/vida-publica/justica-e-direito/colunistas/marcal-justen-filho/corrupcao-e-contratacao-administrativa-a-necessidade-de-reformulacao-do-modelo-juridico-brasileiro-0plrukcqg5ficcjqzrcnfcbbu. Acesso em: 26 jul. 2020.

O dilema de agência também se faz presente nos atos de corrupção cometidos junto à Administração Pública sob o enfoque das próprias empresas. Imagine um gerente que decida, por conta própria, sem conhecimento da camada dirigente da empresa, oferecer propina a agentes públicos, a fim de agilizar a obtenção de uma licença ambiental necessária para a consecução de um empreendimento, que, se concluído com celeridade, renderá substancial bônus remuneratório. No Brasil, a referida empresa pode vir a ser responsabilizada objetivamente em razão da conduta de seu funcionário. Considerando que a cúpula gestora não esteja de acordo com a conduta aqui narrada, o ato de corrupção seria um exemplo de atuação do agente em prejuízo do principal.

1.5.3 A corrupção como problema de ação coletiva

A análise da corrupção como um problema principal-agente inspirou a propagação de propostas de reformas na Administração Pública, de cunho eminentemente técnico, que tinham como escopo, em geral, reduzir a discricionariedade de agentes públicos, limitar poderes monopolizados, além de aumentar a transparência e a *accountability*.[83] Essas propostas objetivavam controlar notadamente o que se poderia chamar de "demanda por corrupção", ou seja, a possibilidade de que membros da Administração Pública se corrompessem para obter indevidas vantagens.

A despeito da incorporação dessas reformas por diversas Administrações Públicas, há poucos casos no mundo de significativa redução nos níveis de corrupção.[84] Em geral, mesmo adotando políticas e modelos consagrados pela comunidade internacional, os países permanecem com indicadores de corrupção bastante estáveis. De acordo com um estudo coordenado pela *Hertie School of Governance*, no período entre 1996 e 2011, apenas 21 países, entre 189, apresentaram melhorias

---

[83] Sobre o domínio do dilema de agência na formatação de políticas anticorrupção ao redor do mundo, cf. PERSSON, Anna; ROTHSTEIN, Bo; TEORELL, Jan. Why Anticorruption Reforms Fail – Systemic Corruption as a Collective Action Problem. *Governance: An International Journal of Policy, Administration, and Institutions*, v. 26, n. 3, p. 451-453, jul. 2013; e HOUGH, Dan. *Analysing corruption*. Newcastle: Agenda Publishing Limited, 2017. p. 76.

[84] Nesse sentido, cf. PERSSON, Anna; ROTHSTEIN, Bo; TEORELL, Jan. Why Anticorruption Reforms Fail – Systemic Corruption as a Collective Action Problem. *Governance: An International Journal of Policy, Administration, and Institutions*, v. 26, n. 3, p. 453, jul. 2013; JOHNSTON, Michel. Why do so many anti-corruption efforts fail? *NYU Annual Survey of American Law*, v. 67, issue 3, p. 468, 2012; MUNGIU-PIPPIDI, Alina. Corruption: diagnosis and treatment. *Journal of Democracy*, v. 17, n. 3, p. 86, jul. 2006.

estatisticamente significantes no controle da corrupção, enquanto outros 27 retrocederam.[85]

Nesse contexto, no campo da ciência política, desenvolveram-se outras teorias para tentar explicar a resiliência dos altos níveis de corrupção. A mais influente, adotada por autores de relevo que se dedicam ao tema, a exemplo de Alina Mungiu-Pippidi e Bo Rothstein, é a que encara a corrupção também como um problema de ação coletiva, interpretação que, embora frequentemente acolhida pelos cientistas políticos, pauta-se em instrumentos analíticos originados nas ciências econômicas.[86,87]

O economista Mancur Olson, no livro *The Logic of Collective Action: Public Goods and the Theory of Groups*, publicado em 1965, foi o pioneiro em popularizar a teoria da ação coletiva. Em determinadas situações, um grupo afetado por um dado problema estaria em melhor situação se cooperasse para a solução da questão. Todavia, nessas mesmas hipóteses, podem surgir incentivos para a adoção de estratégias individualistas, que divergem da conduta que seria ideal para o bem coletivo. Desse modo, algumas pessoas podem decidir não colaborar para a solução

---

[85] MUNGIU-PIPPIDI, Alina; KUKUTSCHKA, Roberto Martinez Barranco; MONDO, Bianca Vaz. *Anti-Corruption Policies Revisited*. Disponível em: http://anticorrp.eu/wp-content/uploads/2013/08/D3_1Global-comparative-trend-analysis-report1.pdf. Acesso em: 27 jul. 2020.

[86] Exemplos de trabalhos de referência no tema são PERSSON, Anna; ROTHSTEIN, Bo; TEORELL, Jan. Why Anticorruption Reforms Fail – Systemic Corruption as a Collective Action Problem. *Governance: An International Journal of Policy, Administration, and Institutions*, v. 26, n. 3, p. 449-471, jul. 2013; e MUNGIU-PIPPIDI, Alina. *The Quest for Good Governance*: How Societies Develop Control of Corruption. Cambridge: Cambridge University Press, 2015. Em língua portuguesa, embora traduzido do original em inglês, cf. CARSON, Lindsey D.; PRADO, Mariana Mota. Usando a multiplicidade institucional para enfrentar a corrupção como um problema de ação coletiva: lições do caso brasileiro. *In*: FORTINI, Cristiana. *Corrupção e seus múltiplos enfoques jurídicos*. Belo Horizonte: Fórum, 2018.

[87] Mais especificamente, o exame da corrupção como um problema de ação coletiva se inspira na modelagem que, em teoria dos jogos, denomina-se de "jogo de confiança" (tradução livre para *assurance game*), também conhecida como "jogo da caça ao cervo", em razão da alegoria, inspirada em Jean-Jacques Rousseau, que descreve o dilema de caçar um cervo ou uma lebre. Essa representação é apenas uma espécie de problema de ação coletiva, havendo outras que também se enquadrariam na mesma categoria. No "jogo de confiança", há dois possíveis equilíbrios de Nash: o primeiro, representado pelo cenário em que os participantes cooperam entre si e obtêm um maior retorno; e o segundo, em que os participantes não conseguem cooperar e acabam em um equilíbrio inferior ao que poderia ser obtido por meio da cooperação. Para melhor exame do jogo, inclusive por meio de sua representação gráfica, cf. FIANI, Ronaldo. *Teoria dos jogos*. Rio de Janeiro: Elsevier, 2015. p. 113-115. Para análise do *assurance game* utilizado na literatura anticorrupção, cf. STEPHENSON, Matthew. Corruption Is Not (Mainly) an Assurance Problem. *The Global Anticorruption Blog*. 13 ago. 2019. Disponível em: https://globalanticorruptionblog.com/2019/08/13/corruption-is-not-mainly-an-assurance-problem/. Acesso em: 19 nov. 2019.

comum, o que ocorre especialmente quando não é possível excluir aqueles que não cooperam – denominados *free-riders* (caroneiro) – dos benefícios alcançados pelo esforço coletivo.

No limite, cada envolvido buscará maximizar o melhor resultado para si, com base na expectativa que tem em relação ao comportamento dos demais. Caso haja confiança de que os demais membros do grupo adotarão uma conduta voltada ao interesse comum, é possível que a coletividade encontre um equilíbrio de mútua cooperação, beneficiando a todos. Todavia, inexistindo a confiança social de que os demais seguirão um comportamento de cooperação, a estratégia racional passará a ser justamente a de se desviar da melhor conduta de interesse comum e agir de maneira individualista.

Pensar a corrupção como um dilema de ação coletiva permite enxergar duas relevantes questões. O nível de corrupção é influenciado por comportamentos condicionais, ou seja, pela expectativa que se tem em relação à conduta dos outros atores naquele meio. Ela depende, assim, das normas sociais vigentes.[88] Se a corrupção é vista como a "regra do jogo" em um dado segmento ou localidade, o atuar ilícito tenderá a se consolidar. Em um ambiente assim, permanecer íntegro pode se tornar um comportamento de duvidosa racionalidade, quando não arriscado.

Além disso, a corrupção se revelaria como um fenômeno com múltiplos possíveis equilíbrios: uma determinada sociedade ou um dado segmento econômico-social poderiam se consolidar em contextos de corrupção disseminada ou de baixa corrupção, a depender das expectativas que se tem em relação à conduta dos demais atores que interagem naquele meio.[89,90] Ou seja, pode-se formar um círculo vicioso de corrupção ou um círculo virtuoso de corrupção controlada, a depender das "regras do jogo" adotadas naquele meio.[91]

---

[88] CARSON, Lindsey D. *Deterring Corruption*: Beyond Rational Choice Theory, p. 34-38. Disponível em: https://ssrn.com/abstract=2520280. Acesso em: 10 out. 2020.

[89] Para mais detida análise da corrupção como um fenômeno de múltiplos equilíbrios, cf. FISMAN, Ray; GOLDEN, Miriam A. *Corruption*: what everyone needs to know. Nova York: Oxford University Press, 2017. p. 4-7; e AIDT, Toke S. Economic Analysis of Corruption: A Survey. *The Economic Journal*, v. 113, n. 491, p. F646-F649, nov. 2003.

[90] Defendendo que uma sociedade não precisa necessariamente ter múltiplos equilíbrios de corrupção, ainda que se compreenda a corrupção como um fenômeno que se realimenta e se reforça, cf. STEPHENSON, Matthew C. Corruption as a Self-Reinforcing "Trap": implications for reform strategy. *QoG Working Paper Series*, n. 10, p. 6, 15-26, jun. 2019.

[91] As expressões "círculo vicioso" e "círculo virtuoso" se referem, respectivamente, à retroalimentação de equilíbrios de alta e baixa corrupção, assim como o termo "regras do jogo" para tratar do contexto político, econômico e social que conduz a tais equilíbrios, são usuais na literatura especializada sobre o tema. Por exemplo, cf. MUNGIU-PIPPIDI,

Forma-se um quadro de corrupção em equilíbrio estável considerando-se pelo menos três vertentes distintas. Em primeiro lugar, mesmo entre aqueles que acreditam que a redução da corrupção seria benéfica para a coletividade, poucos estão dispostos a assumir o esforço, além dos riscos pessoais ou financeiros, de a enfrentar individualmente. Estigmatização, exclusão social e até riscos à integridade física e à vida são realidades para aqueles que apontam a existência de atos corruptos. Assim, acaba se tornando uma escolha mais cômoda e racional esperar que a corrupção seja enfrentada por terceiros, o que leva poucos a se indispor com o problema.[92]

Em segundo lugar, em um quadro de corrupção disseminada – em que se espera que outros também estejam incorrendo na mesma prática –, não parece ser vantajoso abster-se de cometer condutas de corrupção, abrindo mão das vantagens decorrentes do ilícito, enquanto outros daquele meio econômico-social continuam a adotar impunemente as mesmas condutas indevidas.[93] Aqui já se fez referência (cf. seção 1.1) à pesquisa que mostrou que um terço dos executivos entrevistados afirmou que foi vítima de um pedido de propina ou perdeu uma oportunidade de negócios para um concorrente que acredita haver pagado propinas.[94] As empresas que operam em quadros de corrupção sistêmica junto à Administração Pública vivenciam constantemente esse dilema (cf. seção 1.6).

Em terceiro lugar, aqueles que estão mais bem posicionados para tentar modificar o quadro de corrupção sistêmica, como as lideranças políticas, dificilmente terão incentivos para se empenhar em promover verdadeiras transformações, porque os riscos embutidos em alterar as "regras do jogo" também são muito altos para as lideranças políticas mais íntegras e, também, porque os membros da cúpula política são os que,

---

Alina. Seven Steps to Control of Corruption: The Road Map. *Daedalus*, v. 147, n. 3, p. 30, 2018; FISMAN; GOLDEN. Op. cit. p. 9.; e STEPHENSON. Op. cit. p. 3.

[92] Resistir a um ambiente corrupto pode até mesmo trazer severos riscos pessoais. Nesse sentido, cf. PERSSON, Anna; ROTHSTEIN, Bo; TEORELL, Jan. Why Anticorruption Reforms Fail – Systemic Corruption as a Collective Action Problem. *Governance: An International Journal of Policy, Administration, and Institutions*, v. 26, n. 3, p. 458-460, jul. 2013.

[93] Ibid., p. 460-463, sobre os benefícios de agir corruptamente em um cenário em que a corrupção está disseminada e no qual, sem recorrer a esse tipo de expediente, eventualmente não se conseguirá sequer acesso a serviços básicos do Estado.

[94] PWC. Fighting fraud: a never-ending battle. *PwC's Global Economic Crime and Fraud Survey*. Disponível em: https://www.pwc.com/gx/en/forensics/gecs-2020/pdf/global-economic-crime-and-fraud-survey-2020.pdf. Acesso em: 26 maio 2020.

em geral, mais se beneficiam de um contexto de corrupção sistêmica.[95] Assim, será rara a formação de suficientes estímulos para que a cúpula política esteja verdadeiramente comprometida com o enfrentamento da corrupção e com a mudança para um novo patamar de integridade. O tema será retomado no próximo capítulo (cf. seção 2.1).

Convém registrar, por fim, em razão da divergência na literatura,[96] que a ideia de que a corrupção na Administração Pública é um dilema de ação coletiva não exclui a interpretação da questão também como um problema principal-agente. A corrupção sempre poderá ser caracterizada como um dilema de agência. Eventualmente, também apresentará elementos de um problema de ação coletiva. A leitura relativa à ação coletiva contribui para que não se tenha uma visão ingênua sobre o combate à corrupção e se perceba que há profundas dificuldades para a sua superação.

1.6 O equilíbrio estável de corrupção na Administração Pública brasileira e a corrupção empresarial como um problema de ação coletiva: círculo vicioso e seleção adversa

A compreensão do problema em exame também como um dilema de ação coletiva aponta que um determinado setor ou uma dada localidade podem acabar presos em uma espécie de equilíbrio estável de alta corrupção, em que a prática ocorre sistematicamente. Esse equilíbrio seria fruto das expectativas que se nutre em relação ao comportamento a ser adotado pelos demais integrantes daquele meio, de acordo com as normas sociais vigentes.

Analisando o cenário brasileiro, o cientista político Marcus André Melo resume bem o quadro. Em suas palavras, se "todos acham que a corrupção é a regra do jogo, estamos em uma armadilha. Caso acreditem que transações honestas são essenciais, obedecer à lei é

---

[95] Cf. PERSSON, Anna; ROTHSTEIN, Bo; TEORELL, Jan. Getting the basic nature of systemic corruption right: a reply to Marquette and Peiffer. *Governance*, p. 7, out. 2019.

[96] Sobre as distinções entre as diferentes formas de análise e entendendo, ao fim, que são complementares entre si, cf. MARQUETTE, Heather; PEIFFER, Caryn. Grappling with the "real politics" of systemic corruption: Theoretical debates versus "real-world" functions. *Governance*, p. 1-16, 2017; e PERSSON, Anna; ROTHSTEIN, Bo; TEORELL, Jan. Getting the basic nature of systemic corruption right: a reply to Marquette and Peiffer. *Governance*, p. 1-12, out. 2019.

estratégia dominante".[97] Ainda conforme o autor, quando a prática de atos ilícitos é a regra, "o ator que joga limpo será um perdedor e não sobreviverá. O incentivo nessa situação é jogar sujo, esperando que os demais também o façam".[98] Com efeito, se "alguém (um cidadão ou empresário) paga uma propina a um agente público (um fiscal ou um parlamentar), esperando que aceite a oferta, a situação persiste em equilíbrio".[99]

A corrupção assume um estado de equilíbrio estável quando se torna um fenômeno que se retroalimenta, reforçando-se. Quanto mais disseminada for, maiores serão os incentivos para que se incorra nesse tipo de ilícito, formando um verdadeiro círculo vicioso de corrupção, uma armadilha social na qual aquele meio restaria preso.[100] Esse equilíbrio é dito estável porque eventuais perturbações, como a descoberta e a punição de um grande esquema de corrupção ou a aprovação de uma pequena reforma legislativa, tendem a não modificá-lo em longo prazo.[101] O principal fator que caracteriza a corrupção na Administração Pública como um equilíbrio é justamente sua resiliência, ou seja, a tendência de estabilidade desse cenário.

Obviamente, afirmar que a corrupção pode se tornar uma situação de equilíbrio não significa dizer, como bem ressalta Matthew Stephenson, que absolutamente todas as pessoas em um determinado meio adotarão um comportamento corrupto. O ponto aqui é mais singelo: a corrupção tende a ser mais atraente em meios em que o fenômeno é prevalente.[102]

Não é difícil perceber que a Administração Pública brasileira apresenta situações de equilíbrios de elevada corrupção.[103] Aliás,

---

[97] MELO, Marcus André. Corrupção sistêmica. *Folha de S.Paulo*, São Paulo, 29 maio 2017. Disponível em: https://www1.folha.uol.com.br/opiniao/2017/05/1887989-corrupcao-sistemica.shtml. Acesso em: 2 ago. 2020.
[98] Idem.
[99] Idem.
[100] Cf. STEPHENSON, Matthew C. Corruption as a Self-Reinforcing "Trap": implications for reform strategy. *QoG Working Paper Series*, n. 10, jun. 2019, p. 4. Também PERSSON, Anna; ROTHSTEIN, Bo; TEORELL, Jan. Getting the basic nature of systemic corruption right: a reply to Marquette and Peiffer. *Governance*, p. 42, out. 2019.
[101] Cf. STEPHENSON, Matthew C. Corruption as a Self-Reinforcing "Trap": implications for reform strategy. *QoG Working Paper Series*, n. 10, jun. 2019, p. 6.
[102] Ibid. p. 8. Em semelhante sentido, cf. CARSON, Lindsey D. *Deterring Corruption*: Beyond Rational Choice Theory, p. 36-38. Disponível em: https://ssrn.com/abstract=2520280. Acesso em: 10 out. 2020.
[103] Como visto, o cientista político brasileiro Marcus André Melo, por exemplo, versando sobre a realidade nacional, utiliza o mesmo referencial teórico aqui apresentado para sustentar a existência de uma armadilha social ou de um equilíbrio para o quadro de corrupção sistêmica no Brasil. Cf. MELO, Marcus André. Corrupção sistêmica. *Folha de S.Paulo*.

ao adotar um conceito amplo de corrupção, o problema parece ainda maior. Relações de favorecimento particularistas,[104] em que o tratamento recebido varia conforme seus laços construídos ou *status* social, são absolutamente espraiadas em vários segmentos do setor público brasileiro. O tratamento particularista, ao arrepio do princípio constitucional da impessoalidade na Administração Pública, é tão corrente e naturalizado que, não raras vezes, os gestores públicos têm dificuldade de compreender e aceitar a impossibilidade de utilizar a função pública em condutas patrimonialistas para benefício pessoal ou para favorecimento de conhecidos, seja em nomeações de cargos comissionados, seja por meio de compras públicas ou da celebração de convênios ou outras pactuações afins.

Todavia, ainda quando adotadas acepções mais restritas de corrupção, o equilíbrio pode ser identificado pelo menos em segmentos específicos da Administração. Por exemplo, em diversos estados da Federação, a atividade policial revela-se como um ambiente de corrupção sistêmica, sendo tal realidade tão conhecida na sociedade que até já inspirou famosas obras cinematográficas no país.

As contratações públicas em alguns entes da Federação também são inequívocos casos de corrupção sistêmica. O elevado número de escândalos nessa seara fala por si. Naturalmente, nessas localidades, como sempre ocorre em cenários de corrupção sistêmica, não houve ilícitos apenas nos episódios que vieram à tona, mas também em tantos outros que jamais serão descobertos, que se somam, ainda, aos que puderam ser evitados por atuação preventiva de órgãos de controle.

Quando a corrupção está disseminada e torna-se a norma – como nos entes federativos em que as contratações públicas são cenários de corrupção sistêmica –, dificilmente um ator econômico que não opere conforme as "regras do jogo" conseguirá ter êxito naquele mercado, seja porque estará em enorme desvantagem competitiva em relação aos concorrentes que aderem ao contexto de corrupção, seja porque, ainda

---

São Paulo: 29 maio 2017. Disponível em: https://www1.folha.uol.com.br/opiniao/2017/05/1887989-corrupcao-sistemica.shtml. Acesso em: 2 ago. 2020.

[104] O uso do termo "particularismo" para se referir às usuais relações de favorecimento na América Latina foi consagrado na produção de Guillermo O'Donnel, a exemplo de O'DONNELL, Guillermo. Illusions About Consolidation. *Journal of Democracy*, v. 7, n. 2, p. 33-47, abr. 1996. Sobre o predomínio do particularismo em sociedades com alto nível de corrupção e entendendo que o problema aqui tratado é mais uma manifestação desse particularismo reinante, cf. MUNGIU-PIPPIDI, Alina. Corruption: diagnosis and treatment. *Journal of Democracy*, v. 17, n. 3, p. 87-91, jul. 2006; e Idem. Seven Steps to Control of Corruption: The Road Map. *Daedalus*, v. 147, n. 3, p. 23-25, 2018.

que se consagre vencedor em uma licitação, estará sujeito ao abuso de poder por parte de agentes públicos corruptos.

Assim, quando a corrupção na Administração Pública se torna um equilíbrio estável, uma empresa que pretenda celebrar negócios jurídicos com o Poder Público não terá incentivos para atuar com integridade. Não seria vantajoso deixar de incorrer em corrupção enquanto seus potenciais concorrentes adotam condutas ilícitas impunemente. Quando a corrupção faz parte das "regras do jogo" para o relacionamento com a Administração Pública, o comportamento ótimo, dadas as expectativas em relação à falta de integridade dos demais participantes daquele meio, passa a ingressar também em práticas corruptas. Aqueles que não estejam dispostos a participar dela acabarão excluídos desse meio. Desse modo, forma-se um círculo vicioso, que realimenta a corrupção.[105]

No referido quadro, as empresas têm duas opções: abster-se de negociar com a Administração Pública ou seguir as "regras do jogo". Aquelas que obedecem aos mais rigorosos padrões de integridade e conseguem auferir outras fontes de renda poderão, eventualmente, dispensar a relação com a Administração. Outras talvez não tenham essa opção e precisarão se adequar. É claro, também haverá aquelas que compactuarão espontaneamente com os desvios da Administração, sem qualquer questionamento de ordem moral.

De toda sorte, a corrupção como um equilíbrio levará a um problema de seleção adversa.[106] Quando o ilícito ocorre de modo sistêmico, tendem a ser favorecidas, no mercado de compras e contratações públicas, justamente aquelas empresas tolerantes ou mais capazes de se adaptar aos baixos padrões de integridade apresentados pela Administração, em detrimento daquelas mais rigorosas com as práticas de seus colaboradores.

---

[105] Nesse sentido, foi emblemático o depoimento prestado, em colaboração premiada, pelo ex-diretor-presidente de uma empreiteira envolvida nos escândalos desvendados pela Lava Jato na Petrobrás. Ele teria afirmado que o pagamento de propina em negócios celebrados com a estatal era prática absolutamente disseminada entre as grandes empresas, um "lugar-comum". Cf. BORGES, Laryssa. "Todas as empresas pagavam propina", diz delator. *Veja*, São Paulo, 15 set. 2015. Disponível em: https://veja.abril.com.br/politica/todas-as-empresas-pagavam-propina-diz-delator/. Acesso em: 6 jan. 2020.

[106] Em síntese, o conceito de seleção adversa se refere a um problema de assimetria de informação entre as partes, que faz com que o comprador/contratante tenha dificuldades em selecionar, no mercado, o melhor vendedor/contratado e, com isso, por vezes, ao adotar critérios limitados para diferenciação, acabe negociando justamente com os piores parceiros comerciais, porque são os que melhor se adéquam aos critérios pouco informados adotados pelo comprador/contratante para sua escolha. Sobre o conceito de seleção adversa, cf. COOTER, Robert; ULEN, Thomas. *Law & Economics*. 6. ed. Boston: Pearson, 2012, p. 48-49.

1.7 Conclusões parciais: a gravidade e a complexidade da corrupção empresarial na Administração Pública

Ao longo deste capítulo, examinou-se a gravidade e a complexidade do quadro de corrupção na Administração Pública, que assume magnitude ainda maior quando há envolvimento empresarial. Não raras vezes, forma-se um verdadeiro equilíbrio estável de corrupção, proveniente de um dilema de ação coletiva. Ante as causas nada triviais que dão origem a esse quadro, que se relacionam à organização político-institucional de um país, bem como às normas sociais ou "regras do jogo" existentes em um dado segmento econômico-social, a corrupção tende a ser um problema duradouro e resiliente.

Soluções simplistas dificilmente trarão resultados longevos e efetivos. A luta contra a corrupção não é uma cruzada dos bons contra os maus, com a certeza de que os maus, após identificados e punidos, serão necessariamente substituídos pelos bons. É necessário um esforço de modificação do equilíbrio.

Embora seja um problema intricado e multifacetado, a experiência histórica internacional também revela que é possível modificar o quadro de corrupção. Não há determinismo quanto à permanência desse cenário. O círculo vicioso de corrupção pode ser quebrado ou, ao menos, atenuado. No entanto, a complexidade do assunto exige um tratamento sofisticado, com a conjugação de diferentes táticas, para abordar seus diversos aspectos.[107]

---

[107] Cf. DIXIT, Avinash. Anti-corruption Institutions: some history and theory. *In*: BASU, K.; CORDELLA, T. (Ed.) *Institutions, Governance and the Control of Corruption*. Washington: Palgrave Macmillan, 2018. p. 17-18.

CAPÍTULO 2

O ENFRENTAMENTO DA CORRUPÇÃO EMPRESARIAL ENTRE DIFICULDADES E ESPERANÇAS

2.1 A dificuldade de disrupção do equilíbrio: formas de *accountability* e a resiliência da demanda por corrupção

Como qualquer transação econômica, a corrupção também apresenta um lado de demanda e um lado de oferta.[108] A demanda por corrupção concerne ao eventual ímpeto, por parte de membros da Administração, de ingressar nessas relações ilícitas. Os demandantes por corrupção são agentes públicos desonestos que detêm poder para favorecer particulares em troca de benefícios indevidos.

O inevitável recorte de objeto deste livro, ante a magnitude do problema abordado, exclui o exame mais detido da demanda por corrupção na Administração Pública. Sem a pretensão de exaurir a análise que poderia ser objeto de um estudo autônomo, suscitam-se breves considerações relacionadas à dificuldade de romper o equilíbrio corrupto pelo enfoque da demanda, a reforçar a importância de que

---

[108] Já abordamos a definição de oferta e demanda por corrupção na introdução deste trabalho. Expusemos que um exemplo de demandante seria um membro da alta cúpula do Poder Executivo que estivesse disposto a utilizar sua influência para moldar procedimentos de contratação pública com o escopo de favorecer um determinado grupo empresarial. Já a oferta de corrupção junto à Administração Pública refere-se ao possível suprimento desses benefícios indevidos pelos atores privados que se relacionam com o Poder Público. No mesmo exemplo anterior, a ofertante de corrupção seria a empresa que oferecesse vantagens ao agente político em troca do indevido favorecimento.

se conceda atenção também à oferta de corrupção como esperança de modificação desse círculo vicioso.

Luciano Da Ros define *accountability* como "um processo retrospectivo de prestação de contas e de responsabilização que ocorre em relações de delegação de poder".[109] Na clássica lição de Guillermo O'Donnel, o conceito de *accountability* divide-se entre vertical e horizontal. A *accountability* vertical seria a possibilidade de os cidadãos, por meio de eleições livres e justas, punirem ou premiarem os representantes eleitos, votando a favor deles ou contra eles, ou seus grupos políticos. Já a *accountability* horizontal seria aquela oriunda de órgãos estatais dotados do mandato de fiscalização e sancionamento de outros agentes públicos na hipótese de cometimento de atos ilícitos.[110]

Tanto os tradicionais métodos de *accountability* vertical como os de *accountability* horizontal apresentaram históricas limitações no enfrentamento da corrupção pelo lado da demanda. Com efeito, em diversas partes do mundo, frustraram-se as expectativas de controle da corrupção por meio do combate à demanda por ilícitos da espécie por parte dos agentes públicos. Como visto, o número de histórias de sucesso recente na redução sustentada da corrupção é bastante diminuto, mesmo após a implementação de reformas típicas da caixa de ferramentas anticorrupção (cf. seção 1.5.2).[111,112]

Em relação à *accountability* vertical, a disputa eleitoral, por si só, não tem conseguido expulsar da arena política aqueles que não demonstram empenho em combater a corrupção ou que se envolvem

---

[109] DA ROS, Luciano. Accountability legal e Corrupção. *Revista da CGU*, v. 11, n. 20, p. 1253, 2019.
[110] O'DONNELL, Guillermo. Accountability horizontal e novas poliarquias. *Lua Nova*, n. 44, p. 28, 40-41, 1998.
[111] Nesse sentido, cf. HOUGH, Dan. *Analysing corruption*. Newcastle: Agenda Publishing Limited, 2017, p. 171; PERSSON, Anna; ROTHSTEIN, Bo; TEORELL, Jan. Why Anticorruption Reforms Fail – Systemic Corruption as a Collective Action Problem. *Governance: An International Journal of Policy, Administration, and Institutions*, v. 26, n. 3, p. 130-133, 450, jul. 2013; MUNGIU-PIPPIDI, Alina. *The Quest for Good Governance*: How Societies Develop Control of Corruption. Cambridge: Cambridge University Press, 2015.
[112] Em obra dedicada a analisar países que conseguiram alcançar círculos virtuosos de controle da corrupção mais recentemente, Alina Mungiu-Pippidi e Michael Johnston citam os casos de Botswana, Coreia do Sul, Costa Rica, Chile, Estônia, Geórgia, Qatar, Ruanda, Taiwan e Uruguai. Cf. MUNGIU-PIPPIDI, Alina; JOHNSTON, Michael. *Transitions to Good Governance*: creating virtuous circles of anti-corruption. Cheltenham: Edward Elgar Publishing, 2017.

em algum escândalo da espécie. Como se sabe, não é incomum que essas figuras acabem por ser reeleitas.[113,114]

De toda sorte, em sociedades com focos de corrupção sistêmica, mesmo quando a *accountability* vertical leva à punição de atuais ocupantes de cargos políticos e há alternância de poder, a instrumentalização meramente retórica do discurso anticorrupção como arma política mostrou-se mais frequente que a ascensão de líderes verdadeiramente comprometidos com resultados nessa área.[115] A narrativa de "guerra contra a corrupção" costuma ser popular e encontrar eco nos eleitores, sendo utilizada com frequência para angariar votos em favor daqueles que conseguem dela se apropriar.

Na história recente do mundo, não faltam exemplos do manejo de vazios discursos anticorrupção por políticos de oposição que, ao serem eleitos, não trouxeram aprimoramentos significativos para os padrões de integridade pública, quando não se revelaram tão corruptos quanto seus antecessores.[116] Não é incomum que, em sociedades em que a corrupção sistêmica se faz presente, apenas haja a transferência, de um grupo político para outro, das rendas ilícitas obtidas por meio da

---

[113] No entanto, já se identificou, no Brasil, que um político cujo nome tenha sido maculado por escândalos de corrupção, para conseguir se reeleger, terá que gastar em sua campanha, com o escopo de compensar o dano reputacional, muito mais do que costumava despender antes do evento e mais do que os rivais que não foram implicados em atos lesivos à Administração. Cf. JUCÁ, Ivan; MELO, Marcus André; RENNÓ, Lucio. The Political Cost of Corruption: Scandals, Campaign Finance, and Reelection in the Brazilian Chamber of Deputies. *Journal of Politics in Latin America*, v. 8, n. 2, p. 3-36, 2016.

[114] Sobre as limitações da democracia no combate à corrupção, cf. STEPHENSON, Matthew C. Corruption and democratic institutions: a review and synthesis. *In*: ROSE-ACKERMAN, Susan; LAGUNES, Paul (Org.). *Greed, corruption, and the modern state*. Cheltenham: Edward Elgar Publishing, 2015. p. 95-97.

[115] No mesmo sentido, Alina Mungiu-Pippidi observa que, na história recente, o movimento anticorrupção contribuiu mais para a ascensão ao poder de populistas – que se apropriaram do discurso – do que políticos genuinamente comprometidos em enfrentar o problema. Cf. MUNGIU-PIPPIDI, Alina. The Rise and Fall of Good-Governance Promotion. *Journal of Democracy*, v. 31, n. 1, p. 100, jan. 2020.

[116] Matthew Stephenson cita Hungria, Filipinas e Guatemala como exemplos de países em que lideranças políticas conseguiram ascender ao poder instrumentalizando a retórica anticorrupção, envolvendo-se, posteriormente, em seus próprios escândalos da espécie, mas haveria outros em que o ambiente de intensa rejeição popular à política, surgido após grandes escândalos de corrupção, levou a quadros de aguda crise, com resultados que podem ter, ao fim, contribuído para ainda maior deterioração dos padrões de integridade pública. São os casos, por exemplo, do Paquistão, da Tailândia e de Bangladesh, onde ocorreram golpes militares pautados no discurso de boa governança pública. Cf. STEPHENSON, Matthew. Discurso vazio contra corrupção pode servir para piorá-la. *Folha de S.Paulo*, São Paulo, 27 out. 2018. Disponível em: https://www1.folha.uol.com.br/ilustrissima/2018/10/discurso-vazio-contra-corrupcao-pode-servir-para-piora-la.shtml. Acesso em: 6 ago. 2020; e ROBINSON, Nick; SATTAR, Nawreen. When corruption is an Emergency: "Good Governance" Coups and Bangladesh. *Fordham International Law Journal*, v. 35, p. 737-779, 2012.

exploração indevida do poder administrativo.[117] Eventualmente, essas mesmas lideranças poderão até considerar conveniente implementar algumas políticas anticorrupção pontuais, com o único escopo de sustentar o discurso retórico, mas sem qualquer real pretensão de modificar a realidade.[118] De tão repetitivo que tal padrão comportamental se tornou ao redor do mundo, não é mais sequer surpresa que assim ocorra no jogo político-eleitoral.

A resiliência da demanda por corrupção também se dá pelas próprias relações internas da Administração. Quando cenários de corrupção sistêmica se fazem presentes, aqueles que mais se beneficiam do quadro dificilmente encontrarão incentivos para modificá-lo. Aliás, em muitos casos, os atores políticos mais bem posicionados para implementar efetivas propostas anticorrupção são também os que mais obtêm proveito da corrupção sistêmica.[119] Como bem aponta Alina Mungiu-Pippidi, construir uma melhor governança pública não é uma batalha em que somente haverá vencedores.[120] Em reformas ou campanhas anticorrupção, os grupos que são mais favorecidos por essas práticas tenderão a perder as vantagens que o desvirtuamento do Poder Público lhes oferece.

Assim, mesmo os mais bem-intencionados líderes políticos podem enfrentar dificuldades para aprimorar os padrões de integridade pública. Como pontua o cientista político Michael Johnston, grupos de interesse já arraigados na Administração Pública – envolvendo políticos e burocratas – possivelmente estão satisfeitos com o *status quo* e resistirão às mudanças.[121]

---

[117] Em semelhante sentido, cf. MUNGIU-PIPPIDI, Alina. Corruption: diagnosis and treatment, *Journal of Democracy*, v. 17, n. 3, p. 89-90, jul. 2006; e Idem. Seven Steps to Control of Corruption: The Road Map. *Daedalus*, v. 147, n. 3, p. 21, 2018.

[118] Para outras hipóteses sobre as razões pelas quais políticos corruptos podem até vir a promover reformas anticorrupção, cf. EDWARDS, Travis. When and Why do Corrupt Politicians Champion Corruption Reform? A Character Study. *The Global Anticorruption Blog*, 13 mar. 2017. Disponível em: https://globalanticorruptionblog.com/2017/03/13/when-and-why-do-corrupt-politicians-champion-corruption-reform-a-character-study/. Acesso em: 19 nov. 2019.

[119] Cf. ROTHSTEIN, Bo. Fighting Systemic Corruption: the indirect strategy. *Daedalus*, v. 147, n. 3, p. 41, 2018; e PERSSON, Anna; ROTHSTEIN, Bo; TEORELL, Jan. Getting the basic nature of systemic corruption right: a reply to Marquette and Peiffer. *Governance*, p. 7, out. 2019.

[120] Cf. MUNGIU-PIPPIDI, Alina. Corruption: diagnosis and treatment. *Journal of Democracy*, v. 17, n. 3, p. 98, jul. 2006.

[121] Cf. JOHNSTON, Michael. Political will – or political won't. *International Affairs Forum*, p. 14, 2016.

Aliás, como Heather Marquette e Caryn Peiffer apontam, não raras vezes a corrupção é instrumentalizada como ferramenta para solucionar problemas políticos, o que contribui para sua resiliência.[122] No Brasil, como é notório, para solucionar os problemas de coordenação derivados de um regime de fragmentação partidária, o Poder Executivo precisa organizar e sustentar uma coalizão política.[123] Entre os diversos instrumentos utilizados para tanto, figura a tradição de repartir a Administração Pública entre os diferentes grupos aliados, colocando órgãos e entidades públicas sob suas influências. Não é raro que esses grupos políticos verdadeiramente apoiadores se assenhorem da gestão pública em seus centros de poder. Eventualmente, seja para financiamento partidário, seja para enriquecimento pessoal, alguns desses grupos políticos podem passar a abusar do poder a eles delegado e estabelecer arranjos de corrupção em suas esferas de influência.[124] Acontece que, por vezes, na cultura política brasileira, a possibilidade de organizar tais esquemas pode ser justamente o preço cobrado pela participação na coalizão e, consequentemente, para a estabilização política. Assim, é improvável que o enfrentamento da corrupção se torne uma verdadeira prioridade – para além da retórica – da Administração Pública eleita.

Como nos referimos em nossas hipóteses, a despeito do quadro mencionado, o regime anticorrupção trazido pela Lei nº 12.846/2013

---

[122] Cf. MARQUETTE, Heather; PEIFFER, Caryn. Grappling with the "real politics" of systemic corruption: Theoretical debates versus "real-world" functions. *Governance*, p. 8, 2017.

[123] Sobre o jogo político necessário para administrar coalizões imprescindíveis no regime presidencial multipartidário brasileiro, cf. MELO, Marcus André; PEREIRA, Carlos. *Making Brazil Work*. Nova York: Palgrave Macmillan, 2013. p. 58-61.

[124] O custo para a sustentação das coalizões, em alguns casos, pode acabar acarretando corrupção. Como destaca Sérgio Abranches, "a hiperfragmentação partidária (...) afeta diretamente a formação de coalizões, o seu tamanho e a probabilidade de serem estáveis, além de propiciar terreno fértil para o clientelismo e a corrupção", isso porque ela satisfaria "parceiros clientelistas em número elevado". Ainda, Marcus Melo e Carlos Pereira afirmam, nesse sentido, que "a dinâmica dos escândalos de corrupção é incorporada nos mecanismos presidenciais de gestão das coalizões multipartidárias". Nesse sentido, cf. ABRANCHES, Sérgio. *Presidencialismo de Coalizão*: raízes e evolução do modelo político brasileiro. São Paulo: Companhia das Letras, 2018. Edição Kindle, posição 693; e MELO PEREIRA. Op. cit., p. 68. Ponderando que a corrupção não é inerente ao presidencialismo de coalizão, Fernando Limongi defende que "[d]esvio de verbas públicas é um problema endêmico às democracias em todos os climas e níveis de desenvolvimento. Não é, portanto, coisa de país atrasado e sem cultura cívica. E, para colocar o dedo na ferida, não tem nada a ver com o presidencialismo de coalizão. Se fosse assim, a Odebrecht não teria feito o que fez mundo afora, não teria obtido contratos em países que não são presidencialistas ou multipartidários. A Itália, terra das Mãos Limpas, não era nem uma coisa nem outra. Era um país parlamentarista com um partido hegemônico, ou seja, tinha todas as características que os reformistas advogam ser a solução para a corrupção no Brasil". LIMONGI, Fernando. Apresentação. *In*: RODRIGUES, Fabiana Alves. *Lava Jato*: aprendizado institucional e ação estratégica na Justiça. São Paulo: WMF Martins Fontes, 2020. p. xiii.

aposta que a Administração Pública brasileira se empenhará para combater tais ilícitos e promoverá o *enforcement* das normas anticorrupção. Essa expectativa não é realista. A demanda por corrupção tende a ser resiliente, a despeito da sucessão de diferentes governos, mostrando-se ingênuo ou excessivamente otimista acreditar que a Administração terá capacidade institucional para enfrentar com o devido vigor a corrupção em seu meio, sobretudo no que concerne aos casos de corrupção grandiosa (cf. seções 1.3 e 1.6).

No mais das vezes, é provável que a Administração esteja mais comprometida em apenas sustentar um discurso de enfrentamento da corrupção – uma vez que é popular – que em conquistar resultados efetivos. A retórica anticorrupção não necessariamente encontrará confirmação nas práticas reais do dia a dia daquele ente público. Como mera ilustração, veja-se que, em quase todos[125] os discursos proferidos pelos presidentes eleitos pelo voto popular desde a redemocratização, por ocasião do compromisso constitucional perante o Congresso Nacional, a corrupção foi mencionada ao menos uma vez como problema a ser combatido.[126] Como se sabe, não foram gestões imunes a escândalos da espécie.

---

[125] A exceção é o discurso de Fernando Henrique Cardoso para a posse em seu segundo mandato, proferido perante o Congresso Nacional em 1º de janeiro de 1999, em que a palavra "corrupção" não foi pronunciada.

[126] Em seu discurso de posse, proferido em 1989, Fernando Collor de Melo registrou que "[n]ada repugna mais ao espírito de cidadania que a corrupção, a prevaricação e o empreguismo. Bem sabem Vossas Excelências que fiz da luta pela moralidade do serviço público um dos estandartes de minha campanha". Em 1995, Fernando Henrique Cardoso afirmou que a "administração está muito deteriorada, depois de anos de desmandos e arrocho financeiro. O clientelismo, o corporativismo e a corrupção sugam o dinheiro do contribuinte antes que chegue aos que deveriam ser os beneficiários legítimos das ações do Governo, principalmente na área social". Em 2003, Luiz Inácio Lula da Silva suscitou que o "combate à corrupção e a defesa da ética no trato da coisa pública serão objetivos centrais e permanentes do meu Governo" e que "[n]ão permitiremos que a corrupção, a sonegação e o desperdício continuem privando a população de recursos que são seus e que tanto poderiam ajudar na sua dura luta pela sobrevivência". Em 2007, retomou o tema para afirmar que "[n]unca se combateu tanto a corrupção e o crime organizado". Dilma Rousseff, em 2011, afirmou que "[a] corrupção será combatida permanentemente, e os órgãos de controle e investigação terão todo o meu respaldo para atuarem com firmeza e autonomia." No discurso proferido em 2015, já com a Operação Lava Jato em curso, a palavra "corrupção" aparece dez vezes ao longo do pronunciamento para destacar o empenho do Governo no enfrentamento da questão, a exemplo de "[n]unca as instituições foram tão fortalecidas e respeitadas e nunca se apurou e puniu com tanta transparência a corrupção". Em 2019, Jair Messias Bolsonaro retorna ao tema: "Aproveito este momento solene e convoco cada um dos Congressistas para me ajudarem na missão de restaurar e de reerguer nossa Pátria, libertando-a, definitivamente, do jugo da corrupção, da criminalidade, da irresponsabilidade econômica e da submissão ideológica". Os discursos estão disponíveis na galeria dos ex-Presidentes na Biblioteca da Presidência da República, disponível em: http://www.biblioteca.presidencia.gov.br/presidencia/ex-presidentes (acesso em: 29 mar. 2021).

Em acréscimo, os mecanismos tradicionais de *accountability* horizontal, notadamente aqueles relacionados à *accountability* legal,[127] também apresentaram históricas dificuldades no enfrentamento da demanda por corrupção.[128] Recentemente, como Ademar Borges de Souza Filho observa, "[a] forte demanda social por soluções capazes de refrear a corrupção no Brasil recaiu quase exclusivamente sobre o Poder Judiciário".[129] No entanto, ainda conforme o autor, "o direito penal não dá – nem dará – conta, isoladamente, da extensão e profundidade dos problemas brasileiros nesse campo".[130]

Por todas as razões vistas anteriormente, em geral se vê frustrada a esperança de que a punição dos agentes públicos corruptos – aplicada pelo Poder Judiciário – leve à substituição por outros mais íntegros. Sendo o quadro de corrupção sistêmica um equilíbrio estável, não raras vezes os agentes públicos pouco íntegros acabam substituídos por outros que seguirão o mesmo círculo vicioso. Choques punitivos pontuais tendem a alcançar resultados apenas limitados, quando não despertam, como consequência não intencional, riscos mais graves à estabilização político-democrática.[131]

---

[127] Na definição de Luciano Da Ros, *accountability* legal seria "a aplicação, realizada por agentes estatais investidos em tais poderes, de uma punição prevista em lei a um agente que adotou uma conduta considerada ilegal no exercício de suas funções". DA ROS, Luciano. Accountability legal e Corrupção. *Revista da CGU*, v. 11, n. 20, p. 1253, 2019.

[128] O Ministro Luís Roberto Barroso e Aline Osorio, em resenha, narram tensões enfrentadas pelo próprio Supremo Tribunal Federal quando a Corte se viu em posição de lidar com a centralidade do Direito Penal na pauta do STF durante o ápice da Operação Lava Jato. BARROSO, Luís Roberto; OSORIO, Aline. O Supremo Tribunal Federal em 2017: a República que ainda não foi. *Consultor Jurídico*. Disponível em: https://www.conjur.com.br/dl/retrospectiva-barroso-2017-parte.pdf. Acesso em: 29 mar. 2020.

[129] SOUSA FILHO, Ademar Borges de. *O controle de constitucionalidade de leis penais no Brasil*: graus de deferência ao legislador, parâmetros materiais e técnicas de decisão. Belo Horizonte: Fórum, 2019. p. 381.

[130] Idem.

[131] Adotando a nomenclatura de Lon L. Fuller, a corrupção é um problema policêntrico. O autor ilustra concepção de problema policêntrico fazendo analogia a uma teia de aranha. Quando se aplica tensão em um ponto da rede de corrupção existente em um quadro de corrupção sistêmica, não se sabe ao certo quais serão as consequências, sobretudo em uma organização social em que a sustentação política e a corrupção parecem umbilicalmente associadas. Diferenciando dois níveis em que o Direito opera – o nível das ações e decisões individuais e o nível do sistema jurídico como um todo –, Mark Tushnet chega a especular que, em determinadas situações, o enfrentamento da corrupção é um exemplo em que o rigoroso *enforcement* do Direito se torna até mesmo um problema para o Estado de Direito, ou seja, para o sistema jurídico como um todo. Sobre as dificuldades dos Tribunais em lidar com problemas policêntricos, cf. FULLER, Lon L. The forms and Limits of Adjudication. *Harvard Law Review*, v. 92, n. 2, p. 394-404, 1978. Acerca das circunstâncias em que a aplicação do Direito poderia, em tese, gerar uma crise para o sistema jurídico em sentido amplo, cf. TUSHNET, Mark. Law as a Crisis for the Rule of Law: A Speculative Essay. *Harvard Public*

No mesmo sentido, Luciano Da Ros observa que o resultado de campanhas temporárias anticorrupção e de moralização do setor público "quase sempre tem sido o de reduzir a competitividade de segmentos da elite política no mercado eleitoral, permitindo que outros competidores – novos ou outrora pouco competitivos – obtenham maior sucesso".[132] Ainda conforme o autor, "tais campanhas parecem contribuir para uma renovação acelerada do estoque de ocupantes de cargos públicos, mas não necessariamente para uma renovação das práticas políticas que os novos ocupantes adotam uma vez tenham chegado ao poder".[133]

Obviamente, as dificuldades aqui expostas não significam que a persecução aos atos ilícitos não deva ser feita, muito pelo contrário. O esforço de punição à corrupção após a ocorrência do ato é fundamental para dissuadir possíveis novas condutas ilícitas e modificar a cultura de impunidade em um determinado local. Todavia, embora necessário, trata-se de elemento insuficiente para lidar com toda a complexidade da questão.[134]

De toda forma, no Brasil, onde se configuram cenários de corrupção em equilíbrio estável, a demanda por corrupção tende a ser bastante resiliente. Uma análise realista, que vá além da romantização do combate ao problema aqui tratado, exige que se conceda atenção também à oferta do ilícito em exame.

Law Working Paper, n. 17-45, p. 8-10, 2017. Disponível em: https://papers.ssrn.com/sol3/papers.cfm?abstract_id=3029340. Acesso em: 7 ago. 2020. Tratando, ainda, da instrumentalização do Estado de Direito por meio da judicialização da política como arma político-eleitoral, cf. MARAVALL, José Maria. The Rule of Law as a Political Weapon. *In*: MARAVALL, José Maria; PRZEWORSKI, Adam (Ed.). *Democracy and the Rule of Law*. Cambridge: Cambridge University Press, 2003.

[132] DA ROS, Luciano. Accountability legal e Corrupção. *Revista da CGU*, v. 11, n. 20, p. 1264, 2019.

[133] Idem.

[134] Afirmando que a repressão criminal agressiva contra a corrupção é um elemento insuficiente, embora absolutamente necessário para combater a corrupção sistêmica, cf. STEPHENSON, Matthew. Aggressive Criminal Law Enforcement Is Insufficient to Combat Systemic Corruption. But That Doesn't Mean It's Not Necessary. *The Global Anticorruption Blog*, 19 nov. 2019. Disponível em: https://globalanticorruptionblog.com/2019/11/19/aggressive-criminal-law-enforcement-is-insufficient-to-combat-systemic-corruption-but-that-doesnt-mean-its-not-necessary/. Acesso em: 19 nov. 2019.

2.2 A relação das empresas com o equilíbrio estável de alta corrupção: a ação empresarial

O olhar para a demanda por corrupção não é o único possível. A corrupção empresarial junto à Administração Pública também pode ser analisada pelo lado da oferta, ou seja, sob o ângulo do suprimento desses benefícios indevidos. Na literatura, autores como Ray Fisman e Miriam Golden, além de Avinash Dixit, sustentam que, justamente pelos elevados ganhos que a corrupção proporciona para o lado da demanda, é mais provável que o empenho para aprimorar o quadro de integridade pública venha do lado da oferta de corrupção.[135]

Com efeito, para as empresas que se beneficiam das relações corruptas, a atividade ilícita gera oportunidades de maiores lucros em curto prazo. No entanto, para o meio empresarial coletivamente considerado, o quadro de corrupção representa apenas um equilíbrio *second best*, ou seja, um resultado menos eficiente, em que as empresas adotam a melhor estratégia possível, dadas as expectativas que possuem em relação ao meio social e à conduta dos demais (cf. seção 1.6).[136] Em médio e longo prazo, a corrupção pode ser consideravelmente danosa para o setor empresarial como corpo coletivo.[137]

Como a literatura sublinha, existem algumas razões pelas quais um ambiente de corrupção é, ao fim, nocivo para as empresas: (i) o pagamento de benefícios indevidos representa um custo adicional para a atividade produtiva, funcionando como se fosse uma espécie de "tributo" sobre a atividade empresarial, que consome recursos e, assim, dificulta os investimentos e a inovação; (ii) a corrupção gera um risco jurídico e financeiro relacionado à possível aplicação de sanções pelas autoridades públicas; (iii) a corrupção representa um enorme risco de dano reputacional para as empresas, uma vez que se trata de um ilícito universalmente reprovado pela sociedade; e (iv) a corrupção gera incertezas prejudiciais para o crescimento, ao passo que ambientes

---

[135] Sobre o ponto, cf. FISMAN, Ray; GOLDEN, Miriam A. *Corruption*: what everyone needs to know. Nova York: Oxford University Press, 2017. p. 11.; e DIXIT, Avinash. How Business Community Institutions Can Help. Fight Corruption. *The World Bank Economic Review*, v. 29, Issue suppl_1, p. S26, 2015.

[136] Sobre a corrupção como equilíbrio *second best*, cf. FISMAN, Ray; GOLDEN, Miriam A. *Corruption*: what everyone needs to know. Nova York: Oxford University Press, 2017. p. 10.

[137] Em semelhante sentido, cf. CALDERÓN, Reyes; ÁLVAREZ-ARCE, José Luis; MAYORAL, Silvia. Corporation as a Crucial Ally Against Corruption. *Journal of Business Ethics*, v. 87, supplement 1, p. 322, 2009.

com baixos níveis de corrupção acabam por produzir uma melhor atmosfera para os negócios e os investimentos.[138]

Nesse contexto, um olhar mais detido sobre a corrupção empresarial carrega também a esperança de que o segmento corporativo possa vir a atuar como um grupo de interesse em favor de reformas que o beneficiem coletivamente.[139]

Algumas tentativas de coordenação do próprio meio empresarial para adotar compromissos coletivos contra a corrupção já são vistas inclusive no Brasil. Por exemplo, em 2005, o Instituto Ethos iniciou a elaboração do Pacto Empresarial pela Integridade e Contra a Corrupção, idealizado para "unir empresas com o objetivo de promover um mercado mais íntegro e ético e erradicar o suborno e a corrupção".[140,141] Atualmente, constam como signatárias 596 empresas.[142] Outra conhecida iniciativa promovida pelo setor empresarial – presente também no Brasil – é a *Alliance for Integrity*, que busca promover ações coletivas nos setores público e privado.[143]

No entanto, seria ingênuo esperar que, sozinhas, as empresas combatam a corrupção pelo lado da oferta.[144] Para tanto, o arranjo normativo-institucional precisa conceder incentivos adequados.

---

[138] Sobre as razões para a corrupção ser prejudicial para as empresas como grupo, cf. HESS, David. Catalyzing Corporate Commitment to Combating Corruption. *Journal of Business Ethics*, v. 88, p. 782, 2009; e DIXIT, Avinash. Anti-corruption Institutions: some history and theory. In: BASU, K.; CORDELLA, T. (Ed.) *Institutions, Governance and the Control of Corruption*. Washington: Palgrave Macmillan, 2018.

[139] A formação de alianças entre aqueles que perdem com o quadro de corrupção sistêmica, para que possam servir como grupos de interesse, vem sendo apontada como um possível caminho para viabilizar as mudanças e as reformas necessárias à contenção da corrupção. Nesse sentido, cf. MUNGIU-PIPPIDI, Alina. Corruption: diagnosis and treatment. *Journal of Democracy*, v. 17, n. 3, p. 97-98, jul. 2006.

[140] Informação retirada do *site*, disponível em: https://www.ethos.org.br/conteudo/projetos/integridade/pacto-empresarial-pela-integridade-e-contra-a-corrupcao/ (acesso em: 14 set. 2020).

[141] Em 2018, o referido instituto fortaleceu o movimento de combate à corrupção no meio empresarial, com base no Movimento Empresarial pela Integridade e Transparência, com o intuito de promover a participação das empresas e fortalecer ações internas anticorrupção. Sobre o tema, cf. PRADO, Ana Laura. Movimento por transparência pede que empresas combatam a corrupção. *Revista Época Negócios*, Rio de Janeiro, 31 jul. 2018. Disponível em: https://epocanegocios.globo.com/Empresa/noticia/2018/07/movimento-por-transparencia-pede-que-empresas-combatam-corrupcao.html. Acesso em: 14 set. 2020.

[142] Relação disponível em: https://www.ethos.org.br/conteudo/signatarios-do-pacto-empresarial-pela-integridade-e-contra-corrupcao/ (acesso em: 14 set. 2020).

[143] Mais informações sobre a iniciativa estão disponíveis em: https://www.allianceforintegrity.org/pt/alliance-for-integrity/sobre-nos/ (acesso em: 14 set. 2020).

[144] HESS, David. *Corruption and the Multinational Corporation*, p. 7. Disponível em: https://papers.ssrn.com/sol3/papers.cfm?abstract_id=3040812. Acesso em: 11 nov. 2019.

Empresas são, por definição, entidades que buscam maximizar seus lucros. A colaboração empresarial não se mostrará sustentável se uma sociedade empresária acredita que, enquanto se esforça para operar em melhores padrões de integridade, seus concorrentes continuam a se beneficiar impunemente da corrupção ou estruturam práticas preventivas apenas de fachada.

Se a corrupção empresarial é também um problema de ação coletiva (cf. seção 1.6), as expectativas em relação à conduta dos demais atores que interagem naquele meio influenciam o comportamento adotado. Assim, em verdadeira cooperação público-privada, cabe ao Estado conceder às empresas um sistema de incentivos que estimule a desestabilização do equilíbrio de corrupção pelo lado da oferta.

2.3 A expansão global do enfrentamento da corrupção empresarial pelo lado da oferta

A percepção de que a corrupção empresarial poderia ser tratada também pelo lado da oferta – assim como a constatação de que o próprio meio corporativo, desde que incentivado a tanto, seria capaz de ter um papel destacado no abalo ao equilíbrio corrupto – levou a uma verdadeira expansão global de normas relacionadas ao tema. Também contribuiu, para reforçar essa mudança de paradigma, a constatação de que o enfrentamento do problema com foco apenas na repressão à demanda não vinha apresentando os resultados esperados (cf. seções 1.5.3 e 2.1).[145]

Esse movimento se inicia ainda ao fim da década de 1990, tendo como marco mais notável a aprovação, pela OCDE, da Convenção sobre o Combate da Corrupção de Funcionários Públicos Estrangeiros em Transações Comerciais Internacionais.

Por décadas, os Estados Unidos e a Suécia foram os únicos países que proibiam explicitamente o pagamento de propinas por parte de empresas, inclusive extraterritorialmente.[146] O pioneirismo coube aos Estados Unidos, com a aprovação, ainda em 1977, do *Foreign Corrupt*

---

[145] Cf. CALDERÓN, Reyes; ÁLVAREZ-ARCE, José Luis; MAYORAL, Silvia. Corporation as a Crucial Ally Against Corruption. *Journal of Business Ethics*, v. 87, suplemento 1, p. 321, 2009. Também sobre a expansão, desde a década de 1990, dos esforços para redução da corrupção pelo lado da oferta, cf. HESS, David. Catalyzing Corporate Commitment to Combating Corruption. *Journal of Business Ethics*, v. 88, p. 782, 2009.

[146] Cf. DARROUGH, Masako N. The FCPA and the OECD Convention: some lessons from the U.S. Experience. *Journal of Business Ethics*, v. 93, issue 2, p. 255-276, 2010, p. 256.

Practices Act (FCPA),[147] que busca coibir atos de corrupção, em desfavor de autoridades públicas estrangeiras, praticados por empresas que tinham relação com aquele país. Todavia, durante as duas primeiras décadas que se seguiram ao referido diploma, sua aplicação foi praticamente inexistente, incidindo em um número de casos muito modesto.[148,149]

Ao longo do tempo, as empresas estadunidenses observaram que o risco de responsabilização pelo FCPA as colocava em desvantagem competitiva frente a concorrentes europeias e asiáticas, que não se submetiam a legislações anticorrupção do mesmo gênero em suas nações de origem.[150] Com efeito, em diversos países, mesmo europeus, como era o caso da Alemanha, os valores gastos com propina eram até dedutíveis dos impostos devidos.[151]

---

[147] O FCPA surgiu como reação a escândalos de corrupção nos Estados Unidos, como o caso *Watergate* e as acusações contra a empresa de aviação *Lockheed Martin Aircraft Corporation*. Um programa para confissão voluntária dos ilícitos cometidos, iniciado pela SEC na década de 1970, acabou por revelar que mais de 450 empresas estadunidenses fizeram pagamentos ilícitos ou ao menos questionáveis para autoridades públicas estrangeiras, além de associadas contribuições a campanhas políticas nos Estados Unidos. A reação social às notícias de corrupção por parte dessas empresas levou o Congresso norte-americano à aprovação do FCPA, ainda em 1977. Sobre o tema, cf. DARROUGH, Masako N. The FCPA and the OECD Convention: some lessons from the U.S. Experience. *Journal of Business Ethics*, v. 93, issue 2, p. 257-258, 2010.

[148] Cf. GARRETT, Brandon L. The path of FCPA settlements. *In*: MAKINWA, Abiola; SØREIDE, Tina. *Negotiated Settlements in Bribery Cases*: A Principled Approach. Northampton: Edward Elgar, 2020. p. 25. Também DARROUGH. Op. cit. p. 262-263; e HESS, David. Business, corruption, and human rights: towards a new responsibility for corporations to combat corruption. *Wisconsin Law Review*, v. 4, p. 654, set. 2017.

[149] Hoje em dia, a realidade já se modificou, notadamente em razão da ampliação de hipóteses de aplicação extraterritorial do FCPA. Agora o FCPA engloba, ao mesmo tempo, duas espécies de previsões relacionadas à integridade: a anticorrupção (ou antissuborno, em tradução literal) e a relativa à contabilidade. Em linhas gerais, as vedações anticorrupção, que proíbem o pagamento a agentes públicos estrangeiros para obter ou manter negócios no exterior, aplicam-se a três tipos de pessoas: os indivíduos ou pessoas jurídicas norte-americanas, bem como aqueles, ainda que estrangeiros, que atuem em favor de tais pessoas (denominadas de *domestic concerns*); empresas estrangeiras ou norte-americanas que tenham títulos mobiliários negociados nos Estados Unidos ou que tenham obrigação de apresentar relatórios periódicos à *Securities and Exchange Commission* (SEC) (denominadas de *issuers*); e pessoas físicas ou jurídicas estrangeiras, ainda que não se adéquem às categorias anteriores, mas que atuam em território estadunidense e, assim, caem no conceito de jurisdição territorial. Já as disposições sobre contabilidade estabelecem obrigações aos denominados *issuers*, que devem providenciar e manter livros e registros, bem como adequados sistemas internos de contabilidade, nos termos demandados pela referida norma. Para uma exposição detalhada do funcionamento do FCPA, cf. DEPARTMENT OF JUSTICE; SECURITIES AND EXCHANGE COMMISSION. *FCPA*: A Resource Guide to the U.S. Foreign Corrupt Practices Act. Disponível em: https://www.justice.gov/sites/default/files/criminal-fraud/legacy/2015/01/16/guide.pdf. Acesso em: 13 nov. 2019.

[150] DARROUGH. Op. cit. p. 258-259.

[151] Masako Darrough cita que, à época, 14 dos 30 países da OCDE consideravam o pagamento de propina como gastos dedutíveis dos impostos. Cf. DARROUGH. Op. cit. p. 259.

Assim, por esforço político norte-americano,[152] a OCDE adotou, em 17 de dezembro de 1997, a Convenção sobre o Combate da Corrupção de Funcionários Públicos Estrangeiros em Transações Comerciais Internacionais, que acabou por produzir efeitos em 15 de fevereiro de 1999. Em seu art. 2º, a Convenção expressamente prevê que cada parte deverá adotar as medidas necessárias ao estabelecimento das responsabilidades de pessoas jurídicas pela corrupção de funcionário público estrangeiro, de acordo com seus princípios jurídicos.

Iniciava-se, assim, a expansão global de sistemas jurídicos de repressão à oferta de corrupção empresarial por meio da responsabilização das pessoas jurídicas de direito privado. O trabalho político estadunidense garantiu que a referida Convenção recebesse ampla adesão, não apenas de todos os países da OCDE, mas também de outros atores de relevo no mundo.

Por meio do Decreto Legislativo nº 125/2000, aprovou-se o texto da Convenção da OCDE no Brasil, restando promulgada por força do Decreto nº 3.678/2000. Por meio da Lei nº 10.467/2002, o país deu novo passo para a adaptação de seu ordenamento jurídico aos termos da referida convenção, fazendo inserir no Código Penal dois novos tipos, relacionados a crimes praticados por particular contra a Administração Pública estrangeira.[153]

Contribuindo para o esforço de expansão global de normas anticorrupção, a ONU aprovou, em 2003, a Convenção das Nações Unidas Contra a Corrupção. Também conhecida como Convenção de Mérida,[154] demanda-se, no art. 26, que cada Estado adote as medidas necessárias, em consonância com seus princípios jurídicos, a fim de estabelecer a responsabilidade das pessoas jurídicas pelos delitos qualificados no ato normativo em comento. Afirma-se, ainda, que tal responsabilização deverá ocorrer sem prejuízo daquela a que se submetem as pessoas físicas responsáveis pelo delito.

A Convenção de Mérida é provavelmente o mais amplo esforço mundial para a adoção de medidas anticorrupção e já foi ratificada por

---

[152] Sobre o empenho político dos Estados Unidos para promover e implementar a Convenção da OCDE, cf. VAN ALSTINE, Michael. Treaty Double Jeopardy: The OECD Anti-Bribery Convention and the FCPA. *Ohio State Law Journal*, v. 73, n. 5, p. 1327-1329, 2012.

[153] São eles os crimes de corrupção ativa em transação comercial internacional e de tráfico de influência em transação comercial internacional, conforme arts. 337-B e 337-C do Código Penal.

[154] Por ter sido assinada em 9 de dezembro de 2003, em Mérida, no México.

187 países.[155] No Brasil, aprovou-se o documento por meio do Decreto Legislativo nº 348/2005, promulgando-se o texto, em seguida, pelo Decreto Presidencial nº 5.687/2006.

Mas não foi só. Também se fortaleceu, na literatura e na comunidade internacional, o entendimento de que as empresas teriam a responsabilidade de enfrentar a corrupção em seu meio. Susan Rose-Ackerman e Bonnie J. Palifka, por exemplo, suscitam que as empresas, como entes a que a sociedade confere personalidade jurídica, possuiriam um verdadeiro dever ético de atuar com integridade. Para as autoras, a personalidade jurídica confere às empresas responsabilidades idênticas às de qualquer indivíduo, de agir em observância ao ordenamento jurídico que autoriza sua existência.[156] Adotando essa premissa, seria possível exigir das empresas determinado padrão de integridade como condição a seu próprio direito de existir como pessoa.[157] Abster-se de incorrer em corrupção seria, nesse sentido, não apenas um comportamento para evitar riscos de punição, mas parte da responsabilidade social que se espera de entes personalizados.[158]

A despeito da expansão global do tratamento da corrupção empresarial, os Estados Unidos continuam a ser o país que promove com mais agressividade a persecução a atos lesivos contra Administrações estrangeiras,[159] em particular por conta da interpretação extensiva de sua competência extraterritorial,[160] fazendo incidir a referida legislação mesmo quando a conexão com o país parece remota.[161]

---

[155] Informação extraída do site de United Nations Office on Drugs and Crime. Disponível em: https://www.unodc.org/unodc/en/corruption/ratification-status.html. Acesso em: 13 jul. 2021.

[156] Cf. ROSE-ACKERMAN, Susan; PALIFKA, Bonnie J. Corruption and Government – Causes, Consequences and Reform. 2. ed. Nova York: Cambridge University Press, 2016. p. 493.

[157] Idem.

[158] No mesmo sentido, cf. HESS, David. Combating Corruption in International Business: The Big Questions. Ohio Northern University Law Review, v. 41, n. 3, p. 652, 2015.

[159] Cf. VAN ALSTINE, Michael. Treaty Double Jeopardy: The OECD Anti-Bribery Convention and the FCPA. Ohio State Law Journal, v. 73, n. 5, p. 1330-1331, 2012.

[160] Por exemplo, como dito, o FCPA se aplica mesmo a quem não se enquadra nas categorias de domestic concerns ou issuers, desde que incorram em qualquer conduta no território dos Estados Unidos com tendência a um ato de corrupção. Michael van Alstine exemplifica a extensão da aplicação extraterritorial do FCPA relatando que já houve casos apreciados pelas autoridades estadunidenses, em que a única conexão com o país era o fato de a empresa envolvida já ter emitido American Depositary Receipts (ADRs) no país ou feito, para os atos de corrupção, pagamentos considerando uma conta bancária norte-americana. cf. VAN ALSTINE. Op. cit. p. 1331.

[161] Cf. ODED, Sharon. Coughing Up Executives or Rolling the Dice? Individual Accountability for Corporate Corruption. Yale Law & Policy Review, v. 35, issue 1, p. 50, 2017.

Para além dos Estados Unidos, uma das mais emblemáticas e completas legislações da espécie é o britânico *Bribery Act*, adotado em 2010, conhecido como UKBA. O mesmo diploma cuida de atos de corrupção contra autoridades nacionais ou estrangeiras, que apresentam, como sujeitos ativos, pessoas físicas ou jurídicas, além de coibir também a corrupção privada.[162] As pessoas jurídicas podem ser responsabilizadas se um indivíduo a elas associado oferece propina para obter ou manter negócios em favor da empresa ou para obter ou manter vantagens na condução dos negócios em favor da empresa.[163]

Todavia, não foi apenas o Reino Unido que abraçou a expansão do enfrentamento da corrupção empresarial pelo lado da oferta. Países diversos, como Portugal,[164] França,[165] Argentina e Coreia do Sul,[166] também caminharam na mesma toada. Contemporaneamente, a essa tendência também aderiu o Brasil, incorporando novos instrumentos à realidade pátria.

2.4 O enfrentamento da corrupção empresarial pelo lado da oferta no Brasil: uma trajetória recente

A expansão global das normas para tratamento da corrupção empresarial também chegou ao Brasil. O movimento foi materializado pela aprovação da Lei nº 12.864/2013. O diploma restou conhecido como "Lei Anticorrupção". A despeito da popularidade dessa denominação,

---

[162] Para uma comparação entre as previsões do UKBA, do FCPA e da Lei Anticorrupção brasileira, cf. CARVALHO, Paulo Roberto Galvão de. Legislação anticorrupção no mundo: análise comparativa entre a lei anticorrupção brasileira, o Foreign Corrupt Practices Act norte-americano e o Bribery Act do Reino Unido. In: SOUZA, Jorge Munhós; QUEIROZ, Ronaldo Pinheiro. *Lei Anticorrupção*. Salvador: Juspodivm, 2015, p. 35-62.

[163] Cf. §7 (1) e 7 (2). REINO UNIDO. *UK Bribery Act 2010*. Disponível em: http://www.legislation.gov.uk/ukpga/2010/23/contents. Acesso em: 7 nov. 2019.

[164] ZENKNER, Marcelo. *Integridade governamental e empresarial*: um espectro da repressão e da prevenção à corrupção no Brasil e em Portugal. Belo Horizonte: Fórum, 2019. p. 416-419.

[165] Cf. DAVIS, Frederick. France's New Anticorruption Law – What Does It Change? *The Global Anticorruption Blog*, 2 mar. 2017. Disponível em: https://globalanticorruptionblog.com/2017/03/02/frances-new-anticorruption-law-what-does-it-change/#more-8094. Acesso em: 15 set. 2020; e ARLEN, Jennifer. The potential promise and perils of introducing deferred prosecution agreements outside the U.S. In: MAKINWA, Abiola; SØREIDE, Tina. *Negotiated Settlements in Bribery Cases*: A Principled Approach. Northampton: Edward Elgar, 2020, p. 187-197.

[166] SPALDING, Andy. South Korea: An anti-corruption tiger. *The FCPA Blog*. 16 fev. 2018. Disponível em: https://fcpablog.com/2018/02/16/south-korea-an-anti-corruption-tiger/. Acesso em: 15 set. 2020.

trata-se de uma nomenclatura pouco técnica, ante o fato de a lei não versar apenas sobre condutas que poderiam ser caracterizadas como corrupção – nem mesmo sob uma acepção ampla (cf. seção 1.2)[167] –, além de utilizar esse termo apenas uma única vez,[168] justamente ao se referir à supracitada Convenção da OCDE. De toda sorte, considerando a irrelevância, para qualquer fim de aplicação da norma, do debate acerca da mais apurada denominação técnica para o diploma, ao longo deste livro adotaremos a nomenclatura "Lei Anticorrupção", haja vista ser a mais consolidada na academia e na prática jurídica para se referir à norma.

A Lei Anticorrupção, também denominada de "Lei da Empresa Limpa" ou "Lei de Improbidade da Pessoa Jurídica", dispõe sobre a responsabilização objetiva, nas esferas civil e administrativa, de pessoas jurídicas pelos atos lesivos nela previstos, praticados em seu interesse ou benefício, exclusivo ou não. O diploma busca estimular, ainda, a implementação de programas de integridade nas empresas, com o escopo de engajá-las em uma atuação preventiva na matéria. No mais, traz normas para a celebração de acordos de leniência entre o Poder Público e as pessoas jurídicas infratoras.

A lei pressupõe um efetivo engajamento da Administração Pública no tratamento da corrupção em sentido amplo, seja por meio do processo administrativo de responsabilização – instaurado e julgado pela autoridade máxima de cada órgão ou por uma controladoria do ente federativo –, seja pela verificação da efetividade de programas de integridade ou por meio da negociação de acordos administrativos em relação aos ilícitos identificados. Como já se percebe pelas dificuldades apontadas anteriormente, que indicam a tendência de resiliência da demanda por corrupção, parece pouco realista esperar que a Administração Pública esteja sempre engajada de fato em um rigoroso esforço anticorrupção. Essa expectativa excessivamente otimista quanto ao empenho da Administração acaba por representar uma falha estrutural desse diploma.

Embora exista uma crença difundida de que a Lei Anticorrupção é fruto da pressão exercida pelas manifestações de junho de 2013, a insatisfação popular exposta naquela ocasião apenas acelerou a

---

[167] Entre os atos lesivos puníveis pela lei, descritos no art. 5º, há violações à integridade que não são difíceis de enquadrar como conduta de corrupção, mesmo quando adotados conceitos amplos, a exemplo de dificultar atividade de investigação ou fiscalização de órgãos, entidades ou agentes públicos, ou intervir em sua atuação (art. 5º, V).

[168] Art. 9º da Lei nº 12.864/2013.

implementação, pelo Brasil, de obrigações que tinham sido assumidas quando da ratificação da Convenção da OCDE pelo país.[169]

Antes do advento da Lei nº 12.846/2013, o sistema brasileiro de combate à corrupção (cf. seção 4.2) pautava-se notadamente na repressão à demanda desse ilícito por parte dos agentes públicos. A lei por ato de improbidade administrativa (Lei nº 8.429/1992) é um símbolo desse período, apresentando como cerne o sancionamento do agente público ímprobo, embora também alcançasse – a princípio, apenas reflexamente e com respaldo em construções jurisprudenciais – as pessoas jurídicas que, nos termos de seu art. 3º, induzissem ou concorressem com a prática do ato de improbidade ou dele se beneficiem sob qualquer forma direta ou indireta.

A Lei Anticorrupção acaba por complementar o arcabouço normativo anterior, deslocando o tratamento da corrupção para o lado da oferta desses ilícitos. Como bem destaca Juliano Heinen, o foco punitivo principal da norma passa a ser na figura do corruptor, e não mais necessariamente "(n)aquele que recebe a vantagem indevida para o fim de vir a lesar o patrimônio público".[170]

Considerando a ainda recente trajetória desse novo enfoque de enfrentamento da corrupção empresarial pelo lado da oferta, suscita-se a indagação: o arranjo normativo-institucional existente hoje no Brasil já produz um eficiente e adequado sistema de incentivos para essa finalidade? Essa é a pergunta central que pretendemos responder ao longo dos próximos capítulos. Adiantamos, desde já, que não parece ser o caso.

2.5 O aprimoramento dos incentivos por reformas incrementais: limites e possibilidades

Em que medida a revisão do sistema de incentivos produzido pelo atual arranjo normativo-institucional para o enfrentamento da corrupção empresarial poderia contribuir para minorar o problema?

---

[169] O relatório da OCDE sobre a implementação de sua convenção no Brasil, publicado em 2014, logo após o advento da Lei nº 12.846/2013, consigna expressamente que o país finalmente havia colocado fim a quatorze anos de desconformidade do art. 2º da Convenção, que assevera que cada país tomará as medidas de responsabilização das pessoas jurídicas, de acordo com os princípios de sua ordem jurídica. OCDE. *Phase 3 report on implementing the OECD anti-bribery convention in Brazil*, out. 2014. Disponível em: https://www.oecd.org/daf/anti-bribery/Brazil-Phase-3-Report-EN.pdf. Acesso em: 9 out. 2020.

[170] HEINEN, Juliano. *Comentários à Lei Anticorrupção* – Lei nº 12.846/2013. Belo Horizonte: Fórum, 2015. p. 33.

Sob a ótica econômica, uma das funções do Direito é justamente alterar os incentivos concedidos aos atores sociais, com o escopo de impulsionar os comportamentos socialmente desejados e desestimular os indevidos.[171] Seguindo a recente trajetória no ordenamento brasileiro de conceder maior atenção ao lado da oferta de corrupção, cabe agora aprimorar a resposta jurídica que o Estado dará à oferta de corrupção advinda do meio corporativo.

Seria ingênuo acreditar que a oferta de corrupção decairá naturalmente por um suposto despertar, na sociedade, de novos padrões de integridade. Por tudo o que já foi visto, a corrupção não é apenas uma questão moral, mas também de expectativas e incentivos.

Em um cenário de corrupção em equilíbrio (cf. seção 1.6), em que esse ilícito se torna uma espécie de "regra do jogo", atuar com integridade deixa de ser a estratégia racional para uma empresa. O aprimoramento do sistema de incentivos relacionado ao tratamento da corrupção empresarial pode tornar essa escolha menos óbvia e criar estímulos ao agir íntegro.

Obviamente, não se afirma que toda e qualquer empresa burlará as normas jurídicas sempre que possível. A conformidade voluntária, por diversas razões, é bastante frequente, mesmo em cenários em que a obediência ao Direito não parece o comportamento estritamente racional para uma entidade que quer aumentar seus lucros. Todavia, certo é que tantas outras, que, por vezes, posicionam-se ao limitar a atuação ética, precisam dos incentivos corretos para permanecer em conformidade com o Direito.

Apesar da considerável dedicação da academia e de organismos internacionais a esse tema nas décadas recentes, não se descobriu qualquer receita universal capaz de controlar a corrupção da Administração Pública. Não há panaceias ou fórmulas mágicas nessa matéria. Os processos históricos de mudanças, pelos quais passaram os países que hoje apresentam melhores padrões de governança pública, parecem ter sido absolutamente fortuitos e distintos entre si.[172]

---

[171] Sobre o exame das normas jurídicas a partir de uma lógica econômica de criação de incentivos, cf. MERCURO, Nicholas; MEDEMA, Steven G. *Economics and the Law*: from Posner to Postmodernism and beyond. 2. ed. Princeton: Princeton University Press, 2006. p. 104.

[172] Nesse sentido, cf. TAYLOR, Matthew M. Alcançando a Accountability: uma abordagem para o planejamento e implementação de estratégias anticorrupção. *Revista da CGU*, v. 11, n. 20, p. 1313, 2019. Para uma sistematização das experiências de países que conseguiram, na história recente, evoluir para um círculo virtuoso anticorrupção, cf. MUNGIU-PIPPIDI,

A constatação dessa realidade não precisa levar ao pessimismo e à inação. Embora seja improvável erradicar a corrupção nas relações público-privadas, cabe buscar desenhar um sistema de incentivos que tente induzir as empresas, como se verá, a não apenas atuar em conformidade com o ordenamento, reduzindo a oferta de corrupção, mas também a colaborar com o Poder Público no esforço anticorrupção.[173]

Para tanto, há que acentuar a percepção pragmática do arranjo normativo-institucional brasileiro, atentando-se às consequências reais produzidas pelos incentivos gerados por esse desenho, já evidenciadas em estudos empíricos realizados no Brasil e no exterior. Cumpre enfrentar os problemas reais do desenho jurídico-institucional e buscar soluções para tornar o regime de resposta à corrupção empresarial mais adequado e eficiente, afastando-se de eventuais dogmas e idealizações teóricas da literatura jurídica.[174]

Nesse sentido, aperfeiçoamentos institucionais e instrumentais podem levar a um quadro de melhor controle da corrupção, ainda que não ideal. Como sustenta Matthew Taylor, por mais que esses aprimoramentos normativo-institucionais não sejam suficientes para extinguir o ilícito em exame ou levar a um novo equilíbrio com diminuta corrupção, "tal processo poderá, ao menos, conduzir os países até um novo equilíbrio intermediário, mas normativamente preferível".[175]

Essa abordagem acompanha a moderna visão de que reformas anticorrupção incrementais, adotadas gradualmente, com o escopo de aprimorar o sistema de incentivos, podem também, ao longo do tempo,

---

Alina; JOHNSTON, Michael. *Transitions to Good Governance*: creating virtuous circles of anti-corruption. Cheltenham: Edward Elgar Publishing, 2017. p. 234-266.

[173] Em semelhante sentido, cf. SØREIDE, Tina. *Regulating corruption in international markets*: why governments introduce laws they fail to enforce, p. 22. Disponível em: https://papers.ssrn.com/sol3/papers.cfm?abstract_id=3086715. Acesso em: 10 nov. 2019.

[174] Como exposto por Floriano de Azevedo Marques Neto e Juliana Bonacorsi de Palma, "[a] pesar de o direito administrativo brasileiro ter sido originalmente desenvolvido a partir da análise do funcionamento concreto da Administração Pública, a relação entre análise jurídica e gestão pública se perdeu no caminho, dando lugar à abstração e ao apego aos tipos ideais na elucidação dos argumentos doutrinários. (...) Por isso afirmar que a teoria do direito administrativo é em grande parte construída a partir de truísmos doutrinários. Truísmos nada mais são que 'verdades declaradas', óbvias e banais, que possam ser facilmente verificadas e validadas. São os lugares-comuns que a doutrina naturalmente reverbera. Muitas das afirmações mais categóricas do direito administrativo são embasadas em truísmos, e não em uma investigação empírica que conduza à enunciação de parâmetros". MARQUES NETO, Floriano de Azevedo Marques; PALMA, Juliana Bonacorsi de. Os sete impasses do controle da Administração Pública no Brasil. *In*: PEREZ, Marcos Augusto; SOUZA, Rodrigo Pagani. *Controle da Administração Pública*. Belo Horizonte: Fórum, 2017. p. 29.

[175] TAYLOR, Matthew M. Alcançando a Accountability: uma abordagem para o planejamento e implementação de estratégias anticorrupção. *Revista da CGU*, v. 11, n. 20, p. 1314, 2019.

levar a mudanças das expectativas e normas sociais, contribuindo para alcançar um novo equilíbrio na matéria.[176,177]

Aliás, países que alcançaram melhores padrões de governança pública há mais tempo – e que igualmente apresentavam elevada corrupção no passado (cf. seção 1.4) – passaram por longos processos de acumulação de pequenas reformas graduais e de aprimoramentos de diversas ordens em seus sistemas de incentivos para, finalmente, alcançar o controle dos níveis de corrupção.[178]

Com efeito, como aduz Matthew Taylor, a experiência de outros países, como a Itália, indica que grandes campanhas anticorrupção não costumam trazer aprimoramentos perenes para a integridade pública. Em geral, a "estratégia do incrementalismo é menos glamurosa, mas mais propensa a render melhorias duradouras".[179] Para o autor, os países que obtiveram êxito em converter esforços anticorrupção em efetivas alterações do equilíbrio de corrupção e *accountability* conjugaram, simultaneamente, uma série de reformas necessárias ao sistema de controle.[180]

---

[176] Nesse sentido, cf. STEPHENSON, Matthew C. Corruption as a Self-Reinforcing "Trap": implications for reform strategy. *QoG Working Paper Series*, n. 10, p. 6, jun. 2019.

[177] Em antítese a esse entendimento, alguns autores que também analisam a corrupção como um problema de ação coletiva e de equilíbrio tradicionalmente sustentam que a mudança para um equilíbrio com menor nível de corrupção só seria possível por meio de uma abordagem *"big bang"*, ou seja, que envolva reformas simultâneas, amplas e súbitas em diversas áreas, o que permitiria a mudança nas expectativas quanto ao comportamento alheio. Para eles, a tentativa de implementar reformas graduais pode se mostrar inefetiva na prática, por todas as dificuldades que levam a um equilíbrio corrupto. Sobre o tema, cf. FISMAN, Ray; GOLDEN, Miriam A. *Corruption*: what everyone needs to know. Nova York: Oxford University Press, 2017. p. 243-245; e ROTHSTEIN, Bo. Anti-corruption: The indirect "big bang" approach. *Review of International Political Economy*, v. 18, issue 2, p. 228-250, maio 2011.

[178] Cf. STEPHENSON, Matthew C. Corruption as a Self-Reinforcing "Trap": implications for reform strategy. *QoG Working Paper Series*, n. 10, p. 32, jun. 2019; e TAYLOR, Matthew M. Alcançando a Accountability: uma abordagem para o planejamento e implementação de estratégias anticorrupção. *Revista da CGU*, v. 11, n. 20, p. 1315, 2019. Para um sucinto relato do caminho percorrido por países tradicionais para controlar a corrupção, sempre por meio de reformas incrementais ao longo de décadas, quando não de séculos, cf. MUNGIU-PIPPIDI, Alina. *The Quest for Good Governance*: How Societies Develop Control of Corruption. Cambridge: Cambridge University Press, 2015. p. 69-76. Para mais detida análise da experiência estadunidense e de sua progressiva mudança para um melhor equilíbrio de controle da corrupção, cf. CUÉLLAR, Mariano-Florentino; STEPHENSON, Matthew C. Taming Systemic Corruption: The American Experience and its Implications for Contemporary Debates. *QoG Working Paper Series*, n. 6, set. 2020.

[179] TAYLOR, Matthew M. Alcançando a *Accountability*: uma abordagem para o planejamento e implementação de estratégias anticorrupção. *Revista da CGU*, v. 11, n. 20, p. 1324, 2019.

[180] Idem.

Nesse contexto, ao identificarmos os atuais incentivos disfuncionais no regime de enfrentamento da corrupção empresarial pelo lado da oferta e apresentarmos sugestões para seu aprimoramento incremental, buscamos caminhos para outras reformas incrementais que levem, se não à resolução do problema, ao menos a um quadro normativo-institucional preferível ao hoje existente, a viabilizar um regime de *accountability* mais eficiente.

2.6 Premissas para o aprimoramento do tratamento jurídico da corrupção empresarial

Seguindo a toada de buscar aprimoramentos graduais e reformas incrementais exequíveis, o presente estudo almeja examinar se o arranjo normativo-institucional brasileiro para o enfrentamento da corrupção empresarial produz um sistema de incentivos adequado e eficiente. Para tanto, é imprescindível que inicialmente se defina o que seria um eficiente sistema de incentivos. Entendemos que esse regime deve apresentar caráter finalístico, norteado por dois objetivos centrais, premissas a serem cumpridas em um desenho que se pretenda corretamente estruturado.

O primeiro objetivo consiste em prevenir e dissuadir a ocorrência de condutas de corrupção empresarial, obtendo voluntária e proativa conformidade ao ordenamento jurídico. O segundo se refere à redução dos custos sociais totais decorrentes dos episódios de corrupção, que não se limitam aos danos ocasionados diretamente pela empresa, englobando também o custo do aparato estatal de tratamento desses ilícitos. Assim, um sistema de incentivos eficiente deve buscar atender a esses dois objetivos.

Além disso, esse regime só se revelará eficiente na prática se for aplicado por órgãos públicos dotados de suficiente autonomia para cumprir seu mister.

2.6.1 Prevenção e dissuasão como escopos centrais

Três diferentes escopos principais, que naturalmente não são excludentes entre si, poderiam ser almejados em um regime de resposta aos episódios de corrupção empresarial: (i) a retribuição pelo mal causado; (ii) a reparação do dano acarretado; e (iii) a prevenção e a dissuasão quanto a possíveis futuras intenções delitivas, seja dos mesmos autores, seja de terceiros.

Em nosso entendimento, o objetivo preventivo-dissuasório é o mais relevante escopo a ser alcançado.[181] Uma estratégia anticorrupção empresarial eficiente não deve ter como principal escopo a punição retributiva, mas almejar a conformação das condutas para, ao fim, induzir a voluntária e proativa obediência ao ordenamento jurídico.[182]

Em toada semelhante à sustentada por Alice Voronoff em relação ao direito administrativo sancionador, o exercício do poder punitivo estatal na seara anticorrupção deve funcionar como "técnica regulatória", a ser combinada com outras formas de atuação do Poder Público para induzir condutas socialmente desejadas.[183] Apropriando-se da terminologia empregada pela referida autora, no campo da promoção e da proteção da integridade pública, o direito sancionador apresenta uma perspectiva finalística, operacional e instrumental, buscando, prospectivamente, "a conformação da conduta dos particulares para evitar resultados contrários a objetivos de interesse público definidos no ordenamento jurídico", estando a serviço dessas finalidades almejadas pela ordem jurídica.[184]

---

[181] Em semelhante sentido, cf. ARLEN, Jennifer. *In*: OECD. *Public consultation on liability of legal persons*: compilation of responses, p. 4. Disponível em: https://www.oecd.org/daf/anti-bribery/Online-consultation-compilation-contributions.pdf. Acesso em: 18 set. 2019; e ODED, Sharon. *Corporate Compliance*: New Approaches to Regulatory Enforcement. Cheltenham: Edward Elgar Publishing Limited, 2013. p. 101.

[182] Na verdade, busca-se a conformidade com o Direito na frequência que a sociedade entende exigível. Como bem aponta George Stigler, há que abandonar a expectativa de completa e absoluta obediência ao Direito, em especial pelo fato de que os sistemas de *enforcement* do Direito, ou seja, de imposição da norma jurídica aos administrados, inevitavelmente apresentam custos para serem aplicados, o que acaba por impedir que o Estado busque obter a obediência ao Direito em todo e qualquer caso. Em outros termos, pelos custos do sistema de imposição da lei, a sociedade acaba por tolerar algum grau de descumprimento ao Direito, seja por meio de uma decisão consciente a esse respeito, seja por uma decisão inconsciente. Nesse sentido, cf. STIGLER, George J. The Optimum Enforcement of Laws, p. 56. Disponível em: https://www.nber.org/chapters/c3626.pdf. Acesso em: 27 set. 2019. É importante observar que se busca, conforme aponta o autor, um grau de conformidade com o Direito que a sociedade entende aceitável, desconsiderando a expectativa de completa e absoluta obediência ao Direito, em especial pelo fato de que os sistemas de *enforcement*, ou seja, de imposição da norma jurídica aos administrados, inevitavelmente apresentam custos para serem aplicados, o que acaba por impedir que o Estado busque obter a obediência integral ao Direito. Em outros termos, pelos custos do sistema de imposição da lei, a sociedade tolera algum grau de descumprimento ao Direito.

[183] VORONOFF, Alice. *Direito Administrativo Sancionador no Brasil*. Belo Horizonte: Fórum, 2018. p. 316.

[184] Segundo Alice Voronoff, especificamente sobre o direito administrativo sancionador, "[d]e uma *perspectiva finalística e operacional*, o direito administrativo sancionador, como regra, busca a conformação da conduta dos participantes para evitar resultados contrários a objetivos de interesse público definidos no ordenamento jurídico. Ele opera, portanto, a partir de um olhar eminentemente prospectivo e conformativo, dissociado de um juízo de condenação moral". Ainda, em "uma *perspectiva instrumental*, o direito administrativo

Na organização de políticas públicas, quando o Poder Público precisar definir a alocação de recursos escassos entre estratégias de punição a ilícitos do passado ou de dissuasão a episódios futuros, dever-se-ia conceder primazia à prevenção e à dissuasão de novos eventos. Caso contrário, o Estado enxergará a corrupção eternamente pelo retrovisor, lutando contra o passado. Da mesma forma, na hipótese de conflito entre os três principais objetivos de um regime de responsabilização empresarial (retributivo, de reparação do dano e preventivo-dissuasório), as ações estatais que visem à retribuição ou à reparação do dano causado não devem se sobrepor às medidas de prevenção e dissuasão da intenção delitiva.[185]

De fato, a necessidade de intervenção punitiva, notadamente por meio da aplicação de sanções judiciais, ocorre em situações fáticas nas quais os controles internos preventivos da Administração já falharam. A remediação por meio de punições efetivas deveria ser a última linha de defesa da integridade, a operar residualmente, e não a principal aposta do controle público.

Além da particular magnitude do dano que pode advir da corrupção empresarial (cf. seção 1.1), há três outras razões que reforçam a imperatividade de conceder primazia à busca da prevenção e da dissuasão, não parecendo ser a melhor estratégia apenas preocupar-se em lidar, *a posteriori*, com as consequências.[186] São elas: os custos da persecução à corrupção, a magnitude da despesa pública e os prejuízos sociais reflexos que podem advir do combate à corrupção.

A despeito dos notáveis esforços estatais nos últimos anos para desvendar e punir os malfeitos em exame, a efetividade do sistema de persecução da corrupção empresarial ainda parece diminuta. Não fosse o bastante, o custo para formação e movimentação de um efetivo aparato estatal de controle *a posteriori* dos episódios de corrupção é consideravelmente alto.

---

sancionador (como o direito em geral) e seus institutos são meios a serviço de finalidades protegidas pelo ordenamento jurídico, e não fins em si mesmos. Por isso, cabe ao aplicador do direito perquirir a efetiva capacidade de se alcançarem esses objetivos". Já em "uma perspectiva *funcional*, o direito administrativo sancionador é peculiar porque, antes de sancionatória, a atividade desenvolvida é administrativa". VORONOFF, Alice. *Direito Administrativo Sancionador no Brasil*. Belo Horizonte: Fórum, 2018. p. 315.

[185] Em idêntico sentido, cf. ARLEN, Jennifer. *In*: OECD. *Public consultation on liability of legal persons*: compilation of responses, p. 4. Disponível em: https://www.oecd.org/daf/anti-bribery/Online-consultation-compilation-contributions.pdf. Acesso em: 18 set. 2019.

[186] No mesmo sentido, cf. ARLEN, Jennifer. *In*: OECD. *Public consultation on liability of legal persons*: compilation of responses, p. 05. Disponível em: https://www.oecd.org/daf/anti-bribery/Online-consultation-compilation-contributions.pdf. Acesso em: 18 set. 2019.

No entanto, esse não é o único custo da repressão punitiva à corrupção, feita *a posteriori*; há também custos indiretos. A tentativa – com boas intenções –, por parte dos órgãos de controle, de promover mais rigor sancionatório aos atos de corrupção, seara historicamente marcada pela impunidade, pode gerar uma externalidade negativa. A literatura há muito chama atenção para uma possível paralisia decisória provocada sobre o gestor público honesto, justamente por temer que o rigor sancionatório *a posteriori* venha a incidir sobre atos por ele praticados, caso venham a ser interpretados como atentatórios à integridade pública. É o que se passou a denominar de "apagão das canetas".[187]

Não fosse o bastante, mesmo quando os órgãos de controle logram êxito, *a posteriori*, em recuperar valores que foram objeto de corrupção, a magnitude desse montante não parece se comparar nem remotamente com as quantias transacionadas no cotidiano da Administração Pública. A Operação Lava Jato ajuda a ilustrar o ponto. Até o encerramento deste trabalho, haviam sido adotadas providências para a recuperação de quase R$15 bilhões aos cofres públicos, dos quais somente cerca de R$4,3 bilhões haviam efetivamente sido resgatados.[188]

Todavia, não se deve perder de perspectiva a verdadeira ordem de grandeza de tais valores frente aos gastos públicos corriqueiros. Considerando que a despesa anual estimada para o Governo Federal, em anos concernentes à Operação Lava Jato, superava o montante de R$4 trilhões,[189] o sucesso de recuperação patrimonial obtido ao longo de

---

[187] Sobre o tema, cf. também SUNDFELD, Carlos Ari et al. Surpresa positiva do STF no julgamento da MP 966. *Jota*, 21 maio 2020. Disponível em: https://www.jota.info/opiniao-e-analise/artigos/supresa-positiva-do-stf-no-julgamento-da-mp-966-21052020. Acesso em: 30 set. 2020; SUNDFELD, Carlos Ari; KANAYAMA, Ricardo Alberto. A promessa que a lei de improbidade administrativa não foi capaz de cumprir. *Combate à corrupção na Administração Pública* – diálogos interinstitucionais. Publicações da Escola da AGU, Brasília, v. 12, n. 2, p. 412, maio/ago. 2020. No exterior, igualmente apontado os custos indiretos do combate à corrupção, Abhijit V. Banerjee e Esther Duflo suscitam o exemplo italiano da Consip, órgão de controle subordinado ao Ministério da Economia e Finanças, surgido em resposta a escândalos de corrupção, e que deveria adquirir suprimentos centralizadamente em favor de outros órgãos. Segundo os autores, os agentes públicos tendiam a usar a Consip, mesmo quando sabiam que poderiam adquirir os mesmos bens a um preço menor pelos meios tradicionais, provavelmente porque sabiam que, assim, estariam protegidos contra possíveis suspeitas de corrupção. Cf. BANERJEE, Abhijit V.; DUFLO, Esther. *Boa economia para tempos difíceis*. Rio de Janeiro: Zahar, 2020. p. 330-331.

[188] Dados disponíveis em: http://www.mpf.mp.br/grandes-casos/lava-jato/resultados. Acesso em: 6 jul. 2021.

[189] Em 2020, a despesa estimada alcançava o montante de R$4,13 trilhões, por exemplo. Dado disponível em: http://www.portaltransparencia.gov.br/orcamento?ano=2020 (acesso em: 2 fev. 2021).

seis anos pela operação corresponde a um retorno de menos de 0,4% do orçamento de um único ano, apenas da União. Em outros termos, sem desmerecer o relevante esforço de recuperação patrimonial, a considerável diferença entre as despesas públicas realizadas cotidianamente e as quantias registradas como recuperadas aos cofres indica que a maior eficiência com o gasto público – o que inclui a adequada prevenção a desperdícios e malfeitos – pode apresentar impacto financeiro benéfico ao Estado, muito mais importante que o comportamento sancionatório *a posteriori*.[190]

A sanção à atividade empresarial em razão de ilícitos perpetrados frequentemente provoca também consequências indiretas sobre pessoas inocentes. Esse fato, que no mais das vezes é inevitável, acaba por suscitar dúvidas quanto à conveniência ou até mesmo quanto à justiça da aplicação de determinadas punições.[191]

A questão pode ser vista sob duas diferentes perspectivas: (i) o fardo sancionatório, em última análise, recairá sobre os sócios ou acionistas das empresas, que por vezes não vivenciam o dia a dia da gestão, não têm qualquer participação nas decisões que levaram aos ilícitos e sequer possuem poderes para influenciar a tomada de decisão; (ii) o rigor punitivo, por vezes apenas proporcional ao também elevado dano causado, pode acabar por levar à crise ou até mesmo ao encerramento da atividade empresarial, com a consequente demissão dos empregados e diminuição da geração de riqueza.[192]

---

[190] A hipótese de que o mero desperdício por incompetência pode ter um impacto financeiro mais expressivo do que a corrupção é corroborada por ao menos um artigo da literatura. Oriana Bandiera e outros, em pesquisa empírica sobre licitações na Itália, dividiram o desperdício governamental entre ativo e passivo. O ativo seria aquele que traz benefícios pessoais para o formulador da política, sendo a corrupção o mais claro exemplo. Já o passivo seria aquele que não decorre de uma tentativa do agente público de beneficiar a si próprio. Seriam os casos de imperícia da burocracia estatal, displicência em reduzir custos etc. Os resultados demonstram que, na média, 82% dos desperdícios são passivos, e os desperdícios passivos correspondem a mais da metade do total, em 83% dos entes da amostra. Cf. BANDIERA, Oriana; PRAT, Andrea; VALLETTI, Tommaso. Active and Passive in Government Spending: Evidence from a Policy Experiment. *American Economic Review*, v. 99, n. 4, p. 1278-1308, set. 2009.

[191] Cf. ARLEN, Jennifer. *In*: OECD. *Public consultation on liability of legal persons*: compilation of responses, p. 4. Disponível em: https://www.oecd.org/daf/anti-bribery/Online-consultation-compilation-contributions.pdf. Acesso em: 18 set. 2019. Cf. também SØREIDE, Tina. *Corruption and Criminal Justice*. Cheltenham: Edward Elgar, 2016. p. 155.

[192] Um exemplo ajuda a ilustrar o ponto. Os grandes desvios de recursos da Petrobrás, que acabaram sendo descobertos pela Operação Lava Jato, contribuíram para que o setor petrolífero brasileiro como um todo – e fluminense em particular – entrasse em crise, com graves consequências sociais e financeiras para diversos municípios fluminenses, como Itaboraí, e também para as próprias finanças do Estado do Rio de Janeiro. Sobre a crise no setor, cf. MORAIS, José Mauro de. A crise no setor de petróleo e gás natural no Brasil e

Atualmente, tais questões passaram a ser expressamente consideradas no art. 12, §3º, da Lei de Improbidade Administrativa, que dispõe que, na responsabilização da pessoa jurídica, os efeitos econômicos e sociais das sanções deverão ser levados em conta, de modo a viabilizar a manutenção de suas atividades.

Assim, se por um lado a efetiva aplicação de sanções rigorosas é fundamental para a dissuasão aos ilícitos, por outro também há interesse público na preservação de atividades econômicas do país. Não há solução fácil a essa tensão. O melhor caminho parece ser evitar o surgimento desse conflito, prevenindo e dissuadindo a ocorrência de episódios de corrupção empresarial.

2.6.2 A minimização do custo social total

Assentada a premissa de que o objetivo preventivo-dissuasório deve ser central em uma estratégia anticorrupção eficiente, convém perquirir como alcançá-lo. Imagine uma hipótese caricata: se o Poder Público pudesse colocar em cada empresa do país um grupo de agentes públicos competentes e probos, com poderes para fiscalizar todas as operações empresariais, possivelmente haveria dissuasão total dos ilícitos empresariais. No entanto, sob tamanha fiscalização, provavelmente a eficiência econômica das operações empresariais também despencaria e o custo em recursos humanos da máquina pública seria impagável. Evidentemente, essa conjectura não é uma solução factível.

Extrapolando a alegoria acima, chega-se à segunda premissa para a estratégia de tratamento eficiente da corrupção empresarial. O desenho de tal regime deve minimizar o custo social total imposto pelo ato de corrupção.[193]

Note que a corrupção é custosa para a sociedade não apenas por todos os prejuízos que acarreta, mas também porque exige movimentação do aparato estatal para combatê-la.[194] Nessa toada, há muito a análise

---

as ações para o retorno dos investimentos. *In*: DE NEGRI, João Alberto; ARAÚJO, Bruno César; BACELETTE, Ricardo. *Desafios da Nação*: artigos de apoio. Brasília: Ipea, 2018. v. 2.

[193] Em semelhante sentido, cf. COOTER, Robert; ULEN, Thomas. *Law & Economics*. 6. ed. Boston: Pearson, 2012. p. 474.; e ODED, Sharon. Coughing Up Executives or Rolling the Dice? Individual Accountability for Corporate Corruption. *Yale Law & Policy Review*, v. 35, issue 1, p. 67-68, 2017.

[194] Há muito que a literatura econômica sobre corrupção aponta que, ante os custos necessários para o cerceamento desse ilícito, existe um nível ótimo de corrupção, tolerado pela sociedade, uma vez que aprimorar o controle público para além desse patamar exigiria um nível de gasto com o qual a sociedade não está disposta a arcar. O ponto ajuda a esclarecer o porquê

econômica do Direito aponta a existência de dois custos sociais diferentes relacionados aos sistemas estatais de aplicação da lei: o prejuízo social causado pelo ato ilícito em si e os recursos sociais gastos com todos os órgãos de controle de condutas ilícitas. Em outros termos, identificar e sancionar um ato de corrupção também custa muito caro para a sociedade (cf. seção 3.3.3.1), e a maior parte do custo recai sobre o Poder Público.

Nesse sentido, uma segunda premissa que deve ser respeitada por uma estratégia anticorrupção eficiente é a de minimizar os recursos sociais despendidos com o próprio aparato estatal de controle, sem comprometer a efetividade do sistema.

Assim, sob a ótica econômica, a eficiência de um regime de enfrentamento à corrupção empresarial não seria medida apenas pela sua efetividade, ou seja, por quão hábil tal sistema é para evitar os danos à sociedade. A maximização do bem-estar social demanda, na verdade, a minimização do custo social total associado ao cometimento dos atos de corrupção, o que precisa considerar também o custo necessário para o funcionamento do próprio aparato estatal de controle.[195]

2.6.3 Órgãos dotados de suficiente autonomia para aplicação do regime anticorrupção

Em cenários em que a corrupção se torna um equilíbrio estável (cf. seções 1.6 e 2.1), há poucos incentivos para que a esfera política busque genuinamente combatê-la. Às vezes, a pequena corrupção poderá até ser reprimida por esforço das altas cúpulas administrativas, caso não esteja alinhada ou seja simplesmente irrelevante para os interesses políticos dos mais elevados extratos. No entanto, essa mesma cúpula da Administração, se estiver em um quadro de corrupção como equilíbrio, não encontrará incentivos suficientes para atuar em desfavor da corrupção grandiosa (cf. seções 1.3 e 2.1). Em verdade, em cenários assim, essa mesma cúpula provavelmente estará envolvida diretamente com os eventos de macrocriminalidade.

---

de a corrupção permanecer mesmo em países considerados pouco corruptos no mundo. Erradicá-la por completo exigiria um custo e um grau de vigilância que não é factível. Sobre o tema, cf. KLITGAARD, Robert. *Controlling Corruption*. Berkeley: University of California Press, 1988. p. 24-27.

[195] Sobre o ponto, cf. ODED, Sharon. Coughing Up Executives or Rolling the Dice? Individual Accountability for Corporate Corruption. *Yale Law & Policy Review*, v. 35, issue 1, p. 71, 86, 2017; e COOTER; ULEN. Op. cit. p. 474.

Portanto, uma estratégia anticorrupção empresarial só se mostrará eficiente e efetiva se aplicada por órgãos dotados de suficiente autonomia técnica e decisória – em relação aos anseios do meio político – para cumprir seu mister. Aliás, há uma tendência no Direito Administrativo moderno de isolar determinadas funções dos poderes eleitos, com o escopo de permitir a mais adequada tutela de determinados valores constitucionais.[196]

O ponto é notadamente importante porque, como se viu na seção 1.3, o principal problema de corrupção no Brasil parece estar relacionado à corrupção grandiosa – ou seja, a episódios que envolvem também as altas esferas do Poder Público –, e não à pequena corrupção. Sem a necessária autonomia, órgãos do sistema anticorrupção não terão capacidade institucional de lidar com a corrupção política, tornando o regime inefetivo justamente contra o principal desafio do país nessa seara.

Essa autonomia também é imprescindível para que esforços anticorrupção não sejam nem capturados por interesses político-partidários, com o escopo de atingir apenas oponentes políticos, nem desvirtuados para servir como instrumento de repressão a agentes públicos que não estejam alinhados com o poder dominante.[197]

Naturalmente, há diferentes graus de autonomia e distintas formas de concessão e exercício dessa autonomia. Mais que receber por lei um determinado grau de autonomia, é fundamental que o órgão do sistema anticorrupção consiga exercer de fato tal liberdade técnica e decisória, nem que seja apenas por práticas consuetudinárias consolidadas.

No sistema brasileiro anticorrupção (cf. seção 4.2), o Tribunal de Contas e o Ministério Público foram dotados de garantias constitucionais que lhes atribuem elevado grau de autonomia, certamente suficiente para o desempenho de atividades na seara anticorrupção. Ainda assim, houve críticas, na história do país, a momentos em que o Ministério Público ou Tribunais de Contas, juntos a determinados entes da federação, revelaram excessivo afinamento com o Chefe do Poder Executivo, eventualmente não exercendo, na prática, o grau de autonomia que se poderia extrair do texto constitucional.

---

[196] ACKERMAN, Bruce. Good-bye, Montesquieu. *In*: ROSE-ACKERMAN, Susan; LINDSETH, Peter L.; EMERSON, Blake (Ed.). *Comparative Administrative Law*. Cheltenham: Edward Elgar Publishing Limited, 2017.

[197] Em semelhante sentido, cf. TUSHNET, Mark. Institutions protecting constitutional democracy: some conceptual and methodological preliminaries. *University of Toronto Law Journal*, v. 70, issue 2, p. 98, 2020.

Já outros órgãos que integram o sistema brasileiro anticorrupção, como as Controladorias, os órgãos policiais e os de advocacia pública, não são dotados pelo ordenamento jurídico de autonomia frente ao Chefe do Poder Executivo; em verdade, são órgãos subordinados hierarquicamente ao poder central. Há um maior risco, portanto, de que sejam capturados pela chefia do Poder Executivo, frustrando o cumprimento dos papéis que lhes cabem no sistema brasileiro anticorrupção.

Como o discurso anticorrupção costuma ser popular, existe a possibilidade de que, em alguns casos, esses órgãos desprovidos de suficiente autonomia venham a ser instrumentalizados para promover apenas uma vazia retórica anticorrupção suscitada por determinados governos, sem necessariamente haver compromisso com resultados efetivos (cf. seção 2.1).

Esses mesmos órgãos são também vulneráveis a sofrer fortes retaliações do poder central – a exemplo de exoneração *ad nutum* de sua cúpula, subtração de seus recursos financeiros ou desvalorização remuneratória de seus membros – caso ousem, em um quadro de corrupção em equilíbrio, atuar com verdadeiro rigor e independência no controle da corrupção.

As preocupações mencionadas, relacionadas à reduzida capacidade institucional de órgãos sem a devida autonomia para atuar contra a corrupção, colocam-se ainda mais enfaticamente em relação aos instrumentos previstos na Lei nº 12.846/2013. Como já tivemos oportunidade de ressaltar, tal diploma aposta que a Administração, por meio de seus órgãos, promoverá diretamente o *enforcement* das normas anticorrupção, o que pode se mostrar ingênuo em um país que apresentou, em sua história, evidentes contextos de corrupção sistêmica. Como exemplo, nos termos dos arts. 8º e 16 da Lei nº 12.846/2013, as autoridades máximas de qualquer órgão da Administração podem instaurar e julgar processos administrativos de responsabilização, bem como celebrar acordos de leniência. Usualmente, por meio de atos normativos de cada ente, tais competências também são atribuídas a Controladorias locais ou a órgãos de advocacia pública sem que tais órgãos recebam qualquer reforço em sua autonomia.

Ora, em cenários de corrupção sistêmica ou em equilíbrio, é improvável que órgãos da Administração desprovidos de suficiente autonomia consigam manejar apropriadamente as ferramentas anticorrupção, notadamente em desfavor de casos de corrupção grandiosa. Esse equívoco de desenho institucional traz o risco de que o processo administrativo de responsabilização se torne um instrumento inefetivo (cf. seção 4.5.1) ou que, em alguns cenários políticos específicos, acordos de leniência se convertam em instrumentos de compadrio entre empresas e agentes políticos. Retornaremos a esses riscos nos Capítulos 4 e 6.

2.7 Conclusões parciais: o necessário aprimoramento do combate à corrupção empresarial pelo lado da oferta no Brasil e as premissas para a condução da empreitada

Por tudo o que foi visto neste capítulo, a demanda por corrupção no Brasil tende a ser bastante resiliente. Um enfrentamento realista do problema, que não deposite excessiva esperança na redução da demanda por corrupção, exige que se conceda atenção também à oferta do ilícito em exame.

De toda sorte, as históricas dificuldades para o rompimento do equilíbrio em elevada corrupção não precisam levar a um paralisante pessimismo. Reformas incrementais, que conduziram a aprimoramentos graduais no sistema de incentivos à corrupção, contribuíram significativamente para a modificação de padrões de integridade das nações que hoje apresentam os melhores resultados nessa seara.

Considerando a trajetória apenas recente do tratamento da corrupção empresarial pelo lado da oferta no Brasil, o sistema de incentivos produzido pelo arranjo normativo-institucional precisa ser aprimorado, com o escopo de produzir melhores resultados e eliminar consequências não intencionais. Como se verá ao longo dos próximos capítulos, há problemas no modelo brasileiro para enfrentamento da corrupção empresarial, que podem levar até ao reforço dos laços de corrupção entre empresas e agentes públicos.

Embora os aperfeiçoamentos provavelmente não sejam suficientes para erradicar a corrupção na Administração Pública, poderão contribuir para o alcance de um novo equilíbrio, ainda imperfeito, mas preferível em relação ao atual.

Entendemos que o aprimoramento do sistema de tratamento da corrupção empresarial deve ser guiado por duas premissas principais: (i) o escopo preventivo-dissuasório do regime, buscando criar um sistema de incentivos que induza as empresas à conformidade voluntária e proativa ao Direito; (ii) a redução do custo social total que a corrupção acarreta, o que implica eliminar ineficiências no próprio aparato estatal montado para combater malfeitos da espécie. Além disso, é imprescindível que os órgãos que aplicarão tal sistema sejam dotados de suficiente grau de autonomia frente à possível interferência política.

No próximo capítulo, serão apresentados os eixos fundamentais para uma abordagem sistêmica de enfrentamento da corrupção empresarial, denotando os equívocos de estruturação do atual sistema de incentivos para o enfrentamento da corrupção empresarial no país.

CAPÍTULO 3

POR UMA ABORDAGEM INTEGRADA PARA O ENFRENTAMENTO DA CORRUPÇÃO EMPRESARIAL NO BRASIL

3.1 Os quatro eixos de uma abordagem integrada: a necessária interconexão

Considerando a magnitude do dano que pode ser gerado por um episódio de corrupção empresarial (cf. seção 1.1), o aprimoramento da rede de *accountability* concernente ao sistema brasileiro de combate à corrupção (cf. seção 4.2) passa, necessariamente, por aperfeiçoar a resposta que o ordenamento jurídico dará à oferta de ilícitos da espécie advinda do meio corporativo.

Há diversos problemas no sistema de incentivos produzido pelo regime brasileiro de tratamento da corrupção empresarial, que podem até levar ao reforço dos laços entre empresas e agentes públicos corruptos. Em razão da apenas recente trajetória de enfrentamento da corrupção empresarial pelo lado da oferta (cf. seção 2.4), o arranjo normativo-institucional ainda carece de aperfeiçoamento.

Um eficiente sistema de incentivos precisa conjugar diferentes eixos que se complementam e se inter-relacionam, haja vista que nenhum mecanismo é, por si só, hábil para produzir suficientes e sustentáveis incentivos preventivos e dissuasórios (cf. seção 2.6.1). Respeitadas as premissas expostas no capítulo anterior (cf. seção 2.6), destacamos que um regime eficiente deve se apoiar em quatro diferentes eixos complementares e interconectados.[198] São eles: (i) a dissuasão dos indivíduos, por meio do risco de responsabilização pessoal, notadamente no âmbito penal; (ii) a dissuasão da pessoa jurídica por meio de um regime de responsabilização; (iii) o engajamento das empresas ao esforço anticorrupção; e (iv) um regime adequado de estímulo à autodenúncia empresarial e à solução negocial.

    O primeiro eixo – atinente à dissuasão das pessoas físicas envolvidas – perpassa todos os demais. Para além de somente responsabilizar a empresa, um sistema de incentivos mais bem estruturado precisa alcançar os indivíduos que integram as pessoas jurídicas, com o escopo de conformar seus comportamentos e evitar que cometam os ilícitos. Insere-se entre os escopos de cada um dos demais eixos criar desestímulos ao cometimento dos ilícitos pelas pessoas naturais.

    De toda sorte, não é apenas esse primeiro eixo que se conecta aos outros. Nenhum dos eixos é autônomo; pelo contrário, a organização de cada um deve se dar de forma integrada aos demais, uma vez que, como regra, só conseguem produzir incentivos adequados à prevenção e à dissuasão da corrupção empresarial quando respaldados pelo correto funcionamento dos outros eixos.

    Como se verá neste capítulo, nenhum dos quatro eixos seria capaz, isoladamente, de alterar de modo sustentável o quadro de corrupção empresarial existente no País; todos apresentam limitações de ordem técnica. Aliás, acreditar que o foco em apenas um dos citados eixos será suficiente para conter a corrupção talvez seja o grande equívoco dos operadores e dos formuladores de políticas públicas nessa seara. Sendo a corrupção empresarial um problema complexo e policêntrico, somente a combinação de diferentes mecanismos será capaz de produzir uma estratégia eficiente de enfrentamento desse mal.

    Além da necessária complementariedade e inter-relação, também é fundamental que cada um desses eixos seja adequadamente estruturado em si mesmo, para que funcione a contento. Caso contrário, além de não produzir os resultados que dele se espera, ainda poderão gerar incentivos disfuncionais e indesejáveis consequências não intencionais.

---

[198] Tratando do funcionamento de soluções negociais em casos de ilícitos corporativos, Jennifer Arlen também suscita essa inter-relação entre o regime de responsabilização empresarial e o modelo negocial. Sobre sua abordagem conjunta desses diferentes elementos, cf. ARLEN, Jennifer. The potential promise and perils of introducing deferred prosecution agreements outside the U.S. In: MAKINWA, Abiola; SØREIDE, Tina. *Negotiated Settlements in Bribery Cases*: A Principled Approach. Northampton: Edward Elgar, 2020. p. 160-168.

A abordagem pautada em quatro eixos integrados busca conjugar distintas ferramentas para o enfrentamento da corrupção empresarial. Combina métodos de atuação preventiva, *ex ante*, com práticas repressivas, de incidência *ex post*; valoriza a autorregulação empresarial, mas não desmerece a atuação sancionatória estatal; conjuga arranjos de Direito privado próprios de organizações empresariais com os incentivos típicos de institutos do Direito público; e reconhece a relevância do papel do Direito Penal como ferramenta de dissuasão dos indivíduos, prestigiando, conjuntamente, a colaboração com o Estado como meio mais hábil para solucionar conflitos em potencial.

Em suma, quando estruturados em si de forma adequada e organizados de modo integrado aos demais, os quatro eixos poderão formar, em conjunto, um sistema de incentivos adequado e eficiente para o tratamento da corrupção empresarial. Embora a temática se insira no direito sancionatório em sentido amplo, todas as quatro estratégias/eixos mencionados têm como último escopo induzir comportamentos socialmente desejados, a fim de obter voluntária e proativa obediência ao ordenamento jurídico (cf. seção 2.6.1).

3.2 Primeiro eixo: a dissuasão dos indivíduos

3.2.1 A imprescindibilidade do risco de responsabilização pessoal

Em seu livro *O Dicionário do Diabo*, obra satírica clássica da literatura estadunidense, Ambrose Bierce define as corporações como "um dispositivo engenhoso para obter lucros pessoais sem a responsabilização pessoal".[199] A ácida crítica, formulada em obra humorística publicada ainda nos primeiros anos do século XX, bem revela a dificuldade histórica de responsabilizar as pessoas físicas em razão de condutas por elas perpetradas como agentes de pessoas jurídicas.

Por mais que tratemos de corrupção empresarial, não se deve perder de vista o fato de que não são as empresas que verdadeiramente cometem ilícitos, e sim as pessoas físicas vinculadas a elas. A sociedade empresária é fruto de técnica jurídica, sendo composta, em verdade, de um amálgama de indivíduos que se agrupam por interesses pessoais.

---

[199] BIERCE, Ambrose. *The Devil's Dictionary*. Toronto: Dover Publications, 1993. p. 19. A referência a tal entrada na referida obra foi identificada primeiramente em BUELL, Samuel W. *Capital Offenses*: Business Crime and Punishment in America's Corporate Age. Nova York: W.W. & Company, 2016. p. x.

De fato, a responsabilização empresarial é uma forma de contornar todas as dificuldades concernentes ao sancionamento individual, que decorrem tanto do desafio de obter a exata individualização das condutas pessoais como da limitação patrimonial das pessoas físicas. Porém, a empresa não pode se tornar uma espécie de bode expiatório para que os indivíduos não respondam por suas condutas.[200]

Quando decidem perpetrar atos de corrupção, os indivíduos que se vinculam às empresas estão, em geral, pensando em seu próprio interesse. Paralelamente, suas condutas ilícitas podem também gerar benefícios à pessoa jurídica, mas o propósito delitivo de quem comete o ato lesivo à Administração é obter vantagens diretas ou indiretas para si, utilizando da empresa como mero veículo para esse fim.[201]

Por conseguinte, a corrupção empresarial dificilmente será dissuadida de forma sustentável apenas por meio da ameaça sancionatória aos entes personalizados. As vantagens a um particular advindas da corrupção empresarial – como o bônus que um executivo auferirá se conseguir garantir um contrato vultoso com a Administração Pública – podem ser de tamanha magnitude que não haverá nenhuma punição privada (como multa ou demissão) capaz de contrabalançar tamanhos incentivos ao cometimento de crimes.[202] Somente o risco de incidência do *ius juniendi* estatal sobre os próprios indivíduos, com seu amplo leque de medidas coercitivas, a exemplo da imposição de pena privativa de liberdade, seria suficiente para criar, nas pessoas físicas, suficiente receio de cometer atos lesivos em desfavor da Administração.[203]

Mas não é só. Em quadros de grande e sistêmica corrupção (cf. seções 1.3 e 1.6), a responsabilização individual será imprescindível para romper o equilíbrio corrupto. Não se combate a corrupção nas altas esferas públicas apenas punindo empresas; o fortalecimento de instrumentos consensuais e de canais de denúncia é fundamental para enfrentar a corrupção grandiosa, viabilizando o recebimento das informações necessárias para a responsabilização dos indivíduos envolvidos, notadamente no campo criminal.

---

[200] Sobre o ponto, cf. GARRETT, Brandon. The corporate criminal as scapegoat. *Virginia Law Review*, v. 101, n. 7, p. 1789-1853, nov. 2015.

[201] No mesmo sentido, cf. ARLEN, Jennifer. The potentially perverse effects of corporate criminal liability. *Journal of Legal Studies*, v. XXIII, p. 834, jun. 1994.

[202] Em semelhante sentido, cf. SØREIDE, Tina. *Regulating corruption in international markets*: why governments introduce laws they fail to enforce, p. 9. Disponível em: https://papers.ssrn.com/sol3/papers.cfm?abstract_id=3086715. Acesso em: 10 nov. 2019.

[203] Em semelhante sentido, sobre a imprescindibilidade da imposição de sanções não monetárias aos indivíduos, como a privação de liberdade, cf. SHAVELL, Steven. *Foundations of economic analysis of law*. Cambridge: Harvard University Press, 2004. p. 544-545.

3.2.2 A responsabilização pessoal como uma ameaça crível: a experiência brasileira com a Operação Lava Jato e as necessárias cautelas da aplicação do Direito Penal

Como aponta Alice Voronoff, no que tange às políticas sancionatórias, a relação entre os campos penal e administrativo é "marcada por fluxos contraditórios", com tendência de prevalência ora de modelos penais, ora de administrativos.[204] Ao longo do tempo, essa relação tem sido marcada por um movimento pendular, de modo que fatores históricos, como a ascensão do Estado de bem-estar social ou da teoria garantista do Direito penal, conduziram ao predomínio oscilante da expansão do Direito Penal ou do Direito Administrativo sancionador. Esse movimento pendular se mantém, com "alternâncias certamente relacionadas às peculiaridades históricas de cada país e que hoje continuam a ocorrer, de certa forma, impulsionadas por tendências menos definidas, típicas da Pós-Modernidade".[205]

Fato é que, em decorrência tanto de certa frustração com a pouca efetividade do Direito Penal como da maior maleabilidade do Direito Administrativo como ferramenta sancionatória, testemunhou-se na história recente do Brasil a dita fuga para o Direito Administrativo, com a adoção de respostas no âmbito cível aos ilícitos cometidos na sociedade.[206] Em verdade, nota-se crescente concomitância de regulação de condutas ilícitas por parte das disciplinas administrativa e penal, "não como uma estratégia de substituição de políticas públicas, mas como meio de se reforçar o aparato punitivo estatal".[207]

A Lei nº 12.846/2013 segue justamente essa tendência ao prever a responsabilização administrativa e civil das pessoas jurídicas que cometam atos lesivos nela previstos.[208] Ao pretender robustecer a reação

---

[204] VORONOFF, Alice. *Direito Administrativo Sancionador no Brasil*. Belo Horizonte: Fórum, 2018. p. 38

[205] Ibid. p. 43.

[206] Nesse mesmo sentido, cf. VORONOFF. Op. cit. p. 44. Também destacando a frequente opção estatal pelo Direito Administrativo sancionador como mecanismo de resposta aos ilícitos, que leva à expansão dessa seara, cf. OSÓRIO, Fabio Medina. *Direito Administrativo Sancionador*. 2. ed. rev. e atual. São Paulo: Revista dos Tribunais, 2005. p. 36-38.

[207] VORONOFF. Op. cit. p. 43.

[208] Como exemplificação dessa tendência de fuga para o Direito Administrativo, na mensagem de encaminhamento do Projeto de Lei nº 6.826/2010 (que deu origem à Lei nº 12.846/2013) ao Congresso, o Poder Executivo consignou expressamente que "o presente projeto optou

estatal à corrupção, o legislador pátrio optou por adicionar sanções extrapenais e impô-las às pessoas jurídicas.

Contrariando o caminho recentemente percorrido pelo Direito brasileiro, quando do advento da Operação Lava Jato, a utilização do Direito Penal revelou-se um instrumento mais efetivo para a desestabilização do equilíbrio estável de corrupção que os mecanismos de responsabilização administrativa ou de reparação civil.[209] Técnicas de investigação mais modernas e novos institutos jurídicos (como a colaboração premiada) acabaram por viabilizar resultados concretos na persecução de "crimes de colarinho branco", seara anteriormente marcada pela impunidade. A experiência brasileira denota que a ameaça de responsabilização individual, notadamente na esfera penal, também se mostra necessária para a dissuasão à corrupção empresarial.

Em verdade, a literatura em ciência política brasileira observava, antes mesmo do advento da Lava Jato, que o dissabor com a baixa efetividade também da responsabilização judicial na esfera cível, notadamente por meio das ações por ato de improbidade administrativa (cf. seção 4.4.1), que foram a grande aposta do constituinte de 1988 para o enfrentamento da corrupção, já vinha levando, na prática, à canalização dos esforços de persecução do Ministério Público preferencialmente na esfera criminal.[210]

Em comparação ao Direito Administrativo sancionador ou à responsabilização civil, as sanções de natureza penal apresentam quatro diferentes características que as tornam mais incisivas: (i) o Direito Penal é a seara jurídica que impõe a pena que mais atemoriza o ser humano: a privação de liberdade; (ii) considerando que a corrupção empresarial

---

pela responsabilização administrativa e civil da pessoa jurídica, porque o Direito Penal não oferece mecanismos efetivos ou céleres para punir as sociedades empresárias, muitas vezes as reais interessadas ou beneficiadas dos atos de corrupção".

[209] Na verdade, já se observava também no campo do Direito Penal uma tendência expansionista daquela seara, em movimento usualmente denominado de fuga *para* o Direito Penal, justamente em contraposição à fuga *do* Direito Penal, que indica a utilização deste mesmo em contextos de menor lesividade, ainda que sem real ameaça de prisão, como reforço ou aspecto sancionatório de outros ramos do Direito, a exemplo do econômico e tributário. Sobre o tema, cf. OLIVEIRA, Ana Carolina Carlos de. Direito de Intervenção e Direito Administrativo Sancionador: o pensamento de Hassemer e o Direito Penal Brasileiro. 2012. Dissertação (Mestrado em Direito) – Faculdade de Direito da Universidade de São Paulo, São Paulo, 2012. p. 226-227.

[210] Sobre o tema, cf. ARANTES, Rogério. Polícia Federal e Construção Institucional. *In*: AVRITZER, Leonardo; FILGUEIRAS, Fernando (Orgs.). *Corrupção e Sistema Político no Brasil*. Rio de Janeiro: Civilização Brasileira, 2011. p. 122-124.

é tradicionalmente um crime difícil de ser punido, apenas a ameaça de prisão – ainda que provisória – mostrou-se capaz de compensar a baixa probabilidade de sancionamento pelo ilícito; (iii) o Direito Penal reforça a reprobabilidade social da conduta, uma vez que, pelos princípios da subsidiariedade e fragmentariedade, somente os comportamentos humanos mais graves devem ser alcançados criminalmente; (iv) o Direito Penal adiciona uma espécie de sanção moral às condutas ilícitas, uma vez que há um maior estigma social em desfavor daqueles que respondem por atos criminosos em comparação aos que enfrentam responsabilização civil ou administrativa.

Não acreditamos que sanções civis ou administrativas sejam necessariamente preferíveis às penais.[211] Como dito, a experiência brasileira reforçou que o Direito Penal tem um papel a cumprir em um sistema de *accountability* anticorrupção. Entendemos que um sistema eficiente de responsabilização se vale de uma conjugação integrada de mecanismos diversos.

Entretanto, se por um lado um Direito Penal efetivo mostrou-se imprescindível como ferramenta no esforço anticorrupção, por outro também é certo que há riscos e incertezas em seu manejo como arma anticorrupção. Há uma constante tensão notadamente entre, de um lado, a busca da efetividade e da eficiência no Direito Penal e, de outro, a aplicação justa do Direito, que observe todos os ditames do ordenamento jurídico, em especial os direitos e as garantias fundamentais. No fundo, há um conflito jurídico-político entre diferentes visões sobre como se deveria estruturar um sistema penal, quais direitos e garantias deveriam ser conferidos a acusados e qual prioridade confere-se ao combate à corrupção e à criminalidade em geral frente a outros desafios sociais.[212] Encontrar o justo equilíbrio nessa tensão não vem se mostrando trivial. Novamente conforme Ademar Borges, "[t]ransformar o sistema de justiça criminal em instituição democrática e republicana implica não apenas

---

[211] Essa não parece ser a posição de Luciano Da Ros, que acentua que as sanções administrativas seriam aquelas com maior potencial de controle da corrupção, embora também reconheça a necessária complementariedade e calibragem com sanções que apresentam outras naturezas jurídicas. Concordamos com os riscos atinentes a privilegiar a sanção penal como principal estratégia punitiva, mas acreditamos que o sistema de responsabilização deve ser inevitavelmente complementar, havendo hipóteses em que o sancionamento pela esfera penal se revelará imprescindível. Cf. DA ROS, Luciano. Accountability legal e Corrupção. *Revista da CGU*, v. 11, n. 20, p. 1251-1275, 2019.

[212] Em semelhante sentido, cf. SØREIDE, Tina. *Corruption and Criminal Justice*. Cheltenham: Edward Elgar, 2016. p. 177.

respeitar os direitos fundamentais dos indivíduos, mas também criar condições efetivas para que a lei penal seja aplicada de forma célere, isonômica e eficaz".[213]

Foge ao escopo do presente trabalho analisar o funcionamento do sistema de justiça criminal brasileiro na seara anticorrupção, tema que é explorado detidamente em outras obras.[214] No entanto, é seguro dizer que um Direito Penal efetivo se revelou, na realidade brasileira, um dos necessários instrumentos para controlar a corrupção, a despeito de todas as sutilezas atinentes ao seu manejo.

De toda sorte, por certo o Direito Penal também não se trata da única ferramenta jurídica relevante. O papel do Direito Penal limita-se à repressão, *a posteriori*, dos delitos cometidos pelas pessoas físicas. Não dará conta, por si só, da complexidade dos elementos relacionados à corrupção sistêmica no país (cf. seções 1.6 e 2.1). Nos últimos anos, no Brasil, depositaram-se esperanças excessivas na capacidade do Poder Judiciário, por meio da aplicação do Direito Penal, de conseguir alterar esse quadro.[215] Todavia, como já vimos, a corrupção é um problema intricado e policêntrico, que não pode nem deve ser enfrentado apenas por meio da aplicação da lei pelo Judiciário (cf. seção 2.1).

Nesse passo, seguindo a lógica de abordagem integrada aqui proposta, o direito extrapenal também terá seu papel a desempenhar. Cabe ao Direito Administrativo brasileiro, ramo jurídico que regula o agir estatal, encontrar as soluções para o desenho de um sistema de incentivos que induza à conformidade ao Direito, tanto pelas empresas como pelos indivíduos, prevenindo a ocorrência de comportamentos ilícitos. O Direito Penal – principal seara jurídica para a repressão, *ex post*, de delitos cometidos pelas pessoas naturais – não pode estar sozinho na luta contra a corrupção.

---

[213] SOUZA FILHO. Op. cit. p. 380.

[214] LEITE, Alaor; TEIXEIRA, Adriano. *Crime e política*: corrupção, financiamento irregular de partidos políticos, caixa dois eleitoral e enriquecimento ilícito. Rio de Janeiro: FGV Editora, 2017; SOUSA FILHO, Ademar Borges de. *O controle de constitucionalidade de leis penais no Brasil*: graus de deferência ao legislador, parâmetros materiais e técnicas de decisão. Belo Horizonte: Fórum, 2019. p. 27, 50, 371-372, 377-382; BOTTINI, Pierpaolo Cruz. Aspectos penais e processuais penais ao enfrentamento à corrupção. *In*: QUEIROZ, Ronaldo Pinheiro; SALGADO, Daniel de Resende; ARAS, Vladimir. *Corrupção*: aspectos sociológicos, criminológicos e jurídicos. Salvador: Juspodivm, 2020; RODRIGUES, Fabiana Alves. *Lava Jato*: aprendizado institucional e ação estratégica na Justiça. São Paulo: WMF Martins Fontes, 2020.

[215] No mesmo sentido, SOUSA FILHO, Ademar Borges de. *O controle de constitucionalidade de leis penais no Brasil*: graus de deferência ao legislador, parâmetros materiais e técnicas de decisão. Belo Horizonte: Fórum, 2019. p. 381.

3.2.3 A experiência norte-americana e a ênfase na responsabilização individual: antes e depois do *Yates Memo*

Nos Estados Unidos, há bastante tempo, o Departamento de Justiça (DOJ) estabelece que a responsabilização individual dos sócios, diretores ou empregados que pessoalmente conduziram o ilícito merece receber primordial atenção.[216] Ainda em 1999, no documento conhecido como *Holder Memo*,[217] que se tornou um dos pilares para a política de cooperação com as empresas promovida pelo DOJ, o então *Deputy Attorney General* Eric Holder já afirmava que a responsabilização de uma companhia não significava que os indivíduos também não devessem ser apenados. A punição às empresas não poderia ser um substituto à persecução criminal das pessoas físicas responsáveis.[218] Nos expressos termos do documento, "a imposição de responsabilidade criminal individual em tais pessoas físicas acarreta forte dissuasão contra futuros malfeitos corporativos".[219]

No entanto, durante a crise de 2008, o mesmo DOJ celebrou composições consensuais diversas com empresas que cometeram ilícitos financeiros, sendo que, em muitos casos, não houve a esperada responsabilização dos indivíduos envolvidos nos autos.[220] A rara punição às pessoas naturais suscitou fortes críticas na sociedade estadunidense. Como resposta, em 9 de setembro de 2015, o DOJ publicou um documento que ficou conhecido como *Yates Memo*, de lavra de Sally Quillian Yates, à época *Deputy Attorney General* do Departamento de Justiça norte-americano. Por meio do referido memorando, que novamente sustentava que a responsabilização individual daqueles que

---

[216] Cf. GARRETT, Brandon L. *Declining corporate prosecutions*, p. 21. Disponível em: https://papers.ssrn.com/sol3/papers.cfm?abstract_id=3360456##. Acesso em: 29 out. 2019.

[217] HOLDER, Eric. *Bringing Criminal Charges Against Corporations*. Memorandum, 16. jun. 1999. Disponível em: https://www.justice.gov/sites/default/files/criminal-fraud/legacy/2010/04/11/charging-corps.PDF. Acesso em: 27 out. 2019.

[218] Ibid. p. 2.

[219] Idem.

[220] Brandon Garrett descreve o padrão que, segundo o autor, tornou-se comum à época: anunciava-se um acordo com uma grande empresa, que envolvia o pagamento pela empresa de uma elevada multa, além da concordância em aprimorar seu programa de *compliance*. Ainda que nos termos do acordo celebrado não se excluísse a responsabilização pessoal dos indivíduos, na prática não se observava o ajuizamento de medidas em desfavor das pessoas físicas. Por mais que as empresas admitissem o ilícito e assumissem a culpa, não se buscava identificar exatamente quais pessoas físicas teriam sido responsáveis pelos atos. Cf. GARRETT, Brandon L. *Declining corporate prosecutions*, p. 21. Disponível em: https://papers.ssrn.com/sol3/ papers.cfm?abstract_id=3360456##. Acesso em: 29 out. 2019.

perpetraram a conduta em nome da empresa seria um dos instrumentos mais efetivos para o combate à corrupção empresarial,[221] reforçou-se que a busca pelo sancionamento das pessoas físicas deveria ser o elemento central na política de persecução do DOJ.[222]

Apesar de seu rigor formal, há evidências de que as exigências do referido documento jamais foram implementadas em sua literalidade. Como destacado por Brandon Garrett, não parece ter havido mudanças expressivas na persecução individual com a adoção do *Yates Memo*. Em verdade, contraditoriamente ao que se poderia esperar do texto de tal disposição, houve certo declínio na tendência à punição individual após a vigência do referido memorando.[223] Além disso, a prática revelou que as exigências do *Yates Memo* mostravam-se mais programáticas que realistas.[224] A abordagem "tudo ou nada" sugerida pelo documento aparentemente não foi seguida com rigor pelos promotores do DOJ.[225]

As duras previsões do *Yates Memo* acabaram por ser flexibilizadas. Em 29 de novembro de 2018, o então *Deputy Attorney General* Rod J. Rosenstein, em discurso, confirmou que algumas determinações, como a de que todos os indivíduos que tivessem qualquer tipo de participação

---

[221] Cf. YATES, Sally Quillian. *Memorandum on Individual Accountability for Corporate Wrongdoing*, p. 1. Disponível em: https://www.justice.gov/archives/dag/file/769036/download. Acesso em: 27 out. 2019.

[222] Há quem enxergue, na aprovação do *Yates Memo*, uma virada do foco na responsabilização empresarial para a responsabilização corporativa. Nesse sentido, cf. COPELAND, Katrice Bridges. The Yates Memo: Looking for "Individual Accountability" in All the Wrong Places. *Iowa Law Review*, v. 102, p. 1899, 2017. Para outros, no entanto, com quem tendemos a concordar, a responsabilização individual sempre figurou, em tese, como um dos objetivos a serem alcançados pelo DOJ, não parecendo que de fato houve relevante incremento na persecução a indivíduos, pelo menos até o momento, tão somente pela edição do referido memorando. Sobre o tema, cf. GARRETT, Brandon L. *Declining corporate prosecutions*, p. 21. Disponível em: https://papers.ssrn.com/sol3/papers.cfm?abstract_id=3360456##. Acesso em: 29 out. 2019.

[223] De acordo com dados colhidos e apresentados por Brandon Garrett, entre 2001 e 2012, pessoas físicas também foram processadas em 89 dos 255 acordos firmados pelas autoridades estadunidenses, o que corresponde a apenas cerca de 35% dos casos. Em novo estudo, que incluiu dados até o ano de 2014, o padrão identificado pelo autor manteve-se praticamente idêntico, com empregados ou diretores das empresas sendo processados em 34% dos casos em que houve celebração de acordo. Acrescentando os dados até o ano de 2018, ou seja, já incluindo o período imediatamente após o *Yates Memo*, observa-se que o número de acordos que levaram ao processo de indivíduos, no período de 2001 a 2018, em verdade reduz-se a 27% dos feitos. Considerando apenas os anos de 2017 e 2018, o declínio se revela menos intenso, com a persecução a indivíduos em 32% dos casos em que houve acordos. Cf. GARRETT, Brandon L. *Declining corporate prosecutions*, p. 23-34. Disponível em: https://papers.ssrn.com/sol3/papers.cfm?abstract_id=3360456##. Acesso em: 29 out. 2019.

[224] Ibid. p. 25.

[225] Cf. GARRETT, Brandon L. *Declining corporate prosecutions*, p. 24-25. Disponível em: https://papers.ssrn.com/sol3/papers.cfm?abstract_id=3360456##. Acesso em: 29 out. 2019.

na conduta deveriam ser identificados, não vinham sendo cumpridas com rigor.[226] Desse modo, passou-se a exigir a identificação apenas das pessoas físicas que substancialmente fossem responsáveis ou estivessem envolvidas nos ilícitos.

De todo modo, a revisão da política do DOJ não alterou o entendimento de que a persecução aos indivíduos deve ser prioridade máxima.[227] Segundo o DOJ, "um dos modos mais efetivos de combater ilícitos corporativos é por meio da responsabilização de todos os indivíduos que incorrem em malfeitos".[228] Esse esforço para a punição individual "dissuade futuras atividades ilícitas, incentiva mudanças no comportamento corporativo, garante que as partes serão responsabilizadas por suas ações e promove a confiança pública no nosso sistema de justiça".[229]

3.3 Segundo eixo: a responsabilização da pessoa jurídica

3.3.1 Por que responsabilizar a empresa?

Seria essa ameaça de responsabilização das pessoas físicas suficiente, então, para prevenir e dissuadir a corrupção empresarial? Se fosse possível preservar as pessoas jurídicas de qualquer sanção, seriam evitados todos os perniciosos prejuízos sociais reflexos já tratados na seção 2.6.1.[230]

Aqui começa a se fazer presente a necessidade de uma abordagem integrada para o tratamento da corrupção empresarial. Há razões que justificam que a pessoa jurídica seja alcançada pelo poder punitivo

---

[226] ROSENSTEIN, Rod J. Remarks as prepared for delivery. *American Conference Institute's 35th International Conference on the Foreign Corrupt Practices Act*. Disponível em: https://www.justice.gov/opa/speech/deputy-attorney-general-rod-j-rosenstein-delivers-remarks-american-conference-institute-0. Acesso em: 27 out. 2019.

[227] ROSENSTEIN, Rod J. Remarks as prepared for delivery. *American Conference Institute's 35th International Conference on the Foreign Corrupt Practices Act*. Disponível em: https://www.justice.gov/opa/speech/deputy-attorney-general-rod-j-rosenstein-delivers-remarks-american-conference-institute-0. Acesso em: 27 out. 2019.

[228] Cf. 9-28.010. ESTADOS UNIDOS DA AMÉRICA. Justice Manual. *The United States Department of Justice*. Disponível em: https://www.justice.gov/jm/justice-manual. Acesso em: 27 out. 2019.

[229] Idem.

[230] Há vozes que sustentam que a responsabilização da pessoa jurídica, especialmente criminal, como ocorre em alguns países, seria um equívoco porque significaria a punição indireta de determinados indivíduos pelo erro de outros. Por todos, cf. HASNAS, John. The centenary of a mistake: one hundred years of corporate criminal liability. *American Criminal Law Review*, v. 46, p. 1329-1358, 2009.

estatal, não sendo suficiente direcionar o risco de responsabilização apenas sobre as pessoas físicas.[231]

Como alerta Jennifer Arlen, a responsabilização da pessoa jurídica assegura que a empresa não se beneficie direta ou indiretamente dos ilícitos cometidos pelos indivíduos que a integram ou a ela se vinculam.[232] Assim, a pessoa jurídica não terá incentivos perversos para encorajar a prática ilícita ou se omitir em relação ao controle interno.[233] O efetivo risco de responsabilização estimula a adoção das precauções internas necessárias a fim de evitar condutas que possam levar à imposição de sanções à pessoa jurídica.[234]

A ameaça sancionatória à empresa não deve ser um fim em si mesmo, tendo por principal escopo, em verdade, induzi-la a se empenhar para dissuadir as condutas ilícitas que possam ser cometidas pelas pessoas físicas que a ela se vinculam. Nesse passo, a fim de que seja criado tal incentivo, convém que o ordenamento jurídico preveja que a empresa responda pelos ilícitos perpetrados pelos indivíduos em seu favor. A Lei nº 12.846/2013, em seu art. 2º, caminhou nesse sentido, ao dispor sobre a responsabilidade objetiva da empresa pelos atos lesivos praticados em seu interesse ou benefício, exclusivo ou não.

Outro ponto que denota a importância da responsabilização empresarial é o fato de que a responsabilização criminal das pessoas

---

[231] Sobre a necessidade de organizar um sistema de responsabilização da própria pessoa jurídica, não sendo suficiente tão somente contar com a possível sanção aos indivíduos, cf. ODED, Sharon. *Corporate Compliance*: New Approaches to Regulatory Enforcement. Cheltenham: Edward Elgar Publishing Limited, 2013. p. 160-162; e ARLEN, Jennifer. *In*: OECD. *Public consultation on liability of legal persons*: compilation of responses, p. 6-7. Disponível em: https://www.oecd.org/daf/anti-bribery/Online-consultation-compilation-contributions.pdf. Acesso em: 18 set. 2019.

[232] ARLEN, Jennifer. The potential promise and perils of introducing deferred prosecution agreements outside the U.S. *In*: MAKINWA, Abiola; SØREIDE, Tina. *Negotiated Settlements in Bribery Cases*: A Principled Approach. Northampton: Edward Elgar, 2020. p. 164.

[233] Cf. ARLEN. Op. cit. p. 161-162. Sobre o ponto, cf. também ODED, Sharon. *Corporate Compliance*: New Approaches to Regulatory Enforcement. Cheltenham: Edward Elgar Publishing Limited, 2013, p. 119; e, também, DAVIS, Kevin. Public consultation on liability of legal persons: compilation of responses. *Organization for Economic Co-operation and Development Anti-Corruption Division, Directorate for Financial and Enterprise Affairs*, p. 47. Disponível em: https://www.oecd.org/daf/anti-bribery/Online-consultation-compilation-contributions.pdf. Acesso em: 18 set. 2019.

[234] Cf. ARLEN. Op. cit. p. 161-162. Sobre o ponto, cf. ODED, Sharon. *Corporate Compliance*: New Approaches to Regulatory Enforcement. Cheltenham: Edward Elgar Publishing Limited, 2013. p. 119; e, também, DAVIS, Kevin. Public consultation on liability of legal persons: compilation of responses. *Organization for Economic Co-operation and Development Anti-Corruption Division, Directorate for Financial and Enterprise Affairs*, p. 47. Disponível em: https://www.oecd.org/daf/anti-bribery/Online-consultation-compilation-contributions.pdf. Acesso em: 18 set. 2019.

físicas por atos de corrupção ainda se caracteriza pela morosidade no processamento dos feitos e por um quadro de impunidade.[235] A punição dos indivíduos infratores pode se revelar ainda mais tormentosa quando seus ilícitos estão acobertados pela estrutura empresarial. Afinal, mesmo quando malfeitos empresariais são descobertos, a individualização das condutas perpetradas pelas pessoas físicas não costuma ser uma tarefa simples. Esse cenário torna-se ainda mais delicado quando há o envolvimento da alta cúpula de grandes empresas, uma vez que os executivos dificilmente participarão da materialização das decisões do dia a dia, o que dificulta ainda mais a obtenção de provas de suas condutas ilícitas.[236]

Assim, a responsabilização da pessoa jurídica reduz o fardo probatório do Estado de ter que necessariamente individualizar a conduta dos indivíduos como autores do ato lesivo. Nesse sentido, sancionar a pessoa jurídica é também uma solução de caráter pragmático.[237]

Por fim, há uma razão igualmente pragmática, mas de cunho financeiro, a justificar a responsabilização das empresas. Comparadas às pessoas físicas que a integram, em geral as empresas apresentam maior capacidade financeira para suportar sanções e ressarcir o dano causado.

Assentada a importância da possibilidade de responsabilização da própria pessoa jurídica como parte de um adequado regime anticorrupção empresarial, cabe examinar como se deve estruturar tal política sancionatória.

---

[235] ALENCAR, Carlos Higino Ribeiro de; GICO Jr., Ivo. Corrupção e judiciário: a (in)eficácia do sistema judicial no combate à corrupção. *Revista Direito GV*, cf. 7, n. 1, p. 75-98, jan./jun. 2011.; LEVCOVITZ, Silvio. A corrupção e a atuação do judiciário federal 1991-2010. 2014. Dissertação (Mestrado em Ciência Política) – Faculdade de Ciência Política da Universidade Federal de São Carlos, São Carlos, 2014.

[236] A respeito dos desafios para punição a indivíduos por malfeitos empresariais, cf. YATES, Sally Quillian. *Memorandum on Individual Accountability for Corporate Wrongdoing*, p. 2. Disponível em: https://www.justice.gov/archives/dag/file/769036/download. Acesso em: 27 out. 2019.

[237] Em semelhante sentido, cf. SØREIDE, Tina. *Corruption and Criminal Justice*. Cheltenham: Edward Elgar, 2016. p. 153-154.

3.3.2 Análise econômica da responsabilização da pessoa jurídica

3.3.2.1 A teoria da dissuasão

Na década de 1960, um professor de economia da Universidade de Columbia, em Nova York, ao se atrasar para a aplicação de uma prova oral a um estudante de teoria econômica, precisou tomar uma decisão entre duas possíveis condutas: procurar um estacionamento onde deixar seu veículo, o que lhe demandaria mais alguns minutos e, consequentemente, aumentaria seu atraso para o compromisso; ou simplesmente estacionar na rua, de forma irregular, correndo o risco de ser multado. Em cálculo mental de poucos segundos – cenário que certamente é familiar a todos –, o professor ponderou a probabilidade de levar uma multa, que não lhe parecia tão alta, a magnitude do valor de eventual sanção (caso viesse a recebê-la), além do preço por hora que teria que desembolsar na hipótese de parar o carro no estacionamento apropriado. Concluiu que valia incorrer no risco de estacionar irregularmente e assim o fez. Cumprido seu compromisso na universidade, o professor retornou ao seu veículo e constatou que de fato não havia sido multado, a despeito da infração de trânsito que cometera.[238]

Enquanto ainda caminhava para a sala onde ocorreria a avaliação oral, Gary Becker, o personagem do episódio mencionado, notório professor da Universidade de Columbia e da Universidade de Chicago, elaborou uma hipótese que se tornaria basilar para a análise econômica da imposição da lei pelo Estado. Segundo seu raciocínio, possivelmente as autoridades de trânsito, responsáveis pela fiscalização de estacionamento irregular, haviam realizado uma ponderação semelhante à em que ele mesmo incorrera, estabelecendo a frequência das inspeções e o tamanho das sanções de acordo com a expectativa que tinham acerca do comportamento que seria adotado pelos potenciais infratores.[239]

O aluno examinado naquela ocasião provavelmente não soube responder à pergunta que Gary Becker lhe formulou na prova: em um cenário como o narrado, qual seria o comportamento ótimo, ou seja,

---

[238] O relato foi apresentado pelo próprio professor em palestra proferida em Estocolmo, na Suécia, em 9 de dezembro de 1992, por ocasião do recebimento do prêmio Nobel em Economia. Cf. BECKER, Gary. The Economic Way of Looking at Life. *Coase-Sandor Institute for Law & Economics Working Paper*, n. 12, 1993. Disponível em: https://chicagounbound.uchicago.edu/law_and_economics/510/. Acesso em: 21 set. 2019.

[239] Ibid. p. 5.

o mais adequado ou eficiente modo de agir, tanto para o potencial violador da lei como para as autoridades de fiscalização? De fato, apenas anos depois, em 1968, o próprio Gary Becker veio a publicar o seminal artigo *Crime and Punishment: An Economic Approach*, em que pioneiramente delineou os pilares básicos da análise econômica sobre os mecanismos de persecução e punição estatal aos atos antijurídicos.[240] Sua análise pretendia construir uma lógica geral capaz de açambarcar todos os tipos de desvios de conduta, e não apenas atos criminosos em sentido estrito (típicos, antijurídicos e culpáveis, segundo o sistema adotado no Brasil).[241]

Em seus estudos, Becker retoma a análise da aplicação da lei sob a ótica econômica, exame originariamente abraçado, ainda no século XVIII,[242] por autores como Cesare Beccaria[243] e Jeremy Bentham.[244] Após a publicação de seu artigo, o tema novamente ressurge no interesse dos economistas, o que dá origem à publicação de centenas de trabalhos que buscam expandir seu modelo ou analisar hipóteses específicas.

As contribuições de Gary Becker foram de particular importância para o desenvolvimento da Análise Econômica do Direito[245] pela denominada Escola de Chicago.[246] Becker acreditava que a economia era a ciência da tomada de decisão entre escolhas e aplicou a teoria neoclássica da formação de preços a diversos campos do Direito, como organização familiar,[247] discriminação racial no trabalho[248] e teoria do

---

[240] BECKER, Gary S. *Crime and Punishment*: An Economic Approach. Disponível em: http://www.nber.org/chapters/c3625.pdf. Acesso em: 17 set. 2019.

[241] Ibid. p. 2-3. De fato, como reconhecido pelo próprio autor, é provável que sua teoria tenha se tornado tão influente justamente porque acabou sendo empregada em diferentes estudos sobre aplicação da lei, como nas searas regulatórias e tributárias, não se restringindo ao Direito Penal. Sobre o tema, cf. BECKER, Gary S. *The Economic Way of Looking at Life*. Coase-Sandor Institute for Law & Economics Working Paper, n. 12, p. 6, 1993. Disponível em: https://chicagounbound.uchicago.edu/law_and_economics/510/. Acesso em: 21 set. 2019.

[242] Cf. POLINSKY, Mitchell; SHAVELL, Steven. The Economic Theory of Public Enforcement of Law. *Journal of Economic Literature*, v. XXXVIII, p. 45-76, p. 45, mar. 2000; BECKER. Op. cit., p. 7; e BECKER. Op. cit., p. 45.

[243] BECCARIA, Cesare. *On crimes and punishments*. Indianapolis: Hackett Pub. Co., 1986.

[244] BENTHAM, Jeremy. *An introduction to the principles of morals and legislation*. Oxford: Clarendon, 1996.

[245] Cf. MERCURO, Nicholas; MEDEMA, Steven G. *Economics and the Law*: from Posner to Postmodernism and beyond. 2. ed. Princeton: Princeton University Press, 2006. p. 101.

[246] Sobre a Escola de Chicago, cf. ARAÚJO, Thiago Cardoso. *Análise econômica do direito no Brasil*: uma leitura à luz da teoria dos sistemas. Rio de Janeiro: Lumen Juris, 2017. p. 60-100.

[247] BECKER, Gary S. *The Economic Approach to Human Behavior*. Chicago: University of Chicago Press, 1976.

[248] BECKER, Gary S. *The Economics of Discrimination*. Chicago: University of Chicago Press, 1957.

crime, turvando cada vez mais as fronteiras entre as ciências jurídica e econômica.[249]

Em sua análise, Becker adota como premissa a teoria da escolha racional, que pressupõe, como regra, que os atores econômicos agem de modo racional,[250] buscando maximizar seu bem-estar (ou a sua utilidade) por meio de escolhas intencionais e meios eficientes para alcançar seus objetivos.[251] A utilidade a ser maximizada consiste em um objetivo ou aspiração pessoal de qualquer ordem, como riqueza, reconhecimento profissional ou felicidade, sendo que cada indivíduo poderá ter seus próprios interesses e preferências, caracterizados em sua "função utilidade".

Como Nicholas Mercuro e Steven Medema esclarecem, essa definição de racionalidade não pressupõe a necessidade de deliberação refletida e consciente sobre cada decisão,[252] apenas sugere que, em geral, os seres humanos adotam escolhas e condutas com base em uma ponderação coerente entre benefícios e custos esperados advindos de cada uma das suas opções de comportamento.

Em conjunto com a teoria da escolha racional, autores da Escola de Chicago adotam também a premissa de que os indivíduos tomam suas decisões em um contexto de informação perfeita, ou seja, com plena ciência sobre os resultados que advirão de cada uma das suas opções de comportamento ou, ao menos, conhecendo a probabilidade de que determinadas consequências decorram de suas decisões.[253]

Desconsiderando possíveis explicações relacionadas a fatores morais ou de personalidade, Becker interpreta a opção pela conduta ilícita como uma ponderação racional entre custos e benefícios dos possíveis comportamentos a serem adotados pelo particular. De acordo com sua análise, os agentes incorrerão em um comportamento que atente contra a ordem jurídica apenas se a utilidade esperada em

---

[249] Cf. MERCURO; MEDEMA. Op. cit. p. 101-102.
[250] Na concepção econômica, o indivíduo faz escolhas racionais se conseguir estabelecer um ranqueamento de preferências pessoais entre as suas possíveis alternativas de escolha, e se comporta de modo consistente com tal ordem. Cf. SØREIDE, Tina. *Corruption and Criminal Justice*. Cheltenham: Edward Elgar, 2016. p. 125.
[251] Cf. MERCURO, Nicholas; MEDEMA, Steven G. *Economics and the Law*: from Posner to Postmodernism and beyond. 2. ed. Princeton: Princeton University Press, 2006. p. 102.
[252] MERCURO; MEDEMA. Op. cit. p. 102.
[253] Cf. SØREIDE. Op. cit. p. 125

cometer o ilícito superar a expectativa de utilidade de agir conforme o ordenamento jurídico.[254,255]

Gary Becker deu origem, assim, à denominada teoria da dissuasão.[256] Conforme a referida teoria, a utilidade que se espera obter por um determinado comportamento seria uma função dos benefícios (monetários e não monetários) advindos da conduta, descontados de todos os custos que poderão resultar do cometimento do ilícito (punições formais, informais, monetárias ou não monetárias, obrigação de reparar o dano ou qualquer outro prejuízo), devidamente ponderados pela probabilidade de sancionamento.[257]

Em linguagem matemática, segundo a teoria da dissuasão, a utilidade esperada de incorrer em uma conduta ilícita, de acordo com a lógica exposta, poderia ser descrita como:

$$E(U) = (1 - p).U(b) - p.U(b - s),$$

em que:[258]
$E(U)$ – utilidade esperada;

---

[254] Cf. BECKER, Gary S. *Crime and Punishment*: An Economic Approach, p. 9. Disponível em: http://www.nber.org/chapters/c3625.pdf. Acesso em: 17 set. 2019.

[255] Quais variáveis influenciariam a utilidade esperada pelo cometimento do ato ilícito? Naturalmente, o primeiro elemento é composto dos benefícios a serem obtidos pelo malfeito. A segunda variável relevante são as possíveis punições que o agente poderia receber pela prática. A terceira variável a ser ponderada é a probabilidade de incidência da punição. Se um ilícito fosse efetivamente apenado em todos os casos em que é cometido e se a reprovação aplicada superasse o potencial benefício, naturalmente não haveria nenhum ato contrário ao ordenamento jurídico. Porém, não raras vezes uma conduta ilícita jamais é descoberta pelas autoridades. Em outros tantos casos, o malfeito, ainda que identificado, pelas mais diversas razões (como prescrição, ausência de provas robustas, equívocos de julgamento, dentre outras possibilidades) acaba por não receber a punição prevista. Assim, a punição a ser recebida é apenas uma questão probabilística, e não de certeza. Sobre o modelo de racionalidade criminal, cf. COOTER, Robert; ULEN, Thomas. *Law & Economics*. 6. ed. Boston: Pearson, 2012. p. 463-467.

[256] Entre outros, cf. GAROUPA, Nuno. The Theory of Optimal Law Enforcement. *Journal of Economic Surveys*, v. 11, n. 3, p. 267-295, set. 1997, p. 267; ODED, Sharon. *Corporate Compliance*: New Approaches to Regulatory Enforcement. Cheltenham: Edward Elgar Publishing Limited, 2013. p. 15-47; e SHAVELL, Steven. *Foundations of economic analysis of law*. Cambridge: Harvard University Press, 2004. p. 515-530.

[257] Em semelhante sentido, cf. MCADAMS, Richard H.; ULEN, Thomas S. Behavioral criminal law and economics. *In*: GAROUPA, Nuno (Ed.) *Criminal Law and Economics*. Cheltenham: Edward Elgar, 2009. p. 403.

[258] A referida representação matemática, com pequenas modificações, pode ser vista em GAROUPA, Nuno. The Theory of Optimal Law Enforcement. *Journal of Economic Surveys*, v. 11, n. 3, p. 267-295, p. 268, set. 1997; e ALENCAR, Carlos Higino Ribeiro de; GICO Jr., Ivo. Corrupção e judiciário: a (in)eficácia do sistema judicial no combate à corrupção. *Revista Direito GV*, v. 7, n. 1, p. 75-98, p. 77, jan./jun. 2011.

p – probabilidade de ser punido;
(1 – p) – probabilidade de não ser punido;
b – benefícios a serem obtidos pela conduta;
U(b) – utilidade obtida pelo agente pelo recebimento dos benefícios advindos da conduta;
s – custo das punições sofridas caso a conduta seja identificada e sancionada;
(b – s) – os benefícios obtidos pela conduta ilícita, descontados das punições; e
U(b – s) – utilidade obtida pelo agente do saldo entre os benefícios da conduta ilícita e as punições sofridas.

Por óbvio, de acordo com a teoria da dissuasão, o agente só cogitaria incorrer na conduta ilícita se a utilidade esperada de seu comportamento fosse igual ou superior a zero, ou seja, somente se $E(U) = (1 – p).U(b) – p.U(b – s) \geq 0$. Esse resultado dependerá da atitude do agente frente ao risco (é avesso, neutro ou propenso ao risco?), da sua função utilidade, bem como das magnitudes do benefício a ser potencialmente auferido, das sanções a serem eventualmente recebidas e da probabilidade de detecção e punição de sua conduta pelas autoridades estatais.[259]

Em síntese, de acordo especificamente com a teoria da dissuasão, no que se tange à formulação de políticas públicas, caso o Estado conseguisse aumentar a punição esperada – seja pelo incremento de sua magnitude, seja pelo aumento da probabilidade de incidência –, o número de crimes cometidos também deveria decair.[260] Nesse contexto, as pessoas – tanto físicas como jurídicas – poderiam ser dissuadidas de cometer um ilícito por meio de incentivos e desincentivos a serem concedidos pelo Estado.

Ao longo do tempo, as conclusões da teoria da dissuasão, embora não tenham sido de todo invalidadas, foram objeto de críticas e ponderações (cf. seção 3.3.3). Por exemplo, atualmente se considera que a probabilidade de imposição da punição é mais efetiva no controle de ilícitos do que o tamanho da punição a ser imposta.[261] Portanto,

---

[259] Cf. GAROUPA. Op. cit. p. 268.
[260] Sobre a aplicação da modelagem de racionalidade criminal para a estruturação da política pública de combate aos ilícitos, cf. COOTER, Robert; ULEN, Thomas. *Law & Economics*. 6. ed. Boston: Pearson, 2012. p. 467-469.
[261] A literatura sobre o tema registra que o aumento apenas das punições aplicáveis parece ter um retorno decrescente, o que sugere que os seus efeitos para a dissuasão podem ser limitados sem um nível adequado de probabilidade de incidência da sanção. Além disso,

as variáveis examinadas pela teoria em tela não apresentam idêntico impacto para os resultados de um sistema de controle público. De toda sorte, as intuições básicas da teoria da dissuasão continuam a ser fundamentais para a construção de um sistema de *accountability* que se pretenda efetivo.

3.3.2.2 Lições da análise econômica: a responsabilização da pessoa jurídica como um modelo dissuasório

A previsão de responsabilização da pessoa jurídica representa justamente a adoção de um modelo dissuasório pelo Estado, nos termos examinados na seção anterior. Por meio da ameaça de imposição de penalidades, busca-se fazer com que, sob um juízo de ponderação de custos e benefícios, o agir em contrariedade ao Direito simplesmente não compense.[262]

A despeito de refletir sobre a magnitude ideal de sancionamento e sobre a probabilidade de sua imposição, não se trata de uma teoria que tenha como foco a retribuição ao mal causado. Não existe nenhuma contradição entre a adoção de um modelo dissuasório e o objetivo preventivo-dissuasório, que deve ser o primordial em uma estratégia anticorrupção. Como o nome já revela, a *ratio* consiste em eliminar os incentivos para que um agente racional incorra em malfeitos, dissuadindo a ocorrência dessas condutas socialmente reprováveis.

A teoria da dissuasão, como instrumento de análise econômica, traz algumas lições importantes para a estruturação da responsabilização empresarial por corrupção.[263] Em primeiro lugar, a escolha de sucumbir ou não à adoção de práticas corruptas passaria, ao menos em alguma medida (cf. seção 3.3.3.3), pela maximização de utilidade, realizada por meio do sopesamento entre benefício esperado e risco esperado. Desse modo, a corrupção poderia ser contida, ao menos em algum grau, por

---

se a probabilidade de incidência da sanção for demasiadamente baixa, a dissuasão não será alcançada nem sob a ameaça de altas sanções, já que pode haver o risco de que a baixa probabilidade comece a ser simplesmente desconsiderada pelos agentes. Sobre o tema, cf. NAGIN, Daniel S. Deterrence: A review of the evidence by a criminologist for economists. *Annual Review of Economics*, v. 5, p. 83-105, ago. 2013; e SHAVELL, Steven. Criminal Law and the Optimal Use of Nonmonetary Sanctions as a Deterrent. *Columbia Law Review*, v. 85, n. 6, p. 1232-1262, out. 1985.

[262] No mesmo sentido, cf. SØREIDE, Tina. *Corruption and Criminal Justice*. Cheltenham: Edward Elgar, 2016. p. 129-131.

[263] Em verdade, as questões aqui suscitadas se aplicariam tanto à responsabilização de pessoas jurídicas quanto de pessoas naturais.

meio do aumento do seu custo esperado para a empresa, sendo tal custo calculado pela ponderação entre o risco de efetiva punição e a magnitude de tal punição a ser imposta.[264,265]

Em segundo lugar, como entidades maximizadoras de lucros, as empresas tenderão a avaliar todas as suas alternativas de comportamento, adotando aquelas que lhes parecerem mais favoráveis. O ponto é importante porque a atuação em conformidade com o Direito também apresenta custos para a empresa, como acontece quando o Estado pretende que haja estruturação de programas de *compliance* ou de integridade. Assim, a análise econômica prevê que, se o ordenamento pretender impor excessivos ou desnecessários custos diretos e indiretos para a atuação em conformidade ao Direito, é possível que as empresas comecem a buscar caminhos alternativos.

Em terceiro lugar, para dissuadir a corrupção, não parece ser suficiente que as punições sejam equivalentes aos ganhos auferidos pelo malfeitor. Afinal, uma punição que apenas iguale os ganhos ilícitos recebidos torna o sistema de responsabilização vulnerável a equívocos quanto à aferição dos proveitos indevidos recebidos pela empresa. A responsabilização estatal esperada só atingirá nível ótimo se conseguir equiparar o custo social total decorrente da conduta ilícita,[266] que inclui também os custos com a movimentação do aparato estatal de aplicação

---

[264] Como apontado anteriormente, a literatura identifica que o incremento apenas das punições aplicáveis apresenta retorno decrescente, o que sugere que os seus efeitos para a dissuasão são limitados sem um nível adequado de probabilidade de incidência da punição. Em acréscimo, se a probabilidade de incidência for demasiadamente baixa, a dissuasão não será alcançada nem mesmo sob a ameaça de punições elevadas, já que a baixa probabilidade pode simplesmente passar a ser desconsiderada pelos agentes. Sobre o ponto, cf. NAGIN, Daniel S. Deterrence: A review of the evidence by a criminologist for economists. *Annual Review of Economics*, v. 5, p. 83-105, ago. 2013; e SHAVELL, Steven. Criminal Law and the Optimal Use of Nonmonetary Sanctions as a Deterrent. *Columbia Law Review*, v. 85, n. 6, p. 1232-1262, out. 1985.

[265] Não se trata de mera reflexão teórica. Poucos anos após a publicação do seminal artigo de Gary Becker sobre o tema, uma pesquisa empírica realizada por Isaac Ehrlich identificou evidências que sustentam a conclusão de que o comportamento criminoso é, sim, sensível à severidade e à probabilidade da punição. EHRLICH, Isaac. Participation in Illegitimate Activities: A Theoretical and Empirical Investigation. *Journal of Political Economy*, v. 81, n. 3, p. 521-565, maio-jun. 1973. Para outras evidências empíricas, que apontam resultados complexos quanto aos mecanismos mais ou menos hábeis a produzir incremento da dissuasão por meio do aumento dos custos da conduta ilícita, cf. LEVITT, Steven D.; MILES, Thomas J. The Empirical Study of Criminal Punishment. *In*: POLINSKY, A. Mitchell; SHAVELL, Steven (Eds.). *The Handbook of Law and Economics*. Amsterdã: North-Holland, 2007.

[266] Sobre o tema, cf. ODED, Sharon. *Corporate Compliance*: New Approaches to Regulatory Enforcement. Cheltenham: Edward Elgar Publishing Limited, 2013. p. 163.

da lei.²⁶⁷ Apenas alcançando a fixação de uma responsabilização esperada em nível ótimo o Estado conseguiria que as empresas internalizassem completamente todos os custos de sua atividade, ou seja, que não produzissem externalidades negativas para a sociedade.

Em quarto lugar, a lógica econômica indica que há um equilíbrio ótimo, ideal, para dissuadir condutas de corrupção, encontrado por meio do adequado balanceamento entre a magnitude das sanções e a probabilidade de sua efetiva aplicação.²⁶⁸ O ponto ótimo seria aquele em que se obteria suficiente dissuasão das condutas de corrupção, reduzindo o dano social ocasionado por tais condutas, mas sem incorrer em um patamar tão elevado de investimentos para tal finalidade que acabasse por gerar um regime de persecução ineficiente, inconveniente ou apenas muito custoso.

Em quinto lugar, a teoria da dissuasão considera as punições como custos de se incorrer na conduta ilícita. Em tal conceito inserem-se não apenas os elementos que são estritamente sanções, sob a técnica jurídica, mas também todas as potenciais consequências onerosas suportadas pelo infrator. No caso brasileiro, tanto as sanções como a obrigação de reparar o dano entrariam no conceito de custos do ato ilícito pela teoria da dissuasão. Também deveriam ser computados todos os planos sancionatórios, a exemplo das punições de natureza administrativa ou civil. Adicionalmente, também poderiam ser consideradas para tal fim outras perdas que a empresa infratora suportará, a exemplo dos prejuízos reputacionais.

Em sexto lugar, as penalidades esperadas precisam ser críveis. Não basta a previsão legal de incidência de determinada sanção ou de ajuizamento de uma demanda judicial que, ao fim, poderá levar à

---

[267] Acerca do ponto, cf. SHAVELL, Steven. *Foundations of economic analysis of law*. Cambridge: Harvard University Press, 2004. p. 520.

[268] Nesse contexto, Nuno Garoupa, por exemplo, observa que a maior parte dos modelos sobre dissuasão de atividades ilícitas não aponta como patamar ótimo um nível de imposição da lei que leve à erradicação completa dos atos ilícitos. Isso porque, como dito, a persecução da atividade ilícita também é custosa e apresenta um benefício social que decresce conforme se aumenta o nível de controle dos ilícitos. Na mesma linha, George Stigler afirma que, em razão dos custos, a sociedade deveria desistir de esperar que, em algum momento, fosse acontecer integral *enforcement* do Direito. Os altos custos e as dificuldades para a imposição da lei e responsabilização pelo cometimento de ilícitos ajudam a explicar o porquê de, em todos os países do globo, persistir algum grau de corrupção e também, como se verá a frente, a necessidade de outros eixos para a construção de um sistema de responsabilização empresarial eficiente. Sobre o ponto, cf. GAROUPA, Nuno. The Theory of Optimal Law Enforcement. *Journal of Economic Surveys*, v. 11, n. 3, p. 267-295, p. 267, set. 1997; e STIGLER, George J. *The Optimum Enforcement of Laws*, p. 56. Disponível em: https://www.nber.org/chapters/c3626.pdf. Acesso em: 27 set. 2019.

aplicação de certa punição. O cálculo empresarial levará em consideração, como dito, a probabilidade de incidência daquela punição. Portanto, instrumentos jurídicos de baixa efetividade, ainda que prevejam penas elevadas, não serão capazes de dissuadir condutas ilícitas.

Finalmente, as punições precisam ser previsíveis e transparentes.[269] As conclusões da teoria da dissuasão foram estabelecidas pressupondo agentes plenamente informados, que conhecem os benefícios de eventual conduta ilícita e os custos relacionados às possíveis penalidades e à probabilidade de incidência. Se os custos da conduta ilícita não forem sequer passíveis de quantificação pelos envolvidos, os efeitos sobre o comportamento dos particulares serão incertos, provavelmente não ocorrendo a dissuasão esperada.[270] Na falta de previsibilidade sobre quais serão as consequências jurídicas de seus atos, os agentes privados não são capazes de realizar o cálculo de custo-benefício que pauta a teoria e não poderão comparar com certo grau de certeza suas diferentes alternativas de comportamento. Nesse passo, dificilmente serão desincentivados a atuar de modo contrário ao Direito, em especial em um cenário de baixa probabilidade de incidência de tais imprevisíveis sanções.

3.3.3 Os limites da dissuasão pela ameaça de punição à pessoa jurídica

As premissas sobre as quais se assenta a teoria da dissuasão não são imunes a severas críticas. Esses questionamentos revelam que, embora a ameaça punitiva desempenhe um importante papel em um regime eficiente de resposta aos ilícitos em exame, há limites quanto aos resultados passíveis de alcançar tão somente por meio dessa estratégia.

3.3.3.1 Da baixa efetividade e do alto custo da persecução e punição à corrupção

A teoria da dissuasão pauta-se em uma lógica adversarial por natureza, já que pretende alcançar a voluntária conformidade com

---

[269] Cf. SØREIDE, Tina. *Corruption and Criminal Justice*. Cheltenham: Edward Elgar, 2016. p. 105, 163.
[270] Em semelhante sentido, cf. COOTER, Robert; ULEN, Thomas. *Law & Economics*. 6. ed. Boston: Pearson, 2012. p. 469.

a ordem jurídica por meio da ameaça de aplicação de punições.[271] Entretanto, há notórias dificuldades na execução dessa estratégia.

A persecução de atos de corrupção não é uma empreitada fácil. Em geral, as provas da corrupção não estão no processo administrativo. Assim, há uma considerável assimetria informacional entre o Estado – detentor do poder punitivo – e aquele que praticou o ilícito. Tratando-se de corrupção empresarial, o desafio persecutório tende a ser ainda maior. Não raras vezes há um verdadeiro conluio entre relevantes atores econômicos e agentes públicos de alta hierarquia, todos detentores de influência política e de recursos para camuflar os ilícitos cometidos ou habilmente evadir-se das autoridades. Em especial nos grandes casos de desvios, os esquemas de corrupção não são práticas triviais, e sim complexas e sofisticadas operações jurídico-financeiras. Não é tormentoso apenas identificar a ocorrência de corrupção, mas também conseguir produzir provas suficientes para a demonstração cabal dos fatos.

Essa não é uma dificuldade apenas brasileira. Mesmo nos Estados Unidos há ampla literatura relatando as dificuldades de persecução de pessoas físicas e jurídicas pelos ilícitos empresariais, notadamente de corrupção.[272] Na verdade, em todas as partes do mundo, apenas uma pequena fração dos casos de corrupção chega ao conhecimento das autoridades públicas.[273] Seja pelas restrições orçamentárias, seja pelas garantias rígidas do ordenamento jurídico, seja por limitações técnicas, o Poder Público historicamente mostrou ter dificuldades em conseguir sancionar os envolvidos em corrupção.

A despeito das limitações do estudo, reconhecidas pelos autores, Carlos Higino de Alencar e Ivo Gico Jr. buscaram medir o desempenho do sistema judicial em casos de corrupção com base em uma aproximação (*proxy*) estatística.[274]

---

[271] Em semelhante sentido, cf. ODED, Sharon. *The Intoxication of Force*: When Enforcement Undermine Compliance. Boom Juridisch: Haia, 2017. p. 17.

[272] Por todos, cf. GARRETT, Brandon. *Too big to Jail*: how prosecutors compromise with corporations. Cambridge: The Belknap Press of Harvard University Press, 2014; e DYCK, Alexander; MORSE, Adair; ZINGALES, Luigi. Who Blows the Whistle on Corporate Fraud? *The journal of finance*, v. LXV, n. 6, p. 2214, dez. 2010.

[273] No mesmo sentido, sobre a realidade estadunidense, afirmando que as autoridades públicas estão conscientes de que veem tão somente uma fração muito pequena de todos os atos ilícitos cometidos, cf. LAUFER, William S. A Very Special Regulatory Milestone. *University of Pennsylvania Journal of Business Law*, v. 20, n. 2, p. 421, 2017.

[274] Sobre as dificuldades de medir a probabilidade de punição de atos de corrupção, cf. ALENCAR, Carlos Higino Ribeiro de; GICO Jr., Ivo. Corrupção e judiciário: a (in)eficácia

Comparando o número de servidores demitidos na Administração federal por atos relacionados à corrupção e a parcela desse grupo que acabou também sendo processada e depois condenada definitivamente, os autores estimaram que a probabilidade de um servidor público corrupto demitido administrativamente tornar-se réu em uma ação criminal seria menor que 34,01%. Como esse já é o grupo dos demitidos, havendo ao menos provas suficientes para seu sancionamento na esfera administrativa, os autores concluem, por consequência lógica, que, dentro do grupo total de servidores corruptos (demitidos ou não), certamente a chance de vir a ser réu em uma ação criminal há que ser ainda menor, provavelmente inferior a 30%.

Considerando o número de ex-servidores que acabam sendo objeto de uma condenação criminal transitada em julgado, os autores estimam que a eficácia do sistema judicial criminal em impor uma condenação transitada em julgado por corrupção seria de 3,17%.[275] Em relação aos procedimentos cíveis, os autores estimam que apenas 24,26% dos servidores demitidos administrativamente por corrupção também se tornam réus em demandas judiciais de natureza cível. Dentro do universo total de servidores demitidos por corrupção, em apenas 1,59% dos episódios se chegaria também a uma condenação transitada em julgado.[276]

Os autores concluem, ainda, que mesmo que se considere tão somente a probabilidade de haver algum tipo de condenação transitada em julgado, seja na esfera civil, seja na penal, o desempenho do sistema judicial não seria maior que 5% dos casos. Em termos exatos, a pesquisa estimou uma eficácia de 4,76%.[277]

O referido estudo permite confirmar a hipótese de que é consideravelmente baixa a probabilidade de condenação judicial transitada em julgado, seja na esfera cível, seja na criminal, pelo cometimento de um ato de corrupção em sentido amplo. Parece razoável inferir que, em relação aos ilícitos advindos do meio empresarial, a probabilidade de condenação transitada em julgado não divirja das conclusões dos estudos, sendo ainda menor, em especial pela força econômica e pela capacidade de influência dos envolvidos.

---

do sistema judicial no combate à corrupção. *Revista Direito GV*, v. 7, n. 1, p. 75-98, p. 81-82, jan./jun. 2011.

[275] ALENCAR; GICO JR. Op. cit. p. 88.
[276] Ibid. p. 88-89.
[277] Ibid. p. 89

Não são apenas as demandas judiciais que apresentam limitada efetividade na punição a atos de corrupção (cf. seção 4.4.1). Em relação aos expedientes sancionatórios dos Tribunais de Contas, Licurgo Mourão, Ariane Sherman e Rita Serra apuraram, em 2015, que, na média, apenas 1,04% dos valores imputados como multas foi efetivamente recolhido ao erário.[278]

Os resultados obtidos por Carlos Higino de Alencar e Ivo Gico Jr., referidos anteriormente, não destoam também dos identificados em trabalho realizado por Jonathan M. Karpoff, D. Scott Lee e Gerald S. Martin. Analisando uma base de dados de 143 ações contra sociedades abertas instauradas pelo *U.S. Department of Justice* (DOJ) e pela *Securities and Exchange Commissions* (SEC), entre 1978 e 2013, por violações ao FCPA, os autores estimaram que a probabilidade de a empresa que incorre em pagamento de subornos ser punida é de aproximadamente apenas 6,4%.[279] Desse modo, não parece desarrazoado considerar que, em países como o Brasil, que se notabilizam por um sentimento de impunidade em relação a "delitos de colarinho branco", a probabilidade de punição seja consideravelmente inferior ao patamar identificado no referido estudo norte-americano.

A inefetividade do sistema persecutório estatal também já foi constatada em um estudo de Alexander Dyck, Adair Morse e Luigi Zingales sobre fraudes cometidas por pessoas jurídicas nos Estados Unidos. Com base em uma amostra de 216 casos de fraudes corporativas que ocorreram naquele país entre 1996 e 2004, provocando a perda de mais de US$750 milhões, os autores constataram que a SEC, regulador responsável nos Estados Unidos, havia sido responsável pela descoberta de apenas 7% dos casos de fraude envolvendo as empresas. Já outros atores do meio – usualmente ignorados pela literatura jurídica – apresentam contribuições mais expressivas que o Poder Público para o deslinde desses episódios. Os próprios empregados das empresas são responsáveis por trazer à luz 17% das fraudes. A mídia, por sua vez, respondeu por 13% das descobertas, sendo que, ao ponderar os montantes financeiros envolvidos, a mídia seria responsável por jogar luz sobre 24% dos valores relativos a casos de ilícitos empresariais.[280]

---

[278] MOURÃO, Licurgo; SHERMAN, Ariane; SERRA, Rita Chió. *Tribunal de Contas Democrático*. Belo Horizonte: Fórum, 2018. p. 160.
[279] KARPOFF, Jonathan; LEE, D. Scott; MARTIN, Gerald S. *Foreign Bribery*: Incentives and Enforcement, p. 29. Disponível em: https://ssrn.com/abstract=1573222. Acesso em: 8 out. 2019.
[280] Cf. DYCK, Alexander; MORSE, Adair; ZINGALES, Luigi. Who Blows the Whistle on Corporate Fraud? *The journal of finance*, v. LXV, n. 6, p. 2214, 2010.

O alto custo da persecução dos casos em exame ajuda a explicar, ao menos em parte, a baixa efetividade do sistema. Punir a corrupção demanda gastos. Em uma investigação sobre corrupção, há uma considerável quantidade e complexidade de dados a serem analisados, como grampos telefônicos, *e-mails* e documentos.[281] Nesse cenário, para lograr êxito, a atuação estatal exige despesas em pessoal, estrutura de trabalho, treinamento e tecnologia. Há que se levar em conta, ainda, o custo dos processos administrativos ou judiciais necessários para impor qualquer consequência jurídica a tais atos. Aumentar a efetividade do aparato estatal de controle da corrupção, tornando-o mais apto a criar uma ameaça crível, demanda um investimento ainda maior de recursos públicos.

Os dados apresentados corroboram a percepção geral de que, na vida real, a probabilidade de efetiva punição (que é uma das variáveis para a teoria da dissuasão) por um ato de corrupção é diminuta. Considerando a escassez de recursos estatais, bem como as complexidades inerentes à investigação dos casos, dificilmente o Poder Público será capaz de estruturar um aparato de controle robusto o suficiente para alcançar o patamar dissuasório almejado pela teoria da dissuasão.

3.3.3.2 Nível ótimo de dissuasão como mero exercício teórico

Como decorrência do que foi visto, na realidade da vida, os níveis ótimos de magnitude de sancionamento e de probabilidade de punição exigidos pela teoria da dissuasão quase nunca serão alcançados pelo Estado. Isso fará com que as empresas enfrentem um risco de sancionamento menor que aquele que seria necessário para a dissuasão de condutas ilícitas. Em outros termos, as empresas não terão receio de punição nem com a probabilidade, nem com a intensidade que seriam almejadas pela teoria da dissuasão.

Vimos que a probabilidade de punição restará sempre fortemente restringida pela baixa efetividade da persecução à corrupção, bem como pelo custo do aparato estatal. Mas não é só. A fixação de sanções no patamar necessário para, segundo a teoria da dissuasão, evitar a

---

[281] No mesmo sentido, cf. ODED, Sharon. Coughing Up Executives or Rolling the Dice? Individual Accountability for Corporate Corruption. *Yale Law & Policy Review*, v. 35, issue 1, p. 68, 2017.

ocorrência da atuação delitiva também resta cerceada por motivos políticos e financeiros.

Com efeito, há resistência política ao estabelecimento de penalidades elevadas às empresas, seja por críticas baseadas em critérios de proporcionalidade,[282] seja pelo potencial de produção de danos sociais reflexos, como desemprego e até falências (cf. seção 2.6.1). Já no campo financeiro, a incidência sancionatória resta limitada até pela simples capacidade da empresa apenada de arcar com todos os valores devidos.

O estudo realizado por Jonathan M. Karpoff, D. Scott Lee e Gerald S. Martin, já citado, que analisa ações do DOJ e da SEC por violações ao FCPA, confirma que o teórico nível ótimo de dissuasão pode ser muito distante do que se vê na realidade. De acordo com os autores, considerando a probabilidade de punição estimada, que é de apenas 6,4%, para que a teoria da dissuasão produzisse os efeitos previstos, as penalidades médias aplicadas por violações ao FCPA, que já se notabilizam por serem elevadas, teriam que ser incrementadas em 8,3 vezes em relação ao patamar atual.

Ou seja, o hipotético equilíbrio entre probabilidade de detecção e magnitude das punições exigiria uma elevação de 730% na grandeza das penalidades. Caso se desejasse manter o mesmo patamar de valores das sanções aplicadas, então a probabilidade de punição deveria ser elevada de 6,4% para 52,8%,[283] o que hoje seria impossível de alcançar.[284]

3.3.3.3 Racionalidade perfeita como mera suposição

A teoria da escolha racional é uma premissa dos modelos dissuasórios. Todavia, a suposta racionalidade de comportamento

---

[282] Como discutido, se a probabilidade de detecção e punição a uma conduta for baixa, a magnitude da sanção fixada deveria ser consideravelmente alta, o que poderá acarretar a previsão normativa de punições elevadas mesmo em casos de pouco impacto social, simplesmente porque a probabilidade de identificação do malfeito era diminuta. Sobre o ponto, cf. SHAVELL, Steven. *Foundations of economic analysis of law*. Cambridge: Harvard University Press, 2004. p. 483-484.

[283] KARPOFF, Jonathan; LEE, D. Scott; MARTIN, Gerald S. *Foreign Bribery*: Incentives and Enforcement, p. 6. Disponível em: https://ssrn.com/abstract=1573222. Acesso em: 8 out. 2019.

[284] A constatação empírica do estudo apenas corrobora a percepção teórica que já se identificava há muito na literatura. Por exemplo, Steven Shavell afirma que os regimes estatais de imposição da lei se caracterizam pela "subdissuasão", ou seja, pela produção de um efeito dissuasório menor do que o que se poderia imaginar, ante os custos relacionados e as dificuldades para a fixação e imposição das sanções ideais. Cf. SHAVELL, Steven. *Foundations of economic analysis of law*. Cambridge: Harvard University Press, 2004. p. 488-489.

dos indivíduos que estão por trás das decisões empresariais também é bastante questionada. O pressuposto dos modelos econômicos de que os agentes se comportam de maneira racional parece excessivamente otimista quanto à nossa capacidade cognitiva.[285] Emoções, impulsos, vieses e heurísticas[286] influenciam a tomada de decisão humana, razão pela qual os resultados rotineiramente se desviam da previsão que seria esperada em um cenário de racionalidade perfeita, indicando que na verdade os seres humanos operam em contextos de "racionalidade limitada".

Fora dos modelos econômicos estilizados, os atores econômicos da vida real não tomam todas as suas decisões por meio de refletidas e racionais ponderações sobre a obediência ou descumprimento das normas, o que faz com que seus comportamentos se afastem das previsões da teoria da dissuasão.[287] Ao contrário do esperado pela teoria da escolha racional, "o agente pode super ou subdimensionar riscos, deixar de considerar informações relevantes ou mesmo agir independentemente de os riscos ultrapassarem os benefícios",[288] o que impactará a percepção da probabilidade de imposição de possíveis punições.

O mesmo argumento também se aplica aos ilícitos empresariais. Após estudo pautado em entrevistas realizadas com executivos que cometeram "delitos de colarinho branco" nos Estados Unidos, Eugene Soltes concluiu que a ideia de que tais ilícitos são cometidos após ponderações racionais entre custos e benefícios pode ser apenas uma

---

[285] Cf. SØREIDE, Tina. *Corruption and Criminal Justice*. Cheltenham: Edward Elgar, 2016. p. 125.

[286] Sobre o tema, cf. THALER, Richard H. *Misbehaving*: the making of behavioral economics. Nova York: W.W. Norton & Company, 2016; e MCADAMS, Richard H.; ULEN, Thomas S. Behavioral criminal law and economics. In: GAROUPA, Nuno (Ed.) *Criminal Law and Economics*. Cheltenham: Edward Elgar, 2009.

[287] Há que se ter cautela em relação às críticas para não criar um injusto e incorreto espantalho a partir da teoria da dissuasão. A referida teoria buscava apenas estabelecer um modelo econômico que ajudasse na previsão dos comportamentos ilícitos. Um modelo econômico não pretende ser uma descrição exata do mundo real, mas justamente uma simplificação que permita as inferências necessárias para alcançar conclusões mais complexas. Os economistas são bastante conscientes de que as premissas da teoria da escolha racional seriam excessivamente otimistas em relação ao comportamento humano, tratando de suposições teóricas. Sobre o ponto, cf. SØREIDE, Tina. *Corruption and Criminal Justice*. Cheltenham: Edward Elgar, 2016. p. 125. Da mesma forma, os trabalhos dos autores clássicos sobre a teoria da dissuasão também não parecem de modo algum ignorar que as premissas adotadas se tratam de simplificações da realidade em busca de *insights* sobre como os indivíduos tendem a se comportar ante determinados incentivos.

[288] CANETTI, Rafaela Coutinho; MENDONÇA, José Vicente Santos de. Corrupção para além da punição: aportes da economia comportamental. *Revista de Direito Econômico e Socioambiental*, v. 10, n. 1, p. 114, jan./abr. 2019.

crença acadêmica. Durante tal pesquisa, Scott London, sócio da KPMG que fora condenado por repassar, para terceiros, informações internas de empresas que auditava, afirmou literalmente: "Nem uma vez sequer pensei sobre custos *versus* recompensas".[289] Segundo as observações de Soltes, a tomada de decisão pelos executivos que cometeram ilícitos não se pautava em cálculos fundamentados, mas em intuições e esforços para buscar elementos que apenas ratificavam suas intuições originárias.[290,291]

De toda forma, o que se observa nas pesquisas experimentais sobre ética comportamental (e na prática do dia a dia) é que atos de desonestidade acontecem com menor frequência do que se esperaria seguindo as previsões econômicas de racionalidade estrita – mesmo em cenários com pouca probabilidade de detecção dos ilícitos –, embora ainda em uma quantidade maior que a desejada.[292,293]

Conquanto o ramo de pesquisa aqui apresentado ainda esteja em evolução, as evidências empíricas e experimentais já denotam a existência de outras sutilezas do comportamento humano que tornam improvável que se consiga alcançar um controle sustentável da corrupção apenas por meio da ameaça de imposição de penalidades.

---

[289] SOLTES, Eugene. *Why they do it*: inside the mind of the white-collar criminal. Nova York: Public Affaris, 2016. p. 99.

[290] Ibid. p. 100.

[291] Novamente, algumas observações são pertinentes para que as críticas sejam consideradas na medida correta. Em primeiro lugar, a teoria da dissuasão, como o nome revela, pretende explicar como atos ilícitos são dissuadidos pelo Estado. Não se propõe a esclarecer todas as circunstâncias pelas quais, a despeito da suposta observância de sua teoria, alguns ilícitos permanecem sendo cometidos. Também não afirma que não exista cumprimento espontâneo das normas. Portanto, sem negar as observações de Soltes, é igualmente bastante provável que muitas pessoas tenham pensado nas suas famílias, carreiras e reputações antes de caírem na tentação de cometerem ilícitos e, assim, restaram dissuadidos pelos elementos basilares da teoria exposta. Cabe relembrar que, como apontado, os níveis ótimos de imposição da lei identificados pela teoria em geral não apresentam patamares de dissuasão total dos ilícitos, uma vez que tal cenário hipotético seria demasiadamente custoso. Portanto, a própria teoria da dissuasão já espera que alguns ilícitos continuarão a ser cometidos, ainda que atendidas todas as premissas do modelo.

[292] Cf. LANGEVOORT, Donald. Cultures of compliance. *American Criminal Law Review*, v. 54, n. 4, p. 946, 949-950, 2017.

[293] No entanto, pareceria absolutamente equivocado pretender descartar modelos baseados na teoria da escolha racional sob o entendimento de que o ser humano, em verdade, seria não racional. Se assim o fosse, esperaríamos comportamentos erráticos e arbitrários. Obviamente a realidade da vida também não é essa. A despeito de limitações quanto à previsão do comportamento humano em todas as situações, arcabouços analíticos pautados na racionalidade ainda parecem úteis para compreender as escolhas humanas adotadas, primordialmente em relação a importantes decisões. No mesmo sentido, SØREIDE. Op. cit. p. 126. Naturalmente, a consciência quanto às limitações da racionalidade exige uma visão mais sofisticada da análise jurídico-econômica e o aperfeiçoamento dos modelos teóricos, sempre que identificados fenômenos psicossociais que conduzem a resultados discrepantes das previsões pautadas na estrita racionalidade.

3.3.4 A insuficiência do modelo dissuasório e sua necessária complementação

As limitações da teoria da dissuasão revelam que seria insuficiente apostar apenas na ameaça de imposição de penalidades às pessoas jurídicas. Essa afirmação não significa que mecanismos de responsabilização empresarial sejam prescindíveis, muito pelo contrário. Ao longo deste e dos próximos capítulos, restará claro que o funcionamento adequado dos demais eixos da estratégia anticorrupção integrada está condicionado à existência de suficiente risco de punição às empresas e aos indivíduos, elemento que, por vezes, é esquecido no debate anticorrupção brasileiro.

Já afirmamos aqui que a ameaça sancionatória empresarial não é um fim em si mesmo, e sim um instrumento para a conformação de comportamentos das pessoas jurídicas e das pessoas naturais. Essa assertiva é bastante diferente de dizer que a ameaça sancionatória não cumpre um papel em uma estratégia eficiente de enfrentamento da corrupção. O aprimoramento de um aparato de responsabilização é condição absolutamente necessária para o controle da corrupção empresarial, embora seja, por si, insuficiente para o alcance desse objetivo. Seguindo a lógica de uma abordagem integrada, o Poder Público precisa complementar as intuições da teoria da dissuasão com outras reflexões.

3.4 Terceiro eixo: o engajamento das empresas no esforço anticorrupção

3.4.1 Além da teoria da dissuasão: as particularidades da presença empresarial

Por mais contraditório que possa parecer à primeira vista, uma estratégia eficiente para lidar com a corrupção empresarial deve contar também, inevitavelmente, com a colaboração do próprio meio empresarial. A luta contra a corrupção não precisa ser executada apenas pelo Poder Público.[294] O Estado pode e deve ir além de seus instrumentos tradicionais e buscar engajar as empresas para o esforço

---

[294] Cf. DIXIT, Avinash. How Business Community Institutions Can Help Fight Corruption. *The World Bank Economic Review*, v. 29, Issue suppl_1, p. S29, 2015.

anticorrupção. Essa cooperação público-privada, de tão estimulada contemporaneamente, está prevista até na Convenção das Nações Unidas Contra a Corrupção, mais especificamente no art. 12.

Quando envolvida em corrupção, a empresa ocupa uma posição singular: ela é tanto quem pratica o ilícito como quem está mais bem posicionada para auxiliar na apuração do caso e providenciar medidas de prevenção a novas ocorrências.[295] Para tornar a equação ainda mais complexa, a empresa geralmente é beneficiária direta do ilícito praticado, mas pode também ser vítima. Ainda que a corrupção traga maior lucro em curto prazo, poderá acarretar prejuízos em longo prazo. Afinal, caso o malfeito seja descoberto, as sanções e os danos reputacionais provavelmente serão muito significativos.[296]

Em qualquer empresa, os indivíduos deparam-se com uma determinada estrutura de incentivos, consequência da cultura corporativa e das normas ali adotadas. Esse conjunto de incentivos pode criar, deliberadamente ou não, um ambiente de valorização à obediência para com as normas jurídicas ou, em sentido diametralmente oposto, um cenário de estímulo aos atos ilícitos.

Considerando que, para evitar a corrupção empresarial, é imprescindível dissuadir comportamentos ilícitos dos indivíduos que estão por trás das empresas (cf. seção 3.2), não há meio mais efetivo para alcançar tal objetivo que valer-se das próprias estruturas empresariais. Pelos vínculos jurídicos formados com os indivíduos, os entes personalizados têm também o potencial de adotar medidas preventivo-dissuasórias da atividade delitiva, seja reduzindo os benefícios esperados pelas pessoas naturais em razão do cometimento de ilícitos, seja aumentando seus

---

[295] Em semelhante sentido, cf. ARLEN, Jennifer; KRAAKMAN, Reinier. Controlling corporate misconduct: an analysis of corporate liability regimes. *New York University Law Review*, v. 72, n. 4, p. 752, 1997. Apontando a posição única que as empresas possuem para influenciar o comportamento de seus agentes e, assim, contribuir para a eficácia do sistema de responsabilização empresarial, cf. ARLEN, Jennifer. Corporate criminal liability: theory and evidence. *In*: HAREL, Alon; HYLTON, Keith. *Research Handbook on the Economics of Criminal Law*. Cheltenham: Edward Elgar Publishing Limited, 2012. p. 144.; e ARLEN, Jennifer. *Public consultation on liability of legal persons: compilation of responses. Organization for Economic Co-operation and Development Anti-Corruption Division, Directorate for Financial and Enterprise Affairs*, p. 6-7. Disponível em: https://www.oecd.org/daf/anti-bribery/Online-consultation-compilation-contributions.pdf. Acesso em: 18 set. 2019.

[296] Em semelhante sentido, cf. ARLEN, Jennifer. Corporate criminal liability: theory and evidence. *In*: HAREL, Alon; HYLTON, Keith. *Research Handbook on the Economics of Criminal Law*. Cheltenham: Edward Elgar Publishing Limited, 2012. p. 157.

custos, inclusive no que concerne à probabilidade de o fato criminoso vir a ser descoberto e punido.[297]

Em razão dessa posição privilegiada das empresas para influenciar o comportamento dos indivíduos, uma estratégia anticorrupção eficiente precisa estimulá-las tanto a envidar esforços para direcionar seus colaboradores a um agir íntegro[298] como a colaborar com o Poder Público quando da ocorrência de um ilícito.

3.4.2 A dependência estatal da cooperação empresarial: assimetria informacional e custo-efetividade

A importância da colaboração empresarial na seara anticorrupção não é novidade e já vem sendo ressaltada por diversos autores da literatura jurídica. Para Sharon Oded, o regime de responsabilização empresarial deveria ser organizado para tornar as empresas verdadeiras parceiras do Estado na batalha contra as violações à juridicidade.[299] Jennifer Arlen, por sua vez, sustenta que as empresas podem até ser transformadas em policiais corporativos, como ocorre quando assumem obrigações em acordos de leniência,[300] ajudando a fiscalizar e evitar futuras violações de condutas. Em semelhante sentido, Caio Farah Rodriguez defende que as empresas colaboradoras em acordos de leniência "passam a servir como 'cães de guarda' do mercado em que atuam", uma vez que estão sujeitas a fiscalização rigorosa das autoridades e, assim, podem colaborar com a preservação da integridade no meio.[301]

---

[297] Cf. ARLEN, Jennifer. Public consultation on liability of legal persons: compilation of responses. *Organization for Economic Co-operation and Development Anti-Corruption Division, Directorate for Financial and Enterprise Affairs*, p. 6-7. Disponível em: https://www.oecd.org/daf/anti-bribery/Online-consultation-compilation-contributions.pdf. Acesso em: 18 set. 2019.

[298] Nesse sentido, cf. ODED, Sharon. Coughing Up. Executives or Rolling the Dice? Individual Accountability for Corporate Corruption. *Yale Law & Policy Review*, v. 35, issue 1, p. 71, 2017.

[299] ODED, Sharon. *Corporate Compliance*: New Approaches to Regulatory Enforcement. Cheltenham: Edward Elgar Publishing Limited, 2013. p. 164.

[300] ARLEN, Jennifer. Corporate Criminal Enforcement in the United States: Using Negotiated Settlements to Turn Potential Corporate Criminals into Corporate Cops. *NYU School of Law, Public Law Research Paper*, n. 17-12, ago. 2018.

[301] RODRIGUEZ, Caio Farah. Além de enfrentar a corrupção, Lava Jato impõe capitalismo a empresários. *Folha de S.Paulo*, São Paulo, 2 jul. 2017. Disponível em: https://www1.folha.uol.com.br/ilustrissima/2017/07/1897570-choque-de-legalidade-e-adequacao-do-capitalismo-sao-herancas-da-lava-jato.shtml. Acesso em: 26 ago. 2020.

Em nosso entendimento, o valor da participação empresarial é ainda mais profundo. Em razão de suas limitações, o Estado acabou por se tornar verdadeiramente dependente da colaboração empresarial para alcançar resultados efetivos na dissuasão da corrupção.

Há duas principais razões que demonstram essa dependência. A primeira concerne à assimetria informacional entre empresas e Administração Pública. A baixa efetividade do sistema persecutório estatal já foi analisada anteriormente (cf. seção 3.3.3.1). O auxílio empresarial pode minorar tal quadro. Enquanto para o Estado é penoso obter informações e provas relacionadas a escândalos de corrupção empresarial, para as empresas a mesma providência é consideravelmente mais simples, uma vez que os fatos são relacionados a seu funcionamento. Se colaborarem com o Poder Público, também poderão produzir as provas necessárias para o sancionamento dos demais envolvidos (agentes públicos, executivos e funcionários privados ou outras companhias), de maneira mais efetiva e célere do que os investigadores estatais poderiam fazer.

Aliás, o deslinde de grande parte dos casos de corrupção empresarial deve-se à contribuição privada, seja da própria companhia colaboradora, seja de seus funcionários, seja do trabalho da imprensa. Não apenas a observação da realidade, como também pesquisas empíricas corroboram tal dependência.[302]

A segunda razão da dependência estatal em relação à colaboração empresarial concerne à melhor relação custo-efetividade na atuação anticorrupção. Uma das premissas da estratégia anticorrupção eficiente é a busca pela minimização do custo social total da corrupção (cf. seção 2.6.2), o que inclui administrar os custos do aparato estatal necessários para obter a dissuasão aos ilícitos. O engajamento empresarial pode auxiliar o Estado exatamente nesse aspecto.

De plano, a colaboração das companhias aumenta a capilaridade do esforço anticorrupção de uma forma que o Estado, por conta própria, jamais conseguiria fazer, uma vez que não teria recursos para fiscalizar todas as empresas ou se fazer presente em cada uma delas para exercer fiscalização ou estimular políticas de prevenção. Além disso, em comparação com o gigantismo estatal, as empresas são capazes de

---

[302] No já citado estudo de Alexander Dyck, Adair Morse e Luigi Zingales, mais detidamente apresentado na seção 3.3.3.1, constatou-se empiricamente que a *Securities and Exchange Comission* (SEC) havia sido responsável pela descoberta de apenas 7% dos casos de fraudes ocorridas nos Estados Unidos em um determinado período, enquanto atores privados apresentavam maior êxito na revelação de condutas. Cf. DYCK, Alexander; MORSE, Adair; ZINGALES, Luigi. Who Blows the Whistle on Corporate Fraud? *The journal of finance*, v. LXV, n. 6, p. 2214, 2010.

promover medidas de prevenção e controle a um custo menor e com maior efetividade,[303] afinal, contam com mecanismos de prevenção aos ilícitos que não estão à disposição do Estado, como a possibilidade de rever a cultura empresarial e a capacidade de elaborar políticas internas que conduzam a comportamentos íntegros.[304,305]

3.4.3 Responsabilização baseada no cumprimento de contrapartidas

No campo da regulação econômica, as limitações apresentadas pelas teorias dissuasórias – associadas à regulação por comando e controle – para obter voluntária e proativa conformidade ao Direito levaram à estruturação de regimes de responsabilização baseados no cumprimento de contrapartidas (*duty-based liability regimes*). Preferimos denominá-los de regime de "contrapartidas", uma vez que nem sempre o que o Estado exige dos particulares em tais regimes são "deveres" em sua acepção jurídica.[306]

Nos regimes em comento, o Estado impõe ou induz que as empresas executem contrapartidas que considera relevantes para a atuação em conformidade com o ordenamento.[307] Na hipótese de ainda

---

[303] Cf. ODED, Sharon. Coughing Up Executives or Rolling the Dice? Individual Accountability for Corporate Corruption. *Yale Law & Policy Review*, v. 35, issue 1, p. 72, 2017. Também destacando que as empresas são mais custo-efetivas para conduzir investigações do que o Poder Público, cf. DAVIS, Kevin. Public consultation on liability of legal persons: compilation of responses. *Organization for Economic Co-operation and Development Anti-Corruption Division, Directorate for Financial and Enterprise Affairs*, p. 48. Disponível em: https://www.oecd.org/daf/anti-bribery/Online-consultation-compilation-contributions.pdf. Acesso em: 18 set. 2019.

[304] Em semelhante sentido, cf. ODED, Sharon. Coughing Up Executives or Rolling the Dice? Individual Accountability for Corporate Corruption. *Yale Law & Policy Review*, v. 35, issue 1, p. 71, 2017.

[305] Por exemplo, as empresas podem envidar esforços para elaborar modelos de organização interna em que a conquista de promoções, o cumprimento de metas e o desejo de obter maior remuneração não crie um estímulo indireto à prática de corrupção. Cf. ARLEN, Jennifer. Public consultation on liability of legal persons: compilation of responses. *Organization for Economic Co-operation and Development Anti-Corruption Division, Directorate for Financial and Enterprise Affairs*, p. 9. Disponível em: https://www.oecd.org/daf/anti-bribery/Online-consultation-compilation-contributions.pdf. Acesso em: 18 set. 2019.

[306] Sobre a evolução para o regime de responsabilização de contrapartidas, cf. ODED, Sharon. *Corporate Compliance*: New Approaches to Regulatory Enforcement. Cheltenham: Edward Elgar Publishing Limited, 2013. p. 119-120.

[307] Esse modelo já é adotado na Lei Anticorrupção brasileira. Não há um dever de instituição de um programa de integridade. Há um estímulo, em razão da disposição de que a existência de mecanismos e procedimentos internos de integridade seria levada em consideração para reduzir a aplicação das sanções.

assim serem cometidos atos ilícitos, o comprovado empenho em tentar evitá-los será considerado para excluir ou mitigar as punições impostas à empresa. Objetiva-se que a concessão desses benefícios estimule a criação de mecanismos que contribuam para o atuar em proativa conformidade ao ordenamento jurídico.

A concessão de benefícios em troca da adoção de comportamentos socialmente desejados não é exatamente uma técnica inovadora. Em Teoria do Direito, Norberto Bobbio já versava sobre as possíveis "sanções positivas", que seriam uma forma de beneficiar os agentes que praticassem determinadas condutas consideradas profícuas, por meio da criação de prêmios ou incentivos.[308]

Atualmente, nas mais diversas searas jurídicas, verifica-se a tendência de gradativa substituição dos tradicionais sistemas de responsabilização simplesmente dissuasórios, baseados apenas na ameaça de imposição de sanções, por regimes de responsabilização baseados no cumprimento de contrapartidas.[309] No campo anticorrupção não foi diferente. Com o escopo de promover o engajamento em políticas da espécie, a contrapartida usualmente exigida ou estimulada pelos legisladores concerne à implementação de procedimentos internos de *compliance*.

A grande fragilidade desse regime de responsabilização é o fardo informacional imposto à Administração Pública (cf. seção 5.5.2). Se o legislador prevê "sanções positivas" como estímulo à execução de determinada atividade, os órgãos de controle, por decorrência lógica, precisam estar capacitados para verificar se o particular de fato cumpre a contrapartida exigida pela norma jurídica.[310] Em razão da assimetria informacional entre empresas e Poder Público, bem como da costumeira falta de *expertise* dos agentes públicos para tratar de temas concernentes à gestão empresarial, a Administração pode se deparar com dificuldades para fiscalizar a escorreita execução das atividades que pretende estimular. O ponto será retomado no Capítulo 5 para analisar a incidência desse problema na realidade brasileira.

---

[308] BOBBIO, Norberto. *Da estrutura à função*: novos estudos de teoria do direito. Barueri: Manole, 2006. p. 23.
[309] Cf. ODED, Sharon. *Corporate Compliance*: New Approaches to Regulatory Enforcement. Cheltenham: Edward Elgar Publishing Limited, 2013. p. 119. Para exemplos, nos Estados Unidos, de hipóteses em que a existência de um sistema de *compliance* leva à mitigação ou exclusão das possíveis sanções, civis ou criminais, em áreas diversas, como assédio sexual, proteção do meio ambiente ou criminalidade empresarial, cf. Ibid. p. 123-151.
[310] Ibid. p. 170.

3.4.4 As três atividades de autorregulação anticorrupção

Adaptando classificações estabelecidas nas obras de Jennifer Arlen e Reinier Kraakman,[311] bem como de Sharon Oded,[312] é possível vislumbrar três grandes espécies de medidas de autorregulação empresarial com potencial para contribuir para o esforço anticorrupção: 1) medidas preventivas; 2) medidas de automonitoramento; e 3) medidas de autodenúncia e cooperação negocial com o Poder Público.

O engajamento das empresas para a colaboração com o esforço anticorrupção significa, em última análise, executar efetivamente esses mecanismos que Carlos Ari Sundfeld já denominou de autocontrole privado para fins públicos.[313]

As medidas de autorregulação preventiva englobam todas as atividades que tendem a prevenir práticas de corrupção pela empresa, como o mapeamento dos riscos, a tentativa de implementação de uma cultura de integridade, treinamentos, códigos de ética e conduta, procedimentos de controle interno (que naturalmente se misturam com as medidas de automonitoramento), políticas admissionais que busquem identificar pessoas alinhadas com adequados princípios de conduta, políticas de gestão que exijam atuação pessoal de acordo com parâmetros éticos, enfim, toda e qualquer prática que busque dificultar a perpetração de ilícitos, modificando os incentivos com os quais os indivíduos se deparam.[314]

Evidentemente, nenhum sistema de prevenção será capaz de dissuadir todos os indivíduos.[315] Ainda que a empresa dedique

---

[311] ARLEN, Jennifer; KRAAKMAN, Reinier. Controlling corporate misconduct: an analysis of corporate liability regimes. *New York University Law Review*, v. 72, n. 4, p. 695-718, 1997.

[312] ODED, Sharon. *Corporate Compliance*: New Approaches to Regulatory Enforcement. Cheltenham: Edward Elgar Publishing Limited, 2013. p. 165-166.

[313] Cf. SUNDFELD, Carlos Ari. *Compliance*: uma reflexão sobre os sistemas de controle nos setores privados e públicos. *Cadernos FGV Projetos*, ano 11, n. 28, p. 92, nov. 2016.

[314] Cf. ODED, Sharon. *Corporate Compliance*: New Approaches to Regulatory Enforcement. Cheltenham: Edward Elgar Publishing Limited, 2013. p. 165. Cf. também ROSE-ACKERMAN, Susan; PALIFKA, Bonnie J. *Corruption and Government* – Causes, Consequences and Reform. 2. ed. Nova York: Cambridge University Press, 2016. p. 496.

[315] Nessa linha, o *Organizational Sentencing Guidelines* dos Estados Unidos, bem como o *Justice Manual* e o guia para avaliação de programas de *compliance* corporativos do DOJ, por exemplo, reconhecem de forma explícita que a ocorrência de um ilícito não significa necessariamente que o programa não seja efetivo em geral para prevenir e detectar malfeitos. Cf. §8B2.1(a). ESTADOS UNIDOS DA AMÉRICA. *2018 Guidelines manual*. Disponível em: https://www.ussc.gov/guidelines/2018-guidelines-manual. Acesso em: 8 nov. 2019; 9-28-800. ESTADOS UNIDOS DA AMÉRICA. Justice Manual. *The United States Department of Justice*. Disponível em: https://www.justice.gov/jm/justice-manual. Acesso em: 27 out. 2019; e U.S. DEPARTMENT OF JUSTICE. *Evaluation of Corporate Compliance Programs*, p. 13, abr. 2019.

consideráveis esforços a suas políticas preventivas, algum colaborador mal-intencionado pode vir a incorrer em atos indevidos. Daí a importância também das medidas de automonitoramento, que servem para detectar eventuais práticas ilícitas que venham a ocorrer, a despeito dos esforços de prevenção. São exemplos as auditorias e as investigações internas, bem como a estruturação de canais de denúncia. Considerando que as empresas têm maior facilidade – em comparação com os controladores externos – de identificar internamente os malfeitos cometidos, as práticas de automonitoramento são imprescindíveis.[316]

As medidas que tendem à autodenúncia e à cooperação consensual para apuração dos fatos e punição dos envolvidos são aquelas que o Poder Público gostaria que ocorressem na hipótese de restar identificado um malfeito perpetrado na estrutura empresarial. Naturalmente, a autodenúncia só acontecerá se for vantajosa também para a empresa. Assim, está umbilicalmente interligada ao regime jurídico para soluções negociais que venha a ser estruturado pelo Estado. Conecta-se diretamente, nesse passo, à organização do quarto eixo fundamental de um eficiente sistema anticorrupção, como será visto mais adiante.

3.4.5 O regime composto de responsabilização empresarial e sua adoção no Brasil

Conseguir o engajamento empresarial no esforço anticorrupção, notadamente para a execução das atividades de autorregulação apontadas, exige a estruturação de um correto sistema de incentivos. Para tal fim, será necessário lançar mão de um regime misto ou composto de responsabilização empresarial,[317] que conjugue tanto a teoria dissuasória, mediante a ameaça de firme resposta estatal pelos atos de corrupção, como o regime de responsabilização baseada no cumprimento de contrapartidas, por meio de sanções positivas pela adesão ao esforço anticorrupção.

Nenhuma das duas referidas estratégias, isoladamente, produziria um sistema de incentivos adequado para estimular a efetiva execução das três atividades de autorregulação mencionadas. Mais ainda, o

---

Disponível em: https://www.justice.gov/criminal-fraud/page/file/937501/download. Acesso em: 17 dez. 2019.

[316] Cf. ODED, Sharon. *Corporate Compliance*: New Approaches to Regulatory Enforcement. Cheltenham: Edward Elgar Publishing Limited, 2013. p. 166.

[317] cf. ODED, Sharon. *Corporate Compliance*: New Approaches to Regulatory Enforcement. Cheltenham: Edward Elgar Publishing Limited, 2013. p. 174-195.

legislador precisa garantir que as empresas restem em melhor situação jurídica ao adotar as atividades de autorregulação empresarial do que se não as abraçasse.[318]

Veja-se que a ameaça de responsabilização das pessoas jurídicas (cf. seção 3.3) incentiva a adoção das políticas de autorregulação preventivas, com o escopo de reduzir os riscos de punição. Porém, por si só, a responsabilização empresarial não levará à adoção de medidas de automonitoramento nem promoverá a autodenúncia e a colaboração consensual com o Estado. Muito pelo contrário, o risco de responsabilização, especialmente objetiva, pode levar à redução dos investimentos em automonitoramento. Trata-se de uma consequência não intencional que já foi denominada na literatura de "efeito perverso" do regime de responsabilização empresarial.[319]

O referido efeito ocorre porque o automonitoramento não é de todo benéfico para a empresa. Ele apresenta também o resultado

---

[318] Em semelhante toada, cf. ARLEN, Jennifer. The potential promise and perils of introducing deferred prosecution agreements outside the U.S. In: MAKINWA, Abiola; SØREIDE, Tina. *Negotiated Settlements in Bribery Cases*: A Principled Approach. Northampton: Edward Elgar, 2020. p. 166.

[319] Um exemplo brasileiro ajuda a ilustrar a colocação. A Lei nº 12.846/2013 assenta que a responsabilização das pessoas jurídicas se dará objetivamente pelos atos previstos na lei praticados em interesse ou benefício da empresa, de forma exclusiva ou não. A referida norma parece buscar responsabilizar objetivamente as empresas com o escopo de incentivar a organização de estruturas internas de *compliance* anticorrupção. A lógica seria a seguinte: se a empresa corre o risco de responder por um ato cometido por alguém a ela vinculado, independentemente de ter agido com culpa ou não, criam-se incentivos para que adote medidas de prevenção aos ilícitos com o escopo de reduzir a possibilidade de sancionamento. De fato, quanto ao automonitoramento e à autodenúncia, dois efeitos conflitantes parecem advir da responsabilização empresarial objetiva. Por um lado, o risco de responsabilização poderia levar a empresa a investir mais na detecção de eventuais ilícitos para que os indivíduos a ela vinculados considerassem que houve um aumento do risco de sancionamento pessoal e, com isso, perdessem incentivos ao incorrer em ilícitos. Por outro lado, o investimento em auditoria e monitoramentos internos levaria a empresa a deslindar fatos ilícitos em sua estrutura e a produzir elementos de prova em seu prejuízo, o que poderia acarretar o aumento do risco de responsabilização da empresa pelo Estado. Ora, se o último efeito superar o possível aspecto positivo do incremento de automonitoramento, a empresa em verdade restará desincentivada a adotar comportamentos de monitoramento *a posteriori* e de autodenúncia. É o que se chama de "efeito perverso". Em outros termos, as empresas simplesmente não desejariam descobrir nenhum ilícito em suas estruturas internas, com receio de responsabilização. Assim, a responsabilidade objetiva, considerada isoladamente, não cria incentivos suficientes a um programa de *compliance* completo, ou seja, que não se limite apenas à prevenção, mas que também promova automonitoramento e autodenúncia. Sobre o tema, cf. ARLEN, Jennifer. Corporate criminal liability: theory and evidence. In: HAREL, Alon; HYLTON, Keith. *Research Handbook on the Economics of Criminal Law*. Cheltenham: Edward Elgar Publishing Limited, 2012. p. 173-175; ARLEN, Jennifer. The potentially perverse effects of corporate criminal liability. *Journal of Legal Studies*, v. XXIII, p. 843-867, jun. 1994; e ODED, Sharon. *Corporate Compliance*: New Approaches to Regulatory Enforcement. Cheltenham: Edward Elgar Publishing Limited, 2013. p. 168-169.

contrário de incrementar o risco de receber punições por autoridades estatais, uma vez que as práticas de revolvimento dos fatos internos poderão fazer com que venham à tona ilícitos de corrupção cometidos naquele meio empresarial, informações que poderão eventualmente chegar, de algum modo, ao conhecimento dos órgãos públicos responsáveis por puni-las.[320]

A empresa somente se sentirá incentivada em relação ao automonitoramento e à autodenúncia caso entenda que a adoção de tais medidas de autorregulação a deixarão em melhor condição jurídica do que na hipótese de se omitir. A ameaça de responsabilização da empresa, ainda que objetiva, não é suficiente para estimular outras práticas de autorregulação além das medidas preventivas. Para tanto, caberá ao Estado organizar incentivos, por meio de sanções positivas, que estimulem a implementação de políticas de conformidade e a autodenúncia.

É importante observar, ainda, que o automonitoramento e a autodenúncia são atividades autorregulatórias inter-relacionadas. Não havendo regime de soluções negociais que favoreça a autodenúncia, a empresa tampouco restará devidamente incentivada ao automonitoramento, uma vez que não encontrará um caminho atrativo para levar às autoridades as informações que venha a descobrir por meio dessas políticas. Assim, talvez essa atividade passe a não valer a pena, sendo melhor contar com a sempre baixa probabilidade de que o conhecimento sobre um malfeito praticado na seara empresarial será descoberto pelos órgãos de controle estatais.[321]

Seguindo a tendência internacional aqui em comento, a Lei nº 12.846/2013 foi estruturada justamente como um sistema composto de responsabilização, embora apresente diversos problemas de execução dessa estratégia. O diploma definiu que as pessoas jurídicas serão responsabilizadas objetivamente, nos âmbitos administrativo e civil, em razão de atos lesivos previstos naquela lei, praticados em seu interesse ou benefício, exclusivo ou não. Quando da aplicação de eventuais sanções, nos termos do art. 7º, VIII, será levada em consideração a existência

---

[320] Em semelhante sentido, tratando da necessidade de que se garanta um benefício substancial, cf. ARLEN, Jennifer. The Failure of the Organizational Sentencing Guidelines. *University of Miami Law Review*, v. 66, n. 2, p. 337, jan. 2012.

[321] Sobre a relação entre os incentivos à autodenúncia e à busca por ilícitos cometidos por meio da estrutura empresarial, cf. ARLEN, Jennifer. The potential promise and perils of introducing deferred prosecution agreements outside the U.S. *In*: MAKINWA, Abiola; SØREIDE, Tina. *Negotiated Settlements in Bribery Cases*: A Principled Approach. Northampton: Edward Elgar, 2020. p. 164-165.

de mecanismos e procedimentos internos de integridade no âmbito da pessoa jurídica. Assim, também no Brasil adotou-se a convenção de estimular a presença de *compliance* ou de integridade como contrapartida a ser demonstrada para a comprovação do engajamento empresarial no esforço anticorrupção.

No entanto, para que esse programa de integridade cumpra sua função de promover as atividades de autorregulação empresarial, ele deverá ser implementado efetivamente. Não pode se tornar mera formalidade. Caso contrário, não restarão cumpridos os objetivos de um sistema composto de responsabilização.

Aliás, esse ponto nem sempre parece receber a devida atenção no Brasil. O funcionamento de um regime que se paute na responsabilização baseada no cumprimento de contrapartidas depende da capacidade de o Estado verificar, quando necessário, se as contrapartidas estimuladas estão sendo realmente cumpridas. Caso contrário, há o risco de se tornar apenas um sistema que reduz o efeito dissuasório da sanção sem concretamente promover, em troca, outros mecanismos que conduzam à conformidade com os padrões de integridade.

O Capítulo 5 irá se dedicar justamente à análise da incorporação dos programas de integridade no Brasil, como instrumento de materialização do engajamento das empresas no esforço anticorrupção. Como se verá, a organização de um conjunto de incentivos para a estruturação de uma política de *compliance* que supra as exigências de um sistema composto de responsabilização é mais intricada do que se imagina à primeira vista.

3.5 Quarto eixo: o incentivo à autodenúncia empresarial e à solução negocial

3.5.1 Consensualidade e pragmatismo para a solução de casos de corrupção: mais uma tendência global

A cooperação público-privada pode se dar também após a ocorrência de um episódio de corrupção, mediante a autodenúncia empresarial e a adoção de soluções negociais. Por todas as dificuldades apresentadas pelo Poder Público para a persecução dos ilícitos da espécie (cf. seção 3.3.3), os mecanismos negociais converteram-se em instrumentos centrais para lidar com a corrupção empresarial, o que os torna um necessário eixo também para um regime eficiente de tratamento da corrupção empresarial. Mesmo nos Estados Unidos, local de maior aplicação sancionatória das normas anticorrupção, a colaboração empresarial com as investigações estatais é, há muito, encorajada pelas autoridades públicas.[322]

A experiência internacional demonstra que um considerável número de casos de corrupção só é descoberto e punido porque, em algum momento, as empresas envolvidas decidem confessar as práticas e celebrar algum tipo de composição bilateral. De acordo com recente estudo publicado pela OCDE, dos 890 casos de corrupção internacional enfrentados por países signatários da convenção sobre combate à corrupção daquela organização, 695 terminaram em alguma espécie de resolução extrajudicial, o que equivale a aproximadamente 78% dos episódios.[323]

A expansão global do uso de instrumentos negociais na seara anticorrupção é uma recente e crescente tendência.[324] Em estudo realizado pela Associação Internacional de Advogados (*International Bar Association*), constatou-se que, de 66 países analisados, 57 tinham algum instrumento de cooperação negocial para ilícitos relacionados ao pagamento de propina em negócios internacionais.[325] Em um considerável número de países, o instrumento negocial foi inserido no ordenamento jurídico apenas na década de 2010. Entre eles, figuram justamente o Brasil, além de outros, como França, Reino Unido e Argentina.[326]

É natural que soluções negociais tenham chegado também ao Brasil. Conforme aponta Juliana Bonacorsi de Palma, atualmente se reconhece que "a função administrativa pode ser desempenhada por meio da consensualidade, com emprego de métodos concertados

---

[322] Cf. ODED, Sharon. Coughing Up Executives or Rolling the Dice? Individual Accountability for Corporate Corruption. *Yale Law & Policy Review*, v. 35, issue 1, p. 51, 2017.

[323] OECD. *Resolving Foreign Bribery Cases with Non-Trial Resolutions*: Settlements and Non-Trial Agreements by Parties to the Anti-Bribery Convention, p. 13. Disponível em: http://www.oecd.org/corruption/Resolving-Foreign-Bribery-Cases-with-Non-Trial-Resolutions.htm. Acesso em: 25 jan. 2020.

[324] Para um breve relato sobre a propagação global da utilização de instrumentos negociais em casos de corrupção, cf. MAKINWA, Abiola; SØREIDE, Tina. Introduction. *In*: MAKINWA, Abiola; SØREIDE, Tina. *Negotiated Settlements in Bribery Cases*: A Principled Approach. Northampton: Edward Elgar, 2020. p. 3-5.

[325] Cf. MAKINWA, Abiola; SØREIDE, Tina. *Structured Settlements for Corruption Offences*: Towards Global Standards? IBA Anti-Corruption Committee: Structured Criminal Settlements Subcommitte. p. 15-16. Disponível em: https://www.oecd.org/corruption/anti-bribery/IBA-Structured-Settlements-Report-2018.pdf. Acesso em: 2 out. 2020.

[326] Ibid. p. 22.

para satisfação de finalidades públicas".[327] Mais recentemente, com a introdução do art. 26 à Lei de Introdução às Normas do Direito Brasileiro (LINDB), o ordenamento jurídico brasileiro passou a contar com um permissivo genérico à celebração de acordos pela Administração Pública, que serve como fundamento de validade da consensualidade administrativa mesmo quando inexistir lei específica tratando de transações em um dado quadro jurídico.[328]

Aliás, como a experiência brasileira recente demonstra, o recurso à consensualidade foi o que de fato deu certo no País e propiciou resultados efetivos no combate à corrupção. Instrumentos como a colaboração premiada e o acordo de leniência, apesar das críticas que eventualmente mereçam, viabilizaram os resultados exitosos que os órgãos de controle alcançaram nos últimos anos, tanto em relação à persecução de atos ilícitos como no que concerne à recuperação de valores. Portanto, pelo que se observou na prática, os instrumentos de consensualidade precisam ser promovidos e aprimorados em uma estratégia anticorrupção que se pretenda eficiente.

Na seara anticorrupção empresarial, a principal previsão normativa para soluções negociais é o acordo de leniência, presente nos arts. 16 e seguintes da Lei nº 12.846/2013.[329] O instituto é uma expressão, no campo da integridade pública, de uma tendência maior de proliferação da consensualidade pelo ordenamento pátrio.[330]

De fato, em uma leitura pragmática, o Estado frequentemente se vê em situação de dependência da colaboração empresarial e das soluções negociais com os infratores, seja para lograr êxito em identificar o cometimento de ilícitos, seja para obter provas necessárias à punição.

---

[327] PALMA, Juliana Bonacorsi. *Sanção e acordo na Administração Pública*. São Paulo: Malheiros, 2015. p. 232. Também BAPTISTA, Patrícia. *Transformações do Direito Administrativo*. 2. ed. Rio de Janeiro: Lumen Juris, 2018. p. 1801-84.

[328] GUERRA, Sérgio; PALMA, Juliana Bonacorsi de. Art. 26 da LINDB – Novo regime jurídico de negociação com a Administração Pública. *Revista de Direito Administrativo*, Edição Especial: Direito Público na Lei de Introdução às Normas de Direito Brasileiro – LINDB (Lei nº 13.655/2018), p. 63-92, nov. 2018.

[329] Pode-se mencionar também o acordo de não persecução cível, previsto no art. 17, §1º, da Lei nº 8.429/1992. Indiretamente, é possível mencionar também os acordos de leniência celebrados pelo CADE, em razão de infrações à ordem concorrencial, nos termos da Lei nº 12.529/2011, bem como o instrumento firmado pelo Bacen e CVM, conforme Lei nº 13.506/2017.

[330] Sobre a proliferação da consensualidade pelo ordenamento jurídico brasileiro, cf. PALMA. Op. cit. p. 231-235; e BAPTISTA, Patrícia. Transformações do Direito Administrativo: 15 anos depois – reflexões críticas e desafios para os próximos quinze anos. *In*: BRANDÃO, Rodrigo. BAPTISTA, Patrícia (Org.). *Direito Público*. Rio de Janeiro: Freitas Bastos, 2015. p. 393.

Sem o uso desses instrumentos, o êxito na persecução dos episódios de corrupção e na recuperação patrimonial tende a ser muito pequeno.

Mas não é só. Soluções consensuais também permitem que o tratamento da corrupção empresarial não se limite à aplicação de sanções a eventos ocorridos no passado. Por meio de um instrumento de negociação, o Poder Público pode estimular soluções prospectivas, que contribuam para a prevenção da corrupção por meio da modificação dos incentivos postos aos indivíduos vinculados às empresas, a exemplo da instauração ou aprimoramento de programas de integridade verdadeiramente efetivos[331] (cf. seção 3.4).

Mais uma vez, a aplicação de sanções não deve ser um fim em si mesmo, e sim um instrumento para o alcance do escopo preventivo-dissuasório de um regime de responsabilização (cf. seção 2.6.1). Como bem destacam Egon Bockmann Moreira e Heloísa Conrado Caggiano, a experiência com os inúmeros casos recentes de corrupção no Brasil revelou que a busca pela aplicação das sanções previstas em lei não é a única forma de tutelar o interesse público na resolução desses casos.[332]

No entanto, para além dos benefícios, há diversas complexidades que devem ser observadas no desenho dos estímulos a soluções negociais.

3.5.2 As complexidades para o desenho de soluções negociais eficientes: a tensão entre dissuasão e cooperação

Soluções negociais podem trazer diversas vantagens para as partes envolvidas, que serão mais bem exploradas para a realidade brasileira no Capítulo 6. No entanto, a pretendida autodenúncia só ocorrerá caso

---

[331] Em semelhante sentido, destaca-se que, nos Estados Unidos, acordos da espécie não possuem apenas aspecto sancionatório a atos do passado, eles focam também premiar cooperação, autodenúncia e o *compliance* prospectivo, cf. GARRETT, Brandon L. The path of FCPA settlements. *In*: MAKINWA, Abiola; SØREIDE, Tina. *Negotiated Settlements in Bribery Cases*: A Principled Approach. Northampton: Edward Elgar, 2020. p. 166.

[332] Para Egon Bockmann Moreira e Heloísa Conrado Caggiano, "[u]m sistema eficaz de controle de corrupção, contudo, não se limita à edição de leis e aplicação estrita de sanções, segundo a lógica prescrição/violação/sanção. Mesmo quando se está a tratar da atuação do Poder Público, essencialmente considerado executor da lei – inclusive dentro da concepção clássica de legalidade e separação de poderes –, pode haver mais a ser feito. Necessário se faz que nos conscientizemos que negociar é, em regra, mais vantajoso". MOREIRA, Egon Bockmann; CAGGIANO, Heloísa Conrado. O controle da corrupção e a Administração Pública: o dever de negociar como regra. *In*: CYRINO, André; MIGUEIS, Anna Carolina; PIMENTEL, Fernanda Morgan (Coord.). *Direito Administrativo e Corrupção*. Belo Horizonte: Fórum, 2020. p. 134.

a empresa acredite que restará em melhor posição jurídico-econômica do que se simplesmente decidir permanecer inerte e apostar que seu ilícito jamais virá a ser descoberto. Caberá ao Poder Público organizar um adequado sistema de incentivos que estimule os agentes privados a atuar desse modo.

Dentro da lógica de necessária interconexão entre os eixos integrados da abordagem anticorrupção, convém observar que, ao mesmo tempo que soluções negociais podem permitir maior eficiência na responsabilização de indivíduos e empresas envolvidos em infrações, a formatação de um conjunto de incentivos que torne a pactuação bilateral atraente é absolutamente dependente da existência de crível e substancial probabilidade de responsabilização dos infratores pelo Estado, independentemente da colaboração empresarial (cf. primeiro e segundo eixos – seções 3.2 e 3.3).

Não é difícil perceber, ainda, que, na organização do presente eixo, forma-se inequívoca tensão entre a aspiração de obter a cooperação empresarial e a necessidade de promover efeito dissuasório das condutas ilícitas pela ameaça punitiva.

Com efeito, se por um lado o abrandamento punitivo é fundamental para aumentar a atratividade das soluções concertadas, por outro os acordos com o Poder Público não podem se tornar um novo veículo de impunidade.[333] O regime premial não pode ser organizado com premiações excessivas frente às circunstâncias jurídico-institucionais concretas em que se insere. Uma ameaça punitiva irrisória poderia menoscabar o efeito dissuasório pretendido e, consequentemente, os incentivos para que as empresas se esforçassem em soluções preventivas[334] (cf. seções 3.3 e 3.4). Em outros termos, delinquir e cooperar apenas na hipótese de risco de descoberta dos malfeitos não pode se tornar uma estratégia racional.

Mais que isso, um modelo de soluções negociais mal desenhado, em vez de contribuir para o aprimoramento do regime público anticorrupção, pode acabar por macular ainda mais a fé pública no aparato estatal de enfrentamento do problema. Isso pode reforçar a sensação de impunidade ao transmitir a percepção – justa ou injusta – de que

---

[333] MAKINWA, Abiola. Public/private co-operation in anti-bribery enforcement: non-trial resolutions as a solution? In: MAKINWA, Abiola; SØREIDE, Tina. *Negotiated Settlements in Bribery Cases*: A Principled Approach. Northampton: Edward Elgar, 2020. p. 67.

[334] ARLEN, Jennifer. The potential promise and perils of introducing deferred prosecution agreements outside the U.S. In: MAKINWA, Abiola; SØREIDE, Tina. *Negotiated Settlements in Bribery Cases*: A Principled Approach. Northampton: Edward Elgar, 2020. p. 158, 170.

grandes empresas conseguem pagar pela pacificação do litígio e, assim, evitar sanções maiores.

Novamente, exsurge a importância de que cada um desses eixos da abordagem integrada aqui proposta seja, em si, estruturado corretamente, evitando a produção de consequências não intencionais. Eventuais equívocos na construção das balizas jurídicas para as soluções negociais entre empresas e Administração podem, em última análise, acabar por fortalecer os laços de corrupção, seja por arrefecer o efeito dissuasório punitivo, seja por incrementar a percepção de impunidade, seja por eventualmente criar outros incentivos perversos, que terminem por fortalecer a reciprocidade nos acordos corruptos.[335]

3.6 Conclusões parciais: quatro eixos complementares e interconectados

Não sendo a corrupção um problema trivial, seu enfrentamento também exige soluções complexas. Em verdadeira abordagem integrada, um regime eficiente para o enfrentamento da corrupção pelo lado da oferta precisa conjugar diferentes eixos, complementares e inter-relacionados. Nenhuma dessas estratégias, isoladamente, mostra-se hábil a produzir suficientes incentivos para o controle da corrupção.

O arranjo ideal deve apresentar, ao mesmo tempo, suficiente e previsível grau de detecção e punição das empresas, estímulo para que as pessoas jurídicas se engajem no esforço anticorrupção e incentivo à autodenúncia empresarial e às soluções negociais, com a possibilidade de remissão parcial dos pecados. Além disso, também é imprescindível que se busque a responsabilização pessoal dos indivíduos que se envolvem nesses ilícitos, notadamente na seara do Direito Penal, quando for o caso.

A interconexão e a complementariedade entre diferentes estratégias anticorrupção ainda não é adequadamente percebida no Brasil. O sistema de responsabilização dos indivíduos e das empresas

---

[335] Por exemplo, Frédéric Boehm e Johann Graf Lambsdorff, preocupados com a necessidade de criar incentivos para desestabilizar os acordos corruptos entre agentes públicos e particulares, sustentam que somente se deveria conceder leniência a atores corruptos que já tenham realizado a sua empreitada ilícita, não tendo sido traídos pelos seus parceiros na corrupção. Se o particular pudesse receber benefícios legais ainda que não se completasse a transação corrupta, poderia ameaçar o servidor público, afirmando que delataria a relação às autoridades, apenas para garantir que o agente público cumprisse a sua parte no trato. Nesse caso, a leniência estaria reforçando o arranjo de corrupção, em vez de o enfraquecendo. BOEHM, Frédéric; LAMBSDORFF, Johann Graf. Corrupción y anticorrupción: una perspectiva neo-institucional. *Revista de Economía Institucional*, v. 11, n. 21, p. 63, 2009.

dificilmente se mostrará efetivo sem o engajamento empresarial nas políticas anticorrupção e sem as soluções negociais dos episódios com o Poder Público. No entanto, só haverá incentivos para a autodenúncia e a adoção de medidas preventivas se houver risco crível e substancial de punição pelo Estado independentemente da cooperação privada. Sem um regime negocial transparente e previsível, também não existirão suficientes estímulos para uma política de *compliance* empresarial completa. Nesse caso, tampouco haverá que se esperar que os indivíduos sejam habilmente dissuadidos do ímpeto de incorrer em comportamentos ilícitos. Desse modo, esses diferentes eixos vão se interconectando em rede.

Assim, o êxito do regime de resposta à corrupção empresarial demanda a estruturação correta de cada um dos eixos, assim como a complementação sistêmica pelos demais, com o escopo de, em conjunto, formar-se um sistema de incentivos adequado para dissuadir a corrupção empresarial. Naturalmente, não se trata de uma empreitada singela.

Os próximos capítulos irão se dedicar a desdobrar os três últimos eixos, com foco na realidade brasileira. Não sendo esta uma obra sobre Direito Penal, o exame mais detido dos elementos necessários à estruturação eficiente do regime de responsabilização dos indivíduos deve ser objeto de estudos próprios daquela seara. De toda forma, é importante ter em mente que um regime eficiente de enfrentamento da corrupção empresarial também precisa alcançar os indivíduos que integram as pessoas jurídicas, com o escopo de conformar seus comportamentos para evitar o cometimento de ilícitos.

A RESPONSABILIZAÇÃO DA PESSOA JURÍDICA NO BRASIL: O CAOS LIBERTA, NÃO DISSUADE

4.1 Revisitando a adequada estrutura de responsabilização da pessoa jurídica

A responsabilização de uma pessoa jurídica envolvida em ato de corrupção é manifestação do modelo dissuasório, analisado quando do exame do segundo eixo de uma estratégia anticorrupção integrada (cf. seção 3.3). Essa ameaça sancionatória – desde que corretamente estruturada – é parte fundamental de um adequado sistema de incentivos.

No entanto, a responsabilização não é um fim em si mesmo. Ela almeja induzir a conformidade voluntária e proativa ao ordenamento jurídico (cf. seção 2.6.1). Sua precípua função é garantir que a empresa não se beneficie direta ou indiretamente dos ilícitos cometidos pelos indivíduos a ela vinculados (cf. seção 3.3.1). Suportando as consequências jurídicas advindas da conduta dos indivíduos, a pessoa jurídica não terá incentivos perversos para encorajar a prática ilícita ou se omitir em relação ao controle interno. Além disso, restará incentivada à adoção das precauções internas necessárias, a fim de evitar a ocorrência de fatos que possam levar à imposição de sanções (cf. Capítulo 5).

Afirmar que a responsabilização não é um fim em si mesmo tampouco significa dizer que a ameaça sancionatória não cumpra relevante função no enfrentamento dos ilícitos. Já se tornou senso comum no Brasil suscitar as possíveis externalidades negativas advindas de um regime de controle público excessivamente interventivo.[336] As preocupações são acertadas; no entanto, o fenômeno do "apagão das canetas" (cf. seção 2.6.1) convive simultaneamente com a "caneta nervosa" do gestor ímprobo, que é pouco sensível à presença dos instrumentos de controle externo e interno.

Assim, embora o incorreto desenho dos sistemas de controle possa suscitar, por um lado, diversas consequências não intencionais perniciosas para o funcionamento da Administração Pública, por outro, sua estruturação adequada gera externalidades positivas fundamentais para a prevenção e a dissuasão da corrupção, inclusive para o funcionamento de regimes de leniência e de políticas de *compliance* efetivas.

No capítulo anterior, também foram apresentados os elementos essenciais para a organização de um regime eficiente de responsabilização da pessoa jurídica (cf. seção 3.3.2.2). A despeito da incompletude da estratégia, a corrupção pode ser dissuadida, em alguma medida, pelo correto balanceamento entre a magnitude das punições previstas e a probabilidade de efetiva incidência. Viu-se, ainda, que somente ocorrerá o nível ideal de dissuasão se a responsabilização esperada pela empresa igualar o custo social total decorrente de sua conduta ilícita.

Também se analisou que essa responsabilização esperada precisa apresentar alguns atributos basilares. De plano, o risco de efetivo sancionamento há que ser crível e significativo. Caso a probabilidade de punição se torne remota – seja porque as autoridades não conseguem descobrir os ilícitos, seja porque não logram obter provas nas investigações, seja porque os instrumentos sancionatórios são brandos –, as empresas podem passar a interpretar a probabilidade de punição como tendente a zero, ignorando as consequências jurídicas e os prejuízos que suportariam no improvável caso de descoberta do ilícito.[337]

---

[336] BINENBOJM, Gustavo; CYRINO, André. Art. 28 da LIND – A cláusula geral do erro administrativo. *Revista de Direito Administrativo*, Edição Especial: Direito Público na Lei de Introdução às Normas de Direito Brasileiro – LINDB (Lei nº 13.655/2018), p. 203-224, nov. 2018; JORDÃO, Eduardo. Por mais realismo no controle da administração pública. *Direito do Estado*, n. 183, 2016. Disponível em: http://www.direitodoestado.com.br/colunistas/Eduardo-Jordao/por-mais-realismo-no-controle-da-administracao-publica. Acesso em: 10 out. 2020; MASCARENHAS, Rodrigo Tostes de Alencar. O Medo e o Ato Administrativo. *Direito do Estado*, n. 289, 2016. Disponível em: http://www.direitodoestado.com.br/colunistas/rodrigo-tostes-mascarenhas/o-medo-e-o-ato-administrativo. Acesso em: 10 out. 2020; SANTOS, Rodrigo Valgas dos. *Direito Administrativo do medo*: risco e fuga da responsabilização dos agentes públicos. São Paulo: Thomson Reuters Brasil, 2020.

[337] Embora exista alguma controvérsia nos resultados, há evidências de que os seres humanos apresentam uma tendência a cometer erros sistemáticos na análise de probabilidades. Um dos vieses possíveis é o de acreditar que eventos de baixa probabilidade de ocorrência tenham, em verdade, probabilidade zero de acontecerem. Por exemplo, considerando a

No mais, a punição a ser aplicada precisa ser previsível e transparente. Não pode ser estruturada de maneira confusa ou contraditória. A teoria da dissuasão se pauta justamente na ideia de que o potencial apenado será capaz de perceber e mensurar a ameaça punitiva, deixando de incorrer na conduta ilícita.

Ausentes as características aqui listadas, dificilmente o regime de enfrentamento da corrupção empresarial terá êxito em dissuadir as pessoas jurídicas. Afinal, ou a ponderação entre custos e benefícios advindos do ilícito sequer será possível de ser feita, não produzindo o esperado efeito dissuasório, ou então se mostrará favorável ao cometimento do malfeito.

Como se verá ao longo do presente capítulo, a responsabilização de pessoas jurídicas por corrupção no Brasil é marcada por três características centrais: a desarmonia normativo-institucional; a baixa efetividade punitiva; e a imprevisibilidade em relação às sanções a serem aplicadas.

Por conseguinte, o modelo por nós estruturado não apresenta os atributos basilares para uma organização eficiente. Embora as punições previstas sejam, em tese, até elevadas (ao menos no papel), mostram-se na realidade imprevisíveis, pouco críveis e pouco transparentes.

Embora inexistam evidências empíricas sobre as consequências de um regime de responsabilização empresarial como o brasileiro, sustentamos, como uma de nossas hipóteses (cf. Introdução e seção 3.1), que tal cenário produz consequências não intencionais – como colocar atividades produtivas em risco –, contribuindo para o reforço das relações de corrupção entre empresas e Administração Pública.

As incertezas jurídicas em relação ao regime de responsabilização empresarial acabam por afugentar as empresas de colaborar com o Poder Público, o que é fundamental para um tratamento eficiente desses casos. Afinal, como sabido, foram os instrumentos consensuais (cf. seção 3.5) que propiciaram os melhores resultados recentes no tratamento da corrupção empresarial. Com esse quadro sendo confirmado, o desenho punitivo como hoje posto, em vez de dissuadir a corrupção de forma eficaz, por vezes até colaboraria para robustecer seus laços.

---

baixa probabilidade de um incêndio ou de desmoronamento do imóvel, poucos são aqueles que se preocupam em segurar tais bens contra os referidos sinistros, a despeito do alto valor dos bens. Sobre o tema e suas implicações para a análise econômica do Direito, cf. POSNER, Eric A. Probability Errors: Some Positive and Normative Implications for Tort and Contract Law. *Supreme Court Economic Review*, v. 11, p. 125-126, 2004.

Sustentar a importância de que haja um risco crível e substancial de punição não se confunde com a defesa de um modelo como o brasileiro, repleto de incertezas, em que ameaças se sobrepõem de modo desarmônico e assistemático, com o escopo de criar uma questionável impressão de rigor punitivo que, no mais das vezes, sequer é real. Se não for possível calcular, com a devida previsibilidade e transparência, qual seria a consequência punitiva aplicada em razão de um determinado ilícito, o efeito dissuasório produzido pelo ordenamento jurídico será incerto.

Nas próximas seções, serão explicitados os aspectos de organização do desenho punitivo das pessoas jurídicas no Brasil, ressaltando seu caráter desarmônico e sua baixa efetividade. Em seguida, serão examinadas as possíveis consequências indesejáveis do modelo. No encerramento deste capítulo, serão apresentadas algumas macropropostas para o aprimoramento do modelo brasileiro.

4.2 O sistema brasileiro de combate à corrupção é um sistema? O modelo multiagências à brasileira e o microssistema normativo de defesa da integridade

Arranjos institucionais diversos foram adotados em diferentes países para tratar dos episódios de corrupção.[338] No Brasil, com a redemo-

---

[338] Por exemplo, em alguns lugares, como Hong Kong e Singapura, considerados uns dos poucos exemplos históricos recentes de êxito na redução sustentável do nível de corrupção, a atuação estatal se dá especialmente por meio das denominadas comissões ou agências anticorrupção. Em Hong Kong, ainda em 1974 estabeleceu-se a *Independent Comission Against Corruption* (ICAC), entidade independente do resto da Administração local, respondendo apenas diretamente ao governador local. A agência foi estruturada de acordo com o que se denomina de *modelo universal*, em que uma única entidade concentra as funções de investigação e prevenção, além de comunicação para orientar a sociedade sobre temas de integridade. Tradicionalmente dotada de amplos poderes investigatórios, respaldados pelas particularidades jurídico-políticas locais, a ICAC encaminha seus casos, como regra, para prosseguimento das acusações, aos promotores públicos locais, com o escopo de resguardar a separação entre as funções de investigação e persecução. Também uma antiga colônia britânica, Singapura igualmente baseia sua persecução de ilícitos da espécie em uma agência anticorrupção, subordinada ao presidente do país, denominada *Corrupt Practices Investigation Bureau* (CPIB). Adotando o denominado *modelo investigativo*, a entidade, que tem estrutura diminuta se comparada à ICAC, concentra-se justamente na atuação investigativa e dissuasória, sobretudo buscando o sancionamento dos casos de corrupção identificados. Após angariar suficientes elementos investigatórios, o CPIB igualmente encaminha o caso aos promotores, para prosseguirem com a persecução. De toda sorte, convém ter cautela na pretensão de transplante de tais experiências para outras localidades, a exemplo do Brasil, porque os êxitos foram obtidos em circunstâncias peculiares, que envolviam um intenso compromisso político à agenda anticorrupção, mas também ambientes pouco democráticos, a permitir poderes investigatórios que dificilmente

cratização, optou-se pelo fortalecimento de um modelo multiagências de organização institucional. Essa estrutura insere-se naquilo que, em ciência política, usualmente se denomina de rede de *accountability*,[339] ou seja, um conjunto de instituições responsáveis por fiscalizar e sancionar agentes públicos no exercício de suas funções (cf. seção 2.1).

Assim, o ordenamento jurídico pátrio confere legitimidade de atuação a diferentes órgãos, notadamente ao Ministério Público, aos Tribunais de Contas, aos órgãos de Advocacia Pública (AGU e Procuradorias) e, por vezes, a controladorias existentes no ente federativo, como é o caso da Controladoria Geral da União (CGU). Com destacada atuação, há ainda os órgãos policiais (a Polícia Federal, em âmbito federal, bem como as Polícias Civis, em esfera estadual), além da unidade de inteligência financeira, que tradicionalmente restou conhecida como Conselho de Controle de Atividades Financeiras (COAF).

Ao contrário do que por vezes se imagina, o Brasil não é o único país a trabalhar com um modelo anticorrupção multiagências. Estados Unidos e Reino Unido, por exemplo, também o fazem. Nos Estados Unidos,[340] o FCPA (cf. seção 2.3) é aplicado pelo DOJ e pela SEC, em conjunto.[341] Já episódios de corrupção perante a Administração Pública interna são tratados pelas autoridades federais ou locais que forem competentes para tanto, a depender da hipótese fática. Em acréscimo,

---

seriam considerados como legítimos do ponto de vista jurídico em outras jurisdições. Sobre os resultados obtidos em Hong Kong e Singapura, além das dificuldades de replicação do modelo, cf. ROTBERG, Robert I. *The Corruption Cure*: how citizens and leaders can combat graft. Princeton: Princeton University Press, 2017. p. 111-112, 120-122. Sobre os diferentes modelos de organização de agências anticorrupção, cf. HEILBRUNN, John. *Anti-Corruption Comissions*: Panacea or Real Medicine to Fight Corruption? Washington: The World Bank, 2004. p. 2-3.

[339] MAINWARING, Scott; WELNA, Christopher (Ed.). Democratic Accountability in Latin America. Nova York: Oxford University Press, 2003; POWER, Timothy J.; TAYLOR, Matthew M. Introduction: Accountability Institutions and Political Corruption in Brazil. *In*: POWER, Timothy J.; TAYLOR, Matthew M. (Ed.). *Corruption and Democracy in Brazil*: The struggle for accountability. Notre Dame: University of Notre Dame Press, 2011.; ARANTES, Rogério. Polícia Federal e Construção Institucional. *In*: AVRITZER, Leonardo; FILGUEIRAS, Fernando (Orgs.). *Corrupção e Sistema Político no Brasil*. Rio de Janeiro: Civilização Brasileira, 2011. p. 102-104.

[340] Apontando os Estados Unidos como um exemplo de organização multiagência, cf. HEILBRUNN, John. Op. cit. p. 9-10; e MONTEIRO, Fernandes Mendes. *Anti-corruption agencies*: solution or modern panacea? Lessons from ongoing experiences, p. 21-27. Disponível em: https://www2.gwu.edu/~ibi/minerva/Fall2013/Fernando_Monteiro.pdf. Acesso em: 29 fev. 2020.

[341] Cf. DEPARTMENT OF JUSTICE; SECURITIES AND EXCHANGE COMMISSION. *FCPA*: A Resource Guide to the U.S. Foreign Corrupt Practices Act, p. 4. Disponível em: https://www.justice.gov/sites/default/files/criminal-fraud/legacy/2015/01/16/guide.pdf. Acesso em: 13 nov. 2019.

ainda existem outras entidades de relevo a se ocuparem de questões relacionadas à integridade pública, a exemplo do *United States Office of Government Ethics*, agência independente que estabelece padrões de conduta para o Poder Executivo federal, tratando de temas como transparência e conflitos de interesse, bem como promovendo atividades de educação e treinamento para a Administração.[342]

No Reino Unido, o *Serious Fraud Office* (SFO) é a principal agência responsável pela investigação e persecução de grandes e complexos casos relacionados a fraude, suborno e corrupção.[343] Todavia, também não se trata do único órgão público a lidar com questões atinentes à integridade pública. *The Crown Prosecution Service* atua na persecução de práticas de suborno investigadas pela polícia, cometidas tanto internamente como no exterior. Assim como o SFO, os promotores públicos também aplicam o *UK Bribery Act*, a mais emblemática legislação anticorrupção do país.[344] Na investigação de casos de corrupção, tais agências ainda se relacionam com outras, como a *National Crime Agency* (NCA), a *Financial Conduct Authority* (FCA) e *Her Majesty's Revenue and Customs.*[345]

No arranjo ideal de um modelo multiagências, cada um desses órgãos ou entidades deveria ter atribuições e responsabilidades bem definidas, que se complementariam para a construção de uma rede de *accountability* ou de controle. Não é o que ocorre no Brasil. Não raras vezes, as atribuições relacionadas ao enfrentamento da corrupção se sobrepõem.[346] O modelo que se tem hoje é fruto de uma construção

---

[342] Fernandes Mendes Monteiro entende que três dos principais órgãos do sistema multiagências norte-americano engajados na tarefa de combater a corrupção são *The Office of Government Ethics* (OGE), *The Offices of the Inspectors General* (OIG) e *The Government Accountability Office* (GAO). Nesse sentido, cf. MONTEIRO, Fernandes Mendes. *Anti-corruption agencies*: solution or modern panacea? Lessons from ongoing experiences, p. 22-27. Disponível em: https://www2.gwu.edu/~ibi/minerva/Fall2013/Fernando_Monteiro.pdf. Acesso em: 29 fev. 2020.

[343] Cf. BLACK, Caroline et al. *Anti-corruption & Bribery in the United Kingdom*. Disponível em: https://www.lexology.com/library/detail.aspx?g=b4fc3f99-4168-4884-a4c3-d0ed3f7ff3f0. Acesso em: 29 fev. 2020.

[344] Cf. The Director of the Serious Fraud Office; The Director of Public Prosecutions. *Bribery Act 2010*: Joint Prosecution Guidance of The Director of the Serious Fraud Office and The Director of Public Prosecutions. Disponível em: https://www.cps.gov.uk/legal-guidance/bribery-act-2010-joint-prosecution-guidance-director-serious-fraud-office-and. Acesso em: 29 fev. 2019.

[345] Cf. BLACK *et al*. Op. cit.

[346] No mesmo sentido, Carlos Ari Sundfeld afirma que "[p]ara combater desvios, nosso direito público se valeu de leis autônomas e sobrepostas para distribuir as competências de investigação e de punição entre muitas autoridades, estas também sobrepostas. A ideia era fazer com que a atuação concomitante de controladores autônomos diminuísse o risco de os infratores escaparem ilesos". SUNDFELD, Carlos Ari. Controle sabotando controle. *Jota*. 22 mar. 2017. Disponível em: https://www.jota.info/opiniao-e-analise/colunas/controle-publico/controle-sabotando-controle-22032017. Acesso em: 29 fev. 2020.

espontânea, meramente responsiva a demandas sociais históricas do passado. Não houve estruturação sistêmica.[347] Ao longo de décadas, órgãos diferentes foram criados para cumprir finalidades públicas muito mais amplas que o combate à corrupção, sendo que, pelas atribuições que lhes foram concedidas, também podem vir a atuar de algum modo quando há um ilícito da espécie.[348]

Na verdade, a organização e evolução de uma rede de controle pouco sistemática é uma usual característica político-institucional brasileira. Rogério Arantes e Thiago Moreira sustentam que, nas condições que se colocam no país, a dita rede de *accountability* "não formaria propriamente uma rede, concebida com base num plano prévio e sistemático capaz de lhe dar coerência". Conforme os autores, o resultado da usual dinâmica político-institucional brasileira, que envolve o fortalecimento de distintos órgãos por ambições de grupos e interesses das próprias carreiras públicas, "tem sido antes a pluralização de órgãos no interior do próprio Estado do que a consolidação de um sistema de *accountability* coerente, o adensamento da representação política ou a equalização de direitos".[349]

---

[347] Na literatura jurídica, Floriano de Azevedo Marques Neto registra: "Tampouco a preferência do controle é fixada por lei. A Assembleia Nacional Constituinte não tinha um projeto com relação ao controle da Administração Pública, mas apenas duas grandes diretrizes que se aplicam: (i) ampliação das instâncias de controle; e (ii) robustecimento do controle da Administração Pública. Não se verificou um projeto de organização institucional para exercício harmônico das funções públicas, como a definição de que a Polícia investiga e o Ministério Público acusa (ainda que esta sequência seja hoje desafiada). Desse modo, a Constituição Federal não estabelece qualquer ordem de primazia no exercício da competência de controle do Poder Público entre as diversas instituições que concorrem entre si. Esse impasse pode gerar sérias consequências, comprometendo-se a segurança jurídica, a qualidade das apurações e a capacidade de a Administração efetivamente cumprir com suas missões públicas". MARQUES NETO, Floriano de Azevedo Marques; PALMA, Juliana Bonacorsi de. Os sete impasses do controle da Administração Pública no Brasil. *In*: PEREZ, Marcos Augusto; SOUZA, Rodrigo Pagani. *Controle da Administração Pública*. Belo Horizonte: Fórum, 2017. p. 34.

[348] No mesmo sentido, sobre a estruturação espontânea do sistema multiagências, cf. MONTEIRO, Fernandes Mendes. *Anti-corruption agencies*: solution or modern panacea? Lessons from ongoing experiences, p. 21-22, 27-28. Disponível em: https://www2.gwu.edu/~ibi/minerva/Fall2013/Fernando_Monteiro.pdf. Acesso em: 29 fev. 2020; e CARSON, Lindsey D.; PRADO, Mariana Mota. Using institutional multiplicity to address corruption as a collective action problem: Lessons from the Brazilian case. *The Quarterly Review of Economics and Finance*, v. 62, p. 61, 2016.

[349] "[A] assim chamada 'web of accountability institutions' (Mainwaring e Welna, 2003), defendida por muitos como condição de aperfeiçoamento da própria democracia, não formaria propriamente uma rede, concebida com base num plano prévio e sistemático capaz de lhe dar coerência. Pelo contrário, a experiência brasileira sugere que a proliferação de instituições de controle e de promoção do acesso à justiça diz respeito mais às ambições de grupos e carreiras estruturadas dentro do próprio Estado, que fazem do discurso da defesa de direitos e da fiscalização do poder público e da classe política uma bandeira de

Há potenciais aspectos positivos no desenho de um sistema de multiplicidade institucional. É o que destacam Mariana Mota Prado e Lindsey Carson ao apontar quatro benefícios distintos: a competição, a compensação, a colaboração e a complementaridade.

Segundo as autoras, a multiplicidade institucional promoveria a competição entre as diferentes autoridades públicas, o que criaria incentivos para aprimorar a *performance* de cada um; também resultaria no que denominam de compensação, que significa que, se uma instituição falhar em desempenhar adequadamente suas funções, outra poderia suprir (compensar) sua omissão. O modelo levaria, ainda, à colaboração, com a soma de mais recursos humanos e financeiros dedicados a alcançar a finalidade pública comum. Por fim, resultaria na complementaridade, que se refere à atuação especializada de uma instituição em uma determinada atividade, complementada pela *expertise* técnica de outra organização em ação distinta.[350]

Mariana Prado e Lindsey Carson sustentam que a multiplicidade institucional brasileira seria uma das razões que viabilizaram os recentes êxitos no Brasil quanto à persecução e à punição de episódios de corrupção.[351] Aliás, para elas, o arranjo em tela há muito rende frutos no exercício do controle. Como narrado pelas autoras, a denominada "máfia das ambulâncias",[352] que envolvia o superfaturamento na compra de ambulâncias como contrapartida ao pagamento de propinas a parlamentares e agentes públicos, não teria sido detectada originalmente em auditorias do Tribunal de Contas da União (TCU). Apenas quando da realização, pela CGU, de auditorias randômicas em Municípios, identificaram-se as irregularidades nas licitações para aquisição desses veículos. Já o notório escândalo de corrupção e superfaturamento envolvendo a construção da sede do Tribunal Regional do Trabalho

---

seu próprio desenvolvimento institucional. O resultado geral dessa dinâmica peculiar tem sido antes a pluralização de órgãos no interior do próprio Estado do que a consolidação de um sistema de *accountability* coerente, que o adensamento da representação política ou a equalização de direitos". ARANTES, Rogério; MOREIRA, Thiago. Democracia, instituições de controle e justiça sob a ótica do pluralismo estatal. *Opinião Pública*, v. 25, n. 1, jan./abr., p. 98, 2019.

[350] Sobre o tema, cf. CARSON; PRADO. Op. cit. p. 59.; e CARSON, Lindsey D.; PRADO, Mariana Mota. *Brazilian Anti-Corruption Legislation and its Enforcement*: Potential Lessons for Institutional Design. IRIBA Working Paper, n. 9, July 2014, p. 8-9.

[351] Cf. CARSON; PRADO. Op. cit. p. 61-63.; CARSON; PRADO. Op. cit. p. 4.; e PRADO, Mariana Mota; CARSON, Lindsey; CORREA, Izabela. The Brazilian Clean Company Act: Using institutional multiplicity for effective punishment. *Osgoode Legal Studies Research Paper Series*, v. 11, n. 48, issue 10, p. 6-7, 2015.

[352] Para mais informações sobre o episódio, cf. https://politica.estadao.com.br/noticias/geral,entenda-o-escandalo-da-mafia-das-ambulancias,142811.

(TRT) em São Paulo,[353] a despeito das dificuldades anteriores de monitoramento da obra pelo TCU, acabou sendo objeto de investigação e persecução por parte do Ministério Público.

Apesar dos potenciais benefícios associados a um regime com múltiplas autoridades de controle, parece-nos que a realidade do modelo multiagências à brasileira desperta menos otimismo.[354] A despeito da evolução das ações de cada uma das instituições – individualmente consideradas – que compõem a rede de *accountability* brasileira, a cooperação, a coordenação e a complementariedade entre elas não foram aprimoradas com a mesma eficiência, o que contribui para uma menor efetividade do sistema. Embora o convívio de diferentes atores anticorrupção não seja uma exclusividade pátria, a organização por nós construída apresenta uma soma de particularidades que resultam em dificuldades de coordenação e de cooperação muito graves, que acabam por contrabalançar significativamente as esperadas vantagens.

O modelo à brasileira, por sua tamanha fragmentação e descoordenação, já foi descrito por Floriano de Azevedo Marques Neto como um "concurso entre carrascos".[355] É também, na expressão criada por Carlos Ari Sundfeld, um "Estado de individualidades exuberantes",[356] em que órgãos ou entidades, quando não agentes públicos que o integram, impõem suas interpretações e vontades, à revelia da necessária organicidade do sistema.

Destacam-se três características nacionais que contribuem para tornar o desenho brasileiro particularmente problemático: o assento constitucional dos principais órgãos, a nociva competição interinstitucional e a forma federativa de organização estatal.

---

[353] Sobre o caso, cf. https://politica.estadao.com.br/noticias/geral,para-lembrar-o-escandalo-de-superfaturamento-na-construcao-do-forum-trabalhista-de-sao-paulo,10000001753.

[354] Mesmo a literatura que entende que a multiplicidade institucional é um fator relevante no combate à corrupção também reconhece as potenciais desvantagens associadas ao modelo, destacando o risco de ineficiência na alocação de recursos em atuações sobrepostas, a possível competição destrutiva entre as instituições, a eventual ausência de expertise em determinados temas e a possibilidade de incremento no quadro de corrupção pela existência de um maior número de autoridades públicas que poderiam, em tese, sucumbir à tentação da corrupção. Sobre o ponto, cf. CARSON, Lindsey D.; PRADO, Mariana Mota. *Brazilian Anti-Corruption Legislation and its Enforcement*: Potential Lessons for Institutional Design. IRIBA Working Paper, n. 9, p. 9, 20-25, July 2014.

[355] MARQUES NETO, Floriano de Azevedo. Sistema anticorrupção do país gera incerteza jurídica. *Consultor Jurídico*, 19 ago. 2018. Disponível em: https://www.conjur.com.br/2018-ago-19/floriano-marques-neto-sistema-anticorrupcao-gera-incerteza-juridica. Acesso em: 25 abr. 2020.

[356] Cf. INDIVIDUALIDADES exuberantes. *O Estado de S. Paulo*, São Paulo, 2 out. 2018. Disponível em: https://opiniao.estadao.com.br/noticias/geral,individualidades-exuberantes,70002528291. Acesso em: 25 abr. 2020.

Alguns dos principais órgãos que tutelam a integridade pública, notadamente o Ministério Público, os Tribunais de Contas e a Advocacia Pública, possuem assento constitucional, com competências e responsabilidades próprias já desenhadas no documento fundante da ordem jurídica. Assim, já se extrai de normas constitucionais o papel que cada um deverá desempenhar em um evento de corrupção na Administração Pública. Nesse passo, nem mesmo opções normativas infraconstitucionais poderiam afastar competências que lhes foram conferidas, o que aumenta os custos de negociação na cooperação interinstitucional, uma vez que os órgãos normalmente exigem opinar sobre temas que se inserem em suas atribuições.

A multiplicidade institucional, que deveria se guiar pela colaboração e pela complementariedade, também tem resultado em uma nociva disputa por protagonismo e relevância.[357] Nessa acirrada luta por espaço, diferentes órgãos públicos acabam simplesmente sobrepondo suas atuações, criando insegurança jurídica e ineficiências na atuação estatal. Não se trata, aqui, da competição benéfica que idealmente se esperaria do modelo, e sim de uma competição destrutiva para a organicidade do sistema.[358]

Um exemplo de disputa interinstitucional nociva ocorre em relação aos acordos de leniência, como se verá no Capítulo 6. A multiplicidade de potenciais negociantes acarretou considerável insegurança jurídica para

---

[357] Comportamentos estratégicos por parte dos membros da burocracia estatal, que não se movem apenas motivados pelo interesse público, mas também em busca de maximizar seus proveitos pessoais (não apenas financeiros, mas de prestígio e poder), são há muito previstos pela teoria da escolha pública. Sobre o tema, cf. MERCURO, Nicholas; MEDEMA, Steven G. *Economics and the Law*: from Posner to Postmodernism and beyond. 2. ed. Princeton: Princeton University Press, 2006. p. 156-207.

[358] Essa competição predatória entre órgãos de controle no Brasil já foi confirmada por ao menos uma pesquisa de campo, que identificou a predominância de uma relação competitiva entre instituições, em prejuízo dos esforços anticorrupção. Embora a cooperação interinstitucional também exista, acaba por depender, na ausência de uma sedimentada cultura nesse sentido, das relações interpessoais e de esforços voluntaristas individuais. "As instituições não se percebem como parte do mesmo cluster organizacional, da mesma ecologia processual em torno de um sistema de *accountability*. Essa falta de identidade coletiva, enquanto partes de um mesmo processo, levaria a uma duplicação de estruturas, com a criação de procedimentos e até mesmo de órgãos paralelos, em vez de se aprofundarem as interações de forma coordenada entre as instituições que já existem. As justificativas para a ausência de um trabalho em conjunto e coordenado vão além dos fatores pessoais e da questão da sobreposição. O problema muitas vezes é narrado como uma questão de desconhecimento das próprias funções e competências das instituições no sistema de *accountability*. Sem esse autoconhecimento prévio, as interações ficam severamente prejudicadas, pois não se consegue visualizar as áreas de complementaridade". Sobre o tema, cf. ARANHA, Ana Luiza; FILGUEIRAS, Fernando. *Instituições de accountability no Brasil*: mudança institucional, incrementalismo e ecologia processual. Cadernos, 44. Brasília: Enap, 2016, p. 34-42.

o instituto. Já uma hipótese de ineficiência na atuação estatal acontece quando Ministério Público e órgãos de advocacia pública sobrepõem esforços, sem coordenação, para o ajuizamento de múltiplas demandas judiciais, em relação a condutas e a fatos idênticos.

A forma federativa do Estado brasileiro inevitavelmente acaba por também contribuir para tornar o modelo ainda mais complexo, sobretudo em relação aos grandes casos, que não raras vezes envolvem interesses de mais de um ente federativo. Vejam-se os episódios de corrupção relacionados a obras públicas estaduais ou municipais financiadas, em parte, com recursos federais. Nessas hipóteses, o número de atores públicos envolvidos para investigação e reparação integral do dano provavelmente será duplicado.

A fragmentação institucional, que em alguma medida já é inevitável em razão do desenho constitucional, ainda vem sendo ampliada pelos Estados e Municípios mediante a criação de novos atores relevantes, como é o caso das Controladorias locais. Por vezes, tais órgãos são estabelecidos sem a dotação de recursos financeiros, materiais ou humanos suficientes para cumprir os objetivos previstos em lei. Contraditoriamente, competências inovadoras, como a de negociar acordos de leniência, são atribuídas justamente a esses órgãos, acentuando as dificuldades de cooperação e coordenação.[359]

Somando-se a um complexo arranjo institucional, as autoridades públicas são encarregadas, ainda, de aplicar uma miríade de normas relacionadas à proteção da probidade e da moralidade administrativa. Considerando que a moralidade e a integridade públicas são bens jurídicos sensíveis, o legislador pretendeu conferir a eles proteções reforçadas, não apenas por meio de uma multiplicidade de atores a se ocuparem de suas tutelas, mas também por intermédio de uma profusão de normas jurídicas e esquemas de responsabilização.[360] Não

---

[359] São Paulo, Rio de Janeiro e Minas Gerais, por exemplo, no Decreto nº 60.106/2014, na Lei nº 7.989/2018 e no Decreto nº 46.782/2015, respectivamente, atribuíram à Corregedoria Geral da Administração e à Controladoria Geral do Estado a competência para celebração de acordos de leniência na Administração direta. Modelo diverso foi adotado pelo Estado do Rio Grande do Sul, que, na Lei nº 15.228/2018, atribuiu tal competência à Procuradoria-Geral do Estado.

[360] A respeito da sobreposição de esquemas de responsabilização para a proteção dos ditos bens jurídicos sensíveis, cf. MASCARENHAS, Rodrigo Tostes de Alencar. Notas sobre a aplicação do princípio da vedação do *bis in idem* entre processos de apuração de responsabilidade de distintas naturezas. In: COUTINHO, Francisco Pereira; GRACIA, Julia. *Atas do I curso sobre mecanismos de prevenção e combate à corrupção na Administração Pública*. Lisboa: Cedis, 2019. p. 57-64.

houve, contudo, o devido cuidado de buscar organicidade nesse bloco normativo.

Embora a lei por ato de improbidade administrativa, a Lei Anticorrupção, a Lei das Organizações Criminosas e o Código Penal tenham assumido certo protagonismo em relação ao sancionamento de pessoas físicas e jurídicas por violações à integridade pública, outras tantas contribuem para a formação de um microssistema normativo de defesa da integridade pública. São exemplos a Lei nº 1.079/1950 (sobre crimes de responsabilidade), o Decreto-Lei nº 201/1967 (acerca de crimes de responsabilidade cometidos por prefeitos e vereadores), a Lei nº 9.613/1998 (sobre lavagem de dinheiro), a Lei nº 14.133/2021 (que também traz ilícitos administrativos e tipos penais), a Lei Complementar nº 135/2010 (Lei da Ficha Limpa), a Lei nº 12.529/2011 (Lei de Defesa da Concorrência) e a Lei nº 12.813/2013 (sobre conflitos de interesse no exercício de cargo ou emprego público), entre outras.

Espera-se que um microssistema normativo seja dotado de unidade e coerência. A interpretação e a aplicação do conjunto de normas jurídicas deveriam se dar de modo entrelaçado e harmônico, mediante o diálogo entre as várias fontes normativas, conferindo coesão ao que se pretende que seja uma rede normativa, de modo a permitir a máxima efetividade da tutela da moralidade e da integridade pública.[361] Contudo, não é o que ocorre. Na prática, há uma sobreposição de diferentes regimes punitivos, passíveis de incidir, em tese, sobre uma mesma conduta lesiva.

Veja o caso de um grupo de empresas que, em conluio com um agente público, frustre o caráter competitivo de uma licitação, combinando previsões editalícias que favoreçam a organização de um cartel. Os fatos configuram a hipótese descrita no art. 5º, IV, *a*, da Lei nº 12.846/2013, mas também caracterizam ato de improbidade administrativa, nos termos do art. 10, VIII, daquele diploma. O ato administrativo poderia ser anulado por meio da aplicação do art. 4º, III, *b* e *c*, da Lei de Ação Popular. De acordo com a Lei nº 14.133/2021, a conduta poderia levar à declaração de inidoneidade (art. 155, §5º).

---

[361] É o que também sustenta o Ministério Público Federal, por meio da 5ª Câmara de Coordenação e Revisão, na Nota Técnica nº 1/2017, que versa sobre o acordo de leniência e seus efeitos. Cf. MINISTÉRIO PÚBLICO FEDERAL. *Nota Técnica nº 1/2017 – 5ª CCR*, p. 2-3. Disponível em: http://www.mpf.mp.br/atuacao-tematica/ccr5/notas-tecnicas/docs/nt-01-2017-5ccr-acordo-de-leniencia-comissao-leniencia.pdf. Acesso em: 6 mar. 2020. Em semelhante sentido, também versando sobre o necessário diálogo entre o microssistema jurídico formado pelo referido bloco de leis, cf. HEINEN, Juliano. *Comentários à Lei Anticorrupção* – Lei nº 12.846/2013. Belo Horizonte: Fórum, 2015. p. 31-34.

Configuraria, também, um tipo penal previsto na lei geral de licitações em contratos (art. 337-F), além de potencialmente se amoldar a outras figuras penais, como formação de uma organização criminosa (Lei nº 12.850/2013). Não fosse o bastante, os fatos caracterizam também uma infração da ordem econômica (art. 36, Lei nº 12.529/2011).

Em suma, o microssistema normativo de defesa da integridade faz incidir uma multiplicidade de potenciais consequências jurídicas em razão de atos lesivos praticados por empresas, não havendo, por vezes, sequer previsibilidade e transparência acerca de todas as normas jurídicas passíveis de serem aplicadas em relação a uma hipótese fática. Por condutas assemelhadas, consequências punitivas diversas (mais ou menos benéficas) podem se fazer incidir sobre os infratores, a depender do juízo da autoridade pública que tenha que manejar tal conjunto de normas jurídicas, o que fere a segurança jurídica.

Todo o complexo arranjo normativo-institucional descrito, composto do sistema multiagências à brasileira e de uma pletora de normas jurídicas, é usualmente denominado de "sistema brasileiro de combate à corrupção".[362] A expressão pode transmitir a imprecisa mensagem de que se trata de uma organização harmônica; entretanto, como se infere pelo relato aqui exposto, pouco parece haver de arranjo sistêmico no modelo por nós adotado.

4.3 Múltiplos planos de responsabilização da pessoa jurídica

O dito sistema brasileiro anticorrupção prevê a responsabilização da pessoa jurídica tanto na esfera civil como na administrativa. Ao contrário do que ocorre em outros países, a exemplo dos Estados Unidos e de Portugal, não há, entre nós, responsabilização criminal da pessoa jurídica por violações à integridade, mas apenas dos indivíduos que tenham incorrido em condutas típicas.

---

[362] Sobre a nomenclatura e exemplificativamente, mas também apresentando críticas à organização do sistema, cf. OLIVEIRA, Rafael Carvalho Rezende; NEVES, Daniel Amorim Assumpção. O sistema brasileiro de combate à corrupção e a Lei nº 12.846/2013 (Lei Anticorrupção). *Revista Brasileira de Direito Público – RBDP*, Belo Horizonte, ano 12, n. 44, p. 9-21, jan./mar. 2014; e OLIVEIRA, Gustavo Justino de; SOUSA, Otavio Augusto Venturini. Controladoria-Geral da União: Uma Agência Anticorrupção? *In*: PEREZ, Marcos Augusto; SOUZA, Rodrigo Pagani. *Controle da Administração Pública*. Belo Horizonte: Fórum, 2017.

No Brasil, tanto na jurisprudência[363] como no campo normativo,[364] adota-se o entendimento de que os múltiplos planos de responsabilização seriam relativamente autônomos entre si. Assim, um mesmo conjunto fático poderá desencadear consequências punitivas em distintas esferas, a incidirem tanto sobre a pessoa jurídica como sobre a pessoa física que pratica uma determinada conduta ilícita em benefício da entidade jurídica.[365]

Nessa toada, uma determinada pessoa, em razão dos mesmos fatos e condutas, pode vir a responder simultaneamente a diferentes processos, com natureza civil, administrativa ou penal (sobretudo em relação a pessoas físicas). Em regra, o autor do ilícito pode também restar ou não sancionado em cada um deles, de modo independente, de acordo com a robustez probatória e o quadro jurídico presente em cada um desses expedientes.[366]

A própria Constituição de 1988, em duas oportunidades, expressamente prevê múltiplos planos de responsabilização. O art. 37, §4º, dispõe

---

[363] Exemplificativamente, cf. STJ. REsp nº 1.574.350/2015. Plenário. Relator: Ministro Herman Benjamin. Sessão de 03.10.2017. Diário da Justiça Eletrônico, Brasília, DF, 6 mar. 2019; STJ. AREsp 1.565.518/2019. Plenário. Relator: Ministro Herman Benjamin. Sessão de 07.11.2019. Diário da Justiça Eletrônico, Brasília, DF, 22.11.2019.; e STJ. AgRg no AResp 1.516.441/2019. Plenário. Relator: Ministro Ribeiro Dantas. Sessão de 10.10.2019. Diário da Justiça Eletrônico, Brasília, DF, 15.10.2019.

[364] Veja, exemplificativamente, o art. 125 da Lei nº 8.112/1990, que dispõe que as "sanções civis, penais e administrativas poderão cumular-se, sendo independentes entre si". Também no CDC, em seu art. 56, define-se que "as infrações das normas de defesa do consumidor ficam sujeitas, conforme o caso, às seguintes sanções administrativas, sem prejuízo das de natureza civil, penal e das definidas em normas específicas: (...)". No código civil, o art. 935 reforça que a responsabilidade civil é independente da criminal.

[365] O entendimento quanto à autonomia e independência das instâncias punitivas vem sendo questionado em diversas jurisdições, notadamente na Europa, pela teoria da unidade do poder punitivo estatal, que conduz à ampliação do conteúdo da vedação do *bis in idem* em sua vertente material, a impedir também, em determinadas hipóteses, a conjugação de sanções penais com extrapenais. A despeito das vozes que apoiam tal releitura também no Brasil, não parece, ainda, ser a compreensão dominante. Entre nós, regras constitucionais e opções legislativas parecem de fato respaldar a compreensão de que haverá autonomia e independência em instâncias punitivas. Sobre o tema, cf. ARÊDES, Sirlene Nunes. *Ne bis in idem*: direito fundamental constitucional aplicável na relação entre as esferas penal e administrativa geral no direito brasileiro. *Direito, Estado e Sociedade*, n. 52, p. 224-226, jan./jun. 2018.

[366] Entretanto, a referida independência entre os planos de responsabilização não é absoluta. Como bem esclarece Ronaldo Pinheiro Queiroz, nas hipóteses de absolvição por inexistência do fato ou de negativa de autoria (art. 386, I e IV, do Código de Processo Penal), a esfera penal produzirá efeitos também nos planos administrativo e civil, excluindo igualmente a responsabilização em tais esferas. Acerca das múltiplas esferas de responsabilização e da independência, como regra, entre si, cf. QUEIROZ, Ronaldo Pinheiro. Responsabilização Judicial da Pessoa Jurídica na Lei Anticorrupção. *In*: SOUZA, Jorge Munhós; QUEIROZ, Ronaldo Pinheiro. *Lei Anticorrupção*. Salvador: Juspodivm, 2015. p. 287-288.

que o sancionamento aos atos de improbidade administrativa ocorre sem prejuízo à responsabilização penal. Já o art. 225, §3º, estabelece que condutas lesivas ao meio ambiente implicam sanções penais e administrativas, independentemente da obrigação de reparar o dano.

A Lei nº 12.846/2013 também se estrutura com base na multiplicidade de esferas de responsabilização, prevendo sanções tanto no âmbito administrativo (art. 6º) como no civil (art. 19). O art. 18 do referido diploma é mais um exemplo de expressa consagração normativa da independência de instâncias, consignando que a responsabilização administrativa não exime a promovida pela via judicial.

Assentada a premissa de que, no ordenamento jurídico brasileiro, aceita-se a conjugação de responsabilização em planos distintos e independentes entre si, passa-se à análise da responsabilização administrativa e da responsabilização na esfera cível das pessoas jurídicas envolvidas em corrupção.

4.4 A responsabilização pela via judicial

Como a probidade e a moralidade administrativa são interesses difusos, podem ser tuteladas por meio de todo o leque jurídico que compõe o assim denominado microssistema de tutela coletiva.[367] Considerando que este trabalho versa sobre a responsabilização por corrupção, serão abordados na presente seção dois diplomas que compõem o microssistema de tutela coletiva e que guardam maior pertinência com o objeto aqui tratado: a lei por ato de improbidade administrativa (Lei nº 8.492/1992, consideravelmente alterada pela Lei nº 14.230/2021) e a responsabilização judicial nos termos da Lei nº 12.846/2013.

Fugiria ao escopo desta obra discorrer minuciosamente sobre os aspectos materiais e processuais concernentes aos referidos instrumentos. Pretende-se apenas destacar, sob a faceta da responsabilização pela via judicial, os aspectos que confirmam a desarmonia normativo-institucional, a falta de transparência e a baixa efetividade do sistema brasileiro de combate à corrupção.

---

[367] Por exemplo, um ato lesivo ao erário, que beneficie uma determinada empresa, poderia ser atacado por meio de uma Ação Popular (Lei nº 4.717/1965). Condutas que causem dano ao patrimônio ou à moralidade administrativa também podem ser objeto de ações civis públicas (Lei nº 7.347/1985). Sobre o microssistema legislativo brasileiro de tutela coletiva aplicado à defesa da probidade, cf. ZENKNER, Marcelo. *Integridade governamental e empresarial*: um espectro da repressão e da prevenção à corrupção no Brasil e em Portugal. Belo Horizonte: Fórum, 2019. p. 478-495.

4.4.1 A ação por ato de improbidade administrativa e a ameaça pouco crível

Regulamentando o art. 37, §4º, da Constituição de 1988, a Lei nº 8.429/1992 dispõe sobre o procedimento e as sanções a serem aplicadas por atos de improbidade administrativa. Como regra, os sujeitos ativos dos atos de improbidade administrativa são os agentes públicos em uma acepção bastante ampla, englobando também aqueles que exercem, ainda que transitoriamente e sem remuneração, mandato, cargo, emprego ou função pública, inclusive os particulares em colaboração com a Administração. No entanto, terceiros estranhos à Administração também podem ser alcançados,[368] inclusive as pessoas jurídicas.[369]

Na prática, apesar do corriqueiro ajuizamento das ações de improbidade em face também das pessoas jurídicas, a medida historicamente se notabilizou como um instrumento de pouca efetividade em relação à corrupção empresarial, mesmo antes da reforma promovida pela Lei nº 14.230/2021.

Acolhendo o feliz apontamento de Carlos Ari Sundfeld e Ricardo Alberto Kanayama, parece-nos que a lei por ato de improbidade administrativa, como regra, vem se revelando "boa para gerar manchetes", mas

---

[368] De acordo com o que dispõe o art. 3º, em nova redação conferida pela Lei nº 14.230/2021, aqueles que dolosamente induzam ou concorram para o ato ímprobo também responderão por improbidade administrativa. Segundo a jurisprudência, o particular (a empresa, inclusive) não poderia figurar isoladamente no polo passivo de uma ação por ato de improbidade administrativa, devendo um agente público, que pratica diretamente o ato ímprobo, necessariamente figurar também no polo passivo. STJ. AgRg no AREsp. nº 574500/PA. Segunda Turma. Relator: Ministro Humberto Martins. Julgado em 02.06.2015. Diário da Justiça Eletrônico, Brasília, DF, 10.06.2019; e STJ. REsp. nº 1282445/DF. Primeira Turma. Relator: Ministro Napoleão Nunes Maia Filho. Julgado em 24.04.2014. Diário da Justiça Eletrônico, Brasília, DF, 21.10.2014.

[369] Atualmente há previsão legislativa expressa quanto à incidência da Lei também em face das pessoas jurídicas. Anteriormente à reforma promovida pela Lei nº 14.230/2021, a jurisprudência já havia se consolidado no sentido de que uma empresa também poderia ser sujeito ativo do ato ímprobo, ainda que desacompanhada de seus sócios, caso se amoldasse à figura de terceiro prevista no referido artigo. cf. STJ. Resp. nº 970.393/CE. Primeira Turma. Relator: Ministro Benedito Gonçalves. Julgado em 21.06.2012. Diário da Justiça Eletrônico, Brasília, DF, 29.06.2012. O tema suscitava controvérsias doutrinárias no passado. Entendendo que as pessoas jurídicas não poderiam ser sujeito ativo de improbidade administrativa, cf. CARVALHO FILHO, José dos Santos. *Manual de Direito Administrativo*. 28. ed. rev., ampl. e atual. São Paulo: Atlas, 2015. p. 1122. Em sentido diverso, destacando que a lei, em sua redação original, não fez qualquer distinção em relação aos terceiros que poderiam figurar como sujeitos ativos, cf. GARCIA, Emerson; ALVES, Rogério Pacheco. *Improbidade Administrativa*. 7. ed. ver., ampl. e atual. São Paulo: Saraiva, 2013. p. 339-340.

contribui de forma limitada com a luta consistente contra a corrupção empresarial ou para a melhoria da gestão pública.[370]

Pesquisas realizadas com dados do Cadastro Nacional de Condenados por Improbidade Administrativa, administrado pelo Conselho Nacional de Justiça (CNJ), bem retratam esse quadro. O próprio desfecho das demandas ajuizadas já revela os limitados resultados obtidos: 45,98% dos acórdãos proferidos em segunda instância decidem pela improcedência de todos os pedidos.[371]

Já no estudo denominado "Radiografia das Condenações por Improbidade Administrativa"[372] identificaram-se 6.806 processos julgados entre 1995 e julho de 2016, dos quais resultaram 11.607 diferentes condenações transitadas em julgado. Os três Estados onde ocorreram os maiores números de condenações foram São Paulo (3.259 casos), Paraná (874 casos) e Minas Gerais (839 casos).

Conforme o referido estudo, apenas 6,7% das condenações impostas incidiram sobre pessoas jurídicas.[373] O dado é semelhante ao extraído de trabalho elaborado por Jaqueline Barbão e Fabiana Luci de Oliveira, que identifica 7,2% das condenações sobre pessoas jurídicas.[374] Já quando se contabiliza também o número de condenados – e não apenas de condenações –, identifica-se que apenas 1,4% dos apenados são pessoas jurídicas.[375]

Em relação especificamente às condenações ao ressarcimento integral do dano, consideradas imprescritíveis pelo Superior Tribunal Federal (STF) quando advindas de ato doloso tipificado na Lei nº 8.429/1992,[376] as pessoas jurídicas figuram em apenas 10,57% do total

---

[370] SUNDFELD, Carlos Ari; KANAYAMA, Ricardo Alberto. A promessa que a lei de improbidade administrativa não foi capaz de cumprir. *Combate à corrupção na Administração Pública –* diálogos interinstitucionais. Publicações da Escola da AGU, Brasília, v. 12, n. 2, p. 423, maio/ago. 2020.

[371] GOMES JÚNIOR, Luiz Manoel (Coord.). *Lei de improbidade administrativa*: obstáculos à plena efetividade do combate aos atos de improbidade. Brasília: Conselho Nacional de Justiça. 2015, p. 65.

[372] INSTITUTO NÃO ACEITO CORRUPÇÃO. *Radiografia das Condenações por Improbidade Administrativa*. Disponível em: http://naoaceitocorrupcao.org.br/2017/radiografia/. Acesso em: 15 abr. 2020.

[373] Cf. seção "Punições" do estudo citado.

[374] BARBÃO, Jaqueline; OLIVEIRA, Fabiana Luci de. Retratos do Cadastro Nacional de Condenados por Ato de Improbidade Administrativa e por Ato que Implique Inelegibilidade (CNCIAI). *Revista CNJ*, v. 2, p. 29, 2017.

[375] Ibid. p. 25.

[376] RE 852.475/SP. Plenário. Relator: Ministro Edson Fachin. Sessão de 08/08/2018. Diário da Justiça Eletrônico, Brasília, DF, 25.03.2019.

de imputações judiciais a tal fim, no valor conjunto de R$161.153.823,00. Já a condenação das pessoas físicas ao ressarcimento integral do dano representa não apenas maior quantidade de decisões, alcançando 89,43% dos episódios, mas também um montante financeiro mais significativo, qual seja, R$1.364.024.313,00, o que significa mais de oito vezes o montante impingido às pessoas jurídicas.[377]

Uma pesquisa do próprio CNJ aponta, ainda, o baixo índice de ressarcimento do dano. Em apenas 4% dos processos julgados há ressarcimento integral. Em 6,4% dos casos há ressarcimento parcial. Em 89,6%, portanto, não há ressarcimento algum.[378] Em outros termos, considerando aleatoriamente uma nova ação da espécie ajuizada, há uma probabilidade de 89,6% de que não venha a resultar em qualquer ressarcimento ao erário.

A duração dos processos e a taxa de congestionamento[379] desse tipo de demanda também denotam sua questionável efetividade, além de certamente contribuírem para a sensação de impunidade. A taxa de congestionamento para ações de improbidade alcançou 95,3% durante o ano de 2015, quando o mesmo indicador para todos os processos do país foi de apenas 72,2%, o que indica uma tramitação mais vagarosa para as demandas aqui analisadas em relação aos demais feitos judiciais.[380]

Já o tempo médio de tramitação necessário para a condenação definitiva das pessoas jurídicas foi de 6 anos e 8 meses. Para as pessoas físicas, embora também extenso, o lapso temporal mostrou-se um pouco mais breve: 6 anos e 1 mês.[381]

Há uma prevalência de processos relacionados a interesses lesados na esfera municipal. Em 96,22% dos casos em que foi possível identificar o sujeito passivo do ato de improbidade, o lesado correspondia a pessoa jurídica da esfera municipal. Os lesados em esfera estadual representavam apenas 2,71% dos casos, respondendo a esfera federal por tão somente 1,07%.[382]

Todos esses dados já sinalizam a limitada efetividade das ações de improbidade, mas a pequena entrada de recursos aos cofres públicos é ainda mais emblemática. De acordo com Jaqueline Barbão e Fabiana Luci

---

[377] Cf. seção "Destaques" do estudo citado.
[378] GOMES JÚNIOR. Op. cit. p. 69-70.
[379] A taxa de congestionamento representa o percentual de processos que tramitou durante um ano e que não foi baixado.
[380] BARBÃO; OLIVEIRA. Op. cit. p. 28.
[381] Cf. seção "Destaques" do estudo citado, elaborado pelo Instituto Não Aceito Corrupção.
[382] Cf. seção "Punições" do estudo citado, elaborado pelo Instituto Não Aceito Corrupção.

de Oliveira, no período analisado pelas pesquisadoras, as condenações cadastradas que implicavam consequências monetárias alcançavam R$1,9 bilhão. Desse montante, a quantia que efetivamente ingressou no erário – seja como ressarcimento do dano, seja como perda de bens ou como pagamento de multa – representou apenas R$2,7 milhões, ou seja, 0,1% do total nas condenações.[383,384]

Note-se que a obtenção de uma sentença de natureza condenatória não é, por si só, suficiente para a reparação do erário lesado. A subsequente efetivação da tutela executiva é fundamental para o ressarcimento do dano; todavia, promover os atos de execução e de constrição patrimonial também é um desafio.[385]

Dados da Operação Lava Jato sugerem que o Ministério Público Federal (MPF) preferiu se valer de outros instrumentos processuais e extraprocessuais. De fato, os instrumentos de solução negocial utilizados pelo MPF demonstraram maior eficiência e celeridade na obtenção de resultados (cf. seção 3.5 e Capítulo 6). Enquanto as ações de improbidade ajuizadas apresentaram resultados tímidos, o MPF, por meio de pactuações bilaterais, obteve o efetivo ingresso nos cofres públicos de mais de R$4 bilhões, consideravelmente maior que o montante de todas as condenações – quitadas ou não – em ações de improbidade no país inteiro. Os valores totais previstos para recuperação pela Lava Jato também são consideravelmente maiores que os montantes

---

[383] BARBÃO; OLIVEIRA. Op. cit. p. 30.

[384] Convém registrar que os referidos dados discrepam dos apresentados acerca do ponto pelo estudo elaborado pelo Instituto Não Aceito Corrupção, supra. Na seção "Punições", afirma-se que as condenações definitivas envolveriam o valor de R$3,208 bilhões, consideravelmente maior do que o indicado pelo estudo citado no corpo do texto. Além disso, a pesquisa do Instituto Não Aceito Corrupção também aponta que o ressarcimento aos cofres públicos teria uma efetividade que varia entre 39% e 75% das condenações, a depender da espécie de ato ímprobo cometido. Em especial o número atinente à efetividade dos procedimentos parece discrepar demasiadamente dos resultados da pesquisa de Jaqueline Barbão e Fabiana Oliveira, bem como da conhecida inefetividade observada na prática do dia a dia das ações de improbidade, razão pela qual se optou por trazer tal informação apenas como contraponto ao corpo do texto, acreditando que, em verdade, a aparente divergência resulte da interpretação da forma como os dados da pesquisa foram apresentados.

[385] Sobre as dificuldades da tutela jurisdicional executiva em uma ação de improbidade, cf. GAVRONSKI, Alexandre Amaral. *Efetivação das condenações nas ações de responsabilização por improbidade administrativa*: manual e roteiro de atuação. 2. ed. Brasília: MPF, 2019. p. 23-25. Convém ressaltar que o ponto é tormentoso no microssistema de tutela coletiva como um todo. Por exemplo, tratando de ações civis públicas em que se pretendia a condenação de entes públicos ao fornecimento de prestações de saneamento básico, identificaram em sua amostra que apenas 4% dos provimentos jurisdicionais concedidos haviam sido efetivamente implementados. Cf. BARCELLOS, Ana Paula; MOURA, Ricardo Faé de; CASTRO, Marcia C. Human rights, inequality and public interest litigation: a case study on sanitation from Brazil. *Panorama of Brazilian Law*, n. 5 e 6, p. 158, 2016.

cadastrados ao longo de anos para todas as ações de improbidade, em relação aos mais variados episódios de atos ímprobos. Com efeito, até o encerramento do presente trabalho, a Operação celebrou previsões para o pagamento de mais de R$2 bilhões em multas compensatórias apenas em acordos de colaboração. Em acordos de leniência, foram previstos pagamentos superiores a R$12 bilhões.[386]

Os dados aqui apresentados ajudam a traçar um perfil mais fidedigno sobre o que esperar de ações de improbidade como instrumento para a responsabilização empresarial. As pessoas jurídicas figuram como condenadas em uma parte diminuta dos feitos, indicando que o instrumento as alcança apenas residualmente. As ações de improbidade parecem, em verdade, um instrumento utilizado sobretudo para coibir a pequena corrupção, não se mostrando útil notadamente para o combate aos grandes episódios, com participação empresarial, que são justamente os de maior impacto e relevância (cf. seções 1.1 e 1.3). A observação é importante porque, como visto (cf. seção 1.3), a corrupção grandiosa parece ser um problema mais significativo no Brasil.

Além disso, o instrumento processual em exame apresenta efetividade muito diminuta sob diversos ângulos, seja pela lentidão de tramitação, seja pelo raro êxito em obter ressarcimento integral do dano, seja pelo baixo desempenho em obter ingressos de valores, a qualquer título, nos cofres públicos.

Portanto, em relação aos ilícitos perpetrados por pessoas jurídicas, as ações por ato de improbidade administrativa parecem falhar em seu escopo de produzir substancial efeito dissuasório.

4.4.2 A responsabilização judicial pela Lei Anticorrupção

A Lei nº 12.846/2013, em seu art. 5º, por meio de tipos amplos e bastante indeterminados, dispõe sobre os atos praticados por pessoas jurídicas que atentem contra o patrimônio público nacional ou estrangeiro, contra princípios da Administração Pública ou contra os compromissos internacionais assumidos pelo Brasil, passíveis de sancionamento por meio daquele diploma.

O sancionamento às condutas previstas no art. 5º busca tutelar diferentes bens jurídicos, como o patrimônio público, a moralidade administrativa, a isonomia e a competitividade nas licitações, entre

---

[386] Cf. MPF. *Resultados.* Disponível em: http://www.mpf.mp.br/grandes-casos/lava-jato/resultados. Acesso em: 19 set. 2020.

outros. Por exemplo, logo no inciso I, descreve-se como ato lesivo a mais tradicional conduta corrupta, que concerne a prometer, oferecer ou dar, direta ou indiretamente, vantagem indevida a agente público ou a terceira pessoa a ele relacionada.

Todavia, nem todos os atos lesivos nele previstos se amoldam à acepção de corrupção, ainda que ampla (cf. seções 1.2 e 2.4). Veja-se, por exemplo, o teor do inciso IV, que versa sobre atos relacionados a licitações e contratos. A conduta descrita na alínea *a* – qual seja, a de frustrar ou fraudar, mediante ajuste, combinação ou qualquer outro expediente, o caráter competitivo de procedimento licitatório público – usualmente está associada, na prática, ao pagamento de vantagens indevidas a um agente público que detenha o poder de influenciar o certame. Contudo, não é necessário que assim ocorra. A frustração da competição poderia se dar tão somente por força de uma combinação ilícita entre os concorrentes. De todo modo, ainda que não haja promessa ou pagamento de qualquer vantagem indevida a agente público, a conduta será alcançada pela Lei nº 12.846/2013, por expressa previsão do art. 5º, IV, *a*.[387]

Os atos lesivos previstos no art. 5º podem ser objeto de sanções de natureza civil (art. 19) ou administrativas (art. 6º). Em seu capítulo VI, a Lei nº 12.846/2013 dispõe sobre a responsabilização pela via judicial, instrumento para a imposição das sanções previstas no art. 19.[388] Acreditamos que a reparação integral do dano também poderá ser pleiteada judicialmente, como decorrência lógica dos ilícitos cometidos,

---

[387] O mesmo raciocínio se aplica a outras condutas descritas no inciso IV do art. 5º, a exemplo de impedir, perturbar ou fraudar a realização de qualquer ato de procedimento licitatório público (alínea *b*); fraudar licitação pública ou contrato dela decorrente (alínea *d*); criar, de modo fraudulento ou irregular, pessoa jurídica para participar de licitação pública ou celebrar contrato administrativo (alínea *e*); manipular ou fraudar o equilíbrio econômico-financeiro dos contratos celebrados com a Administração Pública (alínea *g*); dentre outras. Ainda mais emblemático quanto à inexistência de necessária conexão entre corrupção e condutas puníveis pela Lei nº 12.846/2013 é a descrição delitiva do inciso V do art. 5º, que prevê punição ao ato de dificultar atividade de investigação ou fiscalização de órgãos, entidades ou agentes públicos, ou intervir em sua atuação. Por exemplo, no REsp nº 1.803.585/RN, proveniente do processo nº 0800502-19.2015.4.05.8401, julgado pelo TRF da 5ª Região, a Segunda Turma do STJ confirmou que a previsão do art. 5º, V, da Lei nº 12.846/2013 abrange a constituição das chamadas "empresas de fachada", com o fim de frustrar a fiscalização tributária. Tal conduta, embora ilícita, não se confunde com a definição de corrupção no ordenamento jurídico brasileiro.

[388] Nos termos do art. 21 da Lei nº 12.846/2013, para a responsabilização judicial adota-se o mesmo rito processual aplicável às ações civis públicas (Lei nº 7.347/1985). A previsão, além de estabelecer as regras para a tramitação dos feitos em juízo, acaba por definir que as normas concernentes à responsabilização judicial previstas na Lei nº 12.846/2013 integram o microssistema brasileiro de tutela coletiva, devendo dialogar com as outras fontes normativas que o compõem. Sobre o ponto, cf. ZENKNER, Marcelo. *Integridade*

ainda que tal consequência jurídica seja mencionada no texto legal apenas no capítulo atinente às sanções administrativas (art. 6º, §4º).[389]

As demandas em comento podem ser ajuizadas tanto por União, Estados, Distrito Federal ou Municípios quanto por meio de seus órgãos de representação judicial. Além disso, nos termos do art. 20, caso reste constatada a omissão da Administração Pública em promover a responsabilização administrativa, o Ministério Público também poderia, subsidiariamente, buscar pela via judicial a aplicação das sanções administrativas cominadas pelo art. 6º da lei.[390]

4.4.3 A tormentosa sobreposição entre a Lei nº 8.429/1992 e a Lei nº 12.846/2013

As condutas previstas no art. 5º da Lei nº 12.846/2013, como regra, configuram também hipóteses de improbidade administrativa para os agentes públicos envolvidos. Desse modo, uma empresa infratora poderia, em tese, responder pelas previsões estabelecidas tanto na Lei nº 12.846/2013 como na forma da Lei nº 8.429/1992, com base no art. 3º.[391]

Em interpretação literal, que era acolhida majoritariamente antes da reforma à Lei nº 8.429/1992, poderia haver sobreposição sancionatória com fulcro na lei de improbidade administrativa e com base na Lei nº 12.846/2013, pelos mesmos fatos ou por fatos conexos, em face da mesma empresa.

---

governamental e empresarial: um espectro da repressão e da prevenção à corrupção no Brasil e em Portugal. Belo Horizonte: Fórum, 2019. p. 480.

[389] No mesmo sentido, cf. DI PIETRO, Maria Sylvia Zanella. Comentários ao art. 18. *In*: DI PIETRO, Maria Sylvia Zanella; MARRARA, Thiago (Coord.). *Lei anticorrupção comentada*. 2. ed. Belo Horizonte: Fórum, 2018. p. 239.

[390] O ponto merece atenção em relação às sanções administrativas concernentes à exclusão de participação em procedimentos de contratações públicas, que são um relevante instrumento anticorrupção (cf. seção 4.5.2.2). A omissão da autoridade administrativa autoriza o Ministério Público a perseguir judicialmente as punições estabelecidas no art. 6º da Lei nº 12.846/2013. No entanto, a Lei Anticorrupção não traz em seu bojo a possibilidade de excluir a participação dos procedimentos de contratação pública. Tal sanção administrativa depende de remissão às normas de licitação e contratos. Assim, na hipótese de omissão administrativa, o Ministério Público não poderia, com fulcro na Lei nº 12.846/2013, buscar responsabilização judicial da empresa para a sua exclusão de procedimentos de contratação pública. Se a hipótese fática e processual permitir, quando muito tal pena poderia advir da aplicação da Lei nº 8.429/1992, se cabível. A questão corrobora nossa sugestão, que será apresentada adiante, de que a Lei Anticorrupção deveria incorporar como uma de suas sanções, a serem aplicadas administrativa ou judicialmente, a exclusão de participação nos procedimentos de contratação pública.

[391] Com efeito, o art. 30, I, da Lei nº 12.846/2013 expressamente prevê a conjugação das referidas normas.

Em uma visão perfunctória, poder-se-ia acreditar que a sobreposição de instrumentos de responsabilização judicial levaria a um reforço dos mecanismos sancionatórios e, por conseguinte, a uma maior efetividade dissuasória. Não nos parece que seja a melhor compreensão. O quadro acaba por caracterizar, mais uma vez, a desarmonia interinstitucional e a imprevisibilidade do desenho punitivo por violações à probidade, fatores que, em verdade, fragilizam o pretendido efeito dissuasório (cf. seção 4.1) e podem acabar por reforçar outras consequências não intencionais (cf. seção 4.8). Mais ainda, a sobreposição normativa também pode contribuir para um arranjo processual ineficiente ou para a configuração de hipóteses de indevido *bis in idem*.

Antes da promulgação da Lei nº 14.230/2021, que modificou a lei por ato de improbidade administrativa, duas interpretações jurídicas já eram suscitadas para buscar minorar o quadro de sobreposição normativo-institucional. Em relação à possibilidade de ajuizamento de diferentes demandas por órgãos distintos, uma solução subótima seria a reunião em um único juízo de diferentes ações coletivas, que versassem sobre os mesmos fatos, para julgamento conjunto, como já se entende pertinente para hipóteses de conexão e continência, quando não litispendência, de ações civis públicas ajuizadas por distintos legitimados ativos.[392] Embora o caminho economizasse esforço de prestação jurisdicional e evitasse resultados conflitantes, não resolvia o desperdício de recursos públicos pela sobreposição de diferentes órgãos atuando descoordenadamente para tratar dos mesmos fatos.

Já quanto à possibilidade de ajuizamento, por um mesmo legitimado, em relação aos mesmos fatos, de uma ação por ato de improbidade administrativa, somada a outra de responsabilização da pessoa jurídica com fulcro na Lei nº 12.846/2013, uma interpretação possível – mas igualmente subótima – seria ajuizar uma única ação. Esse processo único seria ajuizado em face de todos os réus – pessoas físicas ou jurídicas – para aplicação por juízo único das sanções previstas tanto na Lei nº 8.429/1992 como na Lei nº 12.846/2013.[393]

Embora essa segunda construção tivesse o mérito de viabilizar economia processual, a ação resultante seria excessivamente complexa e

---

[392] A súmula 489, STJ, que dispõe: "Reconhecida a continência, devem ser reunidas na Justiça Federal as ações civis públicas propostas nesta e na Justiça estadual".

[393] Esse parece ser o entendimento sustentado por Marcelo Zenkner. Cf. ZENKNER, Marcelo. *Integridade governamental e empresarial*: um espectro da repressão e da prevenção à corrupção no Brasil e em Portugal. Belo Horizonte: Fórum, 2019. p. 489-490.

tenderia a ter uma tramitação muito lenta, tornando-se um instrumento potencialmente inefetivo. A uma, pois envolveria diversas pessoas em litisconsórcio passivo, cada uma adotando todos os atos necessários para fazer valer seu mais amplo direito à defesa. A duas, porque pessoas jurídicas responderiam objetivamente, segundo o art. 2º da Lei nº 12.846/2013, enquanto, conforme os ditames da Lei nº 8.429/1992, exigir-se-ia a comprovação da responsabilidade subjetiva para as pessoas físicas, o que traria complexidades adicionais ao processo.

A reforma da Lei nº 8.429/1992 ajudou a equacionar a sobreposição normativa em exame. A nova redação do art. 3º, §2º, da Lei nº 8.429/1992 dispõe que as sanções da lei por ato de improbidade não se aplicarão à pessoa jurídica, caso o ato seja também sancionado pela Lei nº 12.846/2013.

Entendemos que o referido dispositivo deve ser interpretado não apenas para evitar o duplo sancionamento, pelo menos fatos, com base em diferentes diplomas, mas também para impossibilitar que demandas diversas sejam ajuizadas com fulcro em regimes de responsabilização distintos, impedindo, assim, também o *bis in idem* processual. Portanto, quando os fatos examinados caracterizarem atos lesivos à Administração Pública nos termos do art. 5º da Lei nº 12.846/2013, a pessoa jurídica não poderia responder também por ato de improbidade administrativa. Em outros termos, à luz da vedação de *bis in idem*, o art. 3º, §2º, da Lei nº 8.429/1992 não impede a dupla punição apenas quando o ato já tiver sido sancionado na forma da Lei nº 12.846/2013, mas sempre que for "sancionável", em tese, por tal diploma.

A reforma legislativa é positiva. Em primeiro lugar, há que se observar a considerável semelhança entre as sanções passíveis de serem aplicadas às pessoas jurídicas na Lei nº 8.429/1992 e na Lei nº 12.846/2013. Apenas a proibição de contratar com a Administração Pública encontra-se tão somente na Lei nº 8.429/1992. Todas as demais são também previstas na Lei Anticorrupção, seja como sanções administrativas, seja como cíveis.

Em segundo lugar, a nova redação da Lei nº 8.429/1992 afasta o possível *bis in idem* pela sobreposição sancionatória dos diplomas em exame. Embora a Lei nº 12.846/2013, em seu art. 30, disponha que a aplicação daquele diploma não impede a aplicação de penalidades decorrentes da lei de improbidade administrativa, esse dispositivo não pode ser interpretado como autorizativo para o livre sancionamento da mesma pessoa, em duplicidade, pelos mesmos fatos, o que violaria o *ne bis in idem*. O tema será retomado mais detidamente na seção 4.8.2.

Por fim, a simplificação da sistemática de responsabilização judicial poderá contribuir para o incremento do efeito dissuasório junto às empresas. Afinal, as demandas ajuizadas em face das empresas, com base apenas na Lei nº 12.846/2013, tendem a tramitar mais rapidamente, aumentando sua efetividade. Em acréscimo, as sanções se tornarão mais previsíveis e transparentes, condição necessária para a produção do esperado efeito dissuasório (cf. seção 4.1) e para evitar possíveis consequências perversas não intencionais (cf. seção 4.7).

Aliás, desde a vigência da Lei nº 12.846/2013, já acreditávamos que as pessoas jurídicas deveriam ser responsabilizadas apenas com fulcro nesse diploma. Quando vigorava a redação antiga da Lei nº 8.429/1992, entendíamos que o conflito normativo entre as Leis nº 8.429/1992 e 12.846/2013, que possuem a mesma hierarquia, deveria ser resolvido pelo critério da especialidade.

Assim, entendíamos que, com a vigência da Lei nº 12.846/2013, teria havido uma espécie de derrogação tácita da aplicação da Lei nº 8.429/1992 às pessoas jurídicas.[394] Veja-se que a Lei nº 8.429/1992, em sua origem, foi elaborada para sancionar os agentes públicos ímprobos, bem como eventuais pessoas físicas que de algum modo se envolvessem ou se beneficiassem dos malfeitos. Na falta de outra norma para responsabilizar as pessoas jurídicas, consolidou-se a interpretação extensiva do conceito de terceiros do art. 3º para também açambarcá-las. Todavia, desde a vigência da Lei nº 12.846/2013, tal lacuna normativa deixou de existir.[395]

Atualmente, em nosso entender, com a nova redação conferida pela Lei nº 14.230/2021 aos parágrafos dos arts. 2º e 3º da Lei nº 8.429/1992,

---

[394] Não é o único entendimento possível. Em sentido contrário, Wallace Paiva Martins Júnior entendia que, quando "não há ação ou omissão ímproba imputável a agente público, mas somente lesão ao patrimônio público ou aos princípios jurídico-administrativos, a hipótese será de incidência da Lei Anticorrupção Empresarial, ao passo que, havendo o comportamento ímprobo de agente público ainda que em benefício de pessoa jurídica de direito privado, a situação é de aplicação da Lei da Improbidade Administrativa". MARTINS JÚNIOR, Wallace Paiva. Comentários ao art. 30. *In*: DI PIETRO, Maria Sylvia Zanella; MARRARA, Thiago (Coord.). *Lei anticorrupção comentada*. 2. ed. Belo Horizonte: Fórum, 2018. p. 330-331. Discordamos desse entendimento, que parecia criar uma aplicação meramente subsidiária da Lei nº 12.846/2013. Atos de corrupção sempre envolverão a presença do agir ímprobo de um agente público. A interpretação acima relegaria a aplicação da Lei nº 12.846/2013 apenas aos atos lesivos unilaterais praticados pelas pessoas jurídicas. Não nos parece que o legislador haja previsto aplicação subsidiária da Lei nº 12.846/2013 à Lei nº 8.429/1992, ainda mais considerando que ambas apresentam a mesma hierarquia normativa.

[395] Em semelhante sentido, cf. DI PIETRO, Maria Sylvia Zanella. Comentários ao art. 19. *In*: DI PIETRO, Maria Sylvia Zanella; MARRARA, Thiago (Coord.). *Lei anticorrupção comentada*. 2. ed. Belo Horizonte: Fórum, 2018. p. 249.

explicita-se que as pessoas jurídicas podem responder por ato de improbidade administrativa, mas não quando as condutas cometidas forem sancionáveis também pela Lei Anticorrupção, com o escopo de, assim, haver obediência ao princípio do *ne bis in idem*.

4.5 A responsabilização administrativa

4.5.1 O Processo Administrativo de Responsabilização e sua esperada baixa efetividade

Constatada a limitada efetividade da responsabilização das empresas pela via judicial, há quem sustente, como Luciano Da Ros, que existe um potencial negligenciado nas sanções administrativas para o controle da corrupção, merecendo, assim, maior atenção.[396]

Nesse aspecto, a Lei nº 12.846/2013 inova ao prever o processo administrativo de responsabilização (PAR), instrumento por meio do qual haverá a imposição das sanções administrativas (art. 6º, Lei nº 12.846/2013), quais sejam, a publicação extraordinária da decisão condenatória e a multa.

O PAR poderia, em tese, representar um instrumento mais célere para a punição de empresas que violem a integridade pública, se comparado aos rigorosos e formais ritos processuais imprescindíveis à apenação na esfera civil. Entretanto, uma análise crítica de sua regulamentação normativa indica que é improvável que o PAR venha a se revelar um instrumento efetivo.

O primeiro problema está na competência para instaurar e julgar o processo. O art. 8º dispõe que, em geral, esse mister caberá à autoridade máxima de cada órgão ou à entidade vinculada aos fatos apurados. A regra discrepa do procedimento usualmente adotado no direito brasileiro, em que o processo se inicia perante a autoridade com menor grau hierárquico para decidir, a exemplo do disposto no art. 17 da Lei nº 9.784/1999 (lei sobre o processo administrativo em âmbito federal). Além disso, nos termos do art. 10, a autoridade máxima também designará a comissão de instrução, que conduzirá o processo.

É difícil compreender a opção por tal modelo em um país que possui cenários de corrupção sistêmica (cf. seção 1.6). O arranjo parece ter sido desenhado pensando apenas em episódios de pequena

---

[396] DA ROS, Luciano. Accountability legal e Corrupção. *Revista da CGU*, v. 11, n. 20, p. 1251-1275, 2019.

corrupção (cf. seção 1.3). Todavia, não foram poucos os casos recentes que indicaram o envolvimento justamente da autoridade máxima do órgão ou entidade nos esquemas de corrupção ali estruturados. Embora haja evidências de que a população brasileira enxergue a corrupção como mais disseminada entre os agentes políticos que entre a burocracia estatal (cf. seções 1.3, 1.6, 2.1 e 2.2), a opção legislativa foca a corrupção do corpo burocrático.

Essa é mais uma escolha legislativa que pressupõe excessivo otimismo quanto ao empenho da própria Administração Pública em promover o *enforcement* da política anticorrupção em seu meio. Quando diante de casos de corrupção grandiosa, não é realista que Administrações Públicas, por vezes tomadas por corrupção sistêmica (cf. seções 1.3 e 1.6), tenham empenho político e capacidade institucional para promover investigações em suas próprias esferas, notadamente por iniciativa das autoridades máximas do órgão onde ocorreu o ato lesivo, uma vez que elas podem também estar comprometidas.

O modelo adotado cria uma brecha para que autoridades que atuam em verdadeiro conluio com empresas omitam-se na instauração de processos de apuração ou, pior, decidam inaugurar o expediente apenas como uma resposta à sociedade, garantindo, depois, que as investigações sejam absolutamente inócuas por meio da indicação para a comissão de instrução de servidores sem qualificação técnica para a missão, alinhados politicamente à autoridade nomeante ou até mesmo igualmente em conluio com o esquema objeto das investigações.[397,398]

Ainda em relação à competência para instauração e julgamento, o desenho procedimental merece outras críticas. Ao criar, como regra, uma competência difusa para todos os órgãos ou entidades em que ocorram atos sancionados pela lei, o modelo acentua a característica

---

[397] Semelhantes preocupações também são expostas por Irene Patrícia Nohara e Márcio Pestana. Cf. NOHARA, Irene Patrícia. Comentários ao art. 8º. In: DI PIETRO, Maria Sylvia Zanella; MARRARA, Thiago. *Lei Anticorrupção Comentada*. 2. ed. Belo Horizonte: Fórum, 2018. p. 129; e PESTANA, Márcio. *Lei Anticorrupção*: Exame sistematizado da Lei nº 12.846/2013. Barueri: Manole, 2016. p. 102.

[398] O ordenamento jurídico até buscou diminuir o risco de influência política na composição das comissões de instrução por meio da exigência de que somente servidores públicos estáveis a integrem. A previsão está já no art. 10 do diploma em tela. Outras normas, a exemplo do Decreto regulamentador fluminense nº 46.366/2018, trazem requisitos quanto ao histórico de integridade do servidor, exigindo que não respondam e não tenham condenação em processo ético ou administrativo disciplinar, em ação de improbidade ou em processo penal por crime contra a Administração Pública (art. 12). A despeito das louváveis cautelas, não se deve perder de vista que a estabilidade ou a inexistência de infrações anteriormente identificadas não garantem nem a imparcialidade, nem a diligência na condução das investigações.

de fragmentação institucional do sistema anticorrupção brasileiro. Dificulta-se ainda mais a especialização de atuação na seara e se acentuam os problemas de coordenação para uma atuação homogênea entre todos os potenciais legitimados.

No mais, há um elemento da realidade a indicar o equívoco do desenho legislativo. Em geral, os órgãos do Poder Executivo – sejam os Ministérios em esfera federal, sejam as Secretarias, sejam os entes da Administração indireta – não possuem relevante capacidade investigatória, tanto pela ausência de *expertise* como pela limitação de recursos materiais e humanos.[399] Assim, em especial quanto a sofisticados e complexos casos de grande corrupção, parece bastante diminuta a possibilidade de que um órgão ou entidade tenha êxito em promover uma investigação interna suficientemente robusta para produzir provas em um processo administrativo punitivo.

O desenho normativo dos processos administrativos de responsabilização ignora uma importante premissa para a organização de um regime anticorrupção eficiente e efetivo: a de que os órgãos competentes para a aplicação dessas normas deveriam ser dotados de suficiente autonomia para a execução dessas tarefas (cf. seção 2.6.3).

O legislador federal ao menos buscou minorar esse problema ao criar competência concorrente para a CGU – órgão com maior capacidade institucional investigativa – para, em atos de competência da União, instaurar o PAR ou avocar os processos já instaurados, com o escopo de corrigir o andamento (art. 8º, §2º).

Em relação aos Estados e Municípios, as questões suscitadas alcançam outro patamar de complexidade.[400] De acordo com levantamento realizado em agosto de 2019, oito Estados e dezessete capitais brasileiras sequer haviam regulamentado a Lei Anticorrupção até aquele momento,[401] o que significa que tais entes públicos nem mesmo

---

[399] Naturalmente, existem evidentes exceções, como os órgãos policiais ou Controladorias, que, presume-se, são capazes de promover investigações em suas próprias esferas, quando necessário.

[400] Sobre os aspectos nacionais da Lei Anticorrupção, aplicando igualmente a Estados e Municípios, cf. CYRINO, André; MENDONÇA, José Vicente Santos de. A lei anticorrupção como lei nacional? In: CYRINO, André; MIGUEIS, Anna Carolina; PIMENTEL, Fernanda Morgan (Coord.). *Direito Administrativo e Corrupção*. Belo Horizonte: Fórum, 2020. Sobre o tema, também ANJOS, Débora Carvalho Mascarenhas dos; MATA, Paula Carolina de Oliveira Azevedo da. Considerações sobre a (in)constitucionalidade da Lei nº 12.846/2013. In: FORTINI, Cristiana. *Corrupção e seus múltiplos enfoques jurídicos*. Belo Horizonte: Fórum, 2018.

[401] Cf. *8 estados e 17 capitais ainda não regulamentaram Lei Anticorrupção*. Conjur, 29 ago. 2019. Disponível em: https://www.conjur.com.br/2019-ago-29/estados-17-capitais-nao-regulamentaram-lei-anticorrupcao. Acesso em: 11 mar. 2020.

utilizariam tal marco normativo como instrumento de possível sanção a pessoas jurídicas. Em 2021, o panorama com os Estados mantinha-se o mesmo.[402] Naturalmente, entre os Municípios que sequer são capitais, poucos são aqueles que se organizaram para aplicar a Lei Anticorrupção. No mais, todos os problemas suscitados tendem a se agravar em máquinas públicas menores e mais pessoalizadas em comparação à União.

Com o escopo de tentar reduzir o risco de captura política e de aumentar a esperada efetividade do instrumento, parece-nos que se deveria evitar a dispersão da atribuição em exame entre diversos órgãos ou entidades da Administração. A competência para instauração e julgamento de PARs deveria ser preferencialmente concentrada em um órgão dotado de melhor reputação e de mais recursos para apurar eventuais condutas sancionáveis e que gozasse, ao menos consuetudinariamente, de maior grau de autonomia no exercício de suas funções administrativas.

Contudo, não tem sido essa a opção usualmente adotada. Estados e capitais, em geral, seguem o modelo federal.[403] Concede-se competência para instrução, processamento e julgamento de PAR às autoridades máximas de todos os órgãos e entidades – além de competência concorrente para uma Controladoria local –, por vezes insuficientemente estruturadas quando comparadas à CGU. Assim, os órgãos apresentam

---

[402] Cf. LOPES, Raquel. Lei Anticorrupção completa sete anos em vigor, mas estados resistem a regulamentação. *Folha de S.Paulo*, São Paulo, 7 fev. 2021. Disponível em: https://www1.folha.uol.com.br/poder/2021/02/lei-anticorrupcao-completa-sete-anos-em-vigor-mas-estados-resistem-a-regulamentacao.shtml. Acesso em: 27 mar. 2021.

[403] Com pequenas nuances, São Paulo, Rio de Janeiro e Pernambuco, por exemplo, seguiram o modelo federal, respectivamente nos Decretos nº 60.106/2014 e 46.366/2018 e na Lei nº 16.309/2018. O Rio Grande do Sul também o fez, definindo, contudo, na Lei nº 15.228/2018, atuação conjunta entre Procuradoria-Geral do Estado e Contadoria e Auditoria-Geral do Estado, para exercício da competência concorrente, com as autoridades máximas de cada órgão ou entidade vinculadas ao Poder Executivo, do poder para instauração e julgamento de PAR. Em Minas Gerais, por meio do Decreto nº 46.782/2015, houve concentração dos poderes para instauração, processamento e julgamento de PAR em um único órgão, no caso, a Controladoria local. Naturalmente, como é próprio de uma federação, o melhor desenho institucional dependerá das circunstâncias da Administração local. Parece-nos que, em considerável parcela dos Estados brasileiros, a competência para o PAR deveria concentrar-se em atuação necessariamente conjunta da Procuradoria Geral do Estado com a Controladoria local. Em Estados em que não haja Controladoria devidamente estruturada, por se tratar de um processo administrativo, parece-nos que a atribuição deveria caber à Procuradoria-Geral do Estado, órgão com competência para atuação em questões jurídicas e usualmente já mais bem estruturado nos Estados da federação, com possibilidade de requisição de servidores de outros órgãos para composição da comissão processante, quando necessário por razões técnicas.

dificuldades técnicas e materiais para a inauguração e o processamento de PARs, sobretudo em casos complexos.

Em suma, o quadro aponta para um cenário de provável baixa efetividade do processo administrativo de responsabilização, insuficiente para produzir a necessária ameaça sancionatória, bem como de eventual sobreposição dos expedientes, especialmente no que concerne aos grandes episódios de corrupção.

4.5.2 Sancionamento administrativo por corrupção nas contratações públicas

4.5.2.1 As contratações públicas como campo fértil para a corrupção e a sobreposição de normas sancionatórias

É difícil pensar em outra atividade governamental que ofereça mais riscos ou incentivos à corrupção que as contratações públicas.[404] Pelos costumeiros escândalos e em razão dos altos valores envolvidos, o sancionamento administrativo nesse campo merece abordagem mais detalhada.

Não se trata de um problema apenas brasileiro. De acordo com estudo realizado no âmbito da União Europeia, citado por Bernard Caillaud e Ariane Lambert-Mogiliansky, as perdas sociais em razão de corrupção nos projetos públicos equivalem ao montante médio de 29% do valor do projeto em construções urbanas, 20% em rodovias e ferrovias e 16% em saneamento básico.[405] Já a Transparência Internacional estima que a corrupção pode aumentar o custo dos projetos licitados em até

---

[404] No mesmo sentido, TRANSPARENCY INTERNATIONAL. *Curbing corruption in public procurement* – a practical guide, p. 8. Disponível em: http://www.transparency.org/whatwedo/publication/curbing_corruption_in_public_procurement_a_practical_guide. Acesso em: 18 set. 2019. Também CARVALHO, Victor Aguiar de. Corrupção nas contratações públicas: dois instrumentos analíticos para a detecção de indevidos incentivos. *Revista Eletrônica da PGE-RJ*, v. 01, n. 2, 2018. Disponível em: https://revistaeletronica.pge.rj.gov.br:4432/comum/code/MostrarArquivo.php?C=MTI4. Acesso em: 22 jan. 2020; LAMBERT-MOGILIANSKY, Ariane. Corruption and collusion: strategic complements in procurement. *In*: ROSE-ACKERMAN, Susan; SØREIDE, Tina. *International Handbook on the Economics of Corruption, Volume Two*. Cheltenham: Edward Elgar Publishing Limited, 2011; e OCDE. *Collusion and Corruption in Public Procurement*. 2010. Disponível em: http://www.oecd.org/daf/competition/cartels/46235884.pdf. Acesso em: 15 mar. 2020.
[405] CAILLAUD, Bernard; LAMBERT-MOGILIANSKY, Ariane. Accountability in Complex Procurement Tenders. *PSE Working Papers*, n. 2017-24, p. 2, 2017.

50% do valor.[406] Em projeção mais modesta, embora tão grave quanto, a OCDE acredita que de 20% a 25% do valor dos contratos públicos licitados seja perdido para a corrupção.[407]

O elevado risco de corrupção em contratações públicas acaba por dar azo à sobreposição de diversas normas nessa seara. O art. 5º, IV, da Lei nº 12.846/2013 prevê uma série de atos lesivos passíveis de sancionamento nesse meio. Todavia, antes mesmo da publicação da dita Lei Anticorrupção, diplomas específicos sobre licitações e contratos, notadamente as Leis nº 8.666/1993, 10.520/2002 e 12.462/2011 – que atualmente foram substituídas pela Lei nº 14.133/2021 –, também dispunham sobre punições a incidir em razão de ilícitos licitatórios ou contratuais, que não raras vezes estão conectados com atos de corrupção.

Naturalmente, há diferenças entre as previsões sancionatórias estabelecidas nos distintos diplomas. A Lei nº 12.846/2013, em seu art. 6º, cominou sanções administrativas, incidentes pela prática de atos lesivos previstos no art. 5º, apenas a multa e a publicação extraordinária da decisão condenatória. Já a Lei nº 14.133/2021, em seus arts. 155 e 156, possui um maior leque de sanções administrativas para infrações contratuais, englobando hipóteses de incidência que vão além da corrupção, mesmo em seu sentido amplo (cf. seção 1.2).[408] Em

---

[406] Cf. TRANSPARENCY INTERNATIONAL. *Public Procurement*. Disponível em: http://www.transparency.org/topic/detail/public_procurement. Acesso em: 8 jun. 2020.

[407] OCDE. *Implementing the OECD Principles for Integrity in Public Procurement*: Progress since 2008, p. 21. Disponível em: http://www.oecd-ilibrary.org/governance/implementing-the-oecd-principles-for-integrity-in-public-procurement_9789264201385-e. Acesso em: 8 jun. 2020.

[408] A Lei nº 8.666/1993, em seus arts. 86 a 88, também possuía um amplo leque de sanções administrativas para infrações contratuais, englobando hipóteses de incidência que iam além da corrupção, mesmo sem seu sentido amplo (cf. seção 1.2). Em relação mais especificamente à integridade pública, o referido diploma, em seu art. 88, previa que, caso um contratado houvesse sofrido condenação definitiva por praticar fraude fiscal, por meios dolosos, no recolhimento de quaisquer tributos; tivesse praticado atos ilícitos visando a frustrar os objetivos da licitação; ou demonstrasse não possuir idoneidade para contratar com a Administração em virtude de atos ilícitos praticados, poderia ser excluído de participar do procedimento de contratação, seja pela sua suspensão temporária de participação em licitação e impedimento de contratar, seja pela declaração de inidoneidade para licitar ou contratar com a Administração Pública. Já as Leis nº 10.520/2002 e 12.462/2011, antes de serem revogadas pela Lei nº 14.133/2021, eram mais modestas em suas previsões sancionatórias, recorrendo quando necessário às disposições da lei geral. A primeira, que versava sobre os pregões, em seu art. 7º, dispunha sobre o descredenciamento e sobre o impedimento para licitar e contratar, que poderia incidir sobre aquele que cometesse uma série de ilícitos lá previstos, inclusive alguns atinentes a violações à integridade pública, como apresentar documentação falsa, fraudar a execução do contrato, comportar-se de modo inidôneo ou cometer fraude fiscal. A segunda, que tratava do regime diferenciado de contratações, limitava-se a trazer hipóteses próprias em que o licitante poderia ficar impedido de licitar com a Administração Pública, pelo prazo de até cinco anos. Entre as infrações sancionáveis

relação mais especificamente a condutas violadoras da integridade pública, tal diploma prevê, nos incisos de seu art. 155, que constituem infrações administrativas: apresentar declarações ou documentação falsa exigida para o certame ou prestar declaração falsa durante a licitação ou a execução do contrato (VIII); fraudar a licitação ou praticar ato fraudulento na execução do contrato (IX); comportar-se de modo inidôneo ou cometer fraude de qualquer natureza (X); praticar atos ilícitos com vistas a frustrar os objetivos da licitação (XI); e praticar ato lesivo previsto justamente no art. 5º da Lei nº 12.846/2013 (XII). Nos termos do art. 156, §5º, essas condutas são aptas a ensejar a sanção de declaração de inidoneidade para licitar ou contratar.

Nesse passo, a Lei nº 14.133/2021 indica expressamente que as sanções de exclusão de participação no procedimento são as punições administrativas típicas para contratados que se envolvam em comprovados episódios de violação à integridade. Em verdade, ainda quando do império da Lei nº 8.666/1993, as normas gerais de licitações e contratos já sinalizavam que as sanções de exclusão deveriam ser as punições aplicadas aos contratados que incorressem em atos lesivos da espécie.[409] Reforçando esse entendimento, o art. 46 da Lei nº 8.443/1992 também já dispunha que o TCU, ao verificar a ocorrência de fraude comprovada à licitação, declararia a inidoneidade do licitante fraudador para participar, por até cinco anos, de licitação na Administração Pública Federal.

Na Lei nº 14.133/2021, estabeleceu-se que constitui infração administrativa na seara das licitações e dos contratos a prática de ato lesivo previsto no art. 5º da Lei nº 12.846/2013. Anteriormente, o art. 30, II, da Lei nº 12.846/2013, em sua literalidade, já dispunha sobre uma espécie de concurso de responsabilização administrativa por diferentes atos normativos, assentando que a aplicação de sanções previstas na

---

descritas no art. 47 figuravam fraudar a licitação ou praticar atos fraudulentos na execução do contrato; e comportar-se de modo inidôneo ou cometer fraude fiscal. O §2º do mesmo dispositivo apontava que se aplicariam, ainda, as demais sanções administrativas e penais previstas na antiga Lei nº 8.666/1993. Atualmente, com a revogação das Leis nº 10.520/2002 e nº 12.462/2011 pela Lei nº 14.133/2021 (art. 193, II) e a incorporação de algumas de suas normativas nesse diploma, o regime de sanção foi unificado.

[409] Com efeito, como visto anteriormente, no art. 88 da Lei nº 8.666/1993, o referido diploma previa que, caso um contratado tivesse praticado atos ilícitos visando frustrar os objetivos da licitação ou demonstrasse não possuir idoneidade para contratar com a Administração em virtude de atos ilícitos praticados, poderia ser excluído de participar do procedimento de contratação, seja pela sua suspensão temporária de participação em licitação e impedimento de contratar, seja pela declaração de inidoneidade para licitar ou contratar com a Administração Pública.

Lei Anticorrupção não afeta a responsabilização decorrente das normas sobre licitações e contratos.

O ponto é especialmente importante em razão de a Lei Anticorrupção não prever, em seu texto, a exclusão de participação de procedimentos de contratação pública como uma espécie de sanção administrativa. Com a Lei nº 14.133/2021, o cometimento de um ato lesivo definido no art. 5º da Lei nº 12.846/2013 passa a configurar também uma infração administrativa relacionada à contratação pública, passível de ensejar, inclusive, eventual impedimento de licitar e contratar ou a declaração de inidoneidade.

4.5.2.2 A exclusão de participação nos procedimentos como instrumento de reforço da política anticorrupção e a necessária possibilidade de autossaneamento empresarial

Embora não estejam previstas como sanções no próprio corpo da Lei Anticorrupção brasileira, medidas para exclusão de participação em compras e contratações públicas (como são os casos do "impedimento de licitar e contratar" e da "declaração de inidoneidade", presentes na Lei nº 14.133/2021) consolidaram-se gradativamente ao redor do mundo como típicos instrumentos de resposta a episódios de corrupção em compras e contratações públicas.[410] O Banco Mundial, em relação a seus financiamentos, além de países como Estados Unidos[411] e os da União Europeia, utilizam essas medidas como mecanismos anticorrupção, embora com diferentes nuances.[412]

---

[410] Para sucinta evolução histórica de medidas de exclusão em contratações públicas, cf. AURIOL, Emmanuelle; SØREIDE, Tina. An economic analysis of debarment. *International Review of Law and Economics*, v. 50, p. 36-47, 2017.

[411] Para uma comparação entre os sistemas adotados pelo Banco Mundial e pelos Estados Unidos, cf. DUBOIS, Pascale Helene. Domestic and International Administrative Tools to Combat Fraud & Corruption: A Comparison of US Suspension and Debarment with the World Bank's Sanctions System. *University of Chicago Legal Forum*, p. 195-236, 2012; e CASTELLANO, Nathaniel E. Suspensions, debarments, and sanctions: a comparative guide to United States and World Bank exclusion mechanisms. *Public Contract Law Journal*, v. 45, n. 3, mar. 2016.

[412] Embora as medidas de exclusão sejam consideradas como uma resposta à ameaça de corrupção nas contratações, a aplicação do instrumento ao redor do mundo não parece seguir nenhum padrão definido, havendo peculiaridades em diferentes países. Para uma análise comparativa sobre as diferentes questões enfrentadas em países distintos, cf. WILLIAMS-ELEGBE, Sope. *Fighting Corruption in Public Procurement*: A Comparative Analysis of Disqualification or Debarment Measures. Oxford: Hart Publishing, 2012.

Por sua extrema gravidade, a exclusão de participação em compras e contratações públicas é considerada uma das mais fortes medidas de dissuasão a futuros malfeitos, sendo, assim, um dos mais relevantes instrumentos a serem manejados na seara anticorrupção.[413] Em muitos casos, a exclusão do mercado de contratações públicas representa uma verdadeira pena de morte para a empresa,[414] seja pela impossibilidade de fazer negócios com aquele que é seu principal cliente – quando não único –, seja pelo alto custo reputacional[415] que pode ocasionar para a companhia. Tanto é verdade que afastar o risco de declaração de inidoneidade parece ser, por fim, a grande motivação para empresas ainda celebrarem acordos de leniência no Brasil, a despeito de todas as deficiências de regramento do instituto no Brasil (cf. Capítulo 6).

No entanto, há também efeitos potencialmente adversos advindos do instrumento, suscitando verdadeiros *trade-offs* para o Poder Público, os quais precisam ser adequadamente administrados.[416] Afinal, quanto maior for o número de atores econômicos excluídos, menor será a concorrência em um determinado mercado.[417] Assim: (i) os preços praticados podem se tornar maiores, já que haverá menos participantes habilitados para disputar o mercado; (ii) o risco de formação de cartéis também aumenta, haja vista que mais baixo se torna o custo de negociação do acordo de colusão;[418] (iii) existe o risco de que os únicos fornecedores de determinado bem ou serviço no mercado sejam justamente aqueles mesmos atores econômicos que devem ser excluídos.

---

[413] Nesse sentido, cf. UNODC. *Guidebook on anti-corruption in public procurement and the management of public finances*, p. 25. Disponível em: https://www.unodc.org/documents/corruption/ Publications/2013/Guidebook_on_anti-corruption_in_public_procurement_and_the_management_of_public_ finances.pdf. Acesso em: 29 mar. 2020.

[414] MARQUES NETO, Floriano de Azevedo. Pena de morte e responsabilidade das empresas. *Valor Econômico*, Rio de Janeiro, 30 jul. 2015. Disponível em: https://valor.globo.com/legislacao/noticia/2015/07/30/pena-de-morte-e-responsabilidade-das-empresas.ghtml. Acesso em: 10 out. 2020; WILLIAMS-ELEGBE, Sope. *Fighting Corruption in Public Procurement*: A Comparative Analysis of Disqualification or Debarment Measures. Oxford: Hart Publishing, 2012. p. 62.

[415] WILLIAMS-ELEGBE. Op. cit. p. 34.

[416] Tratando dos *trade-offs* a serem ponderados na utilização de mecanismos de exclusão, cf. AURIOL, Emmanuelle; SØREIDE, Tina. An economic analysis of debarment. *International Review of Law and Economics*, v. 50, p. 37, 2017.

[417] Em semelhante sentido, sobre o conflito entre benefícios e custos associados às medidas de exclusão, cf. AURIOL, Emmanuelle; HJELMENG, Erling; SØREIDE, Tina. Deterring Corruption and Cartels: In Search of a Coherent Approach. *Concurrences*, n. 1, p. 4, 2017.

[418] Acerca da maior facilidade para a formação de cartéis em ambientes pouco competitivos, cf. CARVALHO, Victor Aguiar de. *Cartéis em licitações*: concorrência, incentivos e prevenção aos conluios nas contratações públicas. Rio de Janeiro: Lumen Juris, 2018. p. 23-40, 86-87.

Na experiência internacional, observa-se a aplicação de medidas de exclusão de forma discricionária ou vinculada.[419] Quando discricionárias, a autoridade competente para tanto poderá decidir pela conveniência e oportunidade de aplicá-las em desfavor do infrator. Era o caso da Lei nº 8.666/1993, que se valia do verbo "poderá" em seus arts. 87 e 88, a indicar que as sanções de suspensão temporária ou de declaração de inidoneidade seriam apenas opções, no leque à disposição da Administração, a serem aplicadas à luz da proporcionalidade.

Já quando vinculadas, a norma jurídica determina a imposição da medida quando há subsunção dos fatos infracionais cometidos àquela previsão normativa. Naturalmente, poderá subsistir algum grau de liberdade em relação à aplicação da medida, a exemplo da determinação de sua extensão temporal. O art. 46 da Lei nº 8.443/1992 é um caso de aplicação vinculada, uma vez que dispõe que o TCU declarará a inidoneidade do licitante quando verificada a ocorrência de fraude à licitação.

Na redação da Lei nº 8.666/1993 utilizava-se o verbo "poderá" nos arts. 87 e 88 da lei, indicando que as sanções de suspensão temporária ou de declaração de inidoneidade eram apenas opções dentro do leque à disposição da Administração, a serem aplicadas à luz da proporcionalidade. No entanto, na Lei nº 14.133/2021 são utilizados os verbos "será" e "serão", respectivamente nos arts. 155 e 156, o que denota, a princípio, que a aplicação dessas sanções seria uma decorrência impositiva ao gestor público caso sejam praticadas determinadas infrações administrativas.

De fato, entendemos que a Lei nº 14.133/2021 reduz consideravelmente a discricionariedade sancionatória da Administração ao prever, no art. 156, as hipóteses de incidência vinculada de cada uma das sanções. De toda sorte, o novo diploma preserva certo campo de manifestação do juízo de proporcionalidade ao dispor, no §1º do art. 156, que alguns elementos, como a implantação ou o aperfeiçoamento de programas de integridade, as peculiaridades do caso concreto, as circunstâncias agravantes ou atenuantes e a magnitude dos danos provocados, deverão ser considerados na aplicação das sanções.

Adaptando a classificação originalmente adotada por Sope Williams-Elegbe,[420] a exclusão em procedimentos de compras e contra-

---

[419] Sobre o tema, cf. WILLIAMS-ELEGBE, Sope. *Fighting Corruption in Public Procurement*: A Comparative Analysis of Disqualification or Debarment Measures. Oxford: Hart Publishing, 2012. p. 32-33.
[420] Cf. Ibid. p. 33-34.

tações públicas pode apresentar três diferentes motivações, a depender do bem jurídico que o legislador almeja proteger: a) finalidade punitiva; b) finalidade protetiva; e c) finalidade de reforço de uma política estatal. Naturalmente, tais objetivos a serem alcançados não são excludentes entre si. A classificação refere-se à ênfase teleológica de cada medida, o que não significa que também não produza efeitos em relação aos demais fins.

A finalidade punitiva das medidas de exclusão concerne ao uso do instrumento como sanção imposta àqueles que cometeram determinados ilícitos. O fim é meramente retributivo. Impõe-se a sanção em razão de uma conduta perpetrada no passado, sem consideração sobre o padrão de integridade contemporaneamente adotado pelo sancionado. Não é relevante, nessa hipótese, se as empresas já adotaram medidas para responder aos malfeitos perpetrados antes mesmo da incidência punitiva. A exclusão é uma pena aplicada sobre a pessoa jurídica.[421]

Na Lei nº 14.133/2021, adotou-se notadamente uma finalidade punitiva, embora temperada. Nos termos dos §§4º e 5º do art. 156, as sanções de exclusão, a princípio, deveriam ser impostas quando configuradas determinadas infrações, como fraudar a licitação ou comportar-se de modo inidôneo no procedimento. Ou seja, são as punições que incidem, de forma vinculada, quando configurado aquele quadro fático.

A finalidade protetiva corresponde ao uso do instrumento em exame para garantir a integridade dos procedimentos, evitando que o governo venha a celebrar contratos com maus fornecedores e, assim, desperdice recursos públicos.[422] O instrumento não apresenta caráter punitivo, devendo ser imposto apenas aos potenciais fornecedores que apresentem risco para a Administração Pública, uma vez que não seria de interesse público celebrar negócios jurídicos com aquelas pessoas de direito privado.[423]

Nos Estados Unidos, as medidas de exclusão previstas no *Federal Acquisition Regulations* (FAR) apresentam escopo notadamente

---

[421] Em semelhante sentido, WILLIAMS-ELEGBE, Sope. The implications of negotiated settlements for debarment in public procurement: a preliminary enquiry. *In*: MAKINWA, Abiola; SØREIDE, Tina. *Negotiated Settlements in Bribery Cases*: A Principled Approach. Northampton: Edward Elgar, 2020. p. 71.

[422] Ibid. p. 34.

[423] WILLIAMS-ELEGBE, Sope. The implications of negotiated settlements for debarment in public procurement: a preliminary enquiry. *In*: MAKINWA, Abiola; SØREIDE, Tina. *Negotiated Settlements in Bribery Cases*: A Principled Approach. Northampton: Edward Elgar, 2020. p. 70.

protetivo.[424,425] As normas desse País exigem que contratos sejam concedidos apenas a potenciais contratantes "responsáveis".[426] Assim, potenciais fornecedores podem ser excluídos tanto em razão de violações éticas ou da juridicidade sem qualquer relação com contratações públicas (a exemplo de uma condenação por violação ao direito da concorrência ou por ilícitos fiscais) como por ilícitos cometidos em contratações públicas das quais tenham participado anteriormente.[427,428]

O sistema norte-americano se preocupa especialmente com a situação atual do potencial licitante, já que a situação corrente de "responsabilidade" é o principal fator para autorizar ou não sua participação.[429] Se o licitante puder demonstrar que, no momento de um novo procedimento, já é suficientemente "responsável" para contratar com o governo estadunidense, poderá se reabilitar e não será excluído, independentemente de seus atos passados.[430]

O Brasil encampava a finalidade simplesmente protetiva das medidas de exclusão no art. 88 da Lei nº 8.666/1993. Naquele dispositivo, discorria-se sobre a possibilidade de suspensão temporária ou de declaração de inidoneidade a quem, em oportunidade prévia, tivesse praticado determinados ilícitos ou demonstrasse não possuir idoneidade para contratar com o Poder Público. Na Lei nº 14.133/2021, a finalidade protetiva parece ter sido adotada apenas no art. 155, XII, que estabelece que a prática de ato lesivo previsto na Lei nº 12.846/2013 também representa uma infração administrativa para fins daquela lei, a permitir a declaração de inidoneidade (art. 156, §5º). De fato, o referido dispositivo é o que mais se assemelha, no novo diploma, ao antigo art. 88 da Lei nº 8.666/1993.

---

[424] WILLIAMS-ELEGBE, Sope. *Fighting Corruption in Public Procurement*: A Comparative Analysis of Disqualification or Debarment Measures. Oxford: Hart Publishing, 2012. p. 61.

[425] Cf. FAR 9.402 (b). Em tradução livre, a norma afirma que "A natureza gravosa do impedimento e da suspensão exige que essas sanções sejam impostas apenas de acordo com o interesse público para a proteção do Governo, e não para fins de punição".

[426] Cf. FAR 9.402 (a).

[427] Cf. WILLIAMS-ELEGBE, Sope. *Fighting Corruption in Public Procurement*: A Comparative Analysis of Disqualification or Debarment Measures. Oxford: Hart Publishing, 2012. p. 60-61.

[428] Para as hipóteses de impedimento na legislação estadunidense, cf. FAR 9.406-2.

[429] CASTELLANO, Nathaniel. Suspensions, Debarments, and Sanctions: A Comparative Guide to United States and World Bank Exclusion Mechanisms. *Public Contract Law Journal*, v. 45, n. 3, p. 434, 2016.

[430] Sobre os procedimentos para eventual aplicação de *suspension* e *debarment* nos Estados Unidos, cf. CASTELLANO. Op. cit. p. 407, 413-416.

Por fim, as medidas de exclusão podem apresentar motivação de reforço a uma política estatal. Nesse caso, as medidas de exclusão, por sua gravidade, servem como sinalização da intolerância do Poder Público a determinadas condutas, como as de corrupção e fraude à licitação.[431] A União Europeia, no art. 57 da Diretiva 2014/24/EU do Parlamento Europeu e do Conselho, relativa aos contratos públicos, é um exemplo de finalidade protetiva e de reforço a políticas estatais para a exclusão.[432] Para corroborar as políticas do bloco contra a corrupção e outros crimes de relevante impacto, determina-se que as autoridades adjudicantes devem excluir um operador econômico de procedimentos de contratação pública quando este for condenado, em decisão transitada em julgado, por participação em organização criminosa, corrupção, fraude financeira, infrações terroristas e lavagem de dinheiro, entre outros ilícitos.[433] Trata-se de um ato vinculado. Assim como na União Europeia, nos Estados Unidos a finalidade política também se faz presente, conforme as lições de Sope Williams-Elegbe, mediante a intenção de contratar apenas parceiros "responsáveis", com o escopo de manter a confiança pública no sistema de licitações e contratos, reforçando a política anticorrupção norte-americana.[434]

O Brasil só passou a incorporar o uso das medidas de exclusão como reforço da política anticorrupção estatal com o advento da Lei nº 14.133/2021, que assenta, em seu art. 155, XII, que a prática de ato lesivo previsto na Lei nº 12.846/2013 será considerada também infração administrativa pelas normas gerais de licitações e contratos.[435] Antes, o ordenamento jurídico brasileiro carecia desse tradicional uso – que ocorre no exterior – das medidas de exclusão como símbolo de reforço de sua política anticorrupção.

---

[431] Cf. WILLIAMS-ELEGBE, Sope. The implications of negotiated settlements for debarment in public procurement: a preliminary enquiry. *In*: MAKINWA, Abiola; SØREIDE, Tina. *Negotiated Settlements in Bribery Cases*: A Principled Approach. Northampton: Edward Elgar, 2020. p. 77.

[432] Cf. WILLIAMS-ELEGBE, Sope. *Fighting Corruption in Public Procurement*: A Comparative Analysis of Disqualification or Debarment Measures. Oxford: Hart Publishing, 2012. p. 46. Embora ainda pautando-se na Diretiva anterior, Sope Williams-Elegbe sustenta que as medidas de exclusão na União Europeia apresentam a finalidade protetiva e de política, não tendo intenção punitiva.

[433] Art. 57 (1) e (2) da Diretiva 2014/24/EU do Parlamento Europeu e do Conselho.

[434] WILLIAMS-ELEGBE, Sope. *Fighting Corruption in Public Procurement*: A Comparative Analysis of Disqualification or Debarment Measures. Oxford: Hart Publishing, 2012. p. 61.

[435] CARVALHO, Victor Aguiar de. Declaração de inidoneidade por ato lesivo previsto na Lei Anticorrupção. *Jota*, 26 fev. 2021. Disponível em: https://www.jota.info/opiniao-e-analise/artigos/declaracao-de-inidoneidade-por-ato-lesivo-previsto-na-lei-anticorrupcao-26022021. Acesso em: 27 fev. 2021.

Ainda é difícil prever quais serão os novos entendimentos administrativos e jurisprudenciais concernentes à aplicação de medidas de exclusão no Brasil, nos termos da Lei nº 14.133/2021. No entanto, antes de seu surgimento, o manejo dessas sanções enfrentava duas manifestas dificuldades: a inconsistência e a imprevisibilidade.[436]

A aposta em medidas de exclusão como ferramenta de dissuasão da corrupção decorre da crença de que serão consequências jurídicas de fato impostas aos infratores quando ocorre um caso grave.[437] Todavia, a realidade não é exatamente essa. Como relatam Emmanuelle Auriol e Tina Søreide,[438] em uma amostra de 427 casos em países da OCDE relacionados ao pagamento de propinas em contratações públicas, apenas dois resultaram em exclusão dos licitantes.[439]

Entre nós, a imposição dessas sanções também não ocorria de forma consistente. Sob a égide da Lei nº 8.666/1993, a previsão normativa para a imposição ou não das medidas em exame, em juízo discricionário de gestores públicos, levava à aplicação das referidas sanções com menor frequência do que se poderia imaginar, mesmo nos casos graves.

Um dos desafios a minar o instrumento refere-se justamente aos potenciais impactos concorrenciais, como antes assinalado. Em diversos mercados, pela existência de um diminuto número de fornecedores, a Administração pode ter dificuldades em excluir determinados agentes econômicos, a despeito de condutas duvidosas que tenham cometido no passado, em razão do potencial prejuízo ao interesse público, que adviria do afastamento de tal ator do mercado.[440] Afinal, em um quadro de corrupção sistêmica, há risco real de que os poucos fornecedores

---

[436] Esses desafios relacionados à utilização de medidas de exclusão não são apenas brasileiros, mas, sim, em verdade, comuns a diversas jurisdições. Sobre o ponto, cf. AURIOL, Emmanuelle; SØREIDE, Tina. An economic analysis of debarment. *International Review of Law and Economics*, v. 50, p. 38-39, 2017; e AURIOL, Emmanuelle; HJELMENG, Erling; SØREIDE, Tina. Deterring Corruption and Cartels: In Search of a Coherent Approach. *Concurrences*, n. 1, 2017, p. 28-29.

[437] Cf. AURIOL; SØREIDE. Op. cit. p. 38.

[438] Idem.

[439] Cf. OCDE. *OECD Foreign Bribery Report*: An Analysis of the Crime of Bribery of Foreign Public Officials. Paris: OECD Publishing, 2014. p. 35.

[440] Sobre as sanções de exclusão nas contratações públicas e o seu potencial concorrencial, cf. AURIOL, Emmanuelle; HJELMENG, Erling; SØREIDE, Tina. Deterring Corruption and Cartels: In Search of a Coherent Approach. *Concurrences*, n. 1, p. 4-5, 2017; e AURIOL, Emmanuelle; SØREIDE, Tina. An economic analysis of debarment. *International Review of Law and Economics*, v. 50, p. 37-38, 2017.

de um segmento estejam, todos, simultaneamente envolvidos em um caso de corrupção.[441]

Considere, a título exemplificativo, o serviço de fornecimento de alimentação para unidades prisionais. Em geral, há poucas empresas com experiência e escala suficiente para o fornecimento diário de "marmitas" aos detentos. A exclusão de algumas delas do mercado, por terem incorrido, por exemplo, em conluio para repartir o mercado, poderia levar a dificuldades no fornecimento de tal prestação, que é essencial. Situação semelhante ocorreu no Brasil em relação a grandes empresas de construção civil envolvidas nos episódios desvendados pela Operação Lava Jato. Se todas as que concorreram em ilícitos tivessem sofrido medidas de exclusão, poderia haver transtorno para a continuidade de obras de infraestrutura imprescindíveis de serem executadas.

A inconsistência na aplicação das medidas de exclusão leva à segunda dificuldade no manejo do instituto: a imprevisibilidade. Como a imposição de tais medidas era, no mais das vezes, uma decisão discricionária da Administração, que sopesa inclusive os potenciais impactos concorrenciais no mercado, não havia suficiente previsibilidade acerca de quais condutas delitivas terão como consequência a exclusão do mercado. Ora, para que as medidas de exclusão tenham de fato o relevante efeito anticorrupção que delas se espera, há que ter maior previsibilidade quanto à sua aplicação, até mesmo para levar à percepção pública que ilícitos gravíssimos praticados receberam a merecida justiça.[442]

Esse cenário de inconsistência e imprevisibilidade sancionatória pôde ser atenuado com a Lei nº 14.133/2021, que prevê, conforme §§4º e 5º do art. 156, hipóteses de que as sanções em exame deveriam ser aplicadas, inclusive quando do cometimento de atos lesivos definidos no art. 5º da Lei nº 12.846/2013.

---

[441] Não é raro que episódios de corrupção em contratações públicas estejam associados a cartéis, com os potenciais concorrentes, em conluio, apresentando propostas de cobertura, meramente fictícias, como mecanismo de colaboração no acordo de corrupção. Para análise mais detida, cf. CARVALHO, Victor Aguiar de. *Cartéis em licitações*: concorrência, incentivos e prevenção aos conluios nas contratações públicas. Rio de Janeiro: Lumen Juris, 2018. p. 10-17; e SONIN, Konstantin; LAMBERT-MOGILIANSKY, Ariane. Collusive Market Sharing and Corruption in Procurement. *Journal of Economics & Management Strategy*, v. 15, n. 4, p. 883-884, 2006.

[442] Cf. SØREIDE, Tina. *Corruption and Criminal Justice*. Cheltenham: Edward Elgar, 2016. p. 107.

Todavia, considerando a gravidade das medidas de exclusão para os negócios de empresas, seu manejo pela Administração deveria necessariamente vir acompanhado de remédios jurídicos que possibilitassem afastar sua aplicação, salvaguardando a atividade empresarial, quando cabível.[443] Afinal, a proteção à integridade pública não é a única finalidade de interesse público a ser promovida. A preservação das atividades empresariais, com o escopo de evitar prejuízos sociais advindos da persecução à corrupção, também é um objetivo público a ser tutelado pelo Estado[444] (cf. seções 2.6.1 e 6.2.3). Não nos referimos, aqui, à reabilitação futura do particular sancionado, nos termos previstos no art. 163 da Lei nº 14.133/2021,[445] e sim a um procedimento que permitisse que sanção tão gravosa sequer fosse aplicada.[446]

Nos Estados Unidos, de forma coerente com a lógica preventiva de verificação da "responsabilidade" contemporânea do contratado, admite-se o denominado *"corporate self-cleaning"*, possibilitando que a

---

[443] CARVALHO, Victor Aguiar de. Regime sancionatório da nova Lei de Licitações e autossaneamento dos infratores. *Jota*, 16 fev. 2021. Disponível em: https://www.jota.info/opiniao-e-analise/artigos/regime-sancionatorio-da-nova-lei-de-licitacoes-e-autossaneamento-dos-infratores-16022021. Acesso em: 27 fev. 2021.

[444] Em semelhante sentido, cf. WILLIAMS-ELEGBE, Sope. The implications of negotiated settlements for debarment in public procurement: a preliminary enquiry. In: MAKINWA, Abiola; SØREIDE, Tina. *Negotiated Settlements in Bribery Cases*: A Principled Approach. Northampton: Edward Elgar, 2020. p. 86.

[445] O art. 163 da Lei nº 14.133/2021 trouxe a possibilidade de reabilitação do licitante ou contratado perante a própria autoridade que aplicou a penalidade, desde que cumpridos determinados requisitos, quais sejam, a reparação integral do dano causado à Administração Pública; o pagamento de multa; o transcurso do prazo mínimo de 1 (um) ano da aplicação da penalidade, no caso de impedimento de licitar e contratar, ou de 3 (três) anos no caso de declaração de inidoneidade; o cumprimento das condições de reabilitação definidas no ato punitivo e a análise jurídica prévia, com posicionamento conclusivo quanto ao cumprimento desses requisitos. Ainda, como requisito específico para aquele que apresenta declaração ou documentação falsa exigida para o certame ou presta declaração falsa durante a licitação ou a execução do contrato e também para o caso de prática de ato lesivo previsto no art. 5º da Lei nº 12.846/2013, a Lei de Licitações exige a implantação ou aperfeiçoamento de programa de integridade pelo responsável.

[446] A Lei nº 12.846/2013 dispõe, em seu art. 17, que acordos de leniência celebrados podem ter como objeto também a isenção ou a atenuação de possíveis sanções decorrentes dos arts. 86 a 88 da Lei nº 8.666/1993. A despeito da aparente atecnia de não mencionar outros diplomas que também previam sanções administrativas em contratações públicas, entendemos que, como medida protetiva ao colaborador, cabe interpretação extensiva, a possibilidade o afastamento de medidas de exclusão também oriundas de outras normas. No mesmo sentido, PEREIRA, Cesar A. Guimarães; SCHWIND, Rafael Wallbach. Autossaneamento (*self-cleaning*) e reabilitação de empresas no direito brasileiro anticorrupção. *Informativo Justen, Pereira, Oliveira e Talamini*, Curitiba, n. 102, p. 14, ago. 2015. Disponível em: www.justen.com.br/informativo. Acesso em: 10 out. 2020. Assim, na hipótese de eventual celebração de acordo de leniência por atos de corrupção, as sanções previstas na Lei nº 14.133/2021 poderão ser afastadas.

empresa infratora demonstre que aprimorou seus sistemas de controles internos e adotou as correções apropriadas para que malfeitos não venham a ocorrer novamente.[447] O FAR dispõe que a empresa pode evitar as medidas de exclusão demonstrando a adoção dos passos para remediar os malfeitos perpetrados, notadamente se tinha padrões de conduta e de controle interno à época dos eventos ou se os adotou antes de qualquer investigação governamental; se informou às autoridades oportunamente o evento ilícito e cooperou com o Poder Público para o deslinde dos fatos; se pagou ou concordou em pagar as devidas sanções criminais, civis e administrativas pela atividade imprópria; se adotou as medidas disciplinares em relação aos indivíduos envolvidos; entre outras ações.[448]

Na União Europeia, o item 6 do art. 57 da Diretiva 2014/24/EU incorporou ao direito comunitário conceito semelhante à ideia de "responsabilidade" do contratado, oriunda do direito norte-americano, aduzindo que qualquer ator econômico pode "fornecer provas de que as medidas por si tomadas são suficientes para demonstrar sua fiabilidade não obstante a existência de uma importante causa de exclusão", sendo certo que, se esses elementos forem considerados suficientes, "o operador econômico em causa não é excluído do procedimento de contratação". Para tanto, o agente econômico deve demonstrar que ressarciu ou que tomou medidas para ressarcir eventuais danos causados, colaborou ativamente com as autoridades para esclarecer os fatos, além de ter tomado medidas concretas e adequadas para evitar a repetição de infrações da espécie.

Cesar Pereira e Rafael Wallbach Schwind sustentavam que a lógica de autossaneamento não seria estranha ao direito brasileiro. Ao tratarem da declaração de inidoneidade, anteriormente prevista no art. 87, IV, da Lei nº 8.666/1993, afirmaram que esse artigo já admitia que a sanção incidisse "enquanto perdurarem os motivos determinantes da punição", a permitir a interpretação de que "a adoção de instrumentos de correção futura da estrutura do fornecedor punido corresponderia

---

[447] BEDNAR, Richard J.; STYLES, Angela B.; MCDOWELL, Jull. United States. *In*: PÜNDER, Hermann; PRIEß, Hans-Joachim; ARROWSMITH, Sue. *Self-Cleaning in Public Procurement Law*. Berlim: Heymanns Verlag, 2009. p. 158.

[448] FAR 9.406-1. Sobre o self-cleaning no direito estadunidense, cf. PEREIRA, Cesar; SCHWIND, Rafael Wallbach. Autossaneamento (*self-cleaning*), inidoneidade e suspensão do direito de licitar: lições do direito europeu e norte-americano. *Fórum de Contratação e Gestão Pública – FCGP*, ano 14, n. 165, p. 27-28, set. 2015; BEDNAR; STYLES; MCDOWELL. Op. cit. p. 157-185; e WILLIAMS-ELEGBE, Sope. *Fighting Corruption in Public Procurement*: A Comparative Analysis of Disqualification or Debarment Measures. Oxford: Hart Publishing, 2012. p. 268-269.

à supressão dos motivos que ensejaram a aplicação da medida".[449] Em suas palavras:

> Visto o dispositivo sob o ângulo do autossaneamento, percebe-se que o único sentido possível da expressão contida no inc. IV é o de possibilitar a extinção da medida tão logo o fornecedor tenha condições de provar que a ilicitude praticada não tem a possibilidade de se repetir. Caso a regra se voltasse apenas para o passado, a expressão não teria sentido: os motivos que justificaram a inidoneidade (a conduta irregular) nunca deixarão de existir. O que poderá desaparecer é o risco que a contratação do referido fornecedor pode oferecer à Administração. As medidas de autossaneamento são precisamente o modo pelo qual se demonstra a inexistência desse risco. O ônus da prova é inteiramente do fornecedor sujeito à medida. Não há razão alguma para que a medida precise obrigatoriamente ser adotada e depois extinta em face da supressão dos motivos: caso já se demonstre no próprio processo administrativo do art. 87, §2º ou §3º, da Lei nº 8.666 a adoção das medidas necessárias de autossaneamento, cabe desde logo deixar de aplicar a medida de suspensão ou inidoneidade, passando-se à fiscalização rigorosa do efetivo cumprimento das medidas de autossaneamento.[450]

Embora a Lei nº 14.133/2021 não tenha trazido expressamente a previsão de autossaneamento dos infratores, seria possível construir soluções negociais nesse sentido com fulcro no permissivo genérico do art. 26 da LINDB, plenamente aplicável às licitações e aos contratos, conforme dispõe o art. 5º do Projeto de Lei nº 4.253/2020. Assim, mediante a demonstração do cumprimento de certos requisitos e a assunção de determinadas obrigações, o infrator e a Administração poderiam negociar o afastamento das sanções de exclusão.

No entanto, entendemos que esse eventual autossaneamento deveria se dar preferencialmente no bojo da celebração de um acordo de leniência com o Poder Público ou, ao menos, observar os requisitos impostos pela Lei nº 12.846/2013 para a celebração de acordos administrativos. Somente assim se asseguraria que a colaboração da infratora fosse tempestiva e efetiva para o deslinde dos fatos, como também exigido nos Estados Unidos e na União Europeia – de onde se

---

[449] PEREIRA, Cesar A. Guimarães; SCHWIND, Rafael Wallbach. Autossaneamento (self-cleaning) e reabilitação de empresas no direito brasileiro anticorrupção. *Informativo Justen, Pereira, Oliveira e Talamini*. Curitiba, n. 102, p. 15, ago. 2015. Disponível em: www.justen.com.br/informativo. Acesso em: 10 out. 2020.

[450] Ibid. p. 15-16.

origina a lógica de autossaneamento –, a possibilitar o sancionamento dos demais envolvidos, notadamente das pessoas físicas que deram causa aos ilícitos.

Eventual autossaneamento totalmente dissociado do modelo de leniência poderia representar uma burla aos requisitos impostos pela Lei nº 12.846/2013 para a solução negocial dos atos lesivos à Administração. Aliás, esse entendimento parece ter sido encampado pela Lei nº 14.133/2021, que valoriza a celebração do acordo de leniência como forma de afastamento das sanções estabelecidas pelo art. 156.

Veja-se, por fim, que a possibilidade de afastamento das medidas de exclusão reforça os incentivos para que a empresa busque cooperar com a Administração de forma mais ativa, esforçando-se pela celebração de um instrumento consensual bilateral. Em verdade, essa já era a principal motivação, nos termos do art. 17 da Lei nº 12.846/2013, que atraía empresas à tentativa de colaboração com o Poder Público, a despeito de todos os problemas do modelo de leniência brasileiro (cf. Capítulo 6).

4.6 Estímulo aos *whistleblowers*: uma alternativa para minorar a inefetividade do sistema?

Os problemas de inefetividade do sistema brasileiro de combate à corrupção poderiam ser minorados se o ordenamento jurídico brasileiro apresentasse suficientes incentivos para que agentes públicos ou empregados denunciem ilícitos de que tomem conhecimento dentro das empresas ou na Administração Pública.

Essa seria uma oportunidade de emprego de mais um mecanismo de consensualidade na tutela da integridade pública, seguindo a bem-sucedida trajetória brasileira no manejo de outros instrumentos da espécie no combate à corrupção (cf. seção 3.5).

As evidências empíricas sugerem que a colaboração de elementos externos é mais importante para a detecção de ilícitos corporativos que o esforço das próprias autoridades públicas.[451] Sem o estímulo e a proteção à figura do denunciante, o Poder Público se torna mais dependente de sua própria limitada capacidade investigatória para identificar ilícitos (cf. seções 3.3.3.1, 3.3.3.2 e 3.4.2). Nesse passo, uma estratégia anticorrupção eficiente também precisa estimular mecanismos

---

[451] Por todos, cf. DYCK, Alexander; MORSE, Adair; ZINGALES, Luigi. Who Blows the Whistle on Corporate Fraud? *The Journal of Finance*, v. LXV, n. 6, p. 2214, 2010.

alternativos à atividade estatal de investigação, como são os casos dos regimes de estímulo aos *whistleblowers* e dos programas de *compliance* (cf. Capítulo 5).

Whistleblower é a denominação em inglês, frequentemente encampada no Brasil, para se referir ao denunciante que, sem qualquer envolvimento ou participação nos malfeitos, leva informações sobre ilícitos de que tenha tomado conhecimento em suas estruturas de trabalho, seja para os sistemas de controles internos da empresa, seja para as autoridades públicas.

Mas não é apenas por meio da maior entrega de informações às autoridades competentes que um regime de estímulo aos denunciantes contribui para a luta contra atos ilícitos. O modelo também aumenta a percepção de risco para os infratores, o que tende a gerar um natural efeito dissuasório pela crença de que há uma probabilidade maior de punição do ilícito.

Atualmente, há certo consenso quanto à importância do estímulo e da proteção dos denunciantes, comprovada tanto pela previsão em diversos tratados multilaterais como pela aprovação de normas da espécie em diferentes países.[452] Corroborando a tendência, em outubro de 2019, a União Europeia adotou a Diretiva 2019/1937, sobre a proteção a quem denuncia violações ao direito da União, concedendo prazo até dezembro de 2021 para que os países do bloco transpusessem a Diretiva aos seus ordenamentos jurídicos próprios.

Estudos confirmam os potenciais benefícios de dissuadir a corrupção da implementação de um regime de estímulo aos denunciantes, sobretudo por meio do pagamento de recompensas, desde que adequadamente desenhado.[453] No entanto, há maior resistência no

---

[452] A OCDE narra que, de 32 países que responderam à pesquisa sobre o tema no ano de 2014, 27 tinham um diploma normativo dedicado à questão ou ao menos normas de proteção aos *whistleblowers* em determinadas circunstâncias. Como exemplos de países que possuem legislações específicas sobre denunciantes figuram locais distintos entre si, como Hungria, Israel, Irlanda, Japão, Coreia do Sul, Nova Zelândia, Eslováquia, África do Sul e Reino Unido. Em termos gerais, sobre a expansão do consenso acerca da importância de estímulo e proteção aos *whistleblowers*, cf. OECD. *Committing to Effective Whistleblower Protection*. Paris: OECD Publishing, 2016, p. 20-22.

[453] Citando outros pesquisadores, Giancarlo Spagnolo e Theo Nyeröd confirmaram a efetividade de um modelo, desde que bem desenhado, levado ao incremento da qualidade e quantidade das informações recebidas pelos órgãos de controle, bem como por ganhos na dissuasão de condutas ilícitas. Também Alexander Dyck, Adair Morse e Luigi Zingales, em estudo empírico, constataram que incentivos monetários realmente apresentam impacto positivo para as denúncias e deveriam, assim, ser ampliados. Já Jeffrey Butler, Danila Serra e Giancarlo Spagnolo, em experimento, concluíram que benefícios financeiros geralmente aumentam a tendência do empregado a denunciar um administrador que cometera malfeitos.

mundo à implementação de modelos – como o recentemente incorporado ao Brasil – que envolvam o pagamento de recompensas, usualmente fixadas como um percentual das punições impostas ou dos montantes recuperados pelo Poder Público.[454]

Ocorre que a corrupção empresarial parece justamente um campo em que o pagamento de recompensas se revelaria particularmente profícuo. Como os danos à sociedade são difusos e os riscos para os denunciantes geralmente são muito altos, a ética social muitas vezes não é suficiente para, por si só, levar à denúncia de atos lesivos às autoridades.[455] No mais, o tipo de corrupção sistêmica e em equilíbrio (cf. seção 1.6) que por vezes se estabelece entre o meio empresarial e a política demanda, para seu efetivo combate, a presença de instrumentos que propiciem que pessoas que estavam próximas àqueles ilícitos subterrâneos levem às autoridades públicas as informações necessárias para descobrir e persuadir fatos criminosos que, de outra forma, possivelmente permaneceriam impunes.

A despeito da expansão pelo mundo dos mecanismos de incentivos a denunciantes, os Estados Unidos ainda são a grande referência na matéria, não apenas pelo pioneirismo na prática, mas também por serem o único país com um extenso histórico de pagamento de recompensas.[456] Lá, atribui-se ao FCA, editado ainda em 1863 por Abraham Lincoln, a primeira previsão de estímulo aos denunciantes, inclusive com recompensas por meio do ajuizamento de demandas pelos próprios

---

Cf. NYRERÖD, Theo; SPAGNOLO, Giancarlo. Myths and Numbers on Whistleblower Rewards. *SITE Working Paper Series*, n. 44, Stockholm Institute of Transition Economics, p. 10-14, Apr. 2018; DYCK, Alexander; MORSE, Adair; ZINGALES, Luigi. Who Blows the Whistle on Corporate Fraud? *The journal of finance*, v. LXV, n. 6, p. 2213-2252, 2010; e BUTLER, Jeffrey V.; SERRA, Danila; SPAGNOLO, Giancarlo. Motivating Whistleblowers. *Management Science. Articles in Advance*, p. 1-17, 2019.

[454] Theo Nyreröd e Giancarlo Spagnolo narram que os países europeus, por exemplo, são em geral resistentes à incorporação da prática estadunidense de conceder recompensas por informações fornecidas pelos denunciantes. cf. NYRERÖD, Theo; SPAGNOLO, Giancarlo. Myths and Numbers on Whistleblower Rewards. *SITE Working Paper Series*, n. 44, Stockholm Institute of Transition Economics, p. 3-4, Apr. 2018.

[455] Sobre a importância do pagamento de recompensas em relação às denúncias de ilícitos empresariais, cf. ENGSTROM, David Freeman. Bounty regimes. *In*: ARLEN, Jennifer. *Research handbook on corporate crime and financial misdealing*. Cheltenham: Edward Elgar Publishing Limited, 2018. p. 342; e ARLEN, Jennifer. The potential promise and perils of introducing deferred prosecution agreements outside the U.S. *In*: MAKINWA, Abiola; SØREIDE, Tina. *Negotiated Settlements in Bribery Cases*: A Principled Approach. Northampton: Edward Elgar, 2020. p. 175.

[456] Cf. NYRERÖD, Theo; SPAGNOLO, Giancarlo. Myths and Numbers on Whistleblower Rewards. *SITE Working Paper Series*, n. 44, Stockholm Institute of Transition Economics, p. 4, Apr. 2018.

indivíduos denunciantes ou por organizações não governamentais em nome do governo norte-americano (*qui tam actions*).[457] Outra iniciativa relevante concerne ao pagamento de expressivas recompensas pelo *Internal Revenue Service* (IRS), no percentual de 15% a 30% dos valores arrecadados, desde que acima de US$2 milhões.[458] O *Sarbanes-Oxley Act* (SOX), aprovado em 2002 após diversos escândalos envolvendo fraudes contábeis, trouxe também previsões para fortalecer denúncias sobre ilícitos empresariais, destacando a possibilidade do ajuizamento de demandas privadas pelos denunciantes que sofressem retaliação pelas informações reveladas.[459]

Como reação à crise financeira de 2008, o Congresso estadunidense aprovou, em 2010, um diploma ainda mais abrangente, o *Dodd-Frank Act*, para tentar lidar com malfeitos empresariais, na esperança de garantir maior estabilidade financeira à economia do país. Reconhecendo a insuficiência das provisões relacionadas a *whistleblowers* no SOX, a legislação mais recente incorpora novos estímulos aos denunciantes. Além da garantia de anonimato e proteção à retaliação, o diploma também prevê a possibilidade de pagamento de recompensa ao denunciante que trouxer "informações originais".

Na União Europeia, a recente Diretiva 2019/1937 apresenta amplo âmbito de aplicação material, versando sobre a proteção a

---

[457] O diploma emergiu como uma tentativa de diminuir a corrupção em compras públicas de suprimentos militares para o exército da União. O FCA, que ao longo da história passou por diversas modificações, autoriza o ajuizamento de ações pelos próprios indivíduos denunciantes ou por organizações não governamentais em nome do governo norte-americano (*qui tam actions*). Caso logrem êxito, os postulantes farão jus à obtenção de até 30% dos valores recuperados e das multas. Sobre o tema, cf. NYRERÖD; SPAGNOLO. Op. cit. p. 4; e BUTLER, Jeffrey V.; SERRA, Danila; SPAGNOLO, Giancarlo. Motivating Whistleblowers. *Management Science. Articles in Advance*, p. 14, 2019.

[458] Embora desde 1867 o Tesouro já esteja autorizado a pagar recompensas consideradas necessárias para detectar fraudes fiscais e trazê-las a julgamento, em 2006 o programa de *whistleblowers* foi reestruturado. Entre as principais mudanças, destaca-se também que o pagamento de recompensas deixou de ser ato discricionário. Sobre o programa, cf. NYRERÖD, Theo; SPAGNOLO, Giancarlo. Myths and Numbers on Whistleblower Rewards. *SITE Working Paper Series*, n. 44, Stockholm Institute of Transition Economics, p. 7-10, Apr. 2018; e INTERNAL REVENUE SERVICE. *History of the Whilstleblower/Informant Program*. Disponível em: https://www.irs.gov/compliance/history-of-the-whistleblower-informant-program. Acesso em: 8 maio 2020.

[459] Acerca das práticas que levaram à falência da Enron, gigante do setor de energia norte-americano, em meio aos escândalos de fraude contábil, bem como sobre as proteções aos denunciantes trazidas pelo *Sarbanes-Oxley Act*, cf. ENGORON, Ian A. A Novel Approach to Defining "Whistleblower" in Dodd-Frank. *Fordham Journal of Corporate & Financial Law*, v. XXIII, n. 1, p. 257-299, p. 265-267, 2017.

quem denuncia violações ao direito da União.[460] A Diretiva aplica-se a denunciantes que sejam agentes públicos ou trabalhadores do setor privado, prevendo diversas medidas de proteção e apoio. Divergindo da tradição norte-americana de desenho jurídico do instituto, não houve na Diretiva a previsão do pagamento de recompensas pelas denúncias recebidas.

Embora o Brasil seja signatário de três convenções internacionais[461] que preveem o estímulo e a proteção aos denunciantes[462] e tenha se comprometido com os denominados *"High Level Principles for Effective Protection of Whistleblowers"* do G20,[463] as experiências do país nessa seara são muito incipientes até o momento.[464] Em 2011, a Lei de Acesso à Informação (Lei nº 12.527/2011) inseriu no estatuto dos servidores federais (Lei nº 8.1112/1990) o art. 126-A, que prevê a exclusão de responsabilização civil, penal ou administrativamente por dar ciência à autoridade superior ou, quando houver suspeita de envolvimento desta, a outra autoridade competente para apuração de informação concernente à prática de crimes ou de improbidade de que se tenha conhecimento, ainda que em decorrência do exercício de cargo, emprego ou função pública. Embora a alteração normativa explicite uma proteção, parece-nos que apenas disse o óbvio, já que, em tese, reportar um ato criminoso ou ímprobo ao superior hierárquico ou à autoridade competente para apurá-lo não configura qualquer ato ilícito, a ensejar responsabilização de qualquer espécie.

No âmbito do TCU, a Lei nº 8.443/1993, em seu art. 55, prevê que, "no resguardo dos direitos e garantias individuais, o Tribunal dará

---

[460] Nos termos do art. 2º, diversos domínios incluem-se no âmbito de proteção da norma, como contratações públicas; serviços; produtos, mercados financeiros e prevenção do branqueamento de capitais e do financiamento do terrorismo; proteção ao meio ambiente; segurança e conformidade dos produtos; segurança dos transportes; defesa do consumidor; proteção contra radiações e segurança nuclear; proteção da privacidade e dos dados pessoais; segurança da rede e dos sistemas de informação; entre outros.

[461] A mais antiga delas é a Convenção Interamericana contra a Corrupção, estabelecida pela OEA em 1996. As demais são a Convenção das Nações Unidas contra o Crime Organizado Transnacional e a Convenção das Nações Unidas contra a Corrupção, respectivamente de 2000 e 2003. Cf. PALMA, Juliana Bonacorsi de. O Brasil precisa de um programa público de reportantes contra a corrupção? Juridicidade e proteção para relatos envolvendo o Poder Público. *In*: CYRINO, André; MIGUEIS, Anna Carolina; PIMENTEL, Fernanda Morgan (Coord.). *Direito Administrativo e Corrupção*. Belo Horizonte: Fórum, 2020. p. 182.

[462] Cf. PALMA. Op. cit. p. 182.

[463] Cf. G20. *G20 OSAKA'S Leaders Declaration*. Disponível em: https://g20.org/en/g20/Documents/2019-Japan-G20%20Osaka%20Leaders%20Declaration.pdf. Acesso em: 9 maio 2020.

[464] Para mais detida análise da incipiente experiência brasileira – nos termos da própria autora – com programas de denunciantes, cf. PALMA. Op. cit. p. 184-192.

tratamento sigiloso às denúncias formuladas, até decisão definitiva sobre a matéria". O §2º garante proteção à responsabilização administrativa, cível ou penal, em decorrência da denúncia, salvo pela comprovada má-fé. Recentemente, por meio da Lei nº 13.866/2019, inseriu-se o §3º para definir que o Tribunal deverá manter sigilo do objeto e da autoria da denúncia quando imprescindível à segurança da sociedade e do Estado.[465]

Setorialmente, o Conselho Administrativo de Defesa Econômica (Cade) publicou a Portaria Cade nº 292/2019, estabelecendo normas para o recebimento e o tratamento de denúncias anônimas, garantindo a proteção à identidade do denunciante. Reforçando a importância do instrumento em exame para o enfrentamento de ilícitos econômicos, quando da publicação da portaria, o Cade informou que, entre janeiro de 2017 e julho de 2018, cerca de 40% das investigações abertas envolvendo cartéis já tiveram origem em denúncias semelhantes às que se queria fomentar com a referida portaria.[466]

Finalmente, ao fim de 2019, no bojo do denominado Pacote Anticrime (Lei nº 13.964/2019), alterou-se a Lei nº 13.608/2018, que traz previsões sobre a política pública de "disque-denúncia", para inserir previsões de estímulo aos denunciantes, inclusive por meio do pagamento de recompensa. Em termos bastante genéricos, o diploma apresenta como âmbito de aplicação material apenas as informações sobre crimes contra a Administração Pública e outras ações ou omissões lesivas ao interesse público. Portanto, não traz proteções a denunciantes em outras searas.

O novo art. 4º-A determina que os entes da Administração direta e indireta mantenham unidades de ouvidoria ou correição para permitir que qualquer pessoa traga informações sobre crimes contra a Administração Pública, ilícitos administrativos ou quaisquer ações ou omissões lesivas ao interesse público. O parágrafo único do mesmo dispositivo assenta que, desde que se trate de um relato razoável, ao informante serão asseguradas proteção contra retaliações e isenção de responsabilização civil ou penal em relação ao relato, exceto se o informante tiver apresentado, de modo consciente, informações ou

---

[465] Sobre as controvérsias acerca da proteção de identidade do denunciante junto ao TCU, cf. PALMA, Juliana Bonacorsi de. O novo regime de proteção da identidade do denunciante junto ao TCU. *Jota*, 18 set. 2019. Disponível em: https://www.jota.info/opiniao-e-analise/colunas/controle-publico/o-novo-regime-de-protecao-da-identidade-do-denunciante-junto-ao-tcu-18092019. Acesso em: 9 maio 2020.

[466] Cf. http://www.cade.gov.br/noticias/cade-reforca-protecao-a-identidade-dos-denunciantes-de-boa-fe. Acesso em: 4 maio 2020.

provas falsas. A redação do dispositivo sugere, portanto, que basta que o informante esteja de boa-fé e acredite que suas informações sejam verdadeiras para gozar da proteção legal.

O art. 4º-B busca preservar a identidade do informante, que só será revelada em caso de relevante interesse público ou de interesse concreto para a apuração dos fatos, mediante comunicação prévia do informante, exigida sua concordância formal. Já o art. 4º-C dispõe sobre diversas proteções ao informante, que são aplicáveis, como se infere dos termos da norma protetiva, tanto ao agente público como ao empregado privado. Além das disposições da Lei nº 9.807/1999, será assegurada ao informante proteção contra retaliação, tais como demissão arbitrária e alteração injustificada de funções ou atribuições. Nos parágrafos do art. 4º-C, o legislador ainda estabeleceu que o informante será ressarcido em dobro por eventuais danos materiais causados por ações ou omissões praticadas em retaliação, sem prejuízo de danos morais. No mais, quanto aos agentes públicos, a retaliação configurará falta grave, passível de demissão a bem do serviço público.

O §3º do art. 4º traz a maior inovação na matéria, ao incorporar ao Brasil a experiência estadunidense relacionada aos sistemas de recompensas. De acordo com os termos legais, quando as informações fornecidas levarem à recuperação de produto de crime contra a Administração Pública, poderá ser fixada recompensa em favor do informante em até 5% do valor recuperado.

Apesar dos inequívocos avanços trazidos pelos novos dispositivos inseridos na Lei nº 13.608/2018, parece-nos que tais normas, para melhor estimular os denunciantes, merecem ser interpretadas sistematicamente, quando não reformadas. Três elementos centrais devem ser considerados no desenho de estratégia: a qualidade das informações recebidas, a concessão de benefícios como medida de estímulo e a suficiente proteção aos denunciantes.

O desafio fulcral em um regime da espécie é otimizar a quantidade e a qualidade das informações recebidas por meio do instrumento, sem que o pagamento de recompensas macule o esperado efeito dissuasório em razão do recebimento de uma enxurrada de denúncias com poucas informações, falsas ou frívolas.[467] Por um lado, sem uma robusta rede de estímulos e proteções, será improvável que o informante em potencial considere que vale a pena denunciar. Prejuízos pessoais, em razão de

---
[467] ENGSTROM, David Freeman. Bounty regimes. *In*: ARLEN, Jennifer. *Research handbook on corporate crime and financial misdealing*. Cheltenham: Edward Elgar Publishing Limited, 2018. p. 339.

retaliações diretas ou indiretas, são parte da realidade dos denunciantes e costumam envolver perdas de oportunidades profissionais, intimidações, custos para a defesa em processos judiciais por supostos crimes contra a honra ou denunciação caluniosa, quando não ameaças à vida e à integridade física.

Por outro lado, benefícios e proteções podem, em tese, criar incentivos perversos ao "denuncismo" ou ao uso estratégico de acusações falsas com o escopo de gerar prejuízos a rivais no trabalho, adversários políticos ou concorrentes. O problema não se limita aos prejuízos que podem ser gerados aos indevida ou falsamente acusados. O Poder Público também pode se ver sobrecarregado com denúncias irrelevantes, consumindo seus limitados recursos na apuração de pistas inúteis e eventualmente deixando de dar a devida atenção às denúncias corretas. No limite, o desvirtuamento de recursos de investigação do Poder Público poderia até fazer com que a instauração do regime de *whistleblowers* prejudicasse a dissuasão da corrupção, ante o exaurimento das autoridades públicas por uma quantidade excessiva de denúncias.[468]

O pagamento de recompensas desperta, ainda, questionamentos sob o viés ético, atinentes à moralidade e à legitimidade de utilizar dinheiro público para compensar o denunciante por fazer o certo. O desconforto ético incrementa-se quanto maiores forem os valores pagos, já que, ante os consideráveis montantes usualmente envolvidos em fraudes e corrupção empresarial, mesmo um diminuto percentual como recompensa pode levar ao enriquecimento do denunciante. Assim, para o melhor funcionamento de um regime de recompensas, há que se definir corretamente as hipóteses de aplicação e a magnitude do prêmio.

Contudo, a Lei nº 13.608/2018 apresenta algumas imperfeições, merecendo aprimoramentos. De plano, o art. 4º-C, §3º, dispõe que haverá pagamento de recompensa quando as informações resultarem em recuperação de "produto de crime contra a Administração Pública". Ora, a restrita expressão "crime contra a Administração Pública" parece remeter ao Título XI do Código Penal. No entanto, há outros crimes, como os tipificados na Lei nº 14.133/2021 ou na Lei nº 8.137/1990, que igualmente maculam o Poder Público e deveriam merecer atenção das normas que estimulam denúncias.

Além disso, o termo "produto de crime" também não é feliz. Diversos ilícitos em desfavor da Administração, embora não sejam

---

[468] Em semelhante sentido, cf. Ibid. p. 339-340. Também NYRERÖD, Theo; SPAGNOLO, Giancarlo. Myths and Numbers on Whistleblower Rewards. *SITE Working Paper Series*, n. 44, Stockholm Institute of Transition Economics, p. 14-15, Apr. 2018.

tecnicamente crimes, também geram danos indenizáveis, e, por vezes, não será possível identificar a pessoa física autora de um eventual crime subjacente ao ilícito empresarial. O dispositivo mereceria reforma ou interpretação sistemática à luz do art. 4º-A, que dispõe que a lei pretende estimular denúncias atinentes a crimes contra a Administração Pública, ilícitos administrativos ou quaisquer ações ou omissões lesivas ao interesse público. No mais, como é cediço, a recuperação de valores desviados é sempre tormentosa, razão pela qual, por simplificação, talvez fosse preferível o pagamento de um percentual sobre as consequências jurídicas incidentes – inclusive a multa.

Parece-nos, ainda, que o teto de até 5% do valor recuperado pode se revelar insuficiente para estimular denúncias em casos de alto risco. Não obstante, para minorar a crítica sob o viés ético, talvez fosse o caso de estabelecer limites, em valores absolutos, para o pagamento, como ocorre em outras jurisdições,[469] ou de reduzir o percentual recebido conforme fosse incrementada a quantia monetária recuperada.

Ainda em relação à magnitude do estímulo, considerando o gigantismo da Administração Pública brasileira e a carência de recursos humanos e materiais, uma medida salutar seria estabelecer um limite mínimo de recuperação de valores ao erário que autorizasse o pagamento de recompensas. Tal parâmetro, presente no programa da *Internal Revenue Service* e no *Dodd-Frank Act*,[470] visa evitar estimular que denúncias de menor importância, relacionadas a atos lesivos de pequena monta, sejam levadas às autoridades por *whistleblowers* e possam gerar uma enxurrada de denúncias que a máquina pública sequer consiga tratar. Igualmente com o escopo de maximizar a qualidade da informação a ser recebida por tais informantes, seria importante estabelecer expressamente que o denunciante deve trazer informações originais ou que, ao menos, acredite que sejam originais.

A proteção ao denunciante é outro elemento fundamental. A retaliação direta ou indireta ainda é comum mesmo em países com

---

[469] Segundo Theo Nyreröd e Giancarlo Spagnolo, no Canadá, a *Ontario Securities Commission* tem um programa de recompensas em que os valores premiais são limitados a US$5 milhões canadenses. Também na Coreia do Sul, o Korean Fair-Trade Commission administra programa em que o limite de pagamento apresenta um teto um pouco inferior a US$3 milhões. cf. NYRERÖD, Theo; SPAGNOLO, Giancarlo. Myths and Numbers on Whistleblower Rewards. *SITE Working Paper Series*, n. 44, Stockholm Institute of Transition Economics, p. 7-9, Apr. 2018.

[470] De acordo com o *Dodd-Frank Act*, paga-se a recompensa no percentual de 10% a 30% do montante das sanções que exceder US$1 milhão. Cf. ENGSTROM, David Freeman. Bounty regimes. *In*: ARLEN, Jennifer. *Research handbook on corporate crime and financial misdealing*. Cheltenham: Edward Elgar Publishing Limited, 2018. p. 340.

sistemas da espécie mais estruturados, como Estados Unidos e Reino Unido.[471] Como referido, o legislador pátrio buscou prever uma série de proteções na Lei nº 13.608/2018. Parece-nos que as proteções normativas não deveriam se limitar a quem denunciar ilícitos a unidades de ouvidoria ou correição, no âmbito de competência da Administração direta e indireta, como parecem fazer crer os arts. 4º e 4-A. Aqueles que optam por denunciar ilícitos da espécie a órgãos de controle externo também mereceriam ser beneficiários de proteções similares. Em semelhante sentido, empregados que optarem por levar denúncias aos sistemas internos de controle empresarial também deveriam gozar de proteções trabalhistas, já que infelizmente ainda são comuns retaliações para aquele que se vale dos canais de denúncia das empresas.

Sem os devidos aprimoramentos do regime brasileiro de estímulo aos denunciantes, reforça-se a inefetividade do sistema brasileiro de combate à corrupção, uma vez que a descoberta de ilícitos e produção probatória dependerá ainda mais do esforço das autoridades públicas, comprometendo-se, em última análise, dissuadir os atos da espécie.

4.7 Uma hipótese a ser comprovada: o reforço à reciprocidade na relação de corrupção

Como confirmado ao longo deste capítulo, o modelo pátrio de responsabilização empresarial se notabiliza por baixa efetividade, desarmonia normativo-institucional e imprevisibilidade sancionatória.

Apesar de a hipótese carecer de comprovação empírica, acreditamos que a desarmonia normativo-institucional e a imprevisibilidade sancionatória trazem consequências não intencionais e indesejadas para o sistema, que podem inclusive reforçar ainda mais sua já baixa efetividade. Com efeito, esses problemas podem dar azo à imposição (ou à ameaça de imposição) de punições desproporcionais às empresas, especialmente se não forem considerados os riscos da produção de um indevido "efeito empilhamento" das sanções, bem como de *bis in idem* nessa atuação (cf. seção 4.8.2).

Embora devam ser suficientemente rigorosas para que produzam o pretendido efeito dissuasório (cf. seções 3.3.2 e 4.1), as sanções não podem também vir a se tornar desproporcionais, colocando em risco a

---

[471] Para dados e exemplos sobre retaliação a *whistleblowers*, cf. NYRERÖD, Theo; SPAGNOLO, Giancarlo. Myths and Numbers on Whistleblower Rewards. *SITE Working Paper Series*, n. 44, Stockholm Institute of Transition Economics, p. 5-6, Apr. 2018.

subsistência de atividades produtivas que continuam a ser relevantes, a despeito dos equívocos cometidos no passado. Por mais que uma determinada empresa tenha incorrido em violações à integridade, subsiste interesse público em, quando possível, preservar a atividade empresarial, como forma de evitar prejuízos sociais reflexos (cf. seções 2.6.1 e 6.2.3).

Não é apenas no Brasil que a sobreposição de autoridades públicas, assim como a possibilidade de cumulação sancionatória, causa preocupações. As consequências perniciosas do empilhamento punitivo também suscitaram recentes debates nos Estados Unidos. Em discurso, Rod Rosenstein, à época *Deputy Attorney General* do Departamento de Justiça, em análise semelhante à que aqui se sustenta, defendeu que "é importante que sejamos agressivos em perseguir malfeitores. Mas devemos desencorajar a desproporcional imposição da lei por múltiplas autoridades".[472]

A diretriz interpretativa suscitada pretendia reduzir o que denominava de "empilhamento",[473] encorajando a coordenação das diferentes autoridades públicas com atribuição para atuar em um caso, não apenas para buscar um resultado mais efetivo pela cooperação de diferentes *expertises*, como também para evitar a imposição de múltiplas penalidades pela mesma conduta.

Tratando das soluções negociais, Rod Rosenstein alertava que o empilhamento retirava das empresas a certeza e o senso de finitude que deveria advir de um acordo com as autoridades públicas. Ocorre que o mesmo argumento também se aplica aos procedimentos sancionatórios administrativos e penais que, uma vez concluídos, deveriam pacificar litígios derradeiramente.

A nova política foi incorporada ao *Justice Manual* norte-americano, que prevê que, quando uma investigação por uma determinada conduta envolver múltiplas autoridades do *DOJ*, deve haver coordenação para evitar a desnecessária e multiplicada imposição de penalidades, impostas com o escopo de atingir o mesmo resultado. Recomenda-se, ainda, a coordenação com autoridades de outros níveis federativos, bem como

---

[472] ROSENSTEIN, Rod J. Remarks as prepared for delivery. *New York City Bar White Collar Crime Institute*. Disponível em: https://www.justice.gov/opa/speech/deputy-attorney-general-rod-rosenstein-delivers-remarks-new-york-city-bar-white-collar. Acesso em: 23 abr. 2020.

[473] Do original *"piling on"*, que se refere aos jogadores de futebol americano que, por vezes, mesmo após a derrubada do oponente, pulam um em cima do outro, formando uma pilha. Cf. ROSENSTEIN. Op. cit.

de outras jurisdições, para a consideração de penalidades que já tenham sido impostas em relação aos mesmos fatos.[474]

Embora não haja comprovação empírica de tal hipótese, é possível que as incertezas do atual arranjo do sistema brasileiro de combate à corrupção acabem por reforçar a reciprocidade das empresas nos acordos de corrupção em que ingressam.

Frédéric Boehm e Johann Graf Lambsdorff utilizam conceitos da nova economia institucional para analisar a relação estabelecida em um esquema de corrupção como um acordo entre as partes envolvidas, denominado de "transações corruptas" ou "acordos corruptos".[475] Tal perspectiva sustenta que as reformas anticorrupção devem buscar aumentar os custos de transação nos acordos corruptos, seja na fase da negociação do acordo, seja durante a execução do acordo, seja na fase pós-contratual.

De fato, uma transação corrupta não é fácil de ser estabelecida e executada do modo combinado. Exige que se entabule um acordo entre as partes, demanda a reciprocidade entre os envolvidos para a fiel execução, além de envolver riscos de traição e de denúncia.[476] Por essa ótica, a atuação anticorrupção estatal deveria justamente tornar tais esquemas ainda mais instáveis. Uma das formas seria buscar macular a reciprocidade da relação corrupta, criando incentivos para que uma das partes traísse a outra, seja ainda na fase de execução do esquema, seja na etapa pós-contratual.

No Brasil, uma empresa não consegue prever exatamente todos os ônus e sanções que possa vir a suportar por conta de seu ato lesivo. Suportará apenas uma multa? Será declarada inidônea? Será dissolvida compulsoriamente? Quantos processos judiciais ou administrativos enfrentará? Qual montante financeiro lhe será exigido a título de reparação integral do dano?

Além disso, o efeito empilhamento e o risco de punições desproporcionais também despertam receios e incertezas. Será a empresa capaz de lidar com o possível empilhamento de sanções por diversas

---

[474] Cf. 1-12.100. ESTADOS UNIDOS DA AMÉRICA. *Justice Manual*. Disponível em: https://www.justice.gov/jm/justice-manual. Acesso em: 27 out. 2019.

[475] Sobre o tema, cf. BOEHM, Frédéric; LAMBSDORFF, Johann Graf. Corrupción y anticorrupción: una perspectiva neo-institucional. *Revista de Economía Institucional*, v. 11, n. 21, p. 45-72, 2009.

[476] Em semelhante sentido, cf. LAMBSDORFF, Johann Graf. Economic Approaches to Anticorruption. *CESifo DICE Report*, v. 9, issue 2, p. 26-27, 2011.

autoridades públicas? Terá suas atividades encerradas pela força sancionatória?

A imprevisibilidade sobre tantas variáveis naturalmente reduz a propensão de que a empresa venha a colaborar com a Administração Pública para esclarecer o ilícito em que se envolveu, afetando a efetividade dos terceiro e quarto eixos da abordagem aqui proposta (cf. seções 3.4 e 3.5, além de Capítulos 5 e 6).

Ocorre que, na realidade brasileira, foram os instrumentos de colaboração consensual que produziram resultados efetivos no combate à corrupção (cf. seção 3.5.1). Afugentar as empresas da colaboração com o Poder Público significa, ao fim, dificultar o próprio combate à corrupção. Mais grave, a obscuridade sobre como se dará a relação com a atividade persecutória estatal pode também criar incentivos para que empresas adotem o máximo de empenho para camuflar o acordo, reforçando seus laços de colaboração com o agente público corrupto.

Mas não é esse o único elemento do sistema brasileiro que leva ao reforço das relações corruptas. Veja-se a tão elogiada previsão, na Lei Anticorrupção, de responsabilização objetiva das empresas. Em alguns casos, tal norma pode criar uma espécie de reforço à relação corrupta.

Com efeito, nos termos do art. 5º, I, da Lei nº 12.846/2013, a empresa responde objetivamente mesmo por "dar" vantagem indevida ao agente público. Ou seja, ainda que a empresa seja extorquida por agente público corrupto, será responsabilizada objetivamente pela conduta. O legislador provavelmente acreditou que, assim, a empresa seria incentivada a recusar a oferta de transação corrupta e denunciar o evento às autoridades. No entanto, não existindo suficiente confiança nas autoridades estatais, a empresa dificilmente se sentirá confortável para denunciar uma extorsão. Pelo contrário, o temor da responsabilização objetiva a tornará prisioneira daquela relação corrupta, já que a empresa, se tiver cedido a uma extorsão, também poderá ser responsabilizada pelo ato.[477]

A estruturação de uma sistemática de acordos de leniência dotada de previsibilidade, segurança jurídica e transparência (cf. seções 3.5.3 e 6.3.3) poderia minorar o quadro e anular o efeito de reforço à

---

[477] Em semelhante sentido, cf. BOEHM; LAMBSDORFF. Op. cit. p. 57-58. Os autores narram o exemplo de um agente público que se viu prisioneiro de uma relação corrupta contínua por ter aceitado, no passado, um ato de pagamento de propina, do qual se arrependera. O temor quanto às sanções que poderia receber o fez ficar à mercê de uma empresa corruptora por dez anos, que lhe exigia novos benefícios sob a ameaça daquele pagamento indevido do passado.

reciprocidade. Todavia, como se verá no Capítulo 6, não é essa a realidade brasileira. Não havendo uma porta de saída do acordo corrupto que lhe proveja segurança jurídica e confiança quanto à preservação de suas atividades, é provável que a empresa opte por colaborar com os agentes públicos corruptos para que nenhum de seus pecados venha à tona, reforçando a reciprocidade na transação.

4.8 Macropropostas para o aprimoramento do regime de responsabilização

Ao longo deste capítulo, foram apresentadas sugestões de reformas incrementais necessárias para o aprimoramento do desenho e do sistema de incentivos relacionados especificamente ao estímulo dos *whistleblowers*, bem como à responsabilização das empresas pelas vias judicial e administrativa.

Na presente seção, serão apresentadas macropropostas de reordenação do sistema, que não se restringem a temáticas isoladas. Por meio de reformas ou novas interpretações normativas, seria possível conferir maior harmonia e coerência ao sistema. Não são sugestões de refundação do ordenamento jurídico – esforço que nos parece inócuo –, e sim de factíveis aprimoramentos (cf. seção 2.5), passíveis de serem implementados por meio de reformas incrementais do sistema, respeitando a autonomia federativa e as competências constitucionais conferidas aos órgãos do sistema brasileiro anticorrupção.

4.8.1 A aproximação entre órgãos de controle e a necessária transversalidade

Ao tratarmos do sistema multiagências à brasileira (cf. seção 4.2.1), examinou-se a considerável fragmentação e descoordenação do desenho institucional pátrio. Considerando não apenas a forma federativa do Estado brasileiro, mas também o fato de que diversos dos mais importantes órgãos que compõem o modelo extraem suas atribuições diretamente do texto constitucional, parece-nos que o rearranjo do modelo exige a aproximação e a cooperação entre os diferentes órgãos de controle. Uma tentativa de redesenho normativo-institucional por via infraconstitucional, concentrando atribuições anticorrupção em um único órgão ou entidade, possivelmente enfrentaria questionamentos quanto à sua constitucionalidade.

Não obstante, um sistema multiagências também não pode ser sinônimo de exuberâncias individuais[478] ou de decisões desconexas. Um cenário assim, como vem ocorrendo no Brasil, gera um nefasto quadro de insegurança jurídica para os agentes públicos e para os atores privados. A despeito da fragmentação da organização do Estado e da diversidade de interesses públicos legítimos, o poder punitivo estatal é uno e precisa, portanto, guardar coerência.[479] Nessa senda, a teoria da unidade do poder punitivo estatal exige que haja interdependência e harmonia entre os diferentes centros de poder responsáveis pela imposição sancionatória, impedindo *bis in idem* ou sanções desproporcionais.

Para que realmente se possa falar de um sistema brasileiro anticorrupção, é imperativo que se aprimore a transversalidade[480] do arranjo normativo-institucional, incrementando a organicidade do sistema. Atuações promovidas por um determinado órgão deveriam se mostrar compatíveis com as estratégias adotadas pelos demais, evitando a fragmentação em múltiplos polos de atuação descoordenados.

A maior aproximação entre os diferentes órgãos produziria efeitos positivos. A uma, a cooperação poderia tornar as atividades de investigação e persecução mais efetivas, tanto pela soma de esforços como pela agregação de expertises. A duas, o incremento da segurança quanto às consequências jurídicas das condutas ilícitas poderia atrair os infratores para a colaboração com o Poder Público, o que tenderia a aumentar a efetividade do sistema, tanto pelo enfraquecimento das relações de corrupção como pela importância da cooperação privada para a descoberta e a investigação de episódios de corrupção (cf. seção 3.4.2).

A seguir serão examinados dois caminhos jurídicos para aprimorar a cooperação: a releitura do modelo brasileiro à luz do *ne bis in idem* e a conferência de serviço como instrumento de coordenação.

---

[478] Cf. INDIVIDUALIDADES exuberantes. *O Estado de S. Paulo*, 2 out. 2018. Disponível em: https://opiniao.estadao.com.br/noticias/geral,individualidades-exuberantes,70002528291. Acesso em: 25 abr. 2020.

[479] Sobre a teoria da unidade do poder punitivo estatal, cf. ARÊDES, Sirlene Nunes. *Ne bis in idem*: direito fundamental constitucional aplicável na relação entre as esferas penal e administrativa geral no direito brasileiro. *Direito, Estado e Sociedade*, n. 52, p. 224-226, jan./jun. 2018.

[480] Sobre a transversalidade no sistema brasileiro anticorrupção, cf. MINISTÉRIO PÚBLICO FEDERAL. *Nota Técnica nº 1/2017 – 5ª CCR*, p. 11-12. Disponível em: http://www.mpf.mp.br/atuacao-tematica/ccr5/notas-tecnicas/docs/nt-01-2017-5ccr-acordo-de-leniencia-comissao-leniencia.pdf. Acesso em: 6 mar. 2020.

4.8.2 Releitura do sistema à luz do *ne bis in idem*

A pouca coerência do microssistema normativo de defesa da integridade acaba reforçada por uma negligência ao princípio da vedação ao *bis in idem*.[481] Embora esse princípio não esteja explicitamente previsto no texto constitucional, sua presença no direito pátrio parece ser um consenso, subsistindo, todavia, divergências em relação à sua extensão e conteúdo. As mais relevantes menções à vedação ao *bis in idem* estão, em verdade, no art. 8º da Convenção Americana sobre Direitos Humanos e no art. 14, §7º, do Pacto Internacional sobre Direitos Civis e Políticos, ambos incorporados ao ordenamento jurídico com *status* de norma supralegal.[482,483]

A despeito disso, na prática jurídica brasileira, o *bis in idem* é uma realidade. Como Floriano de Azevedo Marques Neto e Rafael Véras de Freitas bem explicam, "[a] duplicidade de sanções não deve ser tolerada, muito menos legitimada. O que não evita que ela exista".[484] Segundo os autores, o *bis in idem* está tão presente no ordenamento jurídico brasileiro que o art. 22, §3º, da LINDB, inserido pela Lei nº 13.655/2018, ao prever que as sanções anteriormente aplicadas serão levadas em consideração na dosimetria de demais sanções de mesma natureza e relativas aos mesmos fatos, pretende apenas atenuar, "com base no

---

[481] Uma excelente abordagem sobre a aplicação do princípio da vedação ao *bis in idem* no que concerne à responsabilização por violações à integridade encontra-se em MASCARENHAS, Rodrigo Tostes de Alencar. Notas sobre a aplicação do princípio da vedação do bis in idem entre processos de apuração de responsabilidade de distintas naturezas. *In*: COUTINHO, Francisco Pereira; GRACIA, Julia. *Atas do I curso sobre mecanismos de prevenção e combate à corrupção na Administração Pública*. Lisboa: Cedis, 2019. Mais genericamente, em esclarecedor estudo sobre o *ne bis in idem* na relação entre esferas penal e administrativa no direito brasileiro, cf. ARÊDES, Sirlene Nunes. *Ne bis in idem*: direito fundamental constitucional aplicável na relação entre as esferas penal e administrativa geral no direito brasileiro. *Direito, Estado e Sociedade*, n. 52, p. 204-240, jan./jun. 2018.

[482] Cf. STF. RE 466.346/SP. Tribunal Pleno. Relator: Min. Cezar Peluso. Data de Julgamento: 03.12.2008. Diário da Justiça Eletrônico, Brasília, DF, 04.06.2009.

[483] Veja-se que a Constituição de 1988, em seu art. 5º, §2º, possui cláusula ampliativa de direitos e garantias fundamentais com base em tratados internacionais celebrados pelo Brasil, razão pela qual parece certo que o referido princípio figura também em nossa ordem jurídica. Entendendo que o *ne bis in idem* é, no Brasil, um direito fundamental, cf. ARÊDES, Sirlene Nunes. *Ne bis in idem*: direito fundamental constitucional aplicável na relação entre as esferas penal e administrativa geral no direito brasileiro. *Direito, Estado e Sociedade*, n. 52, p. 224-231, jan./jun. 2018.

[484] MARQUES NETO, Floriano de Azevedo; FREITAS, Rafael Véras de. *Comentários à Lei nº 13.655/2018* (Lei da Segurança para a Inovação Pública). Belo Horizonte: Fórum, 2019. p. 69.

racional pragmático de toda a Lei nº 13.655/2018, os seus deletérios efeitos para os administrados".[485,486]

Se, entre nós, a diminuta extensão concedida ao *ne bis in idem* admite na prática até a cumulação de sanções da mesma natureza, como se infere do art. 22, §3º, da LINDB, da mesma forma também se considera, tradicionalmente, que o referido princípio não impediria a cumulação de responsabilização em planos distintos (cf. seção 4.3).[487] Aceita-se, como regra, a incidência punitiva simultânea em diferentes esferas, consideradas relativamente autônomas entre si, sem que tal ponto caracterize mácula ao dito princípio.[488]

---

[485] Idem.

[486] Sobre o tema, Eduardo Jordão tece interessantes considerações. Como observa, a inserção desse dispositivo no ordenamento jurídico não compromete o esforço contra o *bis in idem*, uma vez que os argumentos contrários à dupla punição são de ordem constitucional. O art. 22, §3º, seria apenas uma solução pragmática, um consenso legislativo possível no momento. Vejamos: "Sob uma perspectiva estritamente pragmática (que perpassa toda a lei), a luta contra o *bis in idem* não foi comprometida pela inserção deste artigo. É que os argumentos contrários ao *bis in idem* são de ordem constitucional. A ideia seria a de que sanções de mesma natureza, para o mesmo sujeito, pelo mesmo fato, violariam a Constituição. Esta batalha, portanto, pode continuar sendo travada. Caso vencida, implicaria a inconstitucionalidade do art. 22, §3º. Enquanto esta batalha não esteja ganha, no entanto, o §3º oferece um paliativo para as duplicações de sanções que já existem e que são realidade: a partir de agora, caso haja duplicidade de sanções de mesma natureza, a segunda sanção deverá ser aplicada tendo-se em conta a primeira". E continua: "De um ponto de vista de política legislativa, é possível que os autores da lei tenham antevisto uma esperada dificuldade para aprovar um enunciado que determinasse o fim do *bis in idem*. Trata-se de dispositivo hipotético que produziria uma enorme consequência institucional, limitando significativamente a competência das mais diversas entidades dotadas de poder sancionador. Seria sem dúvida uma das mais polêmicas previsões de um projeto de lei que já encontrou resistência significativa. Assim, é possível que tenha sido feita uma opção consciente por uma solução paliativa, ao invés de solução alguma". JORDÃO, Eduardo. Art. 22 da LIND – Acabou o romance: o reforço do pragmatismo no direito público brasileiro. *Revista de Direito Administrativo*, Edição Especial: Direito Público na Lei de Introdução às Normas de Direito Brasileiro – LINDB (Lei nº 13.655/2018), p. 87-89, nov. 2018.

[487] Esse entendimento não é consenso na jurisprudência internacional. Como relatado por Rodrigo Mascarenhas, a jurisprudência da Corte Europeia de Direitos do Homem evoluiu para considerar que, quando a sanção não penal fosse de gravidade que a aproxime de uma sanção penal, seria vedada a imposição de uma segunda violação, sempre que decorresse de fatos idênticos ou substancialmente assemelhados aos que levaram à primeira punição. Sobre o tema, cf. MASCARENHAS, Rodrigo Tostes de Alencar. Notas sobre a aplicação do princípio da vedação do bis in idem entre processos de apuração de responsabilidade de distintas naturezas. In: COUTINHO, Francisco Pereira; GRACIA, Julia. *Atas do I curso sobre mecanismos de prevenção e combate à corrupção na Administração Pública*. Lisboa: Cedis, 2019. p. 66-68. Sirlene Nunes Arêdes igualmente relata a evolução da jurisprudência do direito internacional em leitura consideravelmente mais ampliativa da vedação ao *bis in idem* do que a adotada no Brasil. cf. ARÊDES. Op. cit. p. 205-207.

[488] Sobre o ponto, cf. SOUZA, Jorge Munhós. Responsabilização administrativa na Lei Anticorrupção. In: SOUZA, Jorge Munhós; QUEIROZ, Ronaldo Pinheiro. *Lei Anticorrupção*. Salvador: Juspodivm, 2015. p. 169-171; e MASCARENHAS. Op. cit. p. 49.

No entanto, como bem questiona Rodrigo Tostes Mascarenhas, seria possível conceber um conteúdo tão diminuto ao princípio da vedação ao *bis in idem* que "admitisse tantas punições quantos fossem os distintos sistemas punitivos possivelmente incidentes sobre determinado fato"?[489] Por exemplo, seria possível cumular a incidência de diferentes esquemas de responsabilização, ainda que apresentando a mesma natureza jurídica? Em outra vertente do problema, seria possível conjugar, em duplicidade, a pretensão de aplicação de sanções idênticas, como multas ou proibição de contratar com o Poder Público, apenas porque previstas em diferentes sistemas normativos ou por apresentarem, em razão da autoridade competente para a imposição sancionatória, suposta natureza jurídica distinta? E mais: essa normalização da cumulação de funções está fazendo bem ao regime de tratamento da corrupção empresarial?

A opção legislativa, adotada no Brasil, de promover uma profusão de diferentes atores públicos e sistemas normativos punitivos mostra-se falha tanto sob o aspecto estritamente jurídico como sob o viés interpretativo pragmático. Em relação ao primeiro, a referida sobreposição, quando não interpretada sistemicamente, leva a considerável esvaziamento do conteúdo do princípio do *ne bis in idem*, que tem, no mínimo, força supralegal no Brasil, além de ser também, entre nós, um direito fundamental reconhecido, por força do art. 5º, §2º, da Constituição de 1988.[490] Sob o prisma pragmático, o sistema desarmônico provoca todas as consequências não intencionais abordadas na seção 4.7, conduzindo ao "efeito empilhamento" de sanções (cf. seção 4.7.1), que torna as punições estatais imprevisíveis e opacas, reduzindo o ímpeto de colaboração dos atores privados e reforçando as relações corruptas (cf. seção 4.7.2).

Uma clara confirmação dessa tendência brasileira está no art. 30 da Lei nº 12.846/2013. Em interpretação literal, as sanções estabelecidas por aquele diploma simplesmente se somariam às previstas na lei de improbidade e nas normas sobre contratações públicas, sem qualquer outra consideração crítica. Não parece ser a melhor leitura. A aplicação cumulada de diversas punições para salvaguardar bens jurídicos idênticos ou muito assemelhados representaria demasiada limitação

---

[489] MASCARENHAS. Op. cit. p. 57.

[490] No mesmo sentido, sustentando ser o *ne bis in idem* um direito fundamental reconhecido na ordem jurídica brasileira em função do art. 5º, §2º, Constituição de 1988, cf. ARÊDES, Sirlene Nunes. *Ne bis in idem*: direito fundamental constitucional aplicável na relação entre as esferas penal e administrativa geral no direito brasileiro. *Direito, Estado e Sociedade*, n. 52, p. 226-231, jan./jun. 2018.

do princípio, apresentando questionável juridicidade, uma vez que macularia o princípio do *ne bis in idem*.

Em leitura à luz de convenções internacionais, inclusive da Convenção Americana sobre Direitos Humanos, Rodrigo Tostes de Alencar Mascarenhas sustenta que a extensão do princípio da vedação ao *bis in idem* no Brasil deve ser extraída da previsão dos dois dispositivos constitucionais que expressamente o excepcionam: os arts. 225, §3º, e 37, §4º. Para o autor, não se poderia conceder ao princípio conteúdo menor que aquele conferido pela Constituição quando pretendia proteger bens jurídicos sensíveis. Assim, em seu entendimento, só poderia haver a cumulação de uma punição criminal com outra não criminal, além da obrigação de reparar o dano.[491]

Apesar da robustez técnica do raciocínio, consolidou-se, na tradição do direito brasileiro, como regra, a cumulação de sancionamento em planos punitivos distintos (cf. seção 4.3). A própria Lei nº 12.846/2013, em seu texto, também já cumula sancionamentos administrativos e cíveis. Assim, apresentamos proposta mais modesta para leitura do princípio no desenho normativo-institucional brasileiro de combate à corrupção.

Superando eventual divergência quanto à aplicação do princípio também em favor de pessoas jurídicas,[492] entendemos que a releitura do sistema brasileiro anticorrupção à luz de uma concepção mais robusta do princípio da vedação ao *bis in idem* contribuiria naturalmente para a maior harmonização do regime. Esse novo olhar deve considerar três diferentes vertentes do princípio: formal, material e processual.

Segundo a vertente formal, violaria a ordem constitucional a cumulação, pelos mesmos fatos e para proteger bens jurídicos idênticos ou muito assemelhados,[493] de incidência de diferentes esquemas de

---

[491] MASCARENHAS, Rodrigo Tostes de Alencar. Notas sobre a aplicação do princípio da vedação do *bis in idem* entre processos de apuração de responsabilidade de distintas naturezas. *In*: COUTINHO, Francisco Pereira; GRACIA, Julia. *Atas do I curso sobre mecanismos de prevenção e combate à corrupção na Administração Pública*. Lisboa: Cedis, 2019. p. 57.

[492] Sobre o ponto, cf. GODOY, Arnaldo Sampaio de Moraes; MELLO, Patrícia Perrone Campos. A titularidade dos direitos fundamentais por parte das pessoas jurídicas. A empresa como agente de efetivação dos direitos sociais: notas introdutórias ao direito empresarial constitucional. *Revista Brasileira de Políticas Públicas*, v. 6, n. 3, dez. 2016.

[493] Na mesma linha exposta por Rodrigo Mascarenhas, para cogitar cumulação sancionatória em razão da proteção de bens jurídicos distintos, entendemos que essa distinção precisa ser "clara e inequívoca (e não artificial), o que, por exemplo, não é o caso da sobreposição de punições em matéria de licitação". A Constituição apresenta um exemplo de proteção a distinto bem jurídico, indicando o sancionamento autônomo. O art. 173, §§4º e 5º, da Constituição de 1988, prevê a repressão às infrações à ordem econômica, assentando que, sem prejuízo da responsabilização das pessoas físicas, haverá também responsabilização das pessoas jurídicas, sujeitando-as às punições compatíveis com a sua natureza. Parece-nos,

responsabilização que apresentam a mesma natureza jurídica. Ou seja, ainda que se admita a conjugação de sanções em diferentes planos de responsabilização, não deveria haver sobreposição punitiva na mesma esfera. Veja-se, por exemplo, que o ordenamento jurídico brasileiro é pródigo em sobreposições sancionatórias de natureza administrativa nas contratações públicas (cf. seção 4.5.2.1), que representam violações ao *ne bis in idem* sob o aspecto formal.

A vertente material do *bis in idem* impede a dupla incidência, pelos mesmos fatos e para proteger bens jurídicos análogos, de punições substancialmente idênticas, ainda que se entenda que apresentam naturezas jurídicas distintas, notadamente em razão da autoridade responsável pela incidência. O mais evidente exemplo é a sanção de multa, prevista tanto na Lei nº 12.846/2013 como na Lei nº 8.429/1992. Parece-nos que a pretensão de dupla incidência de punições que, em sua essência, são idênticas, pelo simples fato de que figuram em distintos esquemas normativos ou sob o preciosismo de que possuiriam naturezas jurídicas diversas (administrativa e civil), representava inadequada afronta à lógica de evitar dupla punição pela mesma hipótese. As distinções entre as referidas multas são apenas construções doutrinárias artificiais. Ao fim, são punições pecuniárias, que se somam, pelos mesmos fatos, quando da pretendida aplicação cumulada das Lei nº 12.846/2013 e Lei nº 8.429/1992.

Já sob a vertente processual, a releitura do regime à luz da vedação ao *bis in idem* deveria também limitar a coexistência, em relação ao mesmo plano de responsabilização, de múltiplos expedientes investigatórios ou de diversos processos potencialmente sancionatórios sobre os mesmos fatos. Tal quadro, que hoje é habitual, compele o infrator a se defender, diversas vezes, em relação às mesmas condutas, em diferentes feitos e perante autoridades estatais distintas.

A vertente processual do *ne bis in idem* deveria impedir não apenas que o suposto infrator respondesse a um novo processo, quando anterior já tivesse exaurido, como também que se desdobrasse em múltiplas defesas em diferentes expedientes inaugurados pelas autoridades estatais em relação a um mesmo plano de responsabilização.[494]

---

portanto, que a responsabilização da pessoa jurídica por infrações à ordem econômica deverá ocorrer em expediente próprio, pela autoridade com competência para tanto, conforme rito previsto em norma infraconstitucional, sem prejuízo da incidência do art. 22, §3º, da LINDB. Cf. MASCARENHAS. Op. cit. p. 69.

[494] Fazendo menção a interpretações da vertente processual do *ne bis in idem* que sustentariam a impossibilidade de o infrator responder a outro processo quando um anterior já estiver aberto ou quando já houver sido processada por aquela conduta, cf. ARÊDES, Sirlene Nunes.

Nessa linha, em acertada inovação, o art. 159 da Lei nº 14.133/2021 passou a prever a apuração e o julgamento conjuntos dos atos previstos como infrações à lei geral de licitações e que também sejam tipificados na Lei Anticorrupção.[495]

O STF foi o primeiro a chamar atenção para a existência de possível *bis in idem* no sistema anticorrupção brasileiro. No julgamento dos Mandados de Segurança nº 35.435, 36.173, 36.496 e 36.526, o voto-conjunto proferido pelo Ministro Gilmar Mendes, relator dos casos, que foi acompanhado pela maioria dos ministros da 2ª Turma, explicita a preocupação daquele Tribunal com as vertentes formal e material do *bis in idem*. O Ministro entendeu que o TCU não poderia impor sanção de inidoneidade, com fulcro na Lei nº 8.443/1992, pelos mesmos fatos que haviam dado ensejo à celebração de acordo de leniência com a CGU/AGU, em que se afastara, entre outras providências, justamente a incidência de sanções das Leis nº 8.429/1992, 8.666/1993 e 12.846/2013, incluindo a decretação de inidoneidade.

Em dois dos mandados de segurança referidos, as empreiteiras Andrade Gutierrez Engenharia[496] e TC Engenharia haviam celebrado acordos de leniência com a CGU/AGU em relação a questões da Usina Termonuclear de Angra III. Segundo o Ministro, havia "inegável sobreposição fática entre os ilícitos admitidos pelas colaboradoras perante a CGU/AGU e o objeto de apuração do controle externo".[497] Afirmou, ainda, que se a demonstrada "sobreposição fática não for considerada de forma harmônica, sobreleva-se o risco de determinada empresa ser apenada duas ou mais vezes pelo mesmo fato, a despeito

---

Ne bis in idem: direito fundamental constitucional aplicável na relação entre as esferas penal e administrativa geral no direito brasileiro. *Direito, Estado e Sociedade*, n. 52, p. 208, jan./jun. 2018.

[495] Para tentar minorar o possível *bis in idem* processual, andou bem o Decreto Federal nº 8.420/2015 que, em seu art. 12, determinou a apuração e julgamento conjunto, nos mesmos autos, de infrações que sejam tipificadas simultaneamente como atos lesivos pela Lei nº 12.846/2013 e como infrações administrativas pela Lei nº 8.666/1993, atual Lei nº 14.133/2021. A apuração conjunta e o sancionamento em decisão única, no caso, afastam o risco de *bis in idem*. De toda forma, Repetindo aqui: melhor solução do que a trazida pelo art. 16 do mesmo decreto, que reafirma a possibilidade de aplicação de medidas de exclusão dos procedimentos licitatórios com fulcro nas normas sobre licitações e contratos, seria a de promover alteração normativa para que a sanção de exclusão resultasse de determinados atos lesivos previstos na Lei nº 12.846/2013 (cf. seção 4.5.2.2), incidindo, assim, apenas um único esquema de responsabilização.

[496] Conforme narrado no voto, a empreiteira Andrade Gutierrez Engenharia havia também celebrado acordo de leniência com o MPF e termo de compromisso de cessação com o CADE.

[497] MENDES, Gilmar. STF. Voto-conjunto proferido no julgamento dos Mandados de Segurança nº 35.435, 36.173, 36.496 e 36.526. Data de julgamento: 26.09.2020.

de não ser evidente a pluralidade de bens jurídicos tutelados pelas distintas esferas de responsabilização".

Finalmente, com a reforma da lei por ato de improbidade administrativa, limitou-se o *bis in idem* sob a vertente formal e material no sistema brasileiro de combate à corrupção. O art. 12, §7º, da Lei nº 8.429/1992 agora expressamente dispõe que as sanções aplicadas a pessoas jurídicas deverão observar o princípio do *non bis in idem*. Mais concretamente, o art. 3º, §2º, estabelece que as sanções por ato de improbidade administrativa não devem ser aplicadas a pessoas jurídicas caso a conduta seja também sancionável pela Lei Anticorrupção.

Esses dispositivos devem agora repercutir em outros pontos do sistema brasileiro anticorrupção, a exemplo da negociação de acordos de leniência, em que a prática consistia em cumular multas atinentes à Lei nº 8.429/1992 e à Lei nº 12.846/2013, em *bis in idem*.

De todo modo, considerando a organização do sistema brasileiro anticorrupção, composto de uma multiplicidade de atores autônomos entre si e inseridos em distintos planos federativos, não é singelo promover a releitura de todo o sistema à luz de uma mais abrangente interpretação do *ne bis in idem*. Para viabilizar melhor organicidade do sistema em um quadro como esse, torna-se imprescindível que se recorra também a um instrumento como a conferência de serviços italiana.

4.8.3 A conferência de serviços como instrumento de coordenação

Se a legislação infraconstitucional não poderia restringir atribuições constitucionais concedidas a um determinado órgão e transferi-las para outro, nada impediria, no entanto, que normas infraconstitucionais determinassem a aproximação entre órgãos ou entidades diferentes, desde que respeitadas as suas competências de índole constitucional.

Por exemplo, a Lei nº 13.334/2016, que cria o Programa de Parcerias de Investimentos (PPI), traz um expresso dever para órgãos, entidades e autoridades estatais – inclusive os autônomos e independentes – de atuação conjunta e eficiente, a fim de viabilizar a estruturação, a liberação e a execução dos projetos. De modo mais sutil, a Lei nº 13.874/2019, que institui a declaração de direitos de liberdade econômica, estabelece um direito ao recebimento de tratamento isonômico por órgãos e entidades da Administração quanto ao exercício de atos de liberação da atividade econômica.

Seria possível ir além das previsões normativas mencionadas e estabelecer verdadeira procedimentalização do dever de atuação conjunta de diferentes órgãos do Poder Público. De fato, um caminho para a coordenação dos múltiplos atores responsáveis pela aplicação de uma pletora de diferentes normas jurídicas do sistema brasileiro de combate à corrupção seria a introdução no Brasil, como já sugerido por Floriano de Azevedo Marques Neto, de um modelo assemelhando à conferência de serviços, oriunda do direito italiano.[498]

Previsto no art. 14 da *Legge* 241/1990 (a lei italiana sobre processo administrativo), a conferência de serviços é um procedimento que tem por objetivo a reunião de diferentes órgãos públicos da Administração, seja com o escopo de melhor instruir um expediente com as diferentes visões sobre o interesse público incidente na matéria, seja com o objetivo de obter uma deliberação consertada sobre algum aspecto controvertido atinente às diferentes visões de interesse público envolvidas.

Segundo Sabino Cassese, em uma conferência de serviços, "os diferentes interesses públicos estão sujeitos à avaliação contextual, por parte dos representantes das administrações relevantes, especificamente reunidos".[499] Ainda conforme o autor, o mecanismo "simplifica o procedimento, acelerando-o e promovendo a coordenação entre administrações e a comparação entre os interesses envolvidos".[500]

No modelo original italiano, em síntese, a conferência de serviços divide-se em dois tipos: instrutória e decisória. A instrutória pode ser convocada quando o órgão detentor do poder administrativo entender apropriado realizar um exame contextual dos diversos interesses públicos envolvidos, não restando, contudo, vinculado às soluções apresentadas durante a conferência (art. 14.1). A decisória é convocada quando há dissidência de entendimentos ou quando a decisão de um

---

[498] A sugestão foi apresentada em MARQUES NETO, Floriano de Azevedo. Sistema anticorrupção do país gera incerteza jurídica. *Consultor Jurídico*, 19 ago. 2018. Disponível em: https://www.conjur.com.br/2018-ago-19/floriano-marques-neto-sistema-anticorrupcao-gera-incerteza-juridica. Acesso em: 25 abr. 2020. É interessante registrar que Guilherme Jales Sokal, em comentários à versão preliminar deste capítulo, alertou que, no Brasil, o art. 15 do CPC, combinado com o art. 69, IV, do mesmo diploma, já permitiria, em processos administrativos federais, uma solução semelhante à conferência de serviços, com atuação concertada de diferentes atores em um mesmo processo administrativo. Sobre a relação entre o federalismo brasileiro e o novo CPC, permitindo a aplicação subsidiária e supletiva do código aos processos administrativos federais, cf. SOKAL, Guilherme Jales. O novo CPC e o federalismo. *Revista Brasileira de Advocacia Pública*, ano 3, n. 4, p. 183-211, 2017.

[499] CASSESE, Sabino. *Istituzioni di diritto amministrativo*. 4. ed. Milão: Giuffrè, 2012. p. 306.

[500] Idem.

centro de poder depende de manifestação de vontade de outro, que não a proferiu (art. 14.2).[501]

A conferência de serviços admite, em algumas situações, também a convocação por particulares, quando a atividade particular está subordinada ao consentimento de mais de uma esfera de poder da Administração (art. 14.4).

Um exemplo de utilização da conferência de serviços seria a realização de uma obra pública que demande uma série de atos administrativos da Administração, como licenças expedidas por órgãos ambientais. Em vez de o particular correr o risco de se submeter a diferentes entendimentos de cada centro de poder, eventualmente de distintos entes federativos, o Poder Público poderia se reunir na conferência de serviços e adotar entendimento único.

Versando sobre o instituto, Rafael Wallbach Schwind demonstra que a conferência de serviços funciona como um importante mecanismo para a resolução consensual de divergências administrativas. Segundo o autor, "a conferência de serviços atinge resultados efetivos porque concentra todas as discussões em um único ato, no qual todos os interessados estarão devidamente representados". De fato, "caso não houvesse essa reunião, as divergências continuariam existindo e o particular não teria condições de definir a sua atuação justamente em virtude dessa indefinição estatal".[502]

Inspirada na conferência de serviços, a Lei nº 14.210/2021 instituiu a "decisão coordenada" no âmbito dos processos administrativos da Administração Pública federal, ressaltando, no entanto, que o instituto não se aplicaria a processos relacionados ao poder sancionador ou em que estejam envolvidas autoridades de poderes distintos.

As previsões da Lei nº 14.210/2021 não parecem suficientes para incrementar a coordenação do sistema brasileiro de combate à corrupção. O arranjo brasileiro poderia se beneficiar de uma espécie de conferência de serviços ampliada. Não basta um instituto para solucionar controvérsias apenas no interior da Administração Pública. Seria preciso ir além, permitindo a convocação para atuação conjunta, quando necessário, não apenas de órgãos da Administração direta de um determinado ente federativo, mas também de seus pares de entes federativos diversos, assim como do Ministério Público e eventualmente

---

[501] Ibid. p. 306-307.
[502] SCHWIND, Rafael Wallbach. *Resolução consensual de controvérsias administrativas*: elementos para a instituição da "conferência de serviço" no direito brasileiro, p. 9. Mimeo.

do Tribunal de Contas, quando envolver competências da Corte de Contas.

Considere-se, por exemplo, a pretensão de instaurar um processo administrativo de responsabilização pela CGU em razão de uma infração à higidez de um procedimento licitatório, conforme descrito no art. 5º, IV, da Lei nº 12.846/2013, que tenha ocasionado danos não apenas à União, mas também a um Estado da Federação, por conta do financiamento conjunto da obra pública. Seria incoerente e assistemático que o infrator se submetesse a dois distintos processos administrativos sancionatórios, instaurados e processados por autoridades diversas. Aliás, a hipótese configuraria inclusive *bis in idem* sob o aspecto formal, como visto anteriormente. Esse seria um caso de instauração obrigatória de conferência de serviços pela autoridade que identificar a presença de semelhantes interesses jurídicos de outro ente da federação, devendo convocar para atuação conjunta, no processo administrativo, também os órgãos públicos com competência para tanto no outro ente público lesado.

Hipótese facultativa de conferência de serviços poderia se dar quando o Ministério Público obtivesse provas em expediente criminal, como uma colaboração premiada, acerca de ilícitos ocorridos em processos administrativos. Para a imposição de eventuais sanções administrativas, o Ministério Público poderia, se entendesse pertinente, instaurar conferência de serviços para compartilhar elementos probatórios com a Administração Pública lesada, restando ali acordada a forma de atuação que deveria ser adotada pelo ente público. Por exemplo, seria possível acordar que o ente público lesado instaurasse um processo administrativo de responsabilização, promovesse uma auditoria interna ou inaugurasse um expediente sancionatório contratual, sendo certo que a Administração restaria vinculada a proceder conforme restasse decidido na conferência de serviços. Diligências assim acordadas poderiam acabar sendo úteis inclusive para o Ministério Público, na continuidade de suas investigações.

Outra hipótese facultativa de conferência de serviços seria o eventual interesse de órgãos de advocacia pública ou do Ministério Público em decidir estratégia conjunta em demanda para responsabilização judicial nos termos da Lei nº 12.846/2013 ou para o ajuizamento de ações por ato de improbidade administrativa, compartilhando elementos probatórios e evitando a sobreposição de ações da espécie.

Como se verá no Capítulo 6, parece-nos que as negociações para celebração de acordos de leniência, especialmente quando envolvem interesses de diferentes entes da federação, são hipóteses que deveriam ser previstas normativamente para a instauração obrigatória de conferência de serviços entre as autoridades relevantes para a celebração dos feitos.

A proposta aqui apresentada não invadiria competências próprias de cada órgão ou entidade do sistema brasileiro de combate à corrupção, que preservariam as autonomias decisórias atinentes às suas esferas constitucionais ou legais de poder, mesmo quando atuando em uma conferência de serviços. Não se sustenta a sublimação de competências ou prerrogativas constitucionais de cada um dos atores que compõem o sistema. O instituto teria por escopo a aproximação e a coordenação entre diferentes atores, que deveriam chegar a uma resolução consensual de suas eventuais controvérsias.

4.9 Conclusões parciais: um modelo inefetivo e desarmônico

Ao longo deste capítulo, destacaram-se os problemas no desenho punitivo das pessoas jurídicas no Brasil. O modelo pátrio se notabiliza por três destacadas características: a baixa efetividade punitiva; a desarmonia normativo-institucional; e a imprevisibilidade sancionatória.

Não fosse o bastante, o sistema brasileiro, pela sua grandeza e complexidade, é também custoso. Sendo a redução dos custos sociais totais dos malfeitos premissa de uma estratégia eficiente, a racionalização do modelo é imperiosa para que recursos sociais não sejam desperdiçados em dispensáveis ineficiências (cf. seção 2.6.2).

Acreditamos que as desarmonias e incertezas do regime reforcem laços de corrupção entre as empresas e os agentes públicos, contribuindo para acentuar a baixa efetividade do modelo. A imprevisibilidade sobre tantas variáveis naturalmente reduz a propensão de que a empresa venha a colaborar com a Administração Pública para esclarecer o ilícito em que se envolveu (cf. seção 6.3.3). Ocorre que foram justamente as experiências de consensualidade no combate à corrupção que apresentaram resultados efetivos no Brasil. Nesse passo, considerando a verdadeira dependência estatal da cooperação privada para a persecução de ilícitos empresariais (cf. seção 3.4.2), a imprevisibilidade e a insegurança do regime sancionatório brasileiro se trata de uma crítica externalidade negativa, que tende, ao fim, a acentuar a já diminuta efetividade do regime.

A aparente inefetividade do modelo também compromete a precípua função da responsabilização da pessoa jurídica, que é garantir que a empresa não se beneficie direta ou indiretamente dos ilícitos cometidos pelos indivíduos a ela vinculados. Não havendo substancial risco de responsabilização, as pessoas jurídicas não serão suficientemente estimuladas a adotar os esforços necessários para dissuadir a conduta ilícita dos indivíduos que a elas se vinculam (cf. seção 3.3 e Capítulo 5). Com isso, o regime não conseguirá alcançar os indivíduos que compõem as pessoas jurídicas, não sendo hábil em influenciar e conformar seus comportamentos.

O apropriado desenho de uma política de estímulo aos denunciantes (*whistleblowers*) poderia minorar esse quadro e propiciar um novo instrumento de consensualidade para a proteção da integridade pública. Todavia, como se viu, tampouco esse instrumento se encontra adequadamente estruturado no País.

Diante de tão baixa probabilidade de suportar punição, não apenas o engajamento empresarial no esforço anticorrupção resta enfraquecido (cf. seção 3.3 e Capítulo 5) como também são poucos os incentivos à busca de soluções negociais (cf. seção 3.5 e Capítulo 6). Ou seja, nos termos adotados neste trabalho, as falhas de estruturação do modelo de responsabilização empresarial – que é o segundo eixo da abordagem integrada para o tratamento da corrupção empresarial – inevitavelmente prejudicarão o desempenho e os resultados do terceiro e do quarto eixo.

Retomando o que foi afirmado no Capítulo 3, cada um dos eixos que compõem uma estratégia anticorrupção eficiente deve ser em si estruturado adequadamente para, entrelaçando-se aos demais, formar um adequado sistema de incentivos. Sem aprimoramentos ao desenho do regime brasileiro de responsabilização empresarial, os demais eixos da abordagem integrada aqui examinada também restarão comprometidos.

CAPÍTULO 5

O ENGAJAMENTO EMPRESARIAL AO ESFORÇO ANTICORRUPÇÃO E OS SISTEMAS DE *COMPLIANCE* NO BRASIL

5.1 A necessária cooperação público-privada

No capítulo anterior, foram analisados os diversos problemas do regime brasileiro de responsabilização das pessoas jurídicas. As dificuldades para conseguir dissuadir a corrupção apenas pelas ameaças punitivas estatais conduzem ao terceiro eixo de uma abordagem anticorrupção eficiente: a imperatividade do engajamento das próprias pessoas jurídicas no esforço de promoção da integridade pública (cf. seção 3.4).

As limitações da capacidade sancionatória do Estado e a assimetria informacional em relação às empresas tornam o Poder Público muito dependente da cooperação privada (cf. seção 3.4.2). Pela posição única em que as empresas se encontram nas relações corruptas (cf. seção 3.4.1), engajá-las na agenda anticorrupção é fundamental. A cooperação público-privada não é apenas desejada, mas necessária.

Além disso, o engajamento empresarial propiciará maior foco em medidas de prevenção e dissuasão de práticas ilícitas, que devem ser o escopo central de uma estratégia anticorrupção eficiente, por todas as razões vistas anteriormente (cf. seção 2.6.1).

Não fosse o bastante, esse auxílio empresarial é também o meio mais custo-efetivo para alcançar a conformação do comportamento dos indivíduos que se vinculam às empresas (cf. seção 3.4.2), contribuindo para a minimização do custo social total da corrupção (cf. seção 2.6.2). Conforme pressupomos como hipótese deste trabalho, um adequado arranjo normativo-institucional anticorrupção precisa evitar que os indivíduos cometam ilícitos, não sendo suficiente apenas sancionar as empresas (cf. seção 3.2). O genuíno engajamento empresarial é o meio mais custo-efetivo para tal fim.

Essas constatações levaram a um maior empenho dos legisladores em estimular a cooperação empresarial ao esforço anticorrupção. No entanto, essa possível contribuição só será efetiva mediante a presença de dois fatores.

Em primeiro lugar, a ameaça sancionatória do Poder Público, por seus próprios meios, precisaria ser crível e substancial (cf. Capítulo 4). É justamente o risco de que a empresa venha a ser responsabilizada pelos malfeitos perpetrados pelos indivíduos a ela vinculados que cria suficientes incentivos à adoção de medidas de prevenção (cf. seção 3.4.5). Não se fazendo presente tal premissa, é provável que as empresas consigam se beneficiar, com baixo risco sancionatório, das condutas ilícitas perpetradas pelos indivíduos a ela vinculados, razão pela qual não haverá suficientes estímulos para a adoção de medidas de prevenção.[503] Constata-se, mais uma vez, a necessária inter-relação e complementariedade dos diferentes eixos da abordagem integrada para o tratamento da corrupção (cf. seção 3.1).

Em segundo lugar, as empresas precisam ser incentivadas adequadamente pelo Estado a estruturar políticas e instrumentos relacionados a esse esforço anticorrupção, englobando as três principais atividades de autorregulação anticorrupção (prevenção, automonitoramento e autodenúncia – cf. seção 3.4.4). Não havendo tal preocupação, o terceiro eixo da abordagem integrada anticorrupção não alcançará, por si, seus objetivos. Ao longo deste capítulo, será possível constatar a existência de diversos problemas no sistema de incentivos atualmente produzido pelo ordenamento jurídico brasileiro.

Consagrou-se ao redor do mundo, com base em pioneira experiência estadunidense, que a cooperação do segmento empresarial ao esforço anticorrupção se materializaria e seria comprovada por meio de programas de *compliance* anticorrupção. Não seria imperioso que assim o fosse.[504] Ao fim, o que o Poder Público precisa obter das

---

[503] Cf. ARLEN, Jennifer. The potential promise and perils of introducing deferred prosecution agreements outside the U.S. *In*: MAKINWA, Abiola; SØREIDE, Tina. *Negotiated Settlements in Bribery Cases*: A Principled Approach. Northampton: Edward Elgar, 2020. p. 164-165.

[504] Em estudo que busca medir o impacto dos sistemas de *compliance* na atuação em conformidade das empresas, Christine Parker e Vibeke Nielsen concluem que uma boa administração e bons valores empresariais provavelmente são mais importantes para influenciar a ação em conformidade às regras do que a elaboração de um programa formal de *compliance*.

empresas é um auxílio de autocontrole privado para fins públicos[505] – na feliz expressão de Carlos Ari Sundfeld –, consubstanciado na execução das três atividades de autorregulação anticorrupção (cf. seção 3.4.4). Todavia, como se verá quando do exame da evolução histórica do instituto nos Estados Unidos, as próprias empresas, também por seus interesses, influenciaram o estabelecimento de legislações que adotaram os programas da espécie como meio de demonstração de seu esforço anticorrupção.

Nessa seara, o legislador utiliza duas distintas estratégias normativas para levar à implementação de estruturas de *compliance* no meio empresarial: a simples imposição compulsória, por meio de uma norma jurídica; ou o desenho de sistemas compostos de responsabilização empresarial (cf. seção 3.4.5), que buscam estimular a criação das políticas de conformidade mediante a concessão de benefícios.[506]

As diversas previsões sobre controle interno e gestão de riscos na Lei nº 13.303/2016 (Estatuto das Estatais),[507] bem como a obrigatoriedade de implantação de programa de integridade para contratar obras, serviços e fornecimentos de grande vulto para o Poder Público (art. 25, §4º, da Lei nº 14.133/2021), são exemplos da primeira estratégia.

A segunda estratégia foi adotada pela Lei Anticorrupção brasileira. O diploma trouxe um sistema de responsabilização baseado no cumprimento de contrapartidas (cf. seção 3.4.3), no qual a existência de procedimentos e mecanismos de integridade são considerados para abrandar a sanção de multa que poderia ser imposta pelo cometimento de ilícitos previstos naquela legislação. Estratégia semelhante foi usada pela Lei nº 14.133/2021, que prevê que a existência ou o aperfeiçoamento de programas de integridade será parâmetro na aplicação de sanções (art. 156, §1º, V), bem como requisito indispensável, em determinadas hipóteses, para a reabilitação de licitante ou contratado punido (art. 163, parágrafo único). Portanto, também no Brasil, os programas de *compliance* anticorrupção foram eleitos pelo legislador como meios de demonstração do engajamento empresarial na política pública anticorrupção.

Cf. PARKER, Christine; NIELSEN, Vibeke Lehmann. Corporate Compliance Systems: Could They Make Any Difference? *Administration & Society*, v. 41, n. 1, p. 5, mar. 2009.

[505] Cf. SUNDFELD, Carlos Ari. *Compliance*: uma reflexão sobre os sistemas de controle nos setores privados e públicos. *Cadernos FGV Projetos*, ano 11, n. 28, p. 92, nov. 2016.

[506] Cf. ODED, Sharon. *Corporate Compliance*: New Approaches to Regulatory Enforcement. Cheltenham: Edward Elgar Publishing Limited, 2013. p. 102.

[507] Cf. arts. 9º, 10, 12, inciso I; 14, inciso I; e 24 e 32.

Analisando a realidade brasileira, o presente capítulo tem por escopo aprofundar o terceiro eixo da sugerida abordagem integrada anticorrupção, examinando mais detidamente os potenciais, os limites e as dificuldades da estruturação dos programas de integridade/*compliance* no Brasil, como instrumento de demonstração do engajamento empresarial no esforço anticorrupção. Como se verá, há diversas complexidades relacionadas a esses programas, que vêm sendo menosprezadas na realidade brasileira.

5.2 Esclarecimentos iniciais: o que é e qual é a importância de um programa de *compliance* anticorrupção?

5.2.1 Desmistificando a nomenclatura: no que consiste o programa de *compliance* anticorrupção?

O termo *compliance*, absorvido da língua inglesa e hoje corriqueiramente utilizado na prática jurídica e empresarial nacional, vem sendo por vezes empregado entre nós com pouco rigor terminológico. *Compliance* é uma palavra simples, em sua língua original. Trata-se tão somente da substantivação do verbo *to comply*, que significa cumprir, acatar, obedecer a algo. Assim, o vocábulo *compliance*, por si só, não tem relevante carga axiológica. A rigor, estar em *compliance* nada mais é que obedecer a uma determinação, seja normativa ou não.

A expressão não precisa estar associada a práticas de prevenção e dissuasão de corrupção nem à obediência a normas anticorrupção. Mesmo na seara jurídica é possível falar em diversas outras formas de *compliance*, como *compliance* tributário, criminal, antitruste, bancário, regulatório, trabalhista, das contratações públicas, de proteção de dados pessoais, entre outros.

Emprega-se o termo *compliance* em duas possíveis conotações, distintas entre si. A primeira é atinente justamente ao ato de obedecer às normas, práticas ou ordens postas. Nessa conotação, estrutura-se em três elementos: 1) a existência de um comando, norma ou padrão de comportamento, que é exógeno ao agente, ou seja, não foi por ele estabelecido; 2) a presença de um agente que deve amoldar seu comportamento a tal elemento exógeno; 3) o fato de que o agente não necessariamente agiria de acordo com tal comando, norma ou padrão, sendo útil, portanto, a criação de um incentivo ou a imposição de um dever de conduta para o conduzir à conformidade.[508]

Parece-nos que o emprego da palavra nessa acepção se trata de um mero anglicismo, uma vez que a língua portuguesa é dotada de verbos e substantivos que podem ser empregados em idênticas situações, sem qualquer perda de conteúdo semântico. Particularmente, preferimos a palavra "conformidade" para tal conotação.

A segunda utilização do vocábulo refere-se ao que seria em verdade um programa, sistema ou política de *compliance*. Nos Estados Unidos, tanto o *Organizational Sentencing Guidelines*[509] como o *Justice Manual*,[510,511] por exemplo, denominam de "*compliance programs*" os sistemas de organização empresarial que buscam estimular a conformidade às normas jurídicas. Assim como ocorre nos Estados Unidos e em outras partes do mundo,[512] no Brasil também se usa tão somente a palavra *compliance* para se referir de modo simplificado ao que em verdade é uma política ou sistema empresarial (como o "programa de *compliance*").

Por aqui, o vocábulo *compliance* consolidou-se fortemente associado ao que em rigor seria o "*compliance* anticorrupção". Pela já sedimentação no meio jurídico do termo em inglês, em especial para tratar de temas anticorrupção, neste trabalho opta-se pela adoção do termo para aludir às políticas internas de uma empresa que objetivem induzir um comportamento de conformidade às normas anticorrupção.[513] Com o escopo de evitar excessivas repetições, tais políticas também serão, ao longo do texto, denominadas de programas (ou sistemas) de conformidade ou de integridade.

---

[508] Cf. MILLER, Geoffrey Parsons. *The law of governance, risk management, and compliance*. Nova York: Wolters Kluwer Law & Business, 2014. p. 137.

[509] *Chapter Eight – Sentencing of Organizations. In*: ESTADOS UNIDOS DA AMÉRICA. *2018 Guidelines manual*. Disponível em: https://www.ussc.gov/guidelines/2018-guidelines-manual. Acesso em: 8 nov. 2019.

[510] Cf. 9-28.300 e 9-28.800. ESTADOS UNIDOS DA AMÉRICA. *Justice Manual*. Disponível em: https://www.justice.gov/jm/justice-manual. Acesso em: 27 out. 2019.

[511] Sobre os referidos documentos, cf. seção 5.3.1.

[512] Também apontando, em literatura estrangeira, que programas de ética e *compliance* são comumente chamados simplesmente de *compliance*, cf. PIETH, Mark. *Harmonising Anti-Corruption Compliance*: The OECD Good Practice Guidance 2010. Zurique: Dike, 2011. p. 45; e MILLER, Geoffrey Parsons. *The law of governance, risk management, and compliance*. Nova York: Wolters Kluwer Law & Business, 2014. p. 137-138.

[513] Naturalmente, seria possível optar por maior preciosismo linguístico e denominar tais sistemas empresariais de "programas de conformidade". Novamente, o uso da palavra *compliance* sem dúvida não parece imprescindível entre nós, uma vez que é de fácil tradução.

Mas no que consiste o programa de *compliance*? Em definição resumida, com foco no objetivo final do instituto, Geoffrey Miller sustenta que *compliance* se refere ao conjunto de processos por meio dos quais uma organização policia seu próprio comportamento para assegurar que está em conformidade com as normas aplicáveis.[514]

Acreditamos que a definição precisa ser ampliada com o objetivo de englobar outras dimensões desses instrumentos, que vão além do aspecto preventivo.[515] Assim, entendemos que o programa de *compliance*

---

[514] Cf. MILLER, Geoffrey Parsons. *The law of governance, risk management, and compliance*. Nova York: Wolters Kluwer Law & Business, 2014. p. 3.

[515] A literatura que versa sobre os programas de *compliance* costuma apontar que essas estruturas se organizam em três dimensões ou pilares: prevenção, detecção e resposta (ou correção). Preferimos falar em cinco diferentes dimensões fundamentais: prevenção, detecção, resposta, autodenúncia e contínuo aperfeiçoamento. Interpretação extensiva do conceito de "resposta" já ser suficiente para açambarcar todas as necessárias atividades de um programa de *compliance*. Particularmente, entendemos que as funções a serem desempenhadas por um programa bem estruturado restam melhor esclarecidas ao desdobrar a dimensão "resposta" em outras duas adicionais: autodenúncia e contínuo aperfeiçoamento. Assim, acreditamos que a classificação em cinco dimensões melhor explicita o conteúdo que o Poder Público espera de um programa de *compliance*. Com efeito, as cinco dimensões aqui mencionadas englobam as três atividades de autorregulação empresarial que o Poder Público almeja induzir nas empresas em uma estratégia anticorrupção eficiente (cf. seção 3.4.4), que se somam a outras duas características – resposta e contínuo aperfeiçoamento –, elementos inerentes ao programa de *compliance* como mecanismo de gestão. Entre as dimensões, a mais relevante é justamente a de prevenção aos ilícitos, por todas as razões já expostas na seção 2.6. Ocorre que é muito improvável – e sequer seria o equilíbrio ótimo, como já explorado no Capítulo 3 – que algum dia se alcance a plena dissuasão de todas as condutas ilícitas. Assim emerge a relevância da segunda dimensão dos programas de *compliance*, composta das medidas de automonitoramento para a detecção aos possíveis comportamentos desviantes que tenham sido cometidos, a despeito dos esforços de prevenção. O terceiro pilar concerne à resposta que o programa dará quando identificado um ato ilícito. Há diferentes facetas atinentes a essa dimensão. A uma, refere-se aos procedimentos de investigação interna e de eventual punição por parte da própria empresa dos envolvidos. A duas, diz respeito à remediação, ou seja, a que atos serão implementados para eventual aprimoramento ou retificação da falha que deu origem ao ilícito, bem como a procedimentos de reparação de eventuais danos ocasionados. A quarta dimensão diz respeito à autodenúncia empresarial. O Poder Público não estimula sistemas de integridade para que deem qualquer tipo de resposta aos casos de corrupção. Há uma resposta específica almejada: que as empresas tragam ao conhecimento das autoridades públicas a descoberta de condutas indevidas, especialmente quando o agir dos indivíduos caracterize condutas criminais ou de improbidade. Por fim, como último pilar, os programas de *compliance* devem manter política de contínuo aprimoramento. Considerando que a criatividade humana é ilimitada, os sistemas de integridade precisam continuamente evoluir, aproveitando as experiências que adquiram por conta dos eventos ocorridos e as novas ideias e observações de seus gestores, de modo que continuem efetivos para prevenção e detecção da corrupção ao longo do tempo. Para as três dimensões tradicionais do programa de *compliance*, cf. ZENKNER, Marcelo. *Integridade governamental e empresarial*: um espectro da repressão e da prevenção à corrupção no Brasil e em Portugal. Belo Horizonte: Fórum, 2019. p. 372-373. Para detalhamento da dimensão de resposta no meio empresarial, cf. SIEMENS. *The Siemens Compliance System*, p. 22-24. Disponível em: https://www.collective-action.com/publications/other/116. Acesso em: 17 dez. 2019; e KPMG. *Fraud risk management*: Developing a strategy for prevention, detection

consiste no conjunto de políticas e ações adotadas internamente em uma pessoa jurídica, desenhadas com o escopo de assegurar a conformidade às normas estabelecidas. Por meio delas, busca-se não apenas prevenir a ocorrência de violações ao regramento, mas também adotar medidas de detecção e tratamento de eventuais condutas indevidas que ocorram, a despeito dos esforços de prevenção.

O programa de *compliance* anticorrupção é uma especificação de um sistema de conformidade como definido anteriormente, em que a pessoa jurídica adota políticas e mecanismos internos para dissuadir e tratar episódios de corrupção, objetivando, assim, o agir em consonância com as normas anticorrupção.[516]

O ordenamento jurídico brasileiro apresenta uma definição para o que seriam programas de *compliance* anticorrupção. O art. 41 do Decreto 8.420/2015, ao tratar dos denominados programas de integridade, define-os como "conjunto de mecanismos e procedimentos internos de integridade, auditoria e incentivo à denúncia de irregularidades na aplicação efetiva de códigos de ética e de conduta, políticas e diretrizes com o objetivo de detectar e sanar desvios, fraudes, irregularidades e atos ilícitos praticados contra a administração pública, nacional ou estrangeira".

Veja-se que a legislação brasileira não utiliza a expressão "programa de *compliance*". No art. 7º, VIII, da Lei nº 12.846/2013, fala-se em "mecanismos e procedimentos internos de integridade". Já o Decreto Federal nº 8.420/2015, ao regulamentar a Lei Anticorrupção, refere-se a "programa de integridade", como definido em seu art. 41. A mesma nomenclatura também é adotada, por exemplo, pelo Decreto Estadual nº 46.366/2018, que regulamentou a Lei Anticorrupção no Estado do Rio de Janeiro. Por fim, essa também foi a denominação utilizada pela Lei nº 14.133/2021 ao exigir a existência ou o aperfeiçoamento de programas de integridade para contratar com o Poder Público em determinados casos.

---

and response, p. 23-26. Disponível em: https://home.kpmg/cn/en/home/insights/2014/05/fraud-risk-management-strategy-prevention-detection-response-o-201405.html. Acesso em: 17 dez. 2019. A dimensão de contínuo aperfeiçoamento é citada como parte da estrutura de *compliance* da Siemens. cf. SIEMENS. Op. cit. p. 25.

[516] Em semelhante toada, para a Controladoria Geral da União os programas da espécie seriam um "conjunto de medidas e ações institucionais voltadas para a prevenção, detecção, punição e remediação de fraudes e atos de corrupção". Cf. CONTROLADORIA GERAL DA UNIÃO. *Manual para implementação de programas de integridade – orientações para o setor público*, p. 6. Disponível em: https://www.cgu.gov.br/Publicacoes/etica-e-integridade/arquivos/manual_profip.pdf. Acesso em: 25 nov. 2019.

Em nosso entender, não há distinção conceitual relevante entre os termos "programa de *compliance* anticorrupção" e "programa de integridade". O "programa de integridade" é a nomenclatura adotada pela legislação brasileira para se referir a uma espécie de programa de *compliance* em sentido amplo, voltado à prevenção, à detecção e à remediação dos atos lesivos a que se refere a Lei nº 12.846/2013.[517] Para simplificar, neste trabalho, as expressões "programa de *compliance*" e "programa de integridade" serão utilizadas de modo fungível.

O art. 42 do Decreto Federal nº 8.420/2015 traz os parâmetros normativos atinentes à organização de um programa de integridade. A mesma sistemática é, em geral, repetida pelos decretos de outros entes que regulamentaram a referida norma, a exemplo do art. 62 do Decreto Estadual nº 46.366/2018 do Estado do Rio de Janeiro. Portanto, um sistema de conformidade empresarial que não obedeça a esses e outros parâmetros postos pela legislação brasileira simplesmente não está de acordo com o ordenamento jurídico vigente. Logo, não está "em *compliance*" com a legislação e, portanto, não mereceria ser tratado como tal. Em outros termos, um programa de *compliance* anticorrupção no Brasil necessariamente deve ser um programa de integridade, estruturado nos termos das normas jurídicas vigentes.

Ao adotar a expressão "programa de integridade", o Brasil apenas acompanha uma certa tendência mundial de batizar políticas da espécie com expressões que sinalizem que os sistemas irão além de buscar alcançar o mero cumprimento de regras jurídicas, pretendendo fazer florescer uma nova cultura de ética e integridade na empresa.[518]

Contraditoriamente, ao definir os elementos de um sistema de integridade, a legislação brasileira, como se verá, não enfatiza a

---

[517] Essa é a definição adotada pela Controladoria-Geral da União para os programas de integridade, ressaltando que são uma especificação dos programas de *compliance*. Em seus termos, o "programa de integridade é um programa de *compliance* específico para prevenção, detecção e remediação dos atos lesivos previstos na Lei nº 12.846/2013, que tem como foco, além da ocorrência de suborno, também fraudes nos processos de licitações e execução de contratos com o setor público". CONTROLADORIA-GERAL DA UNIÃO. *Programa de integridade*: Diretrizes para Empresas Privadas, p. 6. Disponível em: https://www.gov.br/cgu/pt-br/centrais-de-conteudo/publicacoes/integridade/arquivos/programa-de-integridade-diretrizes-para-empresas-privadas.pdf. Acesso em: 25 nov. 2019.

[518] Mark Pieth destaca que, com tal escopo, o termo "programa de *compliance* e ética" tem se tornado cada vez mais comum no exterior. Cf. PIETH, Mark. *Harmonising Anti-Corruption Compliance*: The OECD Good Practice Guidance 2010. Zurique: Dike, 2011, p. 45. Com efeito, o *Organizational Sentencing Guidelines* norte-americano também denomina tais estruturas de *"compliance and ethics program"*. Cf. §8B2.1(a). ESTADOS UNIDOS DA AMÉRICA. *2018 Guidelines manual*. Disponível em: https://www.ussc.gov/guidelines/2018-guidelines-manual. Acesso em: 8 nov. 2019.

importância da cultura empresarial, dando preferência a apresentar um rol de ferramentas tradicionais que entende imprescindíveis para uma adequada política de integridade.

5.2.2 A importância do programa de *compliance* anticorrupção

A relevância de um programa de *compliance* pode ser analisada sob dois distintos pontos de vista: para o Poder Público, que pode optar por incentivar ou não a organização de tais sistemas; e para as empresas, que deverão decidir se organizarão tais estruturas.

Eugene Soltes bem sintetiza a importância e os objetivos dos programas de *compliance*. Para o autor, essas políticas visam alinhar os comportamentos de indivíduos e empresas com as normas jurídicas e os valores fixados pelos Estados.[519] Como observa, não raras vezes, os interesses das empresas não estão em consonância com os objetivos fixados pelo Poder Público e as expectativas nutridas pela sociedade em que se inserem. Por exemplo, a moralidade é um princípio constitucional da Administração Pública, mas algumas empresas podem se sentir tentadas a corromper agentes públicos em troca de benefícios. Igualmente, os objetivos pessoais dos indivíduos que se vinculam às empresas podem diferir ou conflitar com os interesses da pessoa jurídica. No entanto, quando os indivíduos decidem atuar contrariamente às normas estabelecidas pelo Estado, acabam por colocar não apenas a si mesmos, como também as empresas que representam, em risco de responsabilização.[520]

Há interesse público na organização de estruturas da espécie genuinamente efetivas. Para o Estado, os programas de integridade são um mecanismo mais custo-efetivo para a conformação do comportamento dos indivíduos que se vinculam às empresas. Como o Estado jamais teria recursos e capilaridade suficientes para fiscalizar todos os atores do mercado em busca de tal alinhamento de interesses entre as partes envolvidas, os programas de integridade acabam por ser um mecanismo de delegação para a iniciativa privada do fardo de esforço de monitoramento de condutas ilícitas. Portanto, são instrumentos que,

---

[519] SOLTES, Eugene. Evaluating the effectiveness of corporate compliance programs: establishing a model for prosecutors, courts, and firms. *New York University Journal of Law & Business*, v. 14, n. 3, p. 976-977, 2018.
[520] Idem.

em teoria, permitem a redução dos custos com o aparato de controle público (cf. seção 2.6.2), com o alcance de resultados possivelmente mais efetivos.

Além disso, para o Poder Público, os programas de *compliance* servem como instrumento para a mensuração do esforço da empresa em agir em conformidade às normas anticorrupção. Se a política em exame for bem estruturada, atenderá aos fins de autorregulação anticorrupção esperados (cf. seção 3.4.4), contribuindo para a dissuasão da corrupção.

Já para as empresas, os programas de integridade também apresentam benefícios de diversas ordens: (i) se corretamente estruturados, reduzem o risco de ocorrência e responsabilização por corrupção, em razão da mais hábil prevenção e dissuasão dos ilícitos internamente; (ii) evitam que as operações e os negócios possam sofrer abalos por conta de investigações internas e externas, que certamente suscitariam custos adicionais, como os de defesa jurídica; (iii) representam vantagem competitiva no mercado, seja pelo aprimoramento da imagem, seja pela diferenciação dos concorrentes. Com efeito, programas da espécie podem contribuir para abrir novos mercados com contratantes ou parceiros comerciais que exigem tal providência daqueles com quem se relacionam; (iv) no mais, podem assegurar a obtenção de benefícios concedidos pela legislação, como ocorre na Lei nº 12.846/2013 e no Decreto nº 8.420/2015, bem como na Lei nº 14.133/2021.

5.2.3 Compliance como nova governança regulatória e metarregulação

O estímulo estatal à organização de programas de *compliance* é um exemplo de aplicação de técnica de regulação denominada, por parte da literatura jurídica, de "nova governança regulatória".[521,522]

---

[521] Sobre a denominada nova governança regulatória, cf. LOBEL, Orly. New Governance as Regulatory Governance. *In*: LEVI-FAUR, David (Ed.). *The Oxford Handbook of Governance*. Oxford: The Oxford University Press, 2014; e MENDONÇA, José Vicente Santos de. *Direito Constitucional Econômico*: a intervenção do Estado na Economia à luz da razão pública e do pragmatismo. Belo Horizonte: Fórum, 2014. p. 435.

[522] Entendendo que os programas de *compliance* representam o exercício da nova governança regulatória, cf. HESS, David; FORD, Cristie. Corporate Corruption and Reform Undertakings: A New Approach to an Old Problem. *Cornell International Law Journal*, v. 41, issue 2, p. 327-332, 2008; e KRAWIEC, Kimberly D. Cosmetic compliance and the failure of negotiated governance. *Washington University Law Quarterly*, v. 81, n. 2, p. 516-522, 2003. Em sentido contrário, sustentando que, como se dá hoje, a regulação estatal de uma política de *compliance* não se enquadra no modelo teórico de nova governança regulatória, cf. BAER, Miriam.

Afastando-se da relação adversarial estabelecida pela clássica estratégia de comando e controle, os modelos de nova governança buscam envolver os particulares – que detêm maior conhecimento setorial específico – na produção das normas regulatórias.[523] Cooperação e experimentalismo tornam-se elementos essenciais dessa estratégia.[524] Assim, segundo os defensores dessa técnica regulatória, incrementa-se a legitimidade democrática da regulação, o que conduz a uma maior obediência voluntária e, consequentemente, à redução de custos em fiscalização e sanção.[525]

A lógica da técnica em exame é a de que o Estado estabeleça apenas os princípios e objetivos básicos a serem alcançados, cabendo, a seguir, o envolvimento direto das empresas reguladas para desenvolver em concreto os mecanismos necessários para o alcance a tais nortes definidos pelo Poder Público.[526]

Em verdade, nova governança regulatória é um conceito guarda-chuva que engloba um conjunto de diferentes estratégias que procuram, por meio de maior interação entre os envolvidos, construir um arcabouço regulatório mais eficiente e que goze de maior legitimidade. São exemplos a regulação responsiva,[527] a regulação baseada em princípios,[528] a regulação baseada em riscos[529] e a metarregulação.[530]

A política estatal de incentivos normativos à formação de programas de *compliance* anticorrupção é uma manifestação de metarregulação, justamente uma das técnicas da nova governança regulatória.[531]

Governing Corporate Compliance. *Boston College Law Review*, v. 50, issue 4, p. 949-1019, 2009.

[523] Em semelhante toada, cf. LOBEL, Orly. New Governance as Regulatory Governance. *In*: LEVI-FAUR, David (Ed.). *The Oxford Handbook of Governance*. Oxford: The Oxford University Press, 2014. p. 69-71.

[524] A importância da cooperação e da experimentação é ressaltada, por exemplo, em HESS, David; FORD, Cristie. Corporate Corruption and Reform Undertakings: A New Approach to an Old Problem. *Cornell International Law Journal*, v. 41, issue 2, p. 327-328, 2008; e BAER, Miriam. Governing Corporate Compliance. *Boston College Law Review*, v. 50, issue 4, p. 1001-1002, 2009.

[525] Em semelhante sentido, cf. BAER, Miriam. Governing Corporate Compliance. *Boston College Law Review*, v. 50, issue 4, p. 1000-1001, 2009.

[526] Cf. HESS; FORD. Op. cit. p. 327.

[527] Sobre regulação responsiva, cf. AYRES, Ian; BRAITHWAITE, John. *Responsive regulation*: transcending the deregulation debate. Nova York: Oxford University Press, 1992; BALDWIN, Robert; CAVE, Martin; LODGE, Martin. *Understanding Regulation*: Theory, Strategy, and Practice. 2. ed. Oxford: Oxford University Press, 2012. p. 261-280; e VORONOFF, Alice. *Direito administrativo sancionador no Brasil*. Belo Horizonte: Fórum, 2018. p. 131-150.

[528] Cf. BALDWIN; CAVE; LODGE. Op. cit. p. 296-311.

[529] Ibid. p. 281-295.

[530] Ibid. p. 146-157.

[531] Convém observar que há uma pletora de nomenclaturas utilizadas para classificar técnicas regulatórias. Tratam-se de denominações distintas, utilizadas por diferentes autores que se

Adotando a definição de Robert Baldwin, Martin Cave e Martin Lodge, a metarregulação se organiza por meio de "processos em que a autoridade regulatória supervisiona um sistema de controle ou de gestão de riscos, em vez de realizar a regulação diretamente (...)".[532] Ainda conforme os mesmos autores, na metarregulação há uma delegação para as empresas da função de controle de risco, restando ao Estado-regulador a atividade de incentivar, supervisionar e auditar tal sistema.[533]

Quando opta pela metarregulação, o Estado-regulador não deve pretender descrever minuciosamente como o regulado deverá se comportar para alcançar os fins públicos traçados, limitando-se a requerer que desenvolvam seu próprio sistema de conformidade com a política estabelecida e que comprovem, quando necessário, que estão agindo em obediência às demandas estatais.[534] Somente assim o sistema regulatório estará aberto à experimentação, aproveitando da maior *expertise* técnica e prática do regulado quanto à sua própria estrutura de funcionamento, bem como em relação àquele setor econômico específico.[535]

---

debruçaram sobre o tema, para caracterizar métodos que, às vezes, apresentam semelhanças entre si. Adotamos, neste trabalho, definições apresentadas por Robert Baldwin, Martin Cave e Martin Lodge em livro dedicado à regulação. Na referida obra, os autores mencionam, por exemplo, os conceitos de autorregulação, autorregulação forçada, corregulação e metarregulação. Em brevíssima síntese, a autorregulação ocorreria quando "um grupo de empresas ou indivíduos exerce controle sobre seus próprios membros e seu comportamento". Citando Ian Ayres e John Braithwaite, na referida obra indica-se que a corregulação seria uma "autorregulação com alguma supervisão e/ou ratificação pelo Governo", enquanto a autorregulação forçada significaria uma espécie de subdelegação de "funções regulatórias para firmas reguladas". Por fim, para os autores, o termo metarregulação "similarmente se refere ao processo em que a autoridade regulatória supervisiona um sistema de controle ou de gestão de riscos, em vez de realizar a regulação diretamente (...)". Considerando essas definições, a regulação estatal sobre as políticas de *compliance* melhor se adequa ao conceito de metarregulação, uma vez que a autoridade estatal orienta e supervisiona uma política de gestão de riscos que deve ser empreendida pelas empresas reguladas. BALDWIN, Robert; CAVE, Martin; LODGE, Martin. *Understanding Regulation*: Theory, Strategy, and Practice. 2. ed. Oxford: Oxford University Press, 2012. p. 137-138, 146-147.

[532] Ibid. p. 147.
[533] Idem.
[534] Cf. BLACK, Julia. Paradoxes and Failures: "New Governance" Techniques and the Financial Crisis. *The Modern Law Review*, v. 75, issue 6, p. 1045, 2012.
[535] Para mais detida análise sobre os ganhos de expertise técnica e de eficiência potencialmente advindos de modelos de autorregulação ou de técnicas regulatórias que incorporem a participação de agentes privados, cf. BALDWIN; CAVE; LODGE. Op. cit. p. 139-141.

O regime brasileiro de enfrentamento da corrupção empresarial vale-se das potencialidades da metarregulação para beneficiar-se do engajamento empresarial na seara? O tema será retomado adiante, quando do exame dos elementos que conduzem a uma política de integridade efetiva (cf. seção 5.6.3).

5.3 A origem e a evolução dos programas de *compliance*

A adoção de práticas de *compliance* anticorrupção nos Estados Unidos – País berço desses sistemas – seguiu uma trajetória distinta da ocorrida no Brasil. Lá, o modelo surgiu por estratégia das próprias empresas e se consolidou por uma conjugação dos interesses do meio empresarial com os das autoridades públicas. Aqui, a política foi imposta por atos normativos oponíveis às empresas.

Segundo David Hess, as primeiras evidências de organização de programas semelhantes ao que hoje se entende como de *compliance* surgiram nos Estados Unidos ainda na década de 1960, quando empresas organizaram políticas de conformidade às normas antitruste. Mesmo sem haver a concessão de benefícios legais como contrapartidas, os referidos programas acabaram por se espalhar rapidamente como instrumento de gerenciamento do risco jurídico de responsabilização por ilícitos concorrenciais, sendo considerados exitosos em evitar litígios da espécie.[536]

Ainda conforme David Hess, a aprovação, em 1977, do FCPA pelo Congresso estadunidense deu novo impulso à organização de sistemas de *compliance*, dessa vez já com o escopo anticorrupção. Além de punir a corrupção de agentes públicos estrangeiros, o FCPA também determinava a organização de controles e registros de contabilidade internos, que tinham por objetivo justamente evitar que malabarismos contábeis escondessem pagamentos a agentes corruptos. Sistemas de gestão semelhantes aos modernos programa de *compliance* foram, assim, estruturados em razão do dever de conformidade a tais novos comandos de contabilidade.[537]

---

[536] Cf. HESS, David. Ethical infrastructures and evidence-based corporate compliance and ethics programs: policy implications from the empirical evidence. *New York University Journal of Law & Business*, v. 12, n. 2, p. 325, 2016.
[537] Idem.

Já Kimberly Krawiec e Eugene Soltes entendem que a origem dos modernos sistemas de *compliance* remonta, em verdade, a meados de década de 1980, quando ocorreram escândalos contratuais envolvendo empresas que atuavam no ramo da defesa nacional. À época, denúncias de um *whistleblower* trouxeram a público a notícia de fraudes e pagamentos de propinas a autoridades responsáveis por contratos públicos de defesa nacional. Como resposta ao escândalo, ao menos 55 empresas contratadas no ramo concordaram voluntariamente em adotar medidas conjuntas de autorregulação com o escopo de implementarem uma série de medidas internas de prevenção à corrupção.[538]

Assim, de acordo com a análise de Eugene Soltes, os modernos programas de *compliance* se consolidaram na realidade estadunidense porque tais estruturas se mostravam vantajosas tanto para as empresas como para os reguladores estatais. Para as empresas, era confortável adotar modelos de autorregulação, que lhes mantinham no controle das decisões sobre as práticas que deveriam ser adotadas dentro da seara empresarial, afastando a possível intervenção externa de reguladores estatais. Para as autoridades públicas, a autorregulação empresarial também se mostrava conveniente porque contribuía para minorar o risco de ilícitos empresariais, ao passo que reduzia o fardo técnico e informacional a ser processado pelo Estado para a expedição de uma regulação sobre o tema.[539]

O evento que colocou de vez a preocupação com *compliance* anticorrupção na agenda norte-americana, conforme análise de David Hess e Eugene Soltes,[540] ocorreu ainda em 1991, quando a *U.S. Sentencing*

---

[538] Sobre o caso, cf. KRAWIEC, Kimberly D. *Cosmetic compliance and the failure of negotiated governance*. Washington University Law Quarterly, v. 81, n. 2, p. 497, 2003; SOLTES, Eugene. Evaluating the effectiveness of corporate compliance programs: establishing a model for prosecutors, courts, and firms. *New York University Journal of Law & Business*, v. 14, n. 3, p. 967, 2018; e LAUFER, William S. Compliance and Evidence: Glimpses of Optimism from a Perennial Pessimist. *In*: TIEDEMANN, Klaus *et al*. *Die Verfassung moderner Strafrechtspflege*. Baden-Baden: Nomos, 2016. p. 430-431.
[539] SOLTES. Op. cit. p. 967.
[540] Cf. HESS. Op. cit. p. 326-328; SOLTES. Op. cit. p. 967-968.

Comission[541,542] fez inserir, no *Federal Sentencing Guidelines*,[543] normas que incentivavam a criação de tais programas, em capítulo denominado de *Organizational Sentencing Guidelines*.[544]

As novas disposições, fruto também do *lobby* do próprio setor empresarial,[545] dispunham que as companhias que tivessem um programa de *compliance* efetivo receberiam multas substancialmente reduzidas caso incorressem em ilícitos. Nesse passo, adotou-se, nos Estados Unidos, a responsabilização empresarial baseada no cumprimento de deveres/contrapartidas (*duty-based liability*), consistente na redução da magnitude da sanção imposta pelo Estado por conta da adoção, pela empresa, de um programa de *compliance* efetivo (cf. seção 3.4.3). Concedia-se uma sanção premial para as empresas em que, sem conhecimento ou concordância das camadas dirigentes, um empregado incorresse em condutas ilícitas para a obtenção de negócios em benefício da empresa.[546]

---

[541] Sobre a criação da United States Sentencing Commission e a produção das primeiras normas de responsabilização por ilícitos empresariais e de incentivo à conformidade, cf. LAUFER, William S. Compliance and Evidence: Glimpses of Optimism from a Perennial Pessimist. *In*: TIEDEMANN, Klaus *et al*. *Die Verfassung moderner Strafrechtspflege*. Baden-Baden: Nomos, 2016. p. 431-434.

[542] De acordo com o seu próprio site, a *U.S. Sentencing Commission* é uma agência independente no Poder Judiciário criada pelo *Sentencing Reform Act* de 1984, em resposta à disparidade nas sentenças federais. Uma de suas missões institucionais, provavelmente a principal, seria a de estabelecer políticas de sentença, além de práticas, para as cortes federais. Cf. UNITED STATES SENTENCING COMMISSION. *About*. Disponível em: https://www.ussc.gov/about-page. Acesso em: 19 nov. 2019.

[543] O documento, cuja observância não é obrigatória, nos termos do entendimento proferido pela Suprema Corte dos Estados Unidos quando do julgamento do caso United States v. Booker, 543 U.S. 220 (2005), é expedido pela *U.S. Sentencing Commission* com o escopo de buscar a padronização do sentenciamento em esfera federal.

[544] Cabe esclarecer que o *Organizational Sentencing Guidelines* não se limita às disposições sobre *compliance* empresarial, versando de modo mais amplo sobre a responsabilização criminal de empresas condenadas em crimes federais. Sobre o tema, cf. ARLEN, Jennifer. The Failure of the Organizational Sentencing Guidelines. *University of Miami Law Review*, v. 66, n. 2, p. 323-324, 337, jan. 2012.

[545] William Laufer relata que as primeiras propostas produzidas na Comissão se pautavam apenas da teoria da dissuasão, buscando o nível ótimo de sancionamento. A pressão do setor empresarial levou à incorporação de fatores de mitigação da responsabilidade. Cf. LAUFER, William S. Compliance and Evidence: Glimpses of Optimism from a Perennial Pessimist. *In*: TIEDEMANN, Klaus *et al*. *Die Verfassung moderner Strafrechtspflege*. Baden-Baden: Nomos, 2016. p. 431-432. Sobre o tema, cf. também KRAWIEC, Kimberly D. Organization Misconduct: Beyond the Principal-Agent Model, *Florida State University Law Review*, v. 32, issue 2, p. 611, 2005; e MCKENDALL, Marie; DEMARR, Beverly; JONES-RIKKERS, Catherine. Ethical compliance programs and corporate illegality: testing the assumptions of the corporate sentencing guidelines. *Journal of Business Ethics*, v. 37, issue 4, p. 370, jun. 2002.

[546] Cf. SOLTES. Op. cit. p. 967.

O *Organizational Sentencing Guidelines* não é o único documento a nortear a organização de políticas da espécie pelas empresas estadunidenses.[547] Desde 1999, com a publicação do já mencionado *Holder Memo* (cf. seção 3.2.3), o DOJ passou a sugerir que os promotores considerassem, quando da decisão de prosseguir ou não com as acusações criminais em face de empresas, a "existência e adequação do programa de *compliance* da corporação".[548] O documento alterou o tradicional entendimento de que os esforços internos de *compliance* não deveriam ser considerados em benefício da empresa. A partir de então, os entendimentos do DOJ também começaram a servir como guia para a estruturação dos programas de conformidade empresarial.

Outros memorandos e políticas do DOJ complementaram, ao longo do tempo, as previsões do *Holder Memo*, bem como consolidaram no *Justice Manual*, documento que orienta a atuação dos agentes públicos do DOJ, o entendimento quanto à importância de avaliar e considerar a efetividade do programa de *compliance* empresarial para a tomada de decisões acerca das acusações em face da corporação.[549]

Com base na experiência estadunidense,[550] a propagação ao redor do globo de normas jurídicas de responsabilização empresarial também

---

[547] Em 2005, a Suprema Corte dos Estados Unidos, quando do julgamento do caso United States v. Booker, 543 U.S. 220 (2005), pacificou o entendimento de que o *Organizational Sentencing Guidelines* não é de observância obrigatória pelos magistrados federais, servindo apenas como recomendação. Assim, consolidou-se a compreensão de que o referido documento não poderia ser o único paradigma acompanhado pelas empresas para bem estruturarem seus programas de *compliance*.

[548] Cf. HOLDER, Eric. Bringing Criminal Charges Against Corporations. *Memorandum*, p. 3, 16. jun. 1999. Disponível em: https://www.justice.gov/sites/default/files/criminal-fraud/legacy/2010/04/11/charging-corps.PDF. Acesso em: 27 out. 2019.

[549] Cf. 9-28.300 e 9-28.800. ESTADOS UNIDOS DA AMÉRICA. *Justice Manual*. Disponível em: https://www.justice.gov/jm/justice-manual. Acesso em: 27 out. 2019.

[550] Mais recentemente, outros dois eventos da história estadunidense colocaram os programas de *compliance* novamente entre as preocupações centrais das empresas. No começo dos anos 2000, uma série de falências de grandes empresas norte-americanas, entre as quais a Enron, uma das maiores do setor de energia, por conta de fraudes financeiras cometidas com a cumplicidade da empresa em auditoria de Arthur Andersen. Ela levou o Congresso estadunidense, em 2002, a aprovar o Sarbanes-Oxley Act, que traz diversas previsões sobre controle interno e *compliance* contábil. Embora não verse especificamente sobre corrupção empresarial, reforçou a organização de programas de *compliance* nas empresas para a conformidade às suas determinações. Anos depois, a crise financeira de 2008 nos Estados Unidos, iniciada no mercado imobiliário e que levou à falência ou à crise de várias empresas do bancário e financeiro, também deu origem a reação legislativa, com a aprovação do *Dodd-Frank Act*, de 2010, que determina uma série de normas de regulação e *compliance* para o setor financeiro Cf. MILLER, Geoffrey Parsons. *The law of governance, risk management, and compliance*. Nova York: Wolters Kluwer Law & Business, 2014. p. 139-140.

levou a reboque a difusão de regras que têm o escopo de incentivar a implementação de políticas de *compliance* nas empresas.

Um dos mais emblemáticos diplomas da espécie foi o *Bribery Act*, do Reino Unido, publicado em 2010. De acordo com o referido diploma, uma empresa pode ser responsabilizada se um indivíduo a ela associado oferece propina a outra pessoa para obter ou manter negócios em favor da empresa ou para obter ou manter vantagens na condução dos negócios em favor da empresa. Todavia, se tal empresa comprovar que tinha em funcionamento procedimentos adequados desenhados para prevenir que pessoas a ela associadas cometessem as referidas condutas ilícitas, então ela poderá restar isenta de responsabilização.[551] Tal regra restou conhecida como *compliance defense* (defesa pela existência da estrutura de *compliance*).[552]

O Reino Unido não foi o único caso de expansão das normas de incentivo aos programas de *compliance*. Na França, por exemplo, a Lei nº 2016-1691, conhecida como Lei Sapin-II, aprovada em 2016, tornou a instituição de programas de *compliance* anticorrupção obrigatória para empresas acima de um determinado tamanho. A falha na instituição de

---

[551] Cf. §7 (1) e 7 (2). REINO UNIDO. *UK Bribery Act 2010*. Disponível em: http://www.legislation.gov.uk/ukpga/2010/23/contents. Acesso em: 7 nov. 2019.

[552] Não faltam vozes defendendo que a existência de um programa de *compliance*, considerado efetivo pelas autoridades, deveria, por si só, resultar em imunidade sancionatória caso ainda assim ocorram faltas empresariais. Contudo, a análise econômica da questão suscita algumas ponderações. O legislador precisa assegurar que, em hipótese alguma, o cometimento de ilícitos passe a ser um comportamento vantajoso para as empresas. Portanto, a punição total que a empresa suporta precisa pelo menos igualar o benefício que adviria de sua conduta corrupta, embora idealmente deva alcançar o prejuízo social total. Ocorre que, por conta de considerável assimetria informacional, além de limitações de recursos, há dificuldades para o Estado em medir a *performance* de programas de *compliance* implementados nas empresas. É justamente a imposição de sanção residual que cria o incentivo para que a empresa de fato se esforce em evitar a ocorrência de ilícitos em suas estruturas, não bastando cumprir exigências formais para apresentação às autoridades de um dito programa de *compliance* supostamente suficiente. Assim, especialmente naqueles entes públicos capazes de verificar a genuína efetividade dos programas, a presença dos sistemas de integridade deve garantir a obtenção de redução das sanções como ferramenta de incentivo, mas não deve servir como excludente da responsabilização. É necessário, contudo, que a punição residual seja moderada, suficiente apenas para manter o estímulo à prevenção e à dissuasão. Se a punição remanescente for excessiva, talvez a empresa comece a não enxergar vantagem em realizar automonitoramento ou a se autodenunciar, preferindo conviver com o risco de ser pega (ou não) pelas autoridades públicas. Em sentido contrário, defendendo a implantação da defesa por *compliance* em outros ordenamentos, cf. WALSH, Charles J.; PYRICH, Alissa. Corporate compliance programs as a defense to criminal liability: can a corporation save its soul? *Rutgers Law Review*, v. 47, p. 605-690, 1995; e HUFF, Kevin B. The Role of Corporate Compliance Programs in Determining Corporate Criminal Liability: A Suggested Approach. *Columbia Law Review*, v. 96, n. 5, p. 1252-1298, jun. 1996.

tais políticas pode levar até a responsabilização pessoal do presidente ou diretores da companhia.[553]

No Brasil, a preocupação com programas de *compliance* anticorrupção é bem mais recente e seguiu um caminho bastante distinto da origem norte-americana. Nos Estados Unidos, antes mesmo da incorporação dos incentivos às estruturas em exame, as próprias empresas buscaram coordenar-se em determinados momentos para a adoção de mecanismos comuns de autorregulação empresarial. Já no Brasil, desde o início, o movimento de incorporação dos sistemas de *compliance* anticorrupção parece ter sido fruto de imposição normativa. Programas da espécie tornaram-se uma opção legislativa comumente adotada como reação a escândalos de corrupção. Percebe-se uma recente – porém cada vez mais difundida – tendência de inserção de previsões legislativas que criam incentivos ou mesmo imposições cogentes para a adoção de programas de conformidade por parte de entidades de direito público ou privado.

Exemplificativamente, a Lei nº 12.683/2012, ao alterar a Lei nº 9.613/1998, que versa sobre crimes de "lavagem" ou ocultação de bens, direitos e valores, inseriu, nos arts. 10 e 11, deveres típicos dos agentes financeiros de sistemas de *compliance*, como a adoção de políticas, procedimentos e controles internos, compatíveis com o porte e o volume de operações, entre outros. Na mesma toada, o Estatuto das Estatais (Lei nº 13.303/2016), em seu art. 9º, também impõe que a empresa pública e a sociedade de economia mista adotem regras de estruturas e práticas de gestão de riscos e controle interno típicas de uma política de *compliance*. O §4º do mesmo dispositivo não deixa dúvidas quanto ao objetivo de determinar a estruturação de programas de conformidade nas estatais ao se referir expressamente à "área de *compliance*" e assentar que o estatuto social deverá prever a possibilidade de que tal setor se reporte diretamente ao Conselho de Administração em situações em que se suspeite do envolvimento do diretor-presidente em irregularidades ou quando este se furtar a adotar medidas necessárias em relação à situação a ele relatada.

Já a Lei nº 12.846/2013 utiliza um regime de responsabilização baseada no cumprimento de contrapartidas (cf. seção 3.4.3) para

---

[553] MALGRAIN, Ludovic; PICCA, Jean-Pierre. *Compliance in France in 2019*. Disponível em: https://www.whitecase.com/publications/article/compliance-france-2019. Acesso em: 28 set. 2020. ARLEN, Jennifer. Corporate Criminal Enforcement in the United States: Using Negotiated Settlements to Turn Potential Corporate Criminals Into Corporate Cops. *NYU School of Law, Public Law Research Paper*, n. 17-12, p. 189-190, ago. 2018.

incentivar a estruturação de programas de integridade. Em seu art. 7º, VIII, fica estabelecido que a existência de um programa efetivo será "levada em consideração" quando da aplicação de eventuais sanções. Nesse sentido, o Decreto Regulamentador nº 8.420/2015 dispõe que a possível multa, espécie de sanção administrativa, será reduzida pela aplicação do programa (art. 18, V). Indo mais além, em seu art. 37, IV, o mesmo decreto impõe a adoção ou o aperfeiçoamento de um programa de integridade como requisito exigido pelas autoridades competentes para a celebração de um acordo de leniência.

A nova lei geral sobre licitações e contratos trouxe algumas previsões a respeito desses programas. No art. 25, §4º, exige-se que, nas contratações de obras, serviços e fornecimentos de grande vulto, o edital preveja a obrigatoriedade de implantação de programa de integridade pelo licitante vencedor. Já no art. 60, IV, há a previsão de desenvolvimento de programa de integridade pelo licitante como critério de desempate. Ademais, a implantação e o aperfeiçoamento de programa de integridade também são utilizados, no art. 156, §1º, V, como critério balizador para aplicação de sanções, bem como condição para a reabilitação, nos termos do art. 163, parágrafo único.

As políticas em exame, originalmente empresariais, acabaram por ser transplantadas até para a gestão pública brasileira. Em esfera federal, o Decreto nº 9.203/2017, que versa sobre a política de governança da Administração federal, exige, em seu art. 19, que todos os órgãos e entidades daquele ente federativo instituam programas de integridade, com o escopo de adotar medidas e ações atinentes à prevenção, à detecção e à punição de fraudes e atos de corrupção. O mencionado decreto incorpora, à Administração direta, autárquica e fundacional federal, a mesma lógica dos programas de integridade exigíveis de pessoas de direito privado por outras normas, impondo uma política interna nos órgãos e entidades do Poder Público que se paute nos mesmos elementos tradicionais de um sistema de *compliance* privado. Diversos outros entes federativos seguiram a mesma tendência, a exemplo do Estado e do Município do Rio de Janeiro, que, por meio dos Decretos nº 46.745/2019 e nº 45.385/2018, estabelecem o dever de instituição de programas de integridade em seus órgãos públicos.

5.4 A efetividade como elemento fundamental em um programa de *compliance*

Programas de *compliance*/integridade existem como a materialização da contribuição empresarial no esforço anticorrupção. Não há qualquer valor intrínseco à simples presença formal de estruturas da espécie. Para serem relevantes, as políticas em exame devem ser efetivas em alcançar as suas finalidades públicas, quais sejam, a execução das atividades de autorregulação anticorrupção empresarial (cf. seção 3.4.4) e a conformação de um agir íntegro por parte dos indivíduos que se vinculam às empresas.

Um programa de *compliance* precisa ser "efetivo". Com o auxílio da análise econômica, pode-se afirmar que o programa efetivo consiste em um "conjunto de políticas e procedimentos que uma empresa racional, maximizadora de lucros, implementaria se enfrentasse uma sanção esperada que igualasse o custo social das violações".[554] Ou seja, seriam as medidas que uma empresa espontaneamente colocaria em prática se o Estado fosse capaz de implementar o nível ótimo de dissuasão (cf. seção 3.3.2.2), aplicando as punições merecidas na magnitude e na probabilidade corretas para conseguir evitar a ocorrência de corrupção.

A efetividade é uma premissa de uma política de *compliance* adequadamente estruturada. Sua existência meramente formal, caracterizada pela presença de elementos tradicionais, como código de conduta ou canal de denúncia, significa pouco na avaliação do engajamento empresarial, já que tais instrumentos podem estar ali justamente como meros componentes de um programa de fachada.

Naturalmente, em razão da complexidade de estruturação de uma política de integridade, o conceito de efetividade não pode ser encarado como meramente binário. Não existe apenas o programa de *compliance* efetivo e o programa não efetivo. Há diferentes graus de possível efetividade, a depender da forma como o sistema é estruturado. O Decreto Federal que regulamenta a Lei nº 12.846/2013, aliás, reconhece esse fato, ao conceder uma redução variável no tamanho da multa de acordo com o que é identificado no programa, o que revela o

---

[554] Cf. MILLER, Geoffrey. An economic analysis of effective compliance programs. *In*: ARLEN, Jennifer. *Research handbook on corporate crime and financial misdealing*. Cheltenham: Edward Elgar Publishing Limited, 2018. p. 256.

entendimento do Poder Público de que o programa poderia ser avaliado como tendo maior ou menor efetividade.[555]

Nos Estados Unidos, o *Organizational Sentencing Guidelines*, desde a origem da normatização da matéria, aponta que o requisito para a obtenção de um benefício jurídico consistia na existência de um sistema de *compliance* realmente efetivo, e não na simples presença formal de uma estrutura da espécie.[556] Atualmente, o documento assevera que um programa de *compliance* só será considerado efetivo se a empresa envidar esforços para prevenir e detectar ilícitos criminais, bem como para promover uma cultura organizacional que encoraje a conduta ética e o compromisso em atuar em conformidade com o Direito.[557]

O debate sobre a genuína efetividade é importante em razão dos termos adotados pela legislação brasileira. Em sua literalidade, as normas brasileiras mostraram-se menos enfáticas quanto à exigência de efetividade. A Lei nº 12.846/2013 dispõe apenas que será levada em consideração, quando do cálculo de sanções, a "existência" de mecanismos e procedimentos de integridade, auditoria e incentivo à denúncia de irregularidades e a aplicação efetiva de códigos de ética e de conduta no âmbito da pessoa jurídica. Já o Decreto Federal nº 8.420/2015 repisa que haverá redução de sanções pela "existência e aplicação" do programa de integridade, de acordo com os parâmetros definidos nos arts. 41 e 42 do mesmo Decreto. No parágrafo único do art. 41, o Decreto finalmente suscita que se deve estruturar o programa visando garantir sua efetividade. Todavia, no §2º do art. 42, afirma-se que a efetividade do programa frente ao ato lesivo "será considerada" para fins da avaliação de que trata o dispositivo.

A despeito da vagueza dos termos utilizados pela legislação pátria, a correta interpretação do texto normativo – coerente com

---

[555] Cf. Art. 18, V, Decreto nº 8.420/2015, que prevê a redução da multa de 1% a 4% pela aplicação de programas de integridade.

[556] O *Organizational Sentencing Guidelines* também trouxe sete requisitos básicos que deveriam estar presentes em um programa de *compliance*. Tais requisitos foram modificados ao longo dos anos vindouros, até a sua versão atual. De todo modo, desde a origem acabaram por influenciar a estrutura e o conteúdo dos *programas de compliance* organizados nas empresas, uma vez que sinalizavam o que os Tribunais provavelmente considerariam como essencial para compreenderem que um determinado programa da espécie de fato alcançava seus objetivos e poderia ser caracterizado como efetivo. Cf. HESS, David. Ethical infrastructures and evidence-based corporate compliance and ethics programs: policy implications from the empirical evidence. *New York University Journal of Law & Business*, v. 12, n. 2, p. 327, 2016.

[557] §8B2.1 (a) – (b). ESTADOS UNIDOS DA AMÉRICA. *2018 Guidelines manual*. Disponível em: https://www.ussc.gov/guidelines/2018-guidelines-manual. Acesso em: 8 nov. 2019.

a lógica de uma política de conformidade e com as finalidades da norma – forçosamente deve concluir que os programas precisam ser efetivos para estarem em consonância com os ditames legais. Afinal, o Poder Público estimula a adoção de tais programas não como um fim em si mesmo, mas para que o instrumento contribua para a voluntária conformidade da empresa ao ordenamento jurídico.

No entanto, para que se consiga atingir a almejada efetividade, há que se superar diversas complexidades que circundam os referidos programas e que, por vezes, parecem ignoradas no debate brasileiro. Sem isso, o terceiro eixo da abordagem integrada anticorrupção não alcançará suas finalidades, uma vez que o engajamento empresarial no esforço anticorrupção não será real.

5.5 As complexidades que circundam os programas de *compliance*

As questões técnicas relacionadas ao estímulo e à organização de programas de integridade são consideravelmente mais complexas do que se poderia acreditar à primeira vista. A despeito do potencial dos sistemas de integridade como ferramenta anticorrupção, sem a devida consciência de suas possíveis limitações, o engajamento empresarial poderá se revelar meramente formal, não alcançando suas finalidades de interesse público almejadas. Analisam-se, a seguir, alguns importantes riscos e fragilidades relacionados a tais estruturas.

5.5.1 O custo dos programas de *compliance*

O engajamento no esforço anticorrupção estatal não sai de graça para as empresas, pelo contrário, impõe custos sob duas distintas vertentes. Em primeiro lugar, políticas de integridade restringem possibilidades de negócios, a exemplo de contratar com entidades públicas tomadas por corrupção ou até mesmo de operar em países estrangeiros em que a corrupção seja rotina na atividade administrativa. Em segundo lugar, essas políticas demandam investimentos em sua organização e manutenção. Um sistema anticorrupção impõe não apenas gastos com recursos materiais, tecnologia e recursos humanos, mas também exige desviar horas de trabalho de funcionários para treinamento, assim como recusar possíveis fornecedores por inadequação às exigências de cautela da empresa, promover auditorias, entre outros custos.⁵⁵⁸ Em suma, atuar em conformidade com as normas jurídicas também consome recursos.

Via de regra, a organização de um programa de integridade satisfatório nas empresas não ocorrerá natural e espontaneamente; dependerá da elaboração, pelo Estado, de uma estrutura de incentivos que torne o investimento em tais políticas a escolha correta.

Por certo, com exceção daquelas empresas cujos sócios ou administradores estejam absolutamente resolutos a investir o que for necessário para atuar de acordo com o Direito, as demais, pelos custos envolvidos, tenderão a montar estruturas de integridade apenas suficientes para lidar com a realidade. As companhias provavelmente observarão o meio que as cerca e elaborarão eventuais políticas de integridade de acordo. Se o Estado se revelar inapto a identificar e punir atos de corrupção empresarial (cf. Capítulo 4) ou despreparado para avaliar a verdadeira efetividade das políticas de integridade, o esforço empresarial nesse segmento tenderá a ser menor.⁵⁵⁹

Daí, mais uma vez, a necessidade de integração dos diversos eixos de combate à corrupção, sendo imprescindível a efetiva ameaça sancionatória para o estímulo à formulação de políticas de conformidade genuínas.

5.5.2 O fardo informacional imposto à Administração Pública

Os diversos diplomas jurídicos brasileiros que hoje fomentam ou determinam a adoção de programas de integridade parecem menosprezar uma dificuldade basilar: o fardo informacional que criam (ou criariam, se levados a sério) para a Administração Pública.⁵⁶⁰

---

[558] Cf. DAVIS, Kevin. Public consultation on liability of legal persons: compilation of responses. *Organization for Economic Co-operation and Development Anti-Corruption Division, Directorate for Financial and Enterprise Affairs*, p. 48. Disponível em: https://www.oecd.org/daf/anti-bribery/Online-consultation-compilation-contributions.pdf. Acesso em: 18 set. 2019.

[559] Considerando o montante expressivo de investimentos que as políticas de *compliance* demandam, William Laufer chega a sustentar que a cooperação público-privada em verdade representa uma estratégia do setor público para transferir os custos de imposição da lei para o setor privado, sem nem mesmo assumir para si a obrigação de definir minuciosamente o que entende por programa de *compliance* efetivo. Sobre o ponto, cf. LAUFER, William. A Very Special Regulatory Milestone. *University of Pennsylvania Journal of Business Law*, v. 20, n. 2, p. 402-403, 2017.

[560] Sobre o fardo informacional criado para a Administração Pública pelos programas de *compliance*, cf. ODED, Sharon. *Corporate Compliance*: New Approaches to Regulatory Enforcement. Cheltenham: Edward Elgar Publishing Limited, 2013. p. 170-172.

Afinal, se o Estado impõe determinados deveres ou parâmetros a serem seguidos pelas empresas, naturalmente precisará ser capaz de fiscalizar se a pessoa de direito privado está atuando de acordo com o exigido pela norma jurídica.

Por certo, tais normas atribuem para a Administração, explícita ou implicitamente, o dever de compreender todos os dados necessários para a análise do funcionamento do programa, bem como para a avaliação de sua suposta efetividade.[561] Entretanto, tal função não é uma tarefa tecnicamente simples.

Na vida real, existe considerável assimetria informacional entre as empresas e os agentes públicos responsáveis por inquirir sobre a robustez das políticas de integridade. A Administração dificilmente conseguirá ter em mãos, para sua análise e tomada de decisão, todos os dados e elementos relevantes acerca da concreta cultura vigente na empresa e do real funcionamento dos instrumentos que circundam o programa de *compliance*.[562]

Em acréscimo, ainda que obtivesse acesso a todo tipo de informação, a Administração precisaria ser dotada dos meios materiais e, mais importante, dos recursos humanos com a qualificação técnica e experiência necessárias para analisar e opinar sobre a organização de uma política empresarial. Todavia, como sabido, a burocracia estatal, em regra, não possui *expertise* em se envolver em questões concernentes à gestão empresarial.[563]

Um exemplo ajuda a ilustrar o problema. Veja o caso do Estado do Rio de Janeiro, o segundo maior do país em atividade econômica. A Lei Estadual nº 7.753/2017 exige a instalação dos referidos programas em empresas que assinem avenças com a Administração fluminense cujos valores sejam superiores ao piso para aplicação da modalidade licitatória por concorrência. Em seu art. 11, dispõe que a fiscalização da implantação do programa de integridade caberá ao gestor do contrato. Em regra, o gestor do contrato na Administração fluminense é um agente público comum que aceita tal ônus, não possuindo, no mais das vezes, qualquer treinamento específico nem para fiscalizar o contrato, muito menos para pretender avaliar o funcionamento de um programa de *compliance*. O mesmo dispositivo ainda reforça que o agente desempenhará a atividade sem prejuízo de suas demais atividades

---

[561] Ibid. p. 171.
[562] Idem.
[563] Idem.

ordinárias, o que por si só já indica que o legislador aparentemente desconhece ou desconsidera a complexidade de avaliar a efetividade de uma política da espécie.

Já a Lei nº 7.989/2018, também do Estado do Rio de Janeiro, dispõe que a Corregedoria Geral daquele ente "auditará" empresas privadas que celebrem pactuações com a Administração para verificar o cumprimento da lei. A Corregedoria Geral integra a Controladoria Geral do Estado, órgão criado somente em 2018, pela mesma lei. Além de "auditar" empresas privadas para verificar a efetividade do programa de *compliance*, a Corregedoria Geral também deverá, nos termos da lei, dar conta de atividades absolutamente díspares, como controlar e avaliar atividades de correição no Poder Executivo Estadual, instaurar determinados procedimentos disciplinares ou conduzir o processo administrativo de responsabilização previsto na Lei nº 12.846/2013.

Ora, para dar conta de tantas missões institucionais, entre as quais figura a nada singela tarefa de verificar o funcionamento de programas de *compliance* em empresas privadas, o órgão precisa ser dotado de recursos materiais e humanos em abundância e qualificação que não seriam verossímeis para Administrações estaduais. Considerando a complexidade dos elementos que deveriam ser averiguados para a avaliação de um efetivo programa de integridade, nos termos do art. 62 do também fluminense Decreto nº 46.366/2018, é difícil crer que a Administração estadual disponha de *expertise* técnica que lhe conceda a devida capacidade institucional para cumprir verdadeiramente tal competência.

As dificuldades mencionadas certamente não se limitam à Administração do Rio de Janeiro, podendo ser extrapoladas, com naturais variações, a outros entes públicos do país. Por mais que existam elevadas expectativas de que a Administração Pública seja capaz de verificar a efetividade de um programa de *compliance*, a verdade é que diversos entes públicos, sobretudo os de limitados recursos, provavelmente jamais conseguirão reunir recursos materiais e humanos necessários para dar conta desse complexo fardo informacional. É possível que a tarefa administrativa seja demasiadamente complexa e desconectada da realidade habitual do Poder Público para poder ser desempenhada por grande parte dos entes federativos brasileiros. Em termos mais diretos: nesses lugares, os programas de *compliance* empresarial não serão jamais verdadeiramente avaliados quanto à sua efetividade, frustrando por completo os objetivos da norma.

Mais uma vez se observa a adoção, pela Lei nº 12.846/2013, de expectativas irrealistas em relação ao *enforcement* das normas anticorrupção previstas naquele diploma. Há um excessivo otimismo quanto à capacidade institucional da Administração, em regra, para lidar com o fardo informacional suscitado pelos programas de *compliance*, o que pode levar à frustração da política pública idealizada.

Considerando ainda os custos inerentes à organização de uma política anticorrupção verdadeiramente efetiva, é provável que o resultado desse modelo pouco congruente com a realidade das Administrações Públicas brasileiras seja o de que algumas empresas simplesmente busquem emular um suposto programa de integridade efetivo.

5.5.3 O possível *compliance* de fachada e outras ineficiências econômicas

Se a Administração não for capaz de lidar com o fardo informacional, poderão surgir consequências não intencionais, notadamente indevidas ineficiências econômicas, além de incentivos para a organização de políticas de integridade apenas de fachada.[564]

Considerando o cenário descrito na seção anterior e com o objetivo de reduzir custos, uma empresa poderá vir a perceber a oportunidade de erguer uma estrutura meramente formal, elaborada tão somente com o escopo de atender os requisitos legais, mas sem qualquer pretensão de que seja efetiva.[565]

Em outros termos, para aqueles atores privados que não estão verdadeiramente comprometidos com novos padrões éticos e com a cooperação com o Poder Público, o programa de integridade pode virar apenas uma estrutura organizada para mimetizar um sistema eficaz, preenchendo os requisitos legais como se fosse mero *checklist*, a fim de

---

[564] A possibilidade de que se desenvolvam programas meramente de fachada não é apenas teórica. A tendência já foi inclusive observada em estudo empírico, que não identificou relação entre a presença de programas de *compliance* e redução dos ilícitos, o que pode ser uma evidência da presença de estruturas de integridade meramente formais e pouco efetivas. Para exame do estudo, cf. MCKENDALL, Marie; DEMARR, Beverly; JONES-RIKKERS, Catherine. Ethical compliance programs and corporate illegality: testing the assumptions of the corporate sentencing guidelines. *Journal of Business Ethics*, v. 37, issue 4, p. 367-383, jun. 2002.
[565] Cf. KRAWIEC, Kimberly D. Organization Misconduct: Beyond the Principal-Agent Model, *Florida State University Law Review*, v. 32, issue 2, p. 572, 577, 2005; e SØREIDE, Tina. *Corruption and Criminal Justice*. Cheltenham: Edward Elgar, 2016. p. 158.

obter os possíveis benefícios ou atender o dever legal, sem qualquer real preocupação com resultados, contudo.

Há pelo menos quatro consequências perniciosas advindas desse quadro. Em primeiro lugar, uma política de integridade assim montada não contribuirá para conformar o comportamento dos indivíduos que se vinculam à empresa por meio das atividades de autorregulação anticorrupção, já fracassando de plano em seu objetivo fundamental.

Em segundo lugar, o regime de tratamento da corrupção passará a produzir incentivos perversos e, assim, falhará em dissuadir as condutas ilícitas, uma vez que a Administração Pública poderá vir a conceder benefícios legais indevidamente, em hipóteses em que a empresa não está cumprindo o que dela se espera no sistema de responsabilização com base no cumprimento de contrapartidas (cf. seção 3.4.3).

Em terceiro lugar, haverá estímulo à proliferação de sistemas de *compliance* inefetivos, mas que, de toda forma, representarão algum custo adicional para as empresas. Como se verá na seção 5.7.5, no caso da imposição de sistemas da espécie para empresas contratadas pela Administração, há o risco de que o Estado esteja pagando mais pela contratação pública apenas para custear programas de *compliance* inefetivos que ele mesmo impôs às empresas por sua política legislativa.

Por fim, há o risco de que, em curto prazo, o Poder Público coloque em desvantagem competitiva no mercado justamente as empresas que de fato se comprometam com melhores padrões de integridade. Com o escopo de atender os ditames normativos, empresas íntegras possivelmente começarão a investir recursos em políticas de *compliance* efetivas. Se, paralelamente a tal esforço, seus adversários comerciais puderem se limitar a adotar programas de fachada, apenas com a finalidade de emular o requisito legal, sem que a Administração Pública envolvida tenha capacidade técnica para perceber tal fato, as empresas que atuam em conformidade passarão a concorrer em desvantagem. Em outros termos, para que haja incentivos sustentáveis ao engajamento no esforço anticorrupção, as empresas precisam ter segurança de que não perderão negócios para competidores que apenas fingem colaborar para receber os mesmos créditos e benefícios legais concedidos àquelas empresas efetivamente comprometidas.[566]

Além do risco da formação de políticas meramente cosméticas, normas jurídicas sobre *compliance* são capazes, ainda, de produzir outras ineficiências como consequências não intencionais. A já mencionada

---

[566] HESS. Op. cit. p. 7.

usual deficiência técnica da Administração para regular e avaliar os referidos programas pode também levar a erros perniciosos para a atividade empresarial. Por um lado, em sua atividade regulatória e fiscalizatória, o Poder Público poderá errar para mais, exigindo eventuais providências desnecessárias e de pouca efetividade, que não se mostrem adequadas em um determinado segmento, criando, assim, custos adicionais e ineficiência.[567] Por outro lado, também se pode errar para menos, sendo indevidamente leniente com determinados programas e considerando efetivo o que de fato não é, comprometendo a política de prevenção e dissuasão.[568]

A dificuldade do Poder Público em avaliar a efetividade de um programa de *compliance* leva, não raras vezes, à cogitação da participação de entidades privadas para conceder uma espécie de certificação do programa de *compliance*. A experiência mais conhecida concerne ao selo "Pró-Ética", fruto de uma parceria entre a CGU e o Instituto Ethos de Empresas e Responsabilidade Social, que busca dar reconhecimento público e divulgar as empresas consideradas "comprometidas em implantar medidas voltadas para a prevenção, detecção e remediação de atos de corrupção e fraude".[569]

Há uma ressalva importante a se fazer quanto a essa certificação: o Pró-Ética deixa bastante claro que apenas avalia a existência dos instrumentos próprios de um programa de integridade, bem como a adequação de tais medidas ao perfil das pessoas jurídicas que as adotam. Como o *site* do selo esclarece, não é feita uma avaliação em relação à concreta efetividade de tais medidas.[570]

Em 2016, a *International Organization for Standardization* (ISO) fez publicar a ISO 37001, que certifica que foram adotados, na empresa, os preceitos-padrão para um adequado sistema de prevenção à propina. Essa é justamente a primeira observação relevante acerca de tal padronização: não se pretende avaliar a correção de um programa de integridade completo, da forma exigida pela legislação brasileira, que

---

[567] Cf. MILLER, Geoffrey Parsons. *The law of governance, risk management, and compliance*. Nova York: Wolters Kluwer Law & Business, 2014. p. 137-138.

[568] Idem, em semelhante sentido. Também MILLER, Geoffrey Parsons. *The law of governance, risk management, and compliance*. Nova York: Wolters Kluwer Law & Business, 2014. p. 137-138.

[569] Cf. CONTROLADORIA GERAL DA UNIÃO. *Empresa Pró-Ética*. Disponível em: http://www.cgu.gov.br/assuntos/etica-e-integridade/empresa-pro-etica. Acesso em: 21 nov. 2019.

[570] Cf. CONTROLADORIA GERAL DA UNIÃO. *Perguntas e Respostas*. Disponível em: http://www.cgu.gov.br/assuntos/etica-e-integridade/empresa-pro-etica/saiba-mais#reformulado. Acesso em: 21 nov. 2019.

poderia, em tese, contribuir para evitar todas as formas de condutas açambarcadas pela Lei nº 12.846/2013. O ISO 37001 possui escopo muito mais restrito: apenas certificar quanto à adoção das adequadas práticas de prevenção à propina.

Há que se ter cautela para não abraçar acriticamente o procedimento de certificação da espécie. As próprias entidades envolvidas nas iniciativas analisadas deixam claro que não se comprometem em afirmar que o programa avaliado seja realmente efetivo, em especial à luz, por exemplo, de todos os parâmetros exigidos pelo Decreto nº 8.420/2015. A razão não é outra, senão a enorme complexidade e a dificuldade de mensuração dos dados e informações relacionados ao genuíno esforço empresarial para a contenção da corrupção.

Aliás, veja-se, por esses exemplos, como a missão conferida à Administração Pública de verificar a efetividade de tais programas é inglória. Até mesmo empresas privadas especializadas no tema apresentam dificuldades para corroborar a efetividade dessas estruturas.

Acrescente-se, ainda, que as certificadoras também não estão imunes à corrupção em sua forma privada. Caso tais empresas passem a deter o poder de atribuir à outra a qualidade de estar em conformidade com as normas anticorrupção, poderá surgir, contraditoriamente, o risco de que alguns certificadores privados venham a se corromper para a concessão de uma atestação anticorrupção a quem não faz jus.

Por todas essas dificuldades, como sustenta Matthew Stephenson, não parece ser uma solução satisfatória simplesmente pretender transferir para certificadores privados a responsabilidade de indicar qual programa de *compliance* é genuinamente efetivo.[571] Aderindo à semelhante visão, acreditamos que, em não havendo segurança de que a certificadora privada seria capaz de ir além de atestar a mera existência formal de determinados mecanismos-chave de uma política de integridade, a obtenção de certificações não seria suficiente para superar o fardo informacional criado pela demanda por tais. Permaneceria a incerteza quanto ao verdadeiro engajamento empresarial no esforço anticorrupção.

---

[571] Cf. STEPHENSON, Matthew. Dear Governments: Please Don't Make Private Certification the Touchstone of an Adequate Anti-Bribery Program. *The Global Anticorruption Blog*, 5 fev. 2015. Disponível em: https://globalanticorruptionblog.com/2015/02/05/dear-governments-please-dont-make-private-certification-the-touchstone-of-adequate-anti-bribery-program/. Acesso em: 22 nov. 2019.

5.5.4 As limitações técnicas inerentes aos programas de *compliance*

Os debates em torno dos programas de integridade no Brasil parecem desconsiderar que as referidas estruturas possuem limitações técnicas passíveis de serem antecipadas de antemão. A seguir, serão analisados três possíveis percalços. São eles: (i) a limitação para lidar com atos de corrupção que não se caracterizem como problemas de agência; (ii) a materialização de risco moral; e (iii) os entraves inerentes a qualquer regime de metarregulação.

A primeira limitação refere-se ao fato de que nem todos os atos de corrupção dentro de uma empresa caracterizam-se como um dilema de agência, passíveis de serem superados por meio de maior prevenção ou de mais adequado monitoramento dos envolvidos.[572] Sem dúvida, em muitas oportunidades, um ato ilícito é cometido por um empregado desonesto ou por uma pessoa inescrupulosa vinculada a uma empresa, sem qualquer conhecimento das camadas de direção da pessoa jurídica de direito privado. Nessa hipótese, resta caracterizado um problema de agência: o agente (o tal funcionário ou o terceiro vinculado à empresa), motivado apenas por interesses pessoais, age de maneira desaprovada pelo principal (a empresa ou seus sócios), trazendo um risco de responsabilização ao ente personalizado. Os programas de *compliance* foram concebidos justamente como um mecanismo para tentar alinhar o comportamento dos agentes com o interesse do principal (a pessoa jurídica), por meio de políticas de prevenção, monitoramento e resposta aos eventuais desvios, buscando, assim, a dissuasão de atos de corrupção naquele ambiente.[573]

Todavia, como muito bem revelado no Brasil pela Operação Lava Jato, nem todos os episódios de corrupção empresarial caracterizam problemas de agência.[574] Não raras vezes, os benefícios para a própria organização empresarial são tamanhos que há incentivos para que a empresa tolere malfeitos ou com eles aquiesça.[575] Já em outros casos, os ilícitos são negociados pela própria cúpula dirigente das empresas

---

[572] Sobre a interpretação da corrupção empresarial como um problema principal-agente, bem como a consequente supervalorização dos programas de *compliance* como ferramenta de mitigação da corrupção, cf. KRAWIEC, Kimberly D. Organization Misconduct: Beyond the Principal-Agent Model. *Florida State University Law Review*, v. 32, issue 2, p. 597-610, 2005.

[573] Cf. KRAWIEC. Op. cit. p. 598.

[574] Nesse sentido, cf. ibid. p. 598-599.

[575] Sobre o tema, cf. ibid. p. 601-610.

diretamente com a alta esfera da Administração Pública, sem qualquer participação de setores operacionais. Em ambos os cenários, a corrupção dificilmente seria impedida por uma estrutura interna de *compliance*, que está hierarquicamente abaixo dos envolvidos.

Como é notório, um dos pilares fundamentais de uma política de conformidade é justamente o denominado *"tone from the top"*. Em tradução livre, representa o "tom vindo de cima", ou seja, o tom da cúpula dirigente da empresa. O conceito denota que a prevenção e a dissuasão de malfeitos por meio das estruturas de integridade somente funcionarão se a cúpula dirigente estiver comprometida com tal ideal, pretendendo enraizá-lo na cultura corporativa.[576] Se, em sentido diametralmente oposto, a cúpula está em verdade participando diretamente dos acordos de corrupção com a Administração, não há nem fumaça desse requisito basilar exigido pelo arcabouço teórico do *compliance* anticorrupção.

No mais, é improvável que qualquer política de prevenção ou monitoramento implementada como parte da política de integridade tenha capilaridade suficiente e seja robusta o bastante para alcançar atos cometidos justamente pela alta cúpula empresarial, que está em posição hierárquica superior aos membros do setor de *compliance*, por meio de relações que se entabulam externamente à organização.

Um segundo cuidado quanto às políticas em exame pode ser identificado com o auxílio da análise econômica do Direito. A concessão de benefícios legais como forma de incentivar a estruturação de tais programas pode dar azo a um problema de risco moral. Em síntese, risco moral concerne à possibilidade de um agente econômico modificar seu comportamento para adaptá-lo a novas circunstâncias, em razão da minoração de um risco. Se as empresas restam confiantes de que, por conta de suas políticas de integridade, farão jus à redução nas penalidades no caso de um ato de corrupção, surge então um incentivo para que já não mais dediquem o máximo esforço na prevenção de tais atos.

O problema de risco moral emerge justamente porque, contraditoriamente, após a estruturação da política que assegure à empresa que, na hipótese de serem identificadas condutas de corrupção, a sanção que suportará será menor do que a máxima prevista em lei, não há

---

[576] Em semelhante sentido, cf. PIETH, Mark. *Harmonising Anti-Corruption Compliance*: The OECD Good Practice Guidance 2010. Zurique: Dike, 2011. p. 53.

mais por que se empenhar da mesma forma para evitar os episódios.[577] Veja-se que, em um contexto em que a Administração tem dificuldades de fiscalização do programa, havendo risco do surgimento de políticas meramente de fachada, o problema de risco moral pode se agravar.

Um terceiro risco técnico inerente aos programas de *compliance* advém do fato de que, ao fim, são estruturas organizadas por meio de metarregulação. Após décadas de experiências com metarregulação pelo mundo, os potenciais problemas já são conhecidos. Não há nenhuma razão para acreditar que os sistemas de integridade estão imunes às mesmas fragilidades que já foram identificadas em outros setores metarregulados.

Analisando a crise financeira de 2007 a 2009 que se iniciou nos Estados Unidos e se espalhou pelo mundo, Julia Black examina como instrumentos de nova governança regulatória, entre os quais a metarregulação, mostraram-se falhos para prevenir a ocorrência daqueles episódios. Segundo a autora, os reguladores hoje já perceberam que as empresas muitas vezes apresentam dificuldades em adequadamente gerenciar seus próprios riscos.[578]

Robert Baldwin, Martin Cave e Martin Lodge também destacam diversas dificuldades passíveis de serem antecipadas em um sistema de metarregulação. Pautando-se em experiências britânicas, os autores sustentam que há evidências de que algumas empresas – seja por má-fé, seja por falta de informação, seja por ineficiências – acabam se omitindo, não elaborando efetivas políticas internas de *compliance*, até que são finalmente alcançadas pelo Poder Público em razão de alguma ocorrência. Em outros termos, algumas empresas, mesmo vivenciando modelos de metarregulação, não cumprem a promessa de agir em

---

[577] Acerca do risco moral derivado dos programas de *compliance*, cf. LAUFER, William S. Corporate liability, risk shifting, and the paradox of compliance. *Vanderbilt Law Review*, v. 52, issue 5, p. 1405-1419, 1999; HESS, David. Ethical infrastructures and evidence-based corporate compliance and ethics programs: policy implications from the empirical evidence. *New York University Journal of Law & Business*, v. 12, n. 2, p. 319, 334, 2016; e HESS, David; FORD, Cristie. Corporate Corruption and Reform Undertakings: A New Approach to an Old Problem. *Cornell International Law Journal*, v. 41, issue 2, p. 329-330, 2008.

[578] Para exemplificar, Julia Black cita que, ao pedirem que bancos realizassem testes de estresse no ápice da crise, os reguladores descobriram que alguns desses atores privados sequer tinham o sistema, os modelos ou as informações necessárias para fazer tal análise. Constatou-se que as empresas, na verdade, vinham administrando as relações que mantinham com os reguladores, e não regulando a si próprias. Cf. BLACK, Julia. Paradoxes and Failures: "New Governance" Techniques and the Financial Crisis. *The Modern Law Review*, v. 75, issue 6, p. 1047-1048, 2012.

voluntária conformidade com o Direito, sendo em verdade apenas reativas às demandas estatais.[579]

No mais, ainda com base no argumento dos referidos autores, possivelmente alguns agentes privados, a despeito de todos os incentivos do Poder Público, continuarão a ver a política de *compliance* não como uma preocupação contínua, e sim como uma negociação na qual eventualmente incorrerão com a Administração Pública. Para parte do meio empresarial, a gestão do risco de corrupção por intermédio de programas de *compliance* pode se tornar não uma questão de incorporação de novos padrões de integridade, mas apenas mais um dos diversos riscos a serem gerenciados. A conformidade ou desconformidade às normas jurídicas, para alguns, seria apenas uma "mistura de oportunidades de negócios e de riscos", gerida da mesma forma que qualquer outro risco empresarial.[580]

5.6 Da euforia do *compliance* ao *compliance* anticorrupção efetivo

Pela evolução histórica do manejo de programas de *compliance* no Brasil (cf. seção 5.3), percebe-se que há verdadeira propagação de normas jurídicas incentivando ou mesmo criando deveres de instalação de mecanismos da espécie nas empresas brasileiras. No entanto, aparentemente, a profusão de normas sobre *compliance* resulta do momento histórico vivido pelo país a partir de meados da década de 2010, e não de uma decisão técnica consciente. A demanda da opinião pública pelo aprimoramento dos padrões de integridade públicos e privados, fruto dos resultados obtidos pela Operação Lava Jato e por seus desdobramentos estaduais, desencadeou a produção de normas sobre o tema como reação legislativa aos ilícitos descobertos sem que houvesse qualquer análise de impacto regulatório/legislativo.

Nessa toada, ignorando as complexidades suscitadas, os programas de integridade passaram a ser tratados, em alguns casos, como se fossem simples fórmulas de prateleira, facilmente replicáveis, devendo apenas cumprir a tradicional receita: ter um código de ética, ter um canal de denúncia, realizar treinamentos etc. Mais grave, o instrumento passou a ser utilizado em discursos retóricos, notadamente

---

[579] Cf. BALDWIN, Robert; CAVE, Martin; LODGE, Martin. *Understanding Regulation*: Theory, Strategy, and Practice. 2. ed. Oxford: Oxford University Press, 2012. p. 150-152.
[580] Idem. p. 152-157.

políticos, como uma espécie de panaceia, dotada de suposto potencial de impedir toda espécie de malfeitos empresariais.

Veja-se um exemplo: durante o enfrentamento da pandemia de Covid-19, programas de integridade foram suscitados como solução para impedir a corrupção em contratações públicas realizadas para lidar com a emergência sanitária. Após as primeiras notícias de suposto mau uso de dinheiro público durante a pandemia, a Controladoria Geral do Estado do Rio de Janeiro anunciou, como reação, que iria "auditar empresas contratadas sob o regime de emergência para assegurar a implantação eficiente do Programa de Integridade (*Compliance*)".[581] Ora, a Lei fluminense nº 7.753/2017 concede 180 dias para que as empresas que celebrem contratos acima de determinado valor obrigatoriamente implementem programas de integridade. É difícil compreender em que medida programas de *compliance* estruturados 180 dias após a celebração de contratos contribuiriam efetivamente para impedir violações à integridade em contratações realizadas meses antes. Parece-nos uma hipótese em que se depositam demasiadas esperanças nas estruturas em exame.

De toda forma, os programas de integridade precisam se mostrar efetivos (cf. seção 5.4) para que o engajamento empresarial cumpra seu verdadeiro papel na abordagem integrada de enfrentamento da corrupção. É importante que se vá além da retórica sobre o instituto, buscando os caminhos que o levem a alcançar concretamente suas finalidades.

Ocorre que os meios para a obtenção dos melhores resultados com as estruturas em exame ainda são incertos, tanto na literatura como na pesquisa empírica e na prática diária. Pairam diversas dúvidas sobre quais seriam as ferramentas mais hábeis a tornar as políticas de integridade genuinamente efetivas.[582]

Na presente seção, serão explorados alguns caminhos e preocupações que empresas e a Administração Pública deveriam considerar na organização de políticas de integridade, em busca do verdadeiro engajamento na esfera anticorrupção.

---

[581] Cf. NASCIMENTO, Vanderson de Souza. *Estado do Rio adota medidas para garantir integridade em contratações emergenciais*. Disponível em: http://www.cge.rj.gov.br/2020/05/05/%e2%80%a2-estado-do-rio-adota-medidas-para-garantir-integridade-em-contratacoes-emergenciais/. Acesso em: 18 maio 2020.

[582] No mesmo sentido, cf. SOLTES, Eugene. Evaluating the effectiveness of corporate compliance programs: establishing a model for prosecutors, courts and firms. *NYU Journal of Law & Business*, v. 14, n. 3, p. 970, 2018.

5.6.1 Os elementos tradicionais de um programa de *compliance* efetivo

A despeito das dúvidas técnicas sobre a organização de políticas da espécie, existe ao menos uma incontroversa certeza: programas de *compliance* não são produtos de prateleira, não havendo, assim, uma fórmula a ser repetida em diferentes contextos. Nesse passo, considera-se que a pedra fundamental da efetividade de uma política da espécie consiste em uma análise de risco concreta, feita mediante exame das circunstâncias específicas daquela pessoa jurídica, em função da qual o sistema deve ser desenhado.

Além dessa característica basilar, com fundamento especialmente nas disposições do *Organizational Sentencing Guidelines* e dos entendimentos do DOJ, consolidou-se a configuração de um arcabouço usual de mecanismos que compõem um sistema de conformidade. Nesse sentido, é comum que se faça referência aos "sete elementos de um programa de *compliance*",[583] nomenclatura que advém do fato de que o *Organizational Sentencing Guidelines* apresenta, desde sua versão original, uma divisão em sete itens mínimos que comporiam o programa de *compliance* efetivo.[584]

---

[583] Sobre os ditos sete elementos de um programa de *compliance*, cf. OFFICE OF INSPECTOR GENERAL. *Compliance Program Guidance for Hospitals*. Disponível em: https://oig.hhs.gov/compliance/compliance-guidance/index.asp. Acesso em: 21 jan. 2020; GRUNER, Richard S. Lean law compliance: confronting and overcoming legal uncertainty in business enterprises and other complex organizations. *New York University Journal of Law & Business*, v. 11, n. 2, p. 300-302, 2014; COMPLIANCE TOTAL. *Os 7 Elementos*. Disponível em: https://www.compliancetotal.com.br/compliance/os-sete-elementos. Acesso em: 21 jan. 2020. Há também variações da classificação, que apresentam um número maior de elementos.

[584] De acordo com o *Organizational Sentencing Guidelines* norte-americano, um programa efetivo em prevenir e detectar condutas ilícitas, bem como em promover uma cultura organizacional que encoraje a conduta ética e o compromisso em atuar em conformidade com o Direito, deveria apresentar no mínimo as seguintes características: (i) estabelecer parâmetros e procedimentos para prevenir e detectar condutas criminais; (ii) garantir que as autoridades regentes da empresa conheçam o conteúdo e a operação do programa, exercendo a devida supervisão à implementação e efetividade, devendo, ainda, haver envolvimento de pessoal de alta cúpula e de indivíduos específicos para conduzir as responsabilidades do dia a dia do programa; (iii) adotar esforços razoáveis para não incluir, em tais tarefas, alguém que já tenha se envolvido em atividades ilícitas ou agido de modo inconsistente com um programa de ética e *compliance*; (iv) comunicar periodicamente e de modo prático os seus parâmetros e procedimentos, bem como qualquer outro aspecto do programa de ética e *compliance*, a todos os agentes vinculados à empresa; (v) adotar medidas de monitoramento e auditoria para detectar eventuais condutas criminosas, bem como avaliar periodicamente a efetividade do programa e estabelecer um canal de denúncia adequado; (vi) aplicar o programa consistentemente, por meio da concessão de incentivos ao comportamento em conformidade ao programa e da aplicação de medidas disciplinares apropriadas pelo cometimento de ilícitos ou pela falha em adotar as medidas razoáveis

O Departamento de Justiça estadunidense também publicou documento com o escopo de auxiliar a análise dos programas em tela, notadamente para que os promotores pudessem tomar decisões abalizadas sobre em que medida a política de fato se mostrava efetiva quando da ocorrência do ilícito e quando da apreciação dos fatos pelo Departamento. Naturalmente, o texto acaba por influenciar o que se espera do verdadeiro engajamento empresarial anticorrupção.[585]

Por óbvio, a simples presença de tal arcabouço tradicional não garante a necessária efetividade do sistema, já que, em regra, os programas de *compliance* simplesmente cosméticos também apresentarão os mesmos elementos clássicos, justamente a fim de simular uma efetividade inexistente. Todavia, a ausência até das características basilares aqui listadas já sinaliza a provável inefetividade da política interna.

Seguindo o modelo internacional, o Brasil também trouxe, em sua legislação anticorrupção, um rol de elementos tradicionais que um programa efetivo deveria conter. Frente à omissão da Lei nº 12.846/2013, coube ao Decreto Federal nº 8.420/2015, em seu art. 42, apresentar o que se considera no Brasil o arcabouço de um programa de *compliance* efetivo. Como se vê do referido dispositivo, o ordenamento brasileiro o faz em termos bastante lacônicos, simplesmente listando técnicas e ferramentas clássicas do *compliance*, sem maiores considerações sobre cada instrumento.

---

para a prevenção e detecção de condutas criminais; (vii) adotar medidas razoáveis para responder apropriadamente às condutas ilícitas identificadas, buscando prevenir futuras práticas similares, o que implica, quando necessário, implementar as modificações necessárias ao programa. Em acréscimo, a *Organizational Sentencing Guidelines* exige que todas essas medidas sejam implementadas por meio de periódica avaliação de riscos naquele ambiente, adotando as medidas apropriadas para desenhar, implementar ou modificar cada um dos requisitos acima indicados. Cf. §8B2.1 (a) – (b). ESTADOS UNIDOS DA AMÉRICA. *2018 Guidelines manual*. Disponível em: https://www.ussc.gov/guidelines/2018-guidelines-manual. Acesso em: 8 nov. 2019.

[585] O DOJ lançou o documento denominado "*Evaluation of Corporate Compliance Programs*", que serve como guia interno para a avaliação dos programas em comento, recebendo posterior atualização. Como linhas gerais de análise, o DOJ sugere que se verifiquem os seguintes elementos tradicionais do sistema: (i) avaliação de risco; (ii) políticas e procedimentos; (iii) treinamento e comunicação; (iv) estrutura de comunicação confidencial e processos de investigação; (v) administração de terceiros; (vi) *due diligence* em fusões e aquisições; (vii) compromisso pela alta e média administração; (viii) autonomia e recursos; (ix) incentivos e medidas disciplinares; (x) melhoria contínua, testes periódicos e revisões; (xi) investigação de condutas indevidas; (xii) análise e remediação de qualquer conduta indevida. Cf. U.S. DEPARTMENT OF JUSTICE. *Evaluation of Corporate Compliance Programs*. Jun. 2020. Disponível em: https://www.justice.gov/criminal-fraud/page/file/937501/download. Acesso em: 29 set. 2020.

5.6.2 Além do arcabouço tradicional: o desafio da genuína efetividade

As ferramentas clássicas que compõem o arcabouço tradicional dos sistemas de *compliance* são, acima de tudo, simbólicas. Proliferam-se e perpetuam-se mais por tradição e intuição do que por certeza quanto ao que funciona ou não.[586] A contínua busca pela genuína efetividade desse instrumento suscitou algumas preocupações mais recentes, que ainda não foram plenamente incorporadas à realidade brasileira. Sem prejuízo de outras alternativas, serão aqui analisados três caminhos que vão além do arcabouço tradicional: (i) a cultura de *compliance* como requisito de efetividade; (ii) o *compliance* comportamental; e (iii) a necessidade de métricas.

5.6.2.1 A cultura de *compliance* como requisito de efetividade

Não é de hoje que a literatura mais moderna sustenta que programas pautados também em valores (*values-based*, como usualmente denominados),[587] que procuram criar uma nova cultura dentro da empresa, são mais efetivos em evitar comportamentos de desonestidade do que aqueles baseados apenas na determinação de obediência a regras (*compliance-based*).[588]

Os sistemas baseados em valores buscam conformidade ao Direito por meio da reafirmação ou do estabelecimento de novos princípios de integridade na organização e do compromisso dos profissionais com aspirações éticas.[589] As políticas assim implementadas, ao criar um ambiente de estímulo ao comportamento correto, melhor motivariam

---

[586] Em semelhante sentido, cf. LANGEVOORT, Donald. Cultures of compliance. *American Criminal Law Review*, v. 54, n. 4, p. 933, 940, 2017; e SOLTES, Eugene. Evaluating the effectiveness of corporate compliance programs: establishing a model for prosecutors, courts and firms. *NYU Journal of Law & Business*, v. 14, n. 3, p. 970, 2018.

[587] A classificação de programas de conformidade em *values-based* ou *compliance-based* é originalmente atribuída a Lynn Sharp Paine, em trabalho publicado ainda na década de 1990. Cf. PAINE, Lynn Sharp. Managing for Organizational Integrity. *Harvard Business Review*, mar./abr. 1994.

[588] Exemplos de artigos emblemáticos sobre o tema são PAINE, Lynn Sharp. Managing for Organizational Integrity. *Harvard Business Review*, mar./abr. 1994; e TREVIÑO, Linda Klebe *et al*. Managing ethics and legal compliance: what works and what hurts. *California Management Review*, v. 41, n. 2, p. 131-151, 1999.

[589] Cf. TREVIÑO, Linda Klebe *et al*. Managing ethics and legal compliance: what works and what hurts. *California Management Review*, v. 41, n. 2, p. 135-136, 1999.

os empregados e seriam consideradas mais legítimas por quem a elas se submete, causando menor resistência.[590] O foco estaria, portanto, no direcionamento da conduta de cada indivíduo que se relaciona à empresa.

Já os sistemas baseados no cumprimento de regras, conforme a definição de Linda Treviño e Katherine Nelson, adotariam uma abordagem pautada em especial na obediência à lei e às normas internas, bem como na punição de quem as desrespeita, não considerando, entre suas principais preocupações, o fomento a princípios éticos mais elevados.[591] O risco de um sistema assim estruturado, ainda conforme as autoras, seria o de transmitir aos indivíduos a ideia de que a empresa só está preocupada em se proteger, e não verdadeiramente instruir seu pessoal sobre o correto modo de agir. Além disso, também poderia suscitar a interpretação de que qualquer espécie de atitude, independentemente de seu conteúdo moral, seria considerada válida na empresa desde que não viesse a afrontar diretamente as normas jurídicas ou os códigos internos.[592]

Esses arranjos não são excludentes. Um sistema efetivo deveria ser um equilíbrio entre o aprimoramento de valores e a preocupação com a fiel obediência às normas.[593] De toda sorte, aprimorar a cultura empresarial é considerado, hoje, elemento crucial para promover uma boa política de integridade.[594] Sem a formação de uma base cultural na organização que dê suporte às ferramentas de índole técnica, os

---

[590] Para maior aprofundamento quanto às vantagens do *compliance* baseado em valores, cf. TREVIÑO, Linda Klebe *et al*. Managing ethics and legal compliance: what works and what hurts. *California Management Review*, v. 41, n. 2, p. 135-136, 1999; LANGEVOORT, Donald. Monitoring: the behavioral economics of corporate compliance with law. *Columbia Business Law Review*, n. 1, p. 104-111, 2002; HESS, David. A business ethics perspective on Sarbanes-Oxley and the organizational sentencing guidelines. *Michigan Law Review*, v. 105, p. 1791-1792, jun. 2007; e idem. Ethical infrastructures and evidence-based corporate compliance and ethics programs: policy implications from the empirical evidence. *New York University Journal of Law & Business*, v. 12, n. 2, p. 344-347, 2016.

[591] TREVIÑO, Linda Klebe; NELSON, Katherine A. *Managing business ethics*: straight talk about how to do it right. 6. ed. Hoboken: Wiley, 2014. p. 241-242.

[592] TREVIÑO; NELSON. Op. cit. p. 242.

[593] Sobre a conjunção e o adequado balanço entre os tipos de programas, cf. HESS, David. A business ethics perspective on Sarbanes-Oxley and the organizational sentencing guidelines. *Michigan Law Review*, v. 105, p. 1793-1795, jun. 2007.

[594] Nesse sentido, cf. LANGEVOORT, Donald. Cultures of compliance. *American Criminal Law Review*, v. 54, n. 4, p. 935, 2017; e PARKER, Christine; NIELSEN, Vibeke Lehmann. Corporate Compliance Systems: Could They Make Any Difference? *Administration & Society*, v. 41, n. 1, p. 28-29, mar. 2009.

programas tendem a não cumprir seus objetivos e provavelmente se tornarão estruturas falhas.[595]

Cultura é um conceito abstrato, naturalmente de difícil definição. Donald Langevoort define a cultura de *compliance* como as crenças compartilhadas dentro de qualquer organização acerca da importância ou legitimidade da conformidade em relação ao Direito frente a outras pressões e objetivos empresariais.[596] Em linguagem ainda mais singela, o mesmo autor sustenta que cultura é o que os administradores e empregados sabem que ocorrerá mesmo no caso de atuação às escondidas, fora da vista de qualquer supervisor ou controlador.[597]

Em última análise, o aprimoramento da cultura empresarial será o que, indo além dos instrumentos de índole técnica, garantirá que o sistema de incentivos dentro da companhia esteja de fato alinhado com o objetivo de alcançar conformidade aos valores éticos e ao Direito.[598]

A exata compreensão dos meios pelos quais se poderia estimular uma cultura em melhor sintonia com os interesses da sociedade, em detrimento de comportamentos oportunistas e egoístas, depende de maior inserção de estudos de psicologia na ciência do *compliance*, como já vem sendo feito em trabalhos dedicados ao tema.[599]

Apenas a título exemplificativo, uma das sugestões apresentadas por Donald Langevoort é dedicar maior reflexão à política de contratações e promoções da empresa. De fato, algumas das características buscadas em um funcionário, que costumam estar positivamente correlacionadas com o sucesso profissional em ambientes competitivos, podem também estar negativamente correlacionadas com a responsabilidade ética. Também as promoções deveriam expressar o compromisso

---

[595] Sobre a importância da instauração de sistemas de *compliance* também baseados em valores, cf. TREVIÑO, Linda Klebe *et al*. Managing ethics and legal compliance: what works and what hurts. *California Management Review*, v. 41, n. 2, p. 131-151, 1999; LANGEVOORT, Donald. Monitoring: the behavioral economics of corporate compliance with law. *Columbia Business Law Review*, n. 1, p. 71-118, 2002; LANGEVOORT, Donald. Cultures of compliance. *American Criminal Law Review*, v. 54, n. 4, p. 933-1078, 2017.

[596] LANGEVOORT, Donald. Cultures of compliance. *American Criminal Law Review*, v. 54, n. 4, p. 944, 2017.

[597] Idem.

[598] Sobre a importância da cultura para que companhias assegurem que o seu sistema de incentivos está alinhado com os objetivos do compliance, cf. HAUGH, Todd. "Cadillac Compliance" Breakdown. *Stanford Law Review Online*, v. 69, p. 207, abr. 2017.

[599] Para uma revisão da literatura, cf. TREVIÑO, Linda Klebe; NIEUWENBOER, Niki A. de; KISH-GEPHART, Jennifer J. (Un)Ethical Behavior in Organizations. Annual Review of Psychology, v. 65, p. 635-660, jan. 2014; e LANGEVOORT, Donald. Behavioral ethics, behavioral compliance. *In*: ARLEN, Jennifer. *Research handbook on corporate crime and financial misdealing*. Cheltenham: Edward Elgar Publishing Limited, 2018

ético das empresas. Se há uma difundida sensação de pessoalidade e favorecimento na concessão de benefícios entre os empregados, será difícil convencê-los de que a empresa adota uma cultura de gestão íntegra em sua atividade-fim.[600]

Apesar de aprovada recentemente, a legislação anticorrupção brasileira não foi sensível como deveria à relevância do aspecto cultural. Ainda em 2004, o *Organizational Sentencing Guidelines* norte-americano recebeu uma emenda por meio da qual expressamente passou a tratar da importância de as empresas promoverem uma cultura de ética e integridade. Entre outras modificações, passou-se a denominar os sistemas de conformidade de "programas de *compliance* e ética". Além disso, estabeleceu-se que um programa efetivo deveria também "promover uma cultura organizacional que encorajasse conduta ética e um compromisso de conformidade com a lei". Tais previsões perduram até o dia de hoje.[601]

Contraditoriamente, a despeito de haver optado pela nomenclatura "programas de integridade", a legislação brasileira sequer menciona a importância do fomento à cultura organizacional de ética e integridade. Com efeito, o art. 42 do Decreto Federal nº 8.420/2015 limita-se a apresentar um rol de elementos e técnicas tradicionais de *compliance*. Aparentemente, pretende-se medir a adequação ou não da cultura empresarial com base na presença desses referidos elementos tradicionais. Considerando a importância que o fator cultural vem assumindo para o *compliance* anticorrupção, maior ênfase deveria ser dada ao tema no Brasil.

5.6.2.2 *Compliance* comportamental

A maior preocupação em fomentar uma cultura de *compliance* está relacionada à inserção nos programas de elementos das ciências comportamentais (cf. seção 3.3.3.3). Os referidos estudos podem contribuir para sofisticar a política de conformidade,[602] buscando

---

[600] LANGEVOORT, Donald. Cultures of compliance. *American Criminal Law Review*, v. 54, n. 4, p. 967-969, 2017.
[601] Cf. §8B2.1(a). ESTADOS UNIDOS DA AMÉRICA. *2018 Guidelines manual*. Disponível em: https://www.ussc.gov/guidelines/2018-guidelines-manual. Acesso em: 8 nov. 2019.
[602] Nesse sentido, cf. OCDE. *Behavioral Insights for Public Integrity*: Harnessing the Human Factor to Counter Corruption. Paris: OECD Publishing, 2018. Para uma visão geral sobre a integração das ciências comportamentais na pesquisa anticorrupção, cf. LAMBSDORFF, Johann Graf. Preventing corruption by promoting trust: Insights from behavioral science. Passauer Diskussionspapiere. *Volkswirtschaftliche Reihe*, v. 69, n. 15, 2015, p. 1-2.

antever o provável comportamento de um ser humano real frente aos incentivos e à mensagem que o sistema transmitirá.[603]

Pesquisas de ética comportamental indicam que as pessoas em geral são menos desonestas do que poderiam ser, embora ainda sejam mais desonestas do que deveriam ser.[604] Assim, a ética comportamental sugere que a maior conformidade às normas pode ser obtida mediante o estímulo dos elementos psicológicos e culturais corretos. A questão seria, então, descobrir quais elementos seriam úteis para induzir maior conformidade voluntária e incorporá-los às políticas de *compliance*.[605]

Exemplificando, Johann Graf Lambsdorff[606] sustenta que experimentos laboratoriais indicariam a tendência de que, em verdade, grande parte dos indivíduos é digna de confiança, não necessitando de ferrenhos controles e ameaças punitivas para agirem corretamente. Por conseguinte, as políticas de *compliance*, em vez de apenas fomentarem cada vez maior controle sobre os ditos agentes, deveriam buscar o equilíbrio entre a eficiência e a adequada prevenção e sanção daquela minoria potencialmente corrupta, de modo a não submeter a maioria confiável a controles que diminuam suas produtividades. Na ótica do autor, por exemplo, a imposição às empresas de programas de *compliance* que não levem tal característica em consideração acabará se tornando um gasto excessivo para os negócios privados, submetendo a maioria a controles e supervisões que, em longo prazo, não trariam retornos de ganhos de integridade suficientes para cobrir seus custos.

Dois interessantes casos apresentados pelo autor bem ilustram o avanço da pesquisa na área. Muitos instrumentos anticorrupção tentam limitar o poder discricionário de quem tomará decisões por meio do "princípio dos quatro olhos", que consiste em colocar outro indivíduo para revisar a decisão adotada pelo primeiro. Ocorre que, segundo o autor, tal técnica na verdade colabora com a corrupção: em primeiro

---

[603] Em semelhante sentido, cf. LANGEVOORT, Donald. Behavioral ethics, behavioral compliance. In: ARLEN, Jennifer. *Research handbook on corporate crime and financial misdealing*. Cheltenham: Edward Elgar Publishing Limited, 2018. p. 278.

[604] Cf. LANGEVOORT. Op. cit. p. 264.

[605] Para acompanhar a evolução da pesquisa ética comportamental e incorporá-la aos programas de *compliance*, há quem sugira até a contratação pelas companhias de especialistas comportamentais, que deveriam colaborar para inserir as melhores práticas da ciência nos sistemas de integridade, com o escopo de aumentar a legitimidade dos sistemas. Nesse sentido, cf. HAUGH, Todd. "Cadillac Compliance" Breakdown. *Stanford Law Review Online*, v. 69, p. 203-207, abr. 2017.

[606] Os parágrafos a seguir se pautam em LAMBSDORFF, Johann Graf. Preventing corruption by promoting trust: Insights from behavioral science. Passauer Diskussionspapiere. *Volkswirtschaftliche Reihe*, v. 69, n. 15, 2015.

lugar, por diminuir a motivação intrínseca daquele que é originalmente responsável pelo trabalho, infantilizado a uma categoria de alguém que sofrerá supervisão de outro; em segundo lugar, porque supervisor e supervisionado podem se sentir como parte de um grupo, desenvolvendo simpatia e solidariedade entre si e passando a agir corporativamente; em terceiro lugar, porque a supervisão torna a responsabilidade difusa e confere incentivos perversos para que o primeiro responsável pelo trabalho se torne menos diligente, já que sabe que outro terá o dever de conferir seu trabalho no futuro. Em conclusão, o princípio dos quatro olhos, além de possivelmente tornar o trabalho ineficiente, pode, ainda, terminar por trazer o contraintuitivo risco de aumentar a chance de corrupção.[607]

Outro caso abordado pelo autor versa sobre as declarações de *compliance*, que usualmente as empresas pedem que os indivíduos assinem, para manifestarem que estão cientes da existência de um código de conduta da empresa. Por vezes, tais códigos são volumosos, o que leva os empregados a assinar tais declarações sem que tenham verdadeiro conhecimento do conteúdo dos documentos. Ora, a mensagem psicológica que o ato transmite para o funcionário é de que aquilo, em verdade, não tem qualquer importância e que a empresa não espera de fato que o funcionário conheça profundamente os deveres de conduta, já que a declaração de ciência é realizada em circunstâncias em que obviamente isso não seria possível. A abordagem comportamental indicaria, entretanto, que fosse dada preferência a lembretes curtos, porém frequentes, sobre os deveres morais e que documentos como códigos de ética fossem estruturados em formato abreviado e de fácil assimilação.[608]

Embora as pesquisas comportamentais em matéria anticorrupção ainda estejam em evolução, merecem atenção de quem pretenda estruturar uma política de integridade efetiva na vida real, contribuindo para aprimorar o esforço empresarial no combate à corrupção.

---

[607] Ibid. p. 5.
[608] Ibid. p. 8-9. Sobre as intuições da ciência comportamental acerca da forma ideal de organização de um código de ética, cf. também OCDE. *Behavioral Insights for Public Integrity*: Harnessing the Human Factor to Counter Corruption. Paris: OECD Publishing, 2018, p. 8, 24-26.

5.6.2.3 A necessidade de métricas

Como bem defende Eugene Soltes, as dificuldades de avaliação da efetividade de um programa de *compliance* não derivam apenas da falta de consenso técnico sobre quais mecanismos trazem resultados efetivos. Também faltam dados e métodos de avaliação dos programas.[609] Mesmo em relação aos elementos usuais do arcabouço tradicional de um programa de *compliance*, ainda não parece haver comprovação empírica e métricas confiáveis sobre a efetividade ou não de cada um.

A verificação genuína da efetividade passa necessariamente pela criação de métricas, ou seja, de formas de mensuração de desempenho criadas para permitir a avaliação e o diagnóstico dos problemas, bem como pela elaboração das possíveis soluções. Para Eugene Soltes, uma das preocupações da constituição de métricas deve ser justamente diferenciar programas efetivos de programas de fachada. De fato, vários mecanismos sem qualquer substância podem ser inseridos em um programa de *compliance*, como códigos de ética genéricos ou canais de denúncia que não são utilizados. As métricas precisam, assim, ser capazes de detectar iniciativas vazias, escapando, ainda, de possíveis vieses e incorreções.[610]

Aliás, na mesma toada de maior robustez analítica aos sistemas de integridade, há quem sustente que nenhuma prática deveria ser incorporada sem estar associada a uma métrica de verificação de seus resultados, uma vez que, sem a possibilidade de medição de seu êxito,

---

[609] Cf. SOLTES, Eugene. Evaluating the effectiveness of corporate compliance programs: establishing a model for prosecutors, courts and firms. *NYU Journal of Law & Business*, v. 14, n. 3, p. 971, 2018.

[610] Para ilustrar o ponto, Eugene Soltes suscita os casos das métricas incompletas e de métricas inválidas. Um exemplo de métrica incompleta seria a medição do número de funcionários que tenham sido punidos na empresa em razão de suas condutas. Segundo o autor, compreender o que ocorreu com aqueles que não foram punidos é, na verdade, mais explicativo. Imagine, por exemplo, uma empresa que sancionou nove pessoas por violações à sua política de *compliance*. Se houve apenas nove condutas indevidas em todo o período, o resultado terá sido satisfatório. Todavia, se foram cinquenta violações no total, sendo apenas nove punidas, talvez o número não seja satisfatório. Se, entre os punidos, estão apenas funcionários novatos, talvez o programa de *compliance* seja incompleto, uma vez que pode ser inefetivo frente aos funcionários mais graduados. Igualmente, podem-se imaginar métricas inválidas. Por exemplo, a efetividade de um treinamento costuma ser medida pelo número de participantes ou pelos valores gastos. Todavia, tal forma de mensuração parece falhar no escopo de verificar se o treinamento foi assimilado ou se teve real impacto no trabalho desempenhado pelos funcionários. SOLTES, Eugene. Evaluating the effectiveness of corporate compliance programs: establishing a model for prosecutors, courts and firms. *NYU Journal of Law & Business*, v. 14, n. 3, p. 986-988, 2018.

nunca se saberá se aquele elemento possui valor para a efetividade do sistema ou se representa apenas um custo adicional.[611]

Como bem ressalta a literatura especializada no tema, a ausência de métricas é um problema tanto para as autoridades públicas como para os gestores. Sem elas, não há como determinar com plena certeza se o sistema de integridade de fato alcança suas finalidades.[612] Os agentes públicos terão que decidir sobre a qualidade do programa sem dados suficientes, podendo vir a conceder benefícios a quem não os merece ou gerar insegurança mesmo em quem implemente programas genuinamente efetivos. Já os gestores privados também terão cada vez maior dificuldade em justificar internamente a importância do investimento em políticas de conformidade,[613] o que eventualmente poderá levar ao descrédito e à perda de legitimidade do sistema de *compliance* junto à cúpula dirigente da empresa.[614]

Naturalmente, o esforço técnico de construção das métricas escapa à análise jurídica, sendo desafio para quem trabalha com análise de dados em gestão empresarial. De todo modo, certo é que a verificação da efetividade de um programa de integridade, indo além do discurso retórico, precisa passar pela incorporação de tais instrumentos técnicos, a permitir a apreciação objetiva dos resultados das políticas da espécie.

5.6.3 Metarregulação de verdade: evitando o microgerenciamento estatal

As questões vistas anteriormente – como o proveito da inserção de elementos das ciências comportamentais no programa para aprimoramento da cultura empresarial, bem como a necessidade de elaboração de métricas confiáveis – são indicativas da complexidade do desenho de

---

[611] GRUNER, Richard S. Lean Law Compliance: Confronting and Overcoming Legal Uncertainty in Business Enterprises and Other Complex Organizations. *New York University Journal of Law & Business*, v. 11, n. 2, p. 298-299, 2014.
[612] Cf. SOLTES. Op. cit. p. 974.
[613] William Laufer chega a afirmar que as grandes empresas estão gastando quantias tão astronômicas com *compliance*, embora com pouca evidência empírica de que tais gastos estão resultando em maior conformidade, que em breve será impossível justificar o investimento sem os suficientes dados. Sobre o tema, cf. LAUFER, William S. Compliance and Evidence: Glimpses of Optimism from a Perennial Pessimist. *In*: TIEDEMANN, Klaus et al. *Die Verfassung moderner Strafrechtspflege*. Baden-Baden: Nomos, 2016. p. 425.
[614] Sobre os desafios da obtenção de legitimidade dentro da própria empresa para as funções de *compliance*, cf. TREVIÑO, Linda Klebe et al. Legitimating the legitimate: a grounded theory study of legitimacy work among Ethics and Compliance Officers. *Organizational Behavior and Human Decision Processes*, v. 123, p. 186-205, 2014.

uma política efetiva que cumpra as finalidades públicas do engajamento empresarial na luta contra a corrupção; mas não são as únicas. Por exemplo, os sistemas de *compliance* caminham cada vez mais para a integração de novas tecnologias, como aplicação de algoritmos, *machine learning* e sofisticadas análises de dados.[615]

Por um lado, a evolução do *compliance* pode facilitar que se alcance a almejada efetividade. Por outro, torna-o um campo mais afastado da possibilidade de direcionamento pela Administração Pública. Com efeito, a Administração Pública terá cada vez menos capacidade institucional para pretender microgerenciar os programas de integridade.

A incapacidade da Administração em acompanhar a evolução do *compliance* desperta considerável insegurança para as empresas. Afinal, em algum momento, podem ter que submeter seu sistema à avaliação da Administração Pública, que não raras vezes não estará capacitada para cumprir tal mister, em especial quanto aos mais recentes avanços tecnológicos.

Um caminho para lidar com o quadro seria levar a metarregulação mais a sério, apesar de suas conhecidas fragilidades (cf. seção 5.5.4). Uma gestão de metarregulação pauta-se no experimentalismo típico de uma organização descentralizada, em que se concede liberdade para que as empresas reguladas, com base em sua experiência e conhecimento técnico, organizem suas estruturas de controle. Em tal modelo, o Estado deve definir parâmetros e objetivos abertos a serem alcançados, delegando às empresas, ato contínuo, a concreta execução da política. Cabe aos agentes privados, pelo maior conhecimento de suas realidades específicas, estabelecer precisamente o modo como alcançarão os resultados, embora o Estado, por óbvio, deva manter algum grau de supervisionamento da política[616] (cf. seção 5.2.3).

No Brasil, ainda parece haver alguma dificuldade de aceitação de tal estrutura regulatória. O sistema de estímulo às políticas de integridade concede sinais conflitantes. Por um lado, a Administração

---

[615] Sobre a evolução tecnológica do *compliance*, cf. LAUFER, William S. A Very Special Regulatory Milestone. *University of Pennsylvania Journal of Business Law*, v. 20, n. 2, p. 396-397, 2017; e SOLTES, Eugene. Evaluating the effectiveness of corporate compliance programs: establishing a model for prosecutors, courts and firms. *NYU Journal of Law & Business*, v. 14, n. 3, p. 979-980, 2018.

[616] Sobre tal esperada repartição de atuação entre regulador e regulado na estratégia de metarregulação e no *compliance*, cf. FORD, Cristie L. New governance, compliance, and principles-based securities regulation. *American Business Law Journal*, v. 45, issue 1, p. 27-28, 2008; LOBEL. Op. cit. p. 71.; e MILLER, Geoffrey Parsons. *The law of governance, risk management, and compliance*. Nova York: Wolters Kluwer Law & Business, 2014. p. 138.

Pública brasileira ainda parece ter a pretensão de microgerenciar o sistema de *compliance* empresarial. Por outro lado, contraditoriamente, há evidências de que a maioria dos entes públicos não esteja tecnicamente capacitada para fiscalizar, quando necessário, se o programa de *compliance* constituído é efetivo ou não. O resultado é considerável insegurança jurídica.

Ao contrário do que se espera de um quadro de metarregulação, o arranjo brasileiro tampouco parece promover suficiente cooperação e troca de informações entre as empresas e os órgãos públicos do sistema brasileiro anticorrupção (cf. seção 4.2). Pelo contrário, a relação entre Estado e empresas apresenta tendência adversarial, de pretensão fiscalizatória, e não de construção dialógica do regime de prevenção e monitoramento. Aparentemente, há efetiva aproximação entre os atores públicos e as empresas apenas quando o aprimoramento do programa de *compliance* decorre da assinatura de um acordo de leniência.

Hoje, na prática, o que emerge das tensões mencionadas não é exatamente um sistema de nova governança como previsto na teoria,[617] mas apenas uma tênue metarregulação, com poderes decisórios concentrados nas mãos do Poder Público, que, a despeito disso, evidencia a todo momento deficiências técnicas para lidar com o assunto.

Até mesmo por suas limitações técnicas, que se acentuarão com o progresso tecnológico e o avanço nas ciências comportamentais, cabe ao Estado atuar com autocontenção. Como em um típico modelo de metarregulação, a Administração Pública deveria tão somente identificar elementos-chave que o sistema de integridade deve conter, bem como princípios gerais a serem perseguidos. Provavelmente, qualquer tentativa de excessiva interferência se revelará falha e ineficiente, uma vez que é difícil acreditar que o Poder Público conseguirá igualar a iniciativa privada em conhecimento sobre as estruturas internas das empresas.[618]

---

[617] Sobre a realidade estadunidense, Miriam Baer parece sustentar que os sistemas de *compliance* empresarial, como hoje existentes nos Estados Unidos, sequer deveriam ser considerados um modelo de *"new governance regulation"*, porque não preencheriam os requisitos para tanto e, por razões estruturais, tampouco são hábeis de preenchê-los em algum momento. Para exame detalhado, cf. BAER, Miriam. Governing Corporate Compliance. *Boston College Law Review*, v. 50, issue 4, p. 1009-1017, 2009.

[618] Veja-se que cada empresa pode ter riscos peculiares a serem gerenciados pelo programa de *compliance*, que somente quem a conhece por dentro poderá identificar. Assim, é improvável que a Administração possa alcançar o mesmo aprofundamento em cada uma das empresas que terão que organizar seus sistemas de integridade. Em semelhante toada, cf. MILLER, Geoffrey. An economic analysis of effective compliance programs. *In*: ARLEN, Jennifer. *Research handbook on corporate crime and financial misdealing*. Cheltenham: Edward Elgar Publishing Limited, 2018. p. 260.

5.7 Levando incentivos a sério: como o sistema brasileiro de combate à corrupção deveria considerar os programas de integridade?

5.7.1 A necessária autocrítica do Poder Público

Ao longo deste capítulo, examinaram-se os desafios atinentes à estruturação de programas de integridade efetivos como consolidações do esforço de engajamento das empresas no combate à corrupção.

Assim, convém perquirir se o regime brasileiro de tratamento da corrupção empresarial vem concedendo um conjunto de incentivos adequados para a estruturação dos mecanismos em exame. Nesse contexto de evidentes complexidades, não cabe uma postura cândida por parte da Administração Pública. Não se deve embarcar acriticamente no excessivo otimismo da Lei nº 12.846/2013, de que a Administração Pública terá empenho político e capacidade institucional para promover o *enforcement* de suas previsões teóricas.

O manejo estatal do instrumento analisado neste capítulo exige certa dose de autocrítica. Para a organização de um correto sistema de incentivos, duas perguntas devem ser feitas pelas autoridades públicas, ambas relacionadas ao desenho de um regime composto de responsabilização empresarial (cf. seção 3.4.5).

A primeira indagação concerne a refletir se o Estado foi capaz de estruturar adequadamente o segundo eixo da estratégia anticorrupção integrada (cf. seção 3.1). Em outros termos: o Estado vem conseguindo, por seus próprios meios, impor uma ameaça sancionatória crível e substancial em relação ao cometimento de atos de corrupção (cf. seção 3.3 e Capítulo 4)? Em caso negativo, é possível que as empresas não restem sequer estimuladas para a organização de políticas de prevenção, uma vez que considerarão que, na prática, o risco de punição é diminuto. O ponto é notadamente preocupante no Brasil, onde o desenho punitivo empresarial apresenta falhas relacionadas à efetividade (cf. Capítulo 4).

A segunda pergunta concerne à responsabilização baseada no cumprimento de contrapartidas (cf. seção 3.4.3). A Administração Pública local teria suficientes recursos e conhecimento técnico para avaliar satisfatoriamente, caso seja necessário, a efetividade de um programa de integridade? Se a resposta for negativa, cenário que certamente é o mais provável em relação à maior parte dos Municípios e Estados do Brasil, então o Poder Público precisa adotar uma estratégia normativa que estimule a presença das estruturas em exame, sem levar à proliferação de sistemas de *compliance* apenas no papel.[619]

Afinal, o funcionamento de um regime que se pauta na responsabilização baseada no cumprimento de contrapartidas depende da capacidade de o Estado verificar, quando necessário, se as contrapartidas estimuladas estão sendo realmente cumpridas. Caso contrário, há o risco de se tornar apenas um sistema que reduz o efeito dissuasório da sanção sem concretamente promover, em troca, outros mecanismos que conduzam à conformidade em relação aos padrões de integridade. Em geral, o ponto é ignorado no debate brasileiro, que por vezes acredita – acriticamente – que o regime de responsabilização baseada no cumprimento de contrapartidas alcançará seus objetivos, ainda que ausentes as premissas fundamentais. Não é verdade.

Faltando capacidade institucional para a Administração lidar com tal fardo informacional, a consequência do estímulo ou da imposição da presença de sistemas de integridade, sem a possibilidade de fiscalização estatal, poderá ser a propagação de programas inefetivos – embora formalmente presentes e representando custos adicionais à atividade empresarial, uma vez que, nesse cenário, não restarão estímulos para investir em *compliance* mais do que o mínimo suficiente para atender à demanda do legislador.

5.7.2 Benefícios pelo programa de integridade: quando e como?

O regime composto de responsabilização empresarial trazido pela Lei nº 12.846/2013 estabelece que a presença de um programa de integridade efetivo levará à redução, no montante de 1% a 4%, da multa a ser aplicada no bojo de um PAR – art. 7º, VIII, da Lei nº 12.846/2013, combinado com art. 18, V, do Decreto nº 8.420/2015. Também no

---

[619] O maior comedimento estatal no estímulo a tais políticas de forma alguma significa que as empresas que atuem em tais localidades não deveriam ter ou não terão ainda assim programas de *compliance*. Tampouco significa que o Poder Público não incentivará o engajamento empresarial. Em primeiro lugar, continuará a existir o risco de responsabilização da pessoa jurídica pelo ato lesivo (cf. seção 3.3), que por si só já estimula a adoção de mecanismos de prevenção de tais casos. Aliás, mesmo aqueles entes públicos que sejam incapazes de verificar efetividade de programas de *compliance* podem buscar aperfeiçoar seus mecanismos de responsabilização empresarial, o que contribui para dissuadir condutas ilícitas e estimular a integridade. Em segundo lugar, continuarão também existindo os incentivos à autodenúncia empresarial, concernentes ao quarto eixo da estratégia anticorrupção eficiente (cf. seção 3.5), e à implementação de medidas de monitoramento interno, com o escopo de detectar eventuais ilícitos antes que os órgãos de controle o façam.

âmbito da lei de licitações e contratações públicas, como visto, há previsão semelhante, que determina a consideração de implantação ou aperfeiçoamento de programas de integridade como parâmetro para aplicação de sanções (art. 156, §1º, V, da Lei nº 14.133/2021).

Essas previsões normativas são adequadas para a realidade institucional de todos os entes públicos? Será também correta para todos os diferentes episódios de corrupção?

A capacidade técnica da Administração em mensurar a efetividade de um programa de *compliance* faz diferença para que o estímulo a tais estruturas alcance ou não as finalidades públicas almejadas. Conceder sanções premiais pela implementação das estruturas em tela mostra-se uma política pública louvável quando a Administração está suficientemente estruturada para cumprir tal mister. Em hipótese contrária, o Poder Público pode vir a reduzir o patamar punitivo sem a devida contrapartida no esforço anticorrupção, o que acabaria por menoscabar o efeito dissuasório da punição, prejudicando o segundo eixo de uma estratégia eficiente de responsabilização empresarial.

Assim, a premiação pela implementação de programas de integridade deveria ser definida de acordo com a realidade de cada ente público sancionador. Conforme sustentam André Cyrino e José Vicente Santos de Mendonça, a Lei nº 12.846/2013 apresenta caráter nacional, conclusão reforçada pela centralidade do combate à corrupção na Constituição, pelos compromissos internacionais assumidos pelo Estado brasileiro nessa seara e pela necessidade de tratamento uniforme do tema, em razão da necessária isonomia e segurança jurídica.[620]

No entanto, como frisam os mesmos autores, o caráter nacional do diploma não exclui a possibilidade de "experimentações federativas" para melhor atender questões atinentes a interesses e peculiaridades locais.[621]

Considerando que alcançar as finalidades públicas pretendidas pelo art. 7º, VIII, da Lei nº 12.846/2013 depende da capacidade técnica e dos recursos à disposição de cada ente público, esse dispositivo deve ser interpretado como regra específica para a União Federal, não tendo alcance nacional.

Não acreditamos que as regras em exame devam ser consideradas como atinentes a direito societário, o que atrairia a competência privativa

---

[620] CYRINO, André; MENDONÇA, José Vicente Santos de. A lei anticorrupção como lei nacional? *In*: CYRINO, André; MIGUEIS, Anna Carolina; PIMENTEL, Fernanda Morgan (Coords.). *Direito Administrativo e Corrupção*. Belo Horizonte: Fórum, 2020.
[621] Ibid. p. 129-131.

da União (art. 22, I, da Constituição de 1988).[622] Assim seria se fosse determinada, por exemplo, a implementação compulsória de programas de integridade em todas as empresas do país que se amoldassem a determinadas características, a exemplo do modelo recentemente adotado na França (cf. seção 5.3.1). No caso, a norma trata da concessão premial em procedimento de direito administrativo sancionador, a ser exercitado em cada ente público, matéria própria de competência legislativa concorrente.

Não sendo tal dispositivo em exame interpretado como meramente federal, entes públicos com poucos recursos, que não estão habilitados para o complexo desafio de lidar com o fardo informacional dos programas de integridade, também teriam que conceder benefícios pela simples presença de estruturas com as quais não sabem lidar. Seria a aniquilação da competência legislativa para tratar de interesses e peculiaridades locais em relação ao ponto, que é a razão de ser da competência concorrente.[623]

Ainda que assim não se entenda ou ainda que um determinado ente público, a despeito de sua limitada capacidade técnica na matéria, pretenda conceder benefícios como forma de estimular as estruturas de *compliance*, a lei permite que a regulamentação estadual ou municipal consagre incentivos modestos, se assim os entes federativos entenderem pertinentes. Veja-se que o art. 7º, VIII, da Lei nº 12.846/2013 assenta apenas que práticas de *compliance* deverão ser "levadas em consideração" quando do cálculo de eventuais sanções. A forma como tal estímulo se dará pode ser definida por cada ente público, no exercício de seu poder regulamentar.

Superada essa questão, cabe responder se esse tipo de sanção positiva seria pertinente em todos os diferentes episódios de corrupção na Administração Pública. Examinou-se, na seção 5.5.4, que existem algumas limitações técnicas inerentes aos programas de integridade. Se o ato de corrupção foi cometido pela cúpula da empresa, em conluio com a alta Administração do ente público, dificilmente uma política de *compliance* interna seria capaz de evitar o evento ou mesmo identificar a prática, uma vez que os atos ilícitos possivelmente ocorrerão apartados dos setores de execução da estrutura empresarial.

---

[622] Em sentido contrário, cf. CYRINO; MENDONÇA. Op. cit. p. 128.
[623] Sobre os critérios de distribuição de competências utilizados pela federação brasileira, cf. BARCELLOS, Ana Paula de. *Curso de direito constitucional*. 3. ed. Rio de Janeiro: Forense, 2020. p. 256-262.

Nessas hipóteses, próprias dos grandes escândalos de corrupção, o benefício legal seria concedido em razão de um instrumento que, ao fim, era inapto a impedir o caso. Assim, quando a corrupção é promovida pela alta cúpula da empresa, a concessão de reduções sancionatórias não parece se alinhar às razões técnicas históricas da promoção das estruturas de *compliance*. A questão deveria ser considerada quando da regulamentação da Lei Anticorrupção pelos entes públicos, seja para excluir o benefício em tais situações, seja para ao menos reduzi-lo.

As críticas aqui suscitadas não negam a relevância da responsabilização baseada no cumprimento de contrapartidas e de um regime composto de responsabilização por atos de corrupção (cf. seções 3.4.3 e 3.4.5) para o estímulo a atividades de autorregulação empresarial. Apenas se sugere que, quando a capacidade técnica do ente público envolvido não for adequada para lidar com as estruturas em exame, outras estratégias devem ser consideradas para o fomento das políticas de integridade.

5.7.3 Leniência, cooperação plena e *compliance*

Em razão das dificuldades da Administração Pública de constatar a genuína efetividade de programas de integridade, um caminho possível seria privilegiar a concessão de benefícios quando a empresa se autodenuncia e coopera plenamente com as autoridades para o deslinde do episódio.[624] Em outros termos, propõe-se que a legislação brasileira deveria, preferencialmente, premiar a implementação de estruturas de integridade quando da celebração de um acordo de leniência, não quando da realização de um processo administrativo de responsabilização (cf. Capítulo 6). Nesse cenário, os problemas suscitados nas seções anteriores restariam ao menos mitigados.[625]

---

[624] Em semelhante análise, mas tratando na verdade sobre como a concessão de benefícios pela autodenúncia e cooperação mitiga os problemas de incentivos perversos gerados pela responsabilização objetiva, cf. KRAWIEC, Kimberly D. Organization Misconduct: Beyond the Principal-Agent Model. *Florida State University Law Review*, v. 32, issue 2, p. 578-579, 2005.

[625] A solução apresentada está respaldada, também, em evidência empírica. Já se constatou a correlação entre a voluntária autodenúncia e o efetivo esforço de autopoliciamento empresarial para a identificação de ilícitos internos. Ou seja, as pessoas jurídicas que confessam seus ilícitos às autoridades geralmente são aquelas que de fato estão adotando práticas de auditorias, monitoramento e controle interno. Assim, conceder benefícios à empresa que adere a soluções negociais parece um meio hábil a também premiar as pessoas jurídicas que estão adotando adequadamente as técnicas de autorregulação e controle internos. Acerca da correlação entre a voluntária autodenúncia e o efetivo autopoliciamento,

Quando a pessoa jurídica admite sua participação no ilícito, identifica os demais envolvidos e fornece informações e documentos novos e necessários para o deslinde do caso, torna-se menos relevante o receio de que sua política de integridade seja somente de fachada. Afinal, a empresa demonstra concretamente uma atuação de colaboração com o Poder Público. Pelos resultados apresentados no momento negocial, minora-se o fardo informacional advindo da necessidade de verificar se a cooperação com o esforço anticorrupção é real ou apenas uma maquiagem.

Na negociação de um acordo de leniência, também não será mais relevante perquirir se o caso concreto concerne a um episódio de corrupção cometido pela alta cúpula da empresa ou pelas camadas inferiores (cf. seções 5.5.4 e 5.7.3). Afinal, nesse momento, a empresa coopera concretamente com os órgãos de controle. Se a pessoa jurídica busca as autoridades para trazer elementos probatórios por ela identificados sobre o ilícito cometido por um membro ou antigo membro de sua alta cúpula, resta caracterizado seu auxílio no esforço anticorrupção, ao menos no caso concreto tratado.

No Brasil, como se verá no próximo capítulo, os acordos de leniência firmados com base na Lei Anticorrupção podem reduzir o valor da multa aplicável em até dois terços (art. 16, §2º, Lei nº 12.846/2013). A multa, por sua vez, como visto, poderá sofrer redução também pela existência do programa de *compliance* (art. 7º, VIII, Lei nº 12.846/2013). Portanto, já existem, na legislação, duas hipóteses distintas de redução sancionatória: a celebração do acordo de leniência e a presença do sistema de integridade.

Parece-nos que grande parte dos problemas debatidos no presente capítulo seria minorada, quando não eliminada, se um benefício ainda maior fosse concedido pela celebração de um acordo de leniência, de modo que a Administração deixasse de pretender consumir esforço estatal para a verificação da efetividade de programas de *compliance*.[626] Essa solução também contribui para a redução do custo social que os atos de corrupção acarretam (cf. seção 2.6.2), uma vez que menos

---

cf. TOFFEL, Michael; SHORT, Jodi L. Coming Clean and Cleaning Up: Does Voluntary Self-Reporting Indicate Effective Self-Policing? *Journal of Law and Economics*, v. 54, p. 609-649, ago. 2011.

[626] Essa parece também ser uma das propostas sugeridas por Sharon Oded como parte do que denomina de regime composto de responsabilização corporativa. Cf. ODED, Sharon. *Corporate Compliance*: New Approaches to Regulatory Enforcement. Cheltenham: Edward Elgar Publishing Limited, 2013. p. 185-193.

recursos públicos seriam drenados para a averiguação da efetividade das políticas em exame.

Em nosso entender, para todos os entes públicos que não são dotados de suficientes recursos para pretender verificar a efetividade de programas de *compliance*, a proposta anterior seria a melhor solução técnica: deixar de conceder vantagens substanciais em tese, em eventual PAR, pela simples presença das políticas de integridade, passando, em compensação, a fornecer benefícios ainda maiores que os atuais quando a empresa celebra acordo de leniência. Nesse modelo sugerido, estimula-se a cooperação empresarial ao esforço anticorrupção, respeitando, no entanto, as limitações da Administração Pública. A empresa ganharia uma redução sancionatória por apresentar um resultado concreto, e não pela sua retórica sobre integridade. Minora-se, desse modo, o risco de que sejam premiadas empresas que mantêm estruturas meramente de fachada.

5.7.4 A legislação brasileira concede benefícios suficientes para o *compliance*?

Agora trataremos dos casos que, na prática, são a exceção: os entes públicos que são, sim, dotados de capacidade técnica para a avaliação da genuína efetividade de programas de integridade. Será que a legislação pátria, como hoje se coloca, concede incentivos suficientes para estimular as empresas a montarem adequados programas de *compliance*?

Esforço de pesquisa nesse campo já foi empreendido por Carla Veríssimo. Simulando diversas situações de cálculo de multas, a autora demonstrou que os benefícios dados pela legislação anticorrupção federal dificilmente seriam suficientes para compensar a baixa probabilidade de punição pelas autoridades públicas, não havendo, assim, estímulo legislativo suficiente para que a empresa promova a contrapartida de montar um programa da espécie.[627] Segundo a autora, "a Lei nº 12.846/2013, tal como está formulada e por si só, não irá provocar um aumento no uso de programas e medidas de *compliance* anticorrupção pelas empresas brasileiras".[628] Em conclusão, a autora afirma que a "forma de estimular a adoção do *compliance* anticorrupção passa necessariamente pelo aumento da probabilidade de punição (uma

---

[627] VERÍSSIMO, Carla. *Compliance*: incentivo à adoção de medidas anticorrupção. São Paulo: Saraiva, 2017. p. 243-270.
[628] Ibid. p. 352.

ameaça crível de sanção que seja aplicada em menor tempo e com mais certeza, reduzindo a impunidade) e pelo aumento dos benefícios oferecidos (...)".[629]

Portanto, seguindo as conclusões de Carla Veríssimo, nem mesmo quando a Administração Pública mostra-se suficientemente capacitada para lidar com os programas da espécie a legislação brasileira concede às empresas suficientes estímulos para o amplo engajamento do esforço anticorrupção.

No entanto, não se deve perder de vista que as sanções positivas estatais sempre serão insuficientes se a probabilidade de detecção e punição pelo Poder Público mostrar-se diminuta, como parece ser o caso do Brasil (cf. Capítulo 4). Mais uma vez, reforça-se a importância de uma estratégia integrada para a eficiente resposta à corrupção empresarial. Se as empresas não enfrentarem um risco crível e significativo de detecção e punição de suas condutas ilícitas (que é o primeiro eixo da estratégia, já tratado), não haverá impulso suficiente para comportamentos de colaboração com a Administração, restando ao Estado contar apenas com os valores éticos daqueles empresários mais comprometidos com a coisa pública.

5.7.5 Exigências de programas de integridade em contratações públicas: euforia ou efetividade?

Já tratamos da considerável sobreposição de normas que buscam tutelar a moralidade em contratações públicas (cf. seção 4.5.2.1).[630] Os programas de integridade também foram lembrados para tal fim. Considerando apenas os estados da Federação e o Distrito Federal, ao menos Rio de Janeiro (Lei nº 7.753/2017), Rio Grande do Sul (Lei

---

[629] Ibid. p. 352-353.
[630] As discussões trazidas na presente seção já foram anteriormente apresentadas em CARVALHO, Victor Aguiar de. As complexidades e consequências não intencionais da exigência de programas de integridade em contratações públicas. *Fórum de Contratação e Gestão Pública – FCGP*, Belo Horizonte, ano 19, n. 222, p. 67-75, jun. 2020; Idem. Requiring Public Contractors to Have Anticorruption Compliance Programs May Sound Like a Good Idea – But Not When Government Capacity Is Lacking. *The Global Anticorruption Blog*. 17 jan. 2020. Disponível em: https://globalanticorruptionblog.com/2020/01/17/requiring-public-contractors-to-have-anticorruption-compliance-programs-may-sound-like-a-good-idea-but-not-when-government-capacity-is-lacking/#more-15261. Acesso em: 22 jan. 2020; e Idem. Programas de integridade em contratações públicas: boas intenções, resultados incertos. *Jota*, 17 mar. 2020. Disponível em: https://www.jota.info/coberturas-especiais/inova-e-acao/programas-de-integridade-em-contratacoes-publicas-boas-intencoes-resultados-incertos-17032020. Acesso em: 6 maio 2020.

nº 15.228/2018), Amazonas (Lei nº 4.730/2018), Goiás (Lei nº 20.489/2019) e o próprio Distrito Federal (Lei nº 6.112/2018) já adotam regras exigindo que empresas que celebrem contrato, consórcio, convênio ou parceria público-privada que envolvam valores superiores a um determinando patamar obrigatoriamente implementem um programa de integridade. O modelo aparentemente foi transplantado dos Estados Unidos, país onde há previsão semelhante no *Contractor Code of Business Ethics and Conduct*.[631]

No Rio de Janeiro, exige-se um programa de integridade de empresas que celebrem contrato, consórcio, convênio, concessão ou parceria público-privado com a Administração Pública, em valores superiores ao da modalidade de licitação por concorrência, com prazo igual ou superior a 180 dias. A empresa tem o prazo de também 180 dias corridos, a partir da data de celebração do contrato, para implementar o programa.

Nos Estados do Amazonas e de Goiás também foram adotados como piso, para o dever de estruturar políticas de *compliance*, os valores da modalidade de licitação por concorrência. Já no Distrito Federal e no Rio Grande do Sul optou-se pelo estabelecimento de um valor fixo. No estado gaúcho, o parâmetro adotado parece ser o menor entre os entes aqui comparados, demandando o programa em avenças superiores a R$330.000,00 para obras e serviços de engenharia e acima de R$176.000,00 para compras e serviços, mesmo que na forma de pregão eletrônico. No Distrito Federal, por sua vez, com a nova redação dada pela Lei nº 6.308/2019, o paradigma adotado passou a ser de R$5.000.000,00.

Na seção 5.5.2 já se abordou o exemplo da Lei fluminense nº 7.753/2017 e da aparente incapacidade da Administração local de lidar com o fardo informacional criado pela norma. Certamente, as limitações do Rio de Janeiro se reproduzem em grande parte dos entes públicos brasileiros. Se confirmada a hipótese de inexistência, na Administração Pública, de tais entes, do conhecimento e da estrutura necessária para a avaliação dos programas exigidos por tais leis, não será improvável que os contratados se limitem a estruturar programas pouco efetivos, que não tragam os resultados almejados pelos legisladores, mas que inevitavelmente acabarão por elevar em alguma medida os custos do

---

[631] Cf. MESSICK, Rick. Developing States Should Demand that Firms Doing Business with Them Have an Anticorruption Compliance Program. *The Global Anticorruption Blog*, 8 out. 2014. Disponível em: https://globalanticorruptionblog.com/2014/10/08/developing-states-should-demand-businesses-doing-business-with-them-have-an-anticorruption-compliance-program/. Acesso em: 22 jan. 2020.

contratado. A depender de outras características do mercado, passíveis de aferição por técnicas econômicas, é possível que o aumento dos custos acabe por ser repassado ao preço pago pelo Poder Público contratante, encarecendo o valor das contratações públicas e prejudicando o contribuinte sem que se alcance, todavia, os fins pretendidos pela norma.

Ainda há o risco de que o legislador coloque em desvantagem competitiva justamente as empresas que verdadeiramente se comprometam com melhores padrões de integridade, problema já referido na seção 5.5.3. Com previsões da espécie, os entes públicos poderão criar um novo (mais um, aliás) problema de seleção adversa nas contratações públicas.

O tema suscita preocupações para a própria agenda anticorrupção. Como visto no Capítulo 1 (cf. seção 1.5.1), quando determinados agentes públicos monopolizam poder para tomar uma decisão que conceda um benefício ou imponha um ônus ou uma sanção ao particular, surge maior risco de ocorrer episódios de corrupção. Normas como as aqui examinadas podem concentrar poder de decisão sobre a adequação dos programas de integridade nas mãos de agentes públicos que nem mesmo estejam tecnicamente capacitados para exercer tal mister. Em algum lugar do Brasil, tal atribuição poderá até mesmo vir a ser desvirtuada por agentes oportunistas para ganhos espúrios, criando ainda mais corrupção, em vez de reduzi-la.

Nesse aspecto, a Lei nº 14.133/2021 exige, no art. 25, §4º, que, nas contratações de obras, serviços e fornecimentos de grande vulto (cujo valor estimado supere R$200 milhões), o edital preveja a obrigatoriedade de implantação de programa de integridade pelo licitante vencedor, no prazo de seis meses, contado da celebração do contrato, conforme regulamento que disporá sobre as medidas a serem adotadas, a forma de comprovação e as penalidades por seu descumprimento.

Assim, caso se interprete o referido dispositivo como norma geral, o fardo informacional de lidar com programas de *compliance* será imposto a todas as Administrações Públicas do País que pretendam contratar objetos de grande vulto, mesmo àquelas com maiores limitações em recursos humanos. É provável que tal interpretação, ao menos inicialmente, acarrete apenas a proliferação de programas de integridade pouco efetivos, além de possível aumento dos custos das contratações públicas mesmo em entes públicos de poucos recursos, sem gerar efeito preventivo ou dissuasório relevante.

Mais uma vez, em sentido análogo ao que suscitamos em relação à concessão de benefícios em processos administrativos de responsabilização pela existência de programas de integridade (cf. seção 5.7.2), entendemos que o disposto no art. 25, §4º, da Lei nº 14.133/2021 deve ser interpretado como norma voltada apenas à União Federal, e não como uma norma geral de licitação (art. 22, XXVII, Constituição de 1988). O alcance das finalidades públicas pretendidas pelo referido dispositivo depende inequivocamente da capacidade técnica e dos recursos à disposição de cada ente público para lidar com o fardo informacional atinente à exigência de um programa de integridade em um projeto de grande vulto (cf. seção 5.7.1). Há que se permitir, mais uma vez, experimentações federativas, afastando tal exigência quando a Administração Pública local entender que a referida previsão poderia levar a consequências não intencionais, como o mero surgimento de estruturas de *compliance* cosméticas.

5.8 Conclusões parciais: *compliance* além da retórica

Em razão da assimetria informacional e das limitações do Poder Público para impor suficiente responsabilização pessoal aos indivíduos e às pessoas jurídicas, uma estratégia anticorrupção eficiente precisa contar também com a colaboração empresarial ao esforço anticorrupção. Por convenção, essa cooperação é estimulada e medida por meio da implementação de políticas de *compliance*/integridade.

Quando bem estruturadas, essas políticas são também fundamentais para enfatizar a prevenção e a dissuasão a condutas de corrupção, que devem ser escopos centrais de um regime de tratamento da corrupção empresarial (cf. seção 2.6.1). Por se inserirem dentro da estrutura empresarial, programas de integridade têm o potencial de conformar as condutas dos indivíduos vinculados às empresas de forma mais custo-efetiva do que os órgãos de controle da Administração Pública seriam capazes de fazer por seus próprios meios (cf. seção 2.6.2). Com efeito, por sua pouca capilaridade, a Administração Pública apresenta limitações para monitorar ou conseguir influenciar comportamentos dos indivíduos dentro das empresas, que são quem, por fim, cometerão atos de corrupção.

Desenhar e implementar um programa de *compliance* genuinamente efetivo não é uma tarefa singela. Tampouco é fácil para o Poder Público verificar a adequação dessas políticas. É nesse contexto que o ordenamento jurídico precisa constituir um sistema de incentivos que, levando *compliance* a sério, seja capaz de estimular a colaboração empresarial sem comprometer o efeito dissuasório da ameaça de punição mediante a concessão indevida de benefícios a empresas que não estejam verdadeiramente comprometidas com o aprimoramento da integridade.

Os sistemas em exame não são estruturados de graça, visto que consomem recursos das empresas, que, por definição, são entidades maximizadoras de lucros. Assim, se o Estado não conceder incentivos adequados para a organização das políticas de integridade, haverá o risco de que sejam organizados aparatos meramente de fachada, apenas para emular conformidade com os ditames legislativos.

O primeiro incentivo relevante concerne ao que foi examinado no capítulo anterior: se não houver risco crível e substancial de responsabilização, muitas empresas não restarão incentivadas a adotar políticas de prevenção robustas, omitindo-se quanto às suas possibilidades de conformação do agir dos indivíduos. Como visto no Capítulo 4, o ponto é notadamente sensível para o Brasil.

Mas não é só. A Administração Pública precisa ter autocrítica quanto à sua capacidade de exame da efetividade das políticas de conformidade que pretende estimular. A depender dessa análise, deverá decidir o caminho para incentivar programas da espécie.

Ao longo do capítulo, observou-se, no entanto, que há problemas no corrente sistema de incentivos produzido pelo ordenamento jurídico brasileiro, que podem levar a incentivos perversos e a consequências não intencionais. Considerando as diversas complexidades inerentes à organização de um sistema de incentivos que estimule programas genuinamente efetivos, foram apresentadas propostas para que esse relevante instrumento seja mais bem tratado na realidade da Administração Pública brasileira, que, na maior parte dos entes públicos, não parece dotada das competências necessárias para avaliar as políticas empresariais de integridade.

Mais uma vez constata-se que o regime anticorrupção trazido pela Lei nº 12.846/2013 nutre excessivo otimismo quanto ao empenho político e à capacidade institucional de a Administração Pública promover o *enforcement* de suas normas. Não sendo realista que, em grande parte dos entes brasileiros, a Administração esteja dotada das competências necessárias para avaliação da efetividade dos sistemas de *compliance*, há o risco de que a política pública de estímulo a esse instrumento leve à proliferação, ao menos até a devida estruturação da Administração, de programas meramente formais.

Uma das derradeiras propostas apresentadas foi a de que se deveria evitar que os benefícios legais pelo suposto engajamento do meio empresarial fossem concedidos em tese, privilegiando a premiação quando a empresa ingressasse em soluções negociais com a Administração (cf. Capítulo 6). Nessas hipóteses, as dúvidas quanto à efetividade dos referidos programas restariam mitigadas, uma vez que a pessoa jurídica de direito privado estaria apresentando elementos e resultados concretos atinentes à sua colaboração com o Poder Público para o deslinde do caso. O risco de que se premie uma estrutura meramente de fachada com benefícios legais acabaria por ser consideravelmente minorado.

Engajar as empresas para o esforço anticorrupção é necessário. No entanto, o Poder Público também precisa dar uma porta de saída e de remissão de seus erros às empresas que se esforcem para colaborar. Mais ainda, essa solução negocial poderá representar uma via para que o Poder Público reforce o engajamento verdadeiro daquela empresa no esforço anticorrupção. O próximo capítulo se ocupará desses temas.

CAPÍTULO 6

SOLUÇÕES NEGOCIAIS E INSEGURANÇA JURÍDICA: O REGIME DE AUTODENÚNCIA E LENIÊNCIA NO BRASIL

6.1 Soluções negociais: a expansão global da justiça possível

Como abordamos no Capítulo 3 (cf. seção 3.5), a resolução negocial dos casos de corrupção empresarial, por meio da celebração de alguma espécie de instrumento jurídico-administrativo bilateral, tornou-se, ao redor de todo o mundo, o principal mecanismo de tratamento estatal desses episódios.[632] A propagação desses acordos acentuou-se ainda mais nos últimos anos,[633] embora estejam frequentemente sujeitos a críticas quanto ao possível senso de injustiça ou quanto ao tratamento inigualitário que podem gerar.[634]

---

[632] OECD. *Resolving Foreign Bribery Cases with Non-Trial Resolutions*: Settlements and Non-Trial Agreements by Parties to the Anti-Bribery Convention, p. 13. Disponível em: http://www.oecd.org/corruption/Resolving-Foreign-Bribery-Cases-with-Non-Trial-Resolutions.htm. Acesso em: 25 jan. 2020.

[633] Cf. MAKINWA, Abiola; SØREIDE, Tina. Introduction. *In*: MAKINWA, Abiola; SØREIDE, Tina. *Negotiated Settlements in Bribery Cases*: A Principled Approach. Northampton: Edward Elgar, 2020, p. 3-5.

[634] PIETH, Mark. Negotiating settlements in a broader law enforcement context. *In*: MAKINWA, Abiola; SØREIDE, Tina. *Negotiated Settlements in Bribery Cases*: A Principled Approach. Northampton: Edward Elgar, 2020. p. 21-22. Também GARRETT, Brandon. *Too big to Jail*: how prosecutors compromise with corporations. Cambridge: The Belknap Press of Harvard University Press, 2014; e Idem. The corporate criminal as scapegoat. *Virginia Law Review*, v. 101, n. 7, p. 1789-1853, nov. 2015.

O principal motivo para a expansão das soluções negociais foi de ordem pragmática: minorar os já apontados custos e dificuldades que o Poder Público enfrenta para a persecução da corrupção empresarial (cf. seções 2.6.1 e 3.3.3.1). A alternativa à celebração de um acordo não costuma ser uma aplicação mais rigorosa da lei, e sim uma impunidade ainda maior em relação às empresas infratoras.[635] Há limites para o idealismo na luta contra a corrupção. Infelizmente, esse não é um campo propenso à justiça perfeita.

O Brasil seguiu a referida tendência internacional ao adotar, na Lei nº 12.846/2013, um regime negocial voltado a episódios de corrupção. Entre nós, optou-se pelo modelo de acordos de leniência, celebrados pela Administração Pública. Proveniente do direito antitruste norte-americano e exportado para outras partes do globo,[636] o instituto já havia ingressado na ordem jurídica brasileira no campo de sua origem histórica – o direito concorrencial –, permitindo pactuações em razão de infrações à ordem econômica (Lei nº 8.884/1994, posteriormente revogada pela Lei nº 12.529/2011). Com a Lei nº 12.846/2013, ampliou-se o instituto da leniência também para a atuação anticorrupção.[637]

Um regime de leniência consiste em um arcabouço jurídico atinente à concessão de abrandamentos sancionatórios a uma empresa infratora em troca do fornecimento de informações e provas sobre os fatos, bem como da adoção de outras providências relacionadas ao ato ilícito. O acordo de leniência, que se fundamenta nesse regime jurídico, é uma espécie de acordo administrativo integrativo, em que as possíveis sanções se tornam "mais brandas mediante a satisfação de obrigações positivas ou negativas estabelecidas no ato consensual".[638]

Nos termos do art. 16 da Lei nº 12.846/2013, a competência para a celebração de acordos de leniência é da autoridade máxima de cada órgão ou entidade pública. Em esfera federal, essa competência foi concentrada

---

[635] Cf. MAKINWA, Abiola; SØREIDE, Tina. Introduction. In: MAKINWA, Abiola; SØREIDE, Tina. Negotiated Settlements in Bribery Cases: A Principled Approach. Northampton: Edward Elgar, 2020, p. 6.

[636] Sobre as origens do instituto da leniência e sua exportação ao redor do mundo, cf. CANETTI, Rafaela Coutinho. Acordo de leniência: fundamentos do instituto e os problemas de seu transplante ao ordenamento jurídico brasileiro. Belo Horizonte: Fórum, 2018. p. 30-48.

[637] Sobre a expansão formal do instituto da leniência para além da seara concorrencial, passando a ser utilizado também na luta contra a corrupção em países como Brasil e México, cf. LUZ, Reinaldo Diogo; SPAGNOLO, Giancarlo. Expanding Leniency to Fight Collusion and Corruption. Free Network, out. 2016.

[638] PALMA, Juliana Bonacorsi. Regulação e autoridade: o poder sancionador na regulação. In: MEDAUAR, Odete; SCHIRATO, Vitor Rhein (Org.). Poder de polícia na atualidade. Belo Horizonte: Fórum, 2014. p. 101.

na CGU, arranjo usualmente replicado também em regulamentações estaduais, que atribuem esse mister a Controladorias locais.[639]

Ao optar por um modelo negocial capitaneado pela própria Administração Pública, a Lei nº 12.846/2013 mais uma vez aposta no genuíno engajamento da Administração no *enforcement* das normas anticorrupção, o que pode se revelar pouco realista na prática. O modelo de leniência à brasileira, instituído pela Lei nº 12.846/2013, notadamente ao atribuir a competência para celebração de acordos a órgãos que por vezes não são dotados de suficiente autonomia (cf. seção 2.6.3), pode dar lugar – especialmente em cenários de corrupção sistêmica – a leniências de compadrio, firmadas com Poder Público apenas para proteger interesses privados (cf. seções 1.6 e 2.1).

Nos termos da lei, o referido instrumento bilateral poderá ser celebrado desde que da colaboração resulte a identificação dos demais envolvidos na infração e a obtenção de elementos que comprovem o ilícito sob apuração. Como requisitos necessários para o acordo administrativo, a pessoa jurídica deve ser a primeira a manifestar seu interesse em cooperar para a apuração do episódio. Além disso, deve admitir sua participação no ilícito, cessar completamente seu envolvimento na infração investigada a partir da data de propositura do acordo e cooperar de forma plena e permanente.

Em contrapartida, conforme os ditames da Lei nº 12.846/2013, o cumprimento das obrigações assumidas no instrumento consensual isentará a pessoa jurídica da sanção administrativa de publicação extraordinária de decisão condenatória e da sanção civil de proibição de receber incentivos, subsídios, subvenções, doações ou empréstimos da Administração Pública. Também reduzirá a multa administrativa em até dois terços.

No mais, o acordo poderá também isentar ou atenuar as sanções administrativas estabelecidas nos arts. 86 a 88 da Lei nº 8.666/1993, atuais arts. 155 a 163 da Lei nº 14.133/2021, a exemplo da declaração de inidoneidade (art. 17 da Lei nº 12.846/2013). Na prática, com fulcro

---

[639] Veja-se, como mero exemplo, a Lei Estadual nº 7.989/2018, do Estado do Rio de Janeiro, que atribui à Controladoria Geral do Estado, como regra, a competência para a celebração de acordos de leniência relacionados àquele ente público, embora o Governador possa regulamentar a atuação conjunta com a PGE local. Como exceções, apontem-se o Rio Grande do Sul, que na Lei nº 15.228/2018 atribuiu a competência para celebração de acordos de leniência privativamente à PGE, bem como Pernambuco, que, por meio da Lei nº 16.309/2018, conferiu expressamente competência para atuação conjunta entre Controladoria local e PGE.

em regulamentações infralegais ou em interpretações jurídicas sistemáticas, os acordos firmados nos últimos anos também envolveram outros benefícios, notadamente o abrandamento da incidência da Lei nº 8.429/1992.

Embora seja a mais relevante previsão do direito positivo brasileiro para transações atinentes a atos corruptos, o acordo de leniência previsto na Lei nº 12.846/2013 certamente não é a única da espécie no ordenamento pátrio. Por meio do denominado pacote anticrime (Lei nº 13.964/2019), passou-se a expressamente prever a juridicidade de celebração de acordo de não persecução cível sobretudo para ações por ato de improbidade administrativa. Atos de corrupção também podem violar, de forma reflexa, outros bens jurídicos além da moralidade e da probidade administrativa, atraindo a incidência de outros diplomas que também expressamente preveem pactuações. São os casos do acordo de leniência celebrado pelo CADE em razão de infrações à ordem concorrencial, nos termos da Lei nº 12.529/2011, bem como do acordo administrativo em processo de supervisão firmado pelo Banco Central do Brasil (Bacen) e pela Comissão de Valores Mobiliários (CVM), conforme Lei nº 13.506/2017, em razão de infrações ao sistema financeiro nacional.

O presente capítulo dedica-se a analisar, como parte de uma abordagem integrada para o enfrentamento da corrupção empresarial, o mecanismo típico para a autodenúncia e para a solução negocial de ilícitos da espécie no ordenamento jurídico brasileiro: o regime de acordos de leniência anticorrupção.

Este capítulo não tem por escopo abordar todos os aspectos jurídicos atinentes aos acordos de leniência existentes no direito brasileiro, tema ao qual outras obras já se dedicam exclusivamente.[640] Pretende-se apenas demonstrar os equívocos no desenho do regime de leniência brasileiro, bem como a necessária interconexão das soluções negociais com os demais eixos de uma abordagem integrada para o tratamento da corrupção empresarial.

Como se verá, mais uma vez há problemas no desenho de incentivos do ordenamento jurídico brasileiro, que são prejudiciais ao controle da corrupção. Novamente se verificará a necessária interconexão de diferentes abordagens para o adequado funcionamento de políticas

---

[640] ATHAYDE, Amanda. *Manual dos Acordos de Leniência no Brasil*: teoria e prática – CADE, BC, CVM, CGU, AGU, TCU, MP. Belo Horizonte: Fórum, 2019; CANETTI, Rafaela Coutinho. *Acordo de leniência*: fundamentos do instituto e os problemas de seu transplante ao ordenamento jurídico brasileiro. Belo Horizonte: Fórum, 2018; PIMENTA, Raquel de Mattos. *A construção dos acordos de leniência da lei anticorrupção*. São Paulo: Blucher, 2020.

e instrumentos utilizados no combate à corrupção na Administração Pública.

De plano, para que um regime de leniência funcione a contento, é imprescindível que haja uma ameaça crível e substancial de punição pelas autoridades públicas, independentemente da cooperação empresarial (cf. seção 3.3 e Capítulo 4). Caso a probabilidade de punição pelos malfeitos perpetrados seja diminuta, não haverá razão para que uma empresa se autodenuncie e transacione com o Poder Público.

Mas não é só. A pouca atratividade do regime de leniência acaba por comprometer, também, outros eixos da abordagem integrada anticorrupção aqui proposta. Não havendo suficientes incentivos à autodenúncia empresarial, tampouco haverá motivos para que seja adotada uma política efetiva de *compliance* (cf. seção 5.4), que inclui também as atividades de automonitoramento (cf. seção 3.4.4). Com efeito, não havendo estímulos adequados para que um ilícito seja levado às autoridades, é provável que as empresas também deixem de se esforçar para descobrir a ocorrência desses malfeitos em suas estruturas, uma vez que não terão um caminho jurídico seguro e atrativo para o tratamento dessas informações.

No mais, os problemas no desenho do regime de leniência também dificultam que o arranjo seja instrumentalizado para alcançar e responsabilizar as pessoas físicas. Considerando que a dissuasão dos indivíduos é um eixo fundamental da estratégia integrada de enfrentamento da corrupção empresarial (cf. seção 3.2), a pouca atratividade do modelo de leniência pode inviabilizar a alavancagem investigativa em desfavor de pessoas físicas, que é uma das finalidades do regime.

6.2 O interesse público na implementação de um regime negocial

Há interesse público na adoção de soluções negociais aos casos de corrupção.[641] Desde que bem estruturado, um regime negocial propiciará a criação de valor em benefício das partes envolvidas, que

---

[641] Versando sobre os elementos de interesse público nas soluções negociais por ilícitos empresariais, mas sustentando que o controle do alcance das finalidades públicas deve se dar por meio do controle judicial dessas pactuações bilaterais, cf. GARRETT, Brandon L. The Public Interest in Corporate Settlements. *Boston College Law Review*, v. 58, issue 5, p. 1483-1543, 2017.

justificará a concertação da competência sancionatória.[642] Em troca de determinadas mitigações ou isenções sancionatórias concedidas em benefício das empresas, o Estado poderá promover outras finalidades de interesse público junto à seara privada.

Para melhor organização, pode-se falar em três grandes grupos de justificativas de interesse público que fundamentam as soluções negociais: (i) as atinentes ao efeito dissuasório; (ii) as relacionadas à eficiência; e (iii) as concernentes à preservação e à reengenharia do setor privado.

6.2.1 O efeito dissuasório da corrupção: instabilidade dos conluios, garantia de sancionamento, alavancagem investigativa e sancionamento dos indivíduos

Por uma perspectiva econômica, o direito sancionador pode ser interpretado como uma disputa pela obtenção de informações entre o Estado e o autor do ato lesivo. Além de descobrir que houve o cometimento de um ilícito, o aparato estatal precisará reunir uma quantidade suficiente de dados sobre o malfeito perpetrado para que consiga aplicar a devida punição, respeitando todos os ditames do Estado de Direito.

Por todas as dificuldades de persecução dos atos de corrupção, a disputa informacional nesses casos é muito desfavorável para o Poder Público (cf. seção 3.3.3.1). Há considerável assimetria informacional entre quem pratica a corrupção – uma conduta sorrateira por definição – e as autoridades de investigação. Assim, para o infrator, não há qualquer incentivo à entrega às autoridades públicas das informações relevantes para o deslinde do caso, a não ser que o legislador institua determinadas sanções premiais.[643]

A corrupção é uma prática colusiva. Envolve, no mínimo, o conluio entre um agente público e um particular, que se estabelece mediante o oferecimento de algum tipo de vantagem indevida. Porém,

---

[642] MOREIRA, Egon Bockmann; CAGGIANO, Heloísa Conrado. O controle da corrupção e a Administração Pública: o dever de negociar como regra. *In*: CYRINO, André; MIGUEIS, Anna Carolina; PIMENTEL, Fernanda Morgan (Coord.). *Direito Administrativo e Corrupção*. Belo Horizonte: Fórum, 2020. p. 149.

[643] MOREIRA, Egon Bockmann; BAGATIN, Andreia Cristina. Lei Anticorrupção e quatro de seus principais temas: responsabilidade objetiva, desconsideração societária, acordos de leniência e regulamentos administrativos. *Revista de Direito Público da Economia – RDPE*, Belo Horizonte, ano 12, n. 47, p. 73, jul./set. 2014.

não raras vezes, a corrupção se dá por meio de um ajuste entre agentes públicos e uma multiplicidade de atores privados. É o que ocorre na usual organização de cartéis em compras e contratações públicas.[644] Diversas empresas associam-se para frustrar a competição nas licitações, usualmente com o auxílio de agentes públicos também corrompidos.[645]

Para que tais arranjos colusivos se sustentem, há que existir algum grau de confiança entre as partes, tanto em relação ao cumprimento do que foi pactuado como no que tange à manutenção do sigilo sobre o ilícito perpetrado. Afinal, esse tipo de "contrato" não pode ser levado ao Judiciário no caso de inadimplemento das obrigações assumidas pelos corruptos entre si.[646]

Assim, como observam Paolo Buccirossi e Giancarlo Spagnolo, um caminho usual para o enfrentamento dessas transações corruptas

---

[644] O ponto é verdadeiro ao redor do mundo, e não apenas no Brasil. Conforme Ariane Lambert-Mogiliansky e Konstantin Sonin, referindo-se à França, "é uma rara exceção que um grande conluio em licitações públicas na França ocorra sem corrupção". LAMBERT-MOGILIANSKY, Ariane; SONIN, Konstantin. Collusive market sharing and corruption in procurement. *Journal of Economics & Management Strategy*, v. 15, n. 4, p. 884, 2006. Sobre o tema, cf. também LUZ, Reinaldo Diogo; SPAGNOLO, Giancarlo. Expanding Leniency to Fight Collusion and Corruption. *Free Network*, p. 1, out. 2016; e CARVALHO, Victor Aguiar de. *Cartéis em licitações*: concorrência, incentivos e prevenção aos conluios nas contratações públicas. Rio de Janeiro: Lumen Juris, 2018. p. 10-13.

[645] Como exemplos, nas versões públicas dos históricos de conduta referentes a acordos de leniência celebrados pelo Cade com a Andrade Gutierrez Engenharia S/A e com executivos e ex-executivos da empresa, bem como com a Construtora OAS S/A e com executivos e ex-executivos da empresa, para tratar, respectivamente, de supostos cartéis na licitação para obras públicas de serviços de engenharia e construção para urbanização do Complexo do Alemão, do Complexo de Manguinhos e da Comunidade da Rocinha ("PAC-Favelas") e para obras de construção, manutenção e reparos de rodovias do Arco Metropolitano do Rio de Janeiro, descreve-se a estruturação dos consórcios em supostas reuniões entre representantes das empresas e agentes públicos, sendo que, no documento atinente às obras do "PAC-Favelas", afirma-se expressamente que a escolha das empresas para liderar os consórcios que repartiriam o mercado alegadamente "se deu em razão dos valores das contribuições por elas realizadas para a campanha do Governador do Estado do Rio de Janeiro". Nesse sentido, cf. CADE. *Versão pública do "Histórico da Conduta"* – acordo de leniência celebrado com a Andrade Gutierrez Engenharia S/A e com executivos e ex-executivos da empresa acerca de suposto cartel na licitação para obras públicas de serviços de engenharia e construção para urbanização do Complexo do Alemão, do Complexo de Manguinhos e da Comunidade da Rocinha, p. 27-28. Disponível em: http://sei.cade.gov.br/sei/institucional/pesquisa/documento_consulta_externa.php?gYn7ZzDHY2-K9fJ5iSD0XIHzNrFmnAaR-4YZLmLvB fmm6KH8HguLm2HYtYr_1TXOWwfLZ8tCD3pQ1Q_fI_8ynA,,. Acesso em: 29 nov. 2017; e Idem. *Versão pública do "Histórico da Conduta"* – acordo de leniência celebrado com a Construtora OAS S/A e com executivos e ex-executivos da empresa acerca de suposto cartel em obras de construção, manutenção e reparos de rodovias do Arco Metropolitano do Rio de Janeiro, p. 59-63. Disponível em: http://sei.cade.gov.br/sei/institucional/pesquisa/documento_consulta_externa.php?DHXwvMt2b5cI0lkRJtSHFYE9mf0Jv-bzPQL2WKl40xB 02oBNcU9r1bBjAKGhNlZknb48hM0nbsIrp145JY1uQ,,. Acesso em: 29 nov. 2017.

[646] BUCCIROSSI, Paolo; SPAGNOLO, Giancarlo. Leniency policies and illegal transactions. *Journal of Public Economics*, v. 90, p. 1282, 2006.

é tentar minar a confiança recíproca entre as partes e incrementar a instabilidade do arranjo corrupto. Os acordos de leniência, bem como as delações premiadas em matéria criminal, atuam justamente nesse sentido.[647] Por meio da concessão de estímulos (redução das sanções) para que uma das partes traia o acordo e confesse os ilícitos perpetrados às autoridades públicas, esses arranjos do direito premial servem justamente como uma medida desestabilizadora dos conluios.[648]

Também aqui se está diante de uma interpretação da corrupção como um problema de ação coletiva, em que o comportamento corrupto depende da expectativa das partes em relação ao agir dos demais (cf. seção 1.5.3). Segundo o economista Giancarlo Spagnolo, por meio de um modelo de leniência adequadamente estruturado, busca-se criar uma situação de equilíbrio semelhante ao tradicional dilema do prisioneiro descrito pela teoria dos jogos,[649] em que confessar a prática ilícita se torna a estratégia dominante, uma vez que todos acreditam que os demais poderão fazer o mesmo.[650]

Ao fim, o que se almeja com um regime negocial bem estruturado não é apenas desvendar casos específicos de corrupção, com o auxílio das informações trazidas pela parte denunciante. Pretende-se, em verdade, criar um efeito dissuasório geral (cf. seção 2.6.1). Um desenho adequado de incentivos contribui para aumentar os custos de transação no acordo de corrupção, maculando a confiança recíproca entre as partes,[651] uma

---

[647] Idem. Também SPAGNOLO, Giancarlo. *Divide et Impera*: Optimal Leniency Programs, p. 3. Disponível em: https://papers.ssrn.com/sol3/papers.cfm?abstract_id=716143. Acesso em: 5 out. 2020.; LUZ, Reinaldo Diogo; SPAGNOLO, Giancarlo. Expanding Leniency to Fight Collusion and Corruption. *Free Network*, p. 2, out. 2016.

[648] Cf. ARQUÉ, Joan Ramon Borrell; GONZÁLEZ, Juan Luis Jiménez; HARO, José Manuel Ordónez de. Redefiniendo los incentivos a la colusión: el programa de clemencia. *Revista de Economía ICE* – 50 aniversario de la primera ley de competencia em España, n. 876, p. 17-36, jan./fev. 2014, p. 18.

[649] Para uma análise do dilema dos prisioneiros, considerando o tipo de jogo mais popular em teoria dos jogos, cf. FIANI, Ronaldo. *Teoria dos jogos*. Rio de Janeiro: Elsevier, 2015. p. 110-112.

[650] Cf. SPAGNOLO, Giancarlo. *Divide et Impera*: Optimal Leniency Programs, p. 3. Disponível em: https://papers.ssrn.com/sol3/papers.cfm?abstract_id=716143. Acesso em: 5 out. 2020. Também tratando da interpretação do programa de leniência como um dilema do prisioneiro, cf. CANETTI, Rafaela Coutinho. *Acordo de leniência*: fundamentos do instituto e os problemas de seu transplante ao ordenamento jurídico brasileiro. Belo Horizonte: Fórum, 2018. p. 65-72; e MARTINEZ, Ana Paula. *Repressão a cartéis*: interface entre Direito Administrativo e Direito Penal. São Paulo: Singular, 2013. p. 260-262. Usando o mesmo instrumental para tratar da colaboração premiada na seara criminal, cf. FONSECA, Cibele Benevides Guedes da. *Colaboração premiada*. Belo Horizonte: Del Rey, 2017. p. 215-224.

[651] Em semelhante sentido, cf. LAMBSDORFF, Johann Graf. Economic Approaches to Anticorruption. *CESifo DICE Report*, v. 09, issue 2, p. 26-27, 2011. Acerca da leitura típica da economia neoinstitucional da corrupção como uma as transações corruptas ou acordos

vez que cada um dos envolvidos terá receio de que o outro, em troca de abrandamentos sancionatórios, leve o ilícito a conhecimento das autoridades públicas.[652]

Para tanto, é importante limitar o número de possíveis beneficiados por acordos administrativos. Em regra, as mitigações sancionatórias (ou, ao menos, a integralidade dessas premiações) só devem ser concedidas ao primeiro que manifeste interesse em colaborar com as autoridades públicas. Almeja-se, assim, criar uma espécie de corrida para a autodenúncia entre os envolvidos no ilícito, produzindo instabilidade no conluio. A concessão de premiações para vários infratores que incorreram nas mesmas práticas ou, mais grave, em situações em que sequer há outros atores a serem punidos desnatura a pretensão dissuasória do instrumento negocial. Com efeito, poderia surgir daí o que a literatura denomina de estratégia *"wait and see"*:[653] continuar com a prática ilícita até o limite possível, colaborando com as autoridades tão somente quando outros participantes já tivessem se denunciado ou apenas quando na iminência de ser descoberto.

O ponto é preocupante no Brasil porque o legislador apontou, no art. 16, I, da Lei nº 12.846/2013, que, da colaboração, deveria resultar a identificação dos demais envolvidos na infração, "quando couber". Em redação de duvidosa legalidade, o art. 30, I, do Decreto nº 8.420/2016 vai além e inova no texto legal, dispondo que a pessoa jurídica colaboradora deve ser a primeira a manifestar interesse em cooperar, "quando tal circunstância for relevante". Há risco de que tais permissivos normativos, se não forem interpretados teleologicamente, à luz da lógica subjacente

---

corruptos, cf. BOEHM, Frédéric; LAMBSDORFF, Johann Graf. Corrupción y anticorrupción: una perspectiva neo-institucional. *Revista de Economía Institucional*, v. 11, n. 21, p. 45-72, 2009. Já tivemos a oportunidade de fazer referência a tal exame na seção 4.7.2.

[652] A conclusão não é apenas teórica. Em experimento de laboratório, Maria Bigoni *et al.* concluíram que políticas de leniência bem estruturadas são capazes de produzir considerável dissuasão. "Com leniência, a dissuasão parece ser dirigida principalmente por um aumento do receio de ser traído e denunciado. Aumentando-se tanto o incentivo à traição, como o custo de ser traído pelo parceiro, a leniência parece gerar uma maior demanda por confiança entre os criminosos, consequentemente menos crime para cada nível de confiança". BIGONI, Maria *et al.* Trust, Leniency, and Deterrence. *The Journal of Law, Economics, and Organization*, v. 31, n. 4, p. 681, mar. 2015.

[653] LUZ, Reinaldo Diogo; SPAGNOLO, Giancarlo. Leniency, collusion, corruption, and whistleblowing. *Journal of Competition Law & Economics*, v. 13, n. 4, p.759-760, 2017; SPAGNOLO, Giancarlo. *Divide et Impera*: Optimal Leniency Programs, p. 18. Disponível em: https://papers.ssrn.com/sol3/papers.cfm?abstract_id=716143. Acesso em: 5 out. 2020.

aos acordos de leniência, acabem por desnaturar o pretendido efeito dissuasório, quando mal utilizados.[654]

Para além do incremento da instabilidade nas transações corruptas, outra vertente dissuasória das soluções negociais concerne ao fato de que asseguram a imposição de sanções pelo Poder Público (ainda que reduzidas) em um ambiente de notória impunidade. Em outros termos, os acordos de leniência são parte do direito administrativo sancionador. Nesse passo, cumprem também a função de assegurar e antecipar uma sanção, ainda que negociada, em desfavor da empresa colaboradora. Esse aspecto é também uma importante medida dissuasória, uma vez que, em muitos casos, a alternativa possível à punição negociada seria a não aplicação de sanção alguma à colaboradora, ante todas as dificuldades persecutórias do Poder Público.

As soluções negociais viabilizam, ainda, a denominada "alavancagem probatória" ou "alavancagem investigativa".[655] Por meio de um acordo integrativo, o Estado concede benefícios em favor da empresa infratora em troca de informações que ainda não são de conhecimento do Poder Público e sem as quais talvez seria impossível sancionar os demais agentes públicos ou privados envolvidos em corrupção.

O ponto é relevante. O direito premial só deve favorecer quem trouxer às autoridades públicas informações inovadoras sobre a

---

[654] Concordamos com Amanda Athayde, que entende que a exceção da possibilidade de concessão de leniência a mais de um infrator, "ficaria por conta dos casos em que os colaboradores, além de auxiliarem na investigação a de prática específica, também trazem novos elementos de práticas até então desconhecidas, similarmente ao que acontece, por exemplo, com as leniências *plus* antitruste, que permite a 'alavancagem investigativa' pela autoridade competente". Em suma, a concessão de benefícios para mais de um infrator não pode ser admitida como regra. Cf. ATHAYDE, Amanda. *Manual dos Acordos de Leniência no Brasil*: teoria e prática – CADE, BC, CVM, CGU, AGU, TCU, MP. Belo Horizonte: Fórum, 2019. p. 271. No mais, também entendemos que, ressalvadas circunstâncias fáticas muito específicas, os atos lesivos unipessoais previstos na Lei nº 12.846/2013, em que não há outros infratores a serem identificados, não são apropriados a figurar como um objeto de um acordo de leniência, sob pena de macular o pretendido efeito dissuasório geral de condutas ilícitas. Igualmente, acreditamos que se poderia cogitar, de um benefício semelhante, se o infrator também trouxesse informações sobre outros delitos em que haja incorrido e que ensejarão a celebração de um acordo de leniência mais amplo.

[655] A relevância do acordo de leniência como instrumento de alavancagem probatória ou investigativa é destacada pelo Ministério Público Federal na Nota Técnica nº 2/2020 da 5ª Câmara de Coordenação e Revisão, que versa sobre o acordo de cooperação técnica assinado pela AGU, CGU, TCU e MJSP em 6 de agosto de 2020. Cf. MINISTÉRIO PÚBLICO FEDERAL. *Nota Técnica nº 2/2020 – 5ª CCR*, p. 28, 36, 43. Disponível em: http://www.mpf. mp.br/atuacao-tematica/ccr5/notas-tecnicas/docs/nota-tecnica-2-2020-acordo-de-cooperacao-acordo-de-leniencia-final.pdf. Acesso em: 5 out. 2020.

materialidade e autoria do ilícito, bem como sobre a extensão do dano.[656] O robustecimento informacional e probatório é requisito indispensável à celebração do instrumento jurídico-administrativo.

Como destaca Thiago Marrara, a obrigação assumida pelo colaborador não é de resultado, mas apenas de meio. Cabe a ele "reforçar e robustecer a instrução, com a comprovação da materialidade e da autoria dos ilícitos, tornando-se perfeitamente concebível que a cooperação se confirme, ainda que não advenha a condenação de todos os acusados".[657]

Com a alavancagem investigativa, o Estado consegue aumentar a eficiência do sistema anticorrupção reduzindo os custos para o aparato estatal na persecução aos ilícitos. Consequentemente, também se reduzem os custos sociais totais que as infrações à integridade podem acarretar (cf. seção 2.6.2). Essa preocupação está expressa na Lei nº 12.846/2013, como se depreende dos incisos I e II do art. 16, que assentam a alavancagem probatória como uma premissa para a celebração dos acordos.

6.2.1.1 O alcance aos indivíduos como escopo central do regime negocial anticorrupção

Celebrar um acordo administrativo para tratamento de infrações à integridade pública também não é um fim em si mesmo.[658] A pactuação tampouco apresenta como objetivo precípuo a imposição de sanções sobre as pessoas jurídicas ou a obtenção imediata do ressarcimento integral do dano acarretado. O escopo primordial do instrumento consensual deve ser extraído da premissa central que ilumina um regime eficiente de tratamento da corrupção empresarial: o alcance da prevenção e da dissuasão de ilícitos (cf. seção 2.6.1).

---

[656] Em semelhante sentido, cf. ARLEN, Jennifer. The potential promise and perils of introducing deferred prosecution agreements outside the U.S. *In*: MAKINWA, Abiola; SØREIDE, Tina. *Negotiated Settlements in Bribery Cases*: A Principled Approach. Northampton: Edward Elgar, 2020. p. 158-159.

[657] MARRARA, Thiago. Acordo de leniência na Lei Anticorrupção: pontos de estrangulamento da segurança jurídica. *Revista Digital de Direito Administrativo*, v. 6, n. 2, p. 98, 2019.

[658] Também destacando que a cooperação empresarial não é um fim em si mesmo, devendo levar à persecução criminal dos indivíduos, cf. ARLEN, Jennifer. The potential promise and perils of introducing deferred prosecution agreements outside the U.S. *In*: MAKINWA, Abiola; SØREIDE, Tina. *Negotiated Settlements in Bribery Cases*: A Principled Approach. Northampton: Edward Elgar, 2020. p. 176-177.

Os acordos administrativos na seara anticorrupção são meios de obtenção de provas. Considerando a importância fundamental de dissuadir o comportamento ilícito dos indivíduos (cf. seção 3.2), o escopo precípuo de soluções negociais deve ser obter alavancagem investigativa em desfavor das pessoas físicas que participaram das condutas ilícitas, inclusive daquelas pertencentes à Administração Pública, como os agentes políticos.[659]

Nesse passo, quando o sistema de incentivos do regime de leniência está bem estruturado, espera-se que haja um importante efeito dissuasório também sobre os indivíduos, uma vez que passarão a temer a possibilidade de que seus malfeitos sejam informados às autoridades no bojo de um instrumento de solução negocial em benefício da empresa, fazendo recair sobre eles o rigor do poder punitivo estatal.[660]

Nesse contexto, a celebração de acordos integrativos só deveria ocorrer quando viabilizarem a persecução a indivíduos relevantes, seja na estrutura empresarial, seja dentro da Administração Pública. No entanto, considerando os valores envolvidos, as tensões negociais financeiras geralmente assumem a centralidade das discussões. Na prática, o esforço dos negociadores acaba se concentrando em complexos debates sobre o cálculo das sanções e sobre os valores que serão pagos a título de antecipação da reparação do dano. Relega-se, por vezes, o elemento que deveria ser primordial – a obtenção de provas úteis à persecução de pessoas físicas – a um plano secundário, o que subverte, de certa forma, a natureza e o escopo do acordo de leniência.

6.2.2 Os aspectos de eficiência do regime negocial

Um sistema negocial bem estruturado também contribui para o incremento da eficiência do direito administrativo sancionador. Com efeito, nem sempre o caminho para a mais eficiente tutela do interesse

---

[659] Como se verá mais à frente, a experiência norte-americana também indica que não se deve assumir postura radical em relação a tal aspecto. Se a concessão de benefícios a determinados indivíduos, umbilicalmente conectados à empresa, mostrar-se elemento necessário à colaboração empresarial, as demais justificativas de interesse público para um regime de leniência indicam que se deve buscar o acordo. Ainda restaria a possibilidade punitiva estatal em desfavor de outras pessoas físicas, como servidores públicos ou agentes políticos que tenham adotado condutas ímprobas e/ou criminosas.

[660] Em semelhante sentido, cf. ARLEN, Jennifer. The potential promise and perils of introducing deferred prosecution agreements outside the U.S. *In*: MAKINWA, Abiola; SØREIDE, Tina. *Negotiated Settlements in Bribery Cases*: A Principled Approach. Northampton: Edward Elgar, 2020. p. 167-168, 198.

público será perseguir a punição do ato corrupto a todo custo.[661] Mesmo porque não será raro que a busca de aplicação integral de sanções termine em absoluta impunidade. Como observado no Capítulo 3 (cf. seção 3.5), soluções consensuais vêm permitindo ao direito administrativo brasileiro, em abordagem pragmática, a redução da litigiosidade e a obtenção de resultados eficientes frente ao contexto em que foram obtidos, com a economia de escassos recursos públicos.

Em estudos sobre negociação, utiliza-se o conceito de BATNA (*Best Alternative To a Negotiated Agreement*), denominado, em português, de MAPAN (Melhor Alternativa Para um Acordo Negociado). A BATNA sugere que os negociadores pensem em qual seria sua melhor alternativa de ação caso o acordo não prospere.[662]

Para as autoridades públicas, a alternativa à celebração do acordo seria perseguir a responsabilização da empresa nas esferas civil e administrativa, bem como tentar obter o ressarcimento integral do dano pela via judicial, sem a obtenção de nenhuma das contrapartidas possíveis na solução negocial. Como já tivemos a oportunidade de examinar no Capítulo 4, essas opções – notadamente a responsabilização judicial – não se notabilizam pela efetividade. Portanto, na seara da integridade pública, a BATNA do Poder Público não é muito atraente frente às soluções negociais.

Por mais que a celebração de um acordo exija concessões pelo Estado, em contrapartida possibilita a antecipação do sancionamento, ainda que em patamar descontado, poupando recursos públicos

---

[661] Para Egon Bockmann Moreira e Heloísa Conrado Caggiano, "[u]m dos aspectos positivos dessa nova compreensão da legalidade é justamente a aceitação de suas premissas fundamentais no direito administrativo: a de que o interesse público não é uno (e, por isso, tampouco passível de definição *a priori*), e de que a lei não é capaz de esgotar a complexidade da realidade para atender àquele interesse em melhor medida. Logo, em determinados casos, atendê-lo significa renovar os conteúdos que as prescrições legais estabelecem de forma genérica e abstrata. Compreender o caso concreto e, da integração dialética entre texto normativo e fato real, fazer nascer a norma jurídica aplicável à situação concreta". MOREIRA, Egon Bockmann; CAGGIANO, Heloísa Conrado. O controle da corrupção e a Administração Pública: o dever de negociar como regra. *In*: CYRINO, André; MIGUEIS, Anna Carolina; PIMENTEL, Fernanda Morgan (Coord.). *Direito Administrativo e Corrupção*. Belo Horizonte: Fórum, 2020. p. 134.

[662] "[BATNA] chama atenção para o fato de que se as partes falham em chegar a um acordo, devem decidir o que a seguir. O conceito geralmente recebe insuficiente atenção daqueles que estão excessivamente preocupados em demonstrar que a sua posição original era justificada ou certa. (...) Quanto mais cedo ambas as partes começarem a pensar sobre seus BATNAs, melhor". (Tradução livre com base no original em inglês). McCARTHY, William. The Role of Power and Principle in Getting to YES. *In*: BRESLIN, J. William; RUBIN, Jeffrey Z. (Ed.). *Negotiation: theory and practice*. Cambridge: Program on Negotiation Books, 2010. p. 116.

que teriam que ser inevitavelmente empregados na continuidade da persecução administrativa e civil das pessoas jurídicas[663] (cf. seção 2.6.2). A despeito de o ressarcimento integral do dano não ser um requisito para a celebração de acordos no Brasil,[664] o instrumento negocial propicia também a antecipação imediata da reparação em suas parcelas incontroversas, como de fato vem sendo exigido como requisito à celebração do acordo, tanto pelo MPF, nos acordos de leniência que celebrou, como em atos infralegais que regulamentam a Lei nº 12.846/2013.[665]

A experiência brasileira recente com acordos de leniência também corrobora a maior efetividade do instrumento na recuperação de valores ao erário, em comparação aos dados nada otimistas atinentes à responsabilização judicial apresentados no Capítulo 4 (cf. seção 4.4.1). Por meio dos acordos da espécie celebrados pela CGU/AGU, já se havia acordado, até o encerramento deste livro, a devolução de mais de R$15 bilhões, sendo que pouco mais de R$5 bilhões já haviam sido efetivamente pagos.[666] Já o MPF informava a imposição de R$12,7 bilhões em multas compensatórias decorrentes de acordos de leniência.[667] Não há notícias de que a direta responsabilização das empresas infratoras, por instrumentos sejam administrativos, sejam judiciais, tenha conseguido obter o retorno aos cofres de quantia comparável.

---

[663] Em semelhante sentido, cf. WILLIAMS-ELEGBE, Sope. The implications of negotiated settlements for debarment in public procurement: a preliminary enquiry. In: MAKINWA, Abiola; SØREIDE, Tina. Negotiated Settlements in Bribery Cases: A Principled Approach. Northampton: Edward Elgar, 2020. p. 86.

[664] O art. 16, §3º, da Lei nº 12.846/2013 dispõe, em termos genéricos, que a celebração do acordo de leniência não exime a pessoa jurídica de reparar integralmente o dano causado.

[665] São exemplos a Instrução Normativa nº 2, de 16 de maio de 2018, que explicita a orientação da CGU no sentido de que a antecipação do ressarcimento dos entes lesados consigna rubrica que engloba os eventuais danos incontroversos atribuíveis às empresas colaboradoras, o somatório de todas as propinas pagas e o lucro ou enriquecimento que seria razoável se não houve ato ilícito; bem como o Decreto nº 46.366/2018, do Estado do Rio de Janeiro, que, em seu art. 57, §3º, aponta como rubricas atinentes à antecipação do ressarcimento: o somatório de eventuais danos incontroversos atribuíveis às empresas colaboradoras, o valor de todas as propinas pagas e o lucro pretendido ou auferido.

[666] Dados disponíveis em: https://www.gov.br/cgu/pt-br/assuntos/responsabilizacao-de-empresas/lei-anticorrupcao/acordo-leniencia. Acesso em: 7 jul. 2021.

[667] Dados disponíveis em: http://www.mpf.mp.br/grandes-casos/lava-jato/resultados. Acesso em: 7 jul. 2021.

6.2.3 A preservação e a reengenharia do setor privado por meio de soluções negociais

Há interesse público não apenas na dissuasão da atividade delitiva de pessoas físicas e jurídicas, mas também na preservação das atividades produtivas do país, sempre que possível. A celebração de soluções negociais viabiliza a continuidade da atividade empresarial, evitando os possíveis prejuízos sociais reflexos que a persecução à atividade delitiva corporativa poderia indiretamente acarretar, como crises financeiras (quando não falências), com o consequente incremento do desemprego e perda de arrecadação tributária pelo ente público (cf. seção 2.6.1).

Naturalmente, há que se ter cautela para não promover leniências de compadrio, por meio das quais são protegidos interesses econômicos privados, travestidos de interesse público. Aliás, esse risco aumentou consideravelmente com o julgamento, pelo STF, dos Mandados de Segurança nº 35.435, 36.173, 36.496 e 36.526. Buscando conceder maior transversalidade e segurança ao instituto, o STF entendeu que o TCU não poderia impor sanções de inidoneidade, com fulcro na Lei nº 8.443/1992, pelos mesmos fatos que haviam dado ensejo à celebração de acordo de leniência com a Administração. Se, por um lado, a organicidade e a segurança jurídica são fundamentais para a atratividade dos acordos, por outro, a correção apenas pontual de determinados incentivos equivocados pode dar azo à celebração, com a Administração, de acordos prejudiciais ao interesse público, apenas com o escopo de afastar o possível sancionamento por órgãos de controle externo.

Um caminho para evitar esse possível desvirtuamento do instrumento é conceder a devida transparência após as tratativas, a permitir o controle estatal externo e social, devendo os potenciais controladores ter em mente que a preservação das atividades produtivas, quando possível, é um valor relevante para o interesse público.

O regime negocial também é a forma mais efetiva de que o Poder Público dispõe para conduzir as empresas ao necessário engajamento no esforço anticorrupção (cf. seção 3.4 e Capítulo 5),[668] buscando influenciar a própria cultura empresarial (cf. seção 5.6.2.1).[669] O instrumento viabiliza

---

[668] Cf. ARLEN, Jennifer. Corporate Criminal Enforcement in the United States: Using Negotiated Settlements to Turn Potential Corporate Criminals into Corporate Cops. *NYU School of Law, Public Law Research Paper*, n. 17-12, ago. 2018.
[669] Cf. WILLIAMS-ELEGBE, Sope. The implications of negotiated settlements for debarment in public procurement: a preliminary enquiry. *In*: MAKINWA, Abiola; SØREIDE, Tina.

que os órgãos de controle estimulem a reengenharia do comportamento da empresa, exigindo a presença de sistemas de conformidade às normas anticorrupção, inclusive, quando necessário, por meio de monitores (cf. Capítulo 5).[670,671]

O ponto é importante. Como uma tentativa de reforçar uma abordagem conjunta público-privada no combate à corrupção empresarial,[672] as autoridades de diversos países vêm exigindo a implementação de programas de *compliance* anticorrupção efetivos como requisito para a celebração de soluções negociais.[673] No Brasil, também se adota a mesma tendência. Embora a Lei nº 12.846/2013 não tenha tratado dos programas de integridade como requisitos para a celebração de acordos de leniência, o Decreto Federal nº 8.420/2015, em seu art. 37, cria uma vinculação à Administração federal, determinando que eventual acordo de leniência celebrado contenha necessariamente disposições que versem sobre a adoção, a aplicação ou o aperfeiçoamento de programas de integridade. O MPF, ao capitanear seus próprios acordos de leniência, igualmente aponta como uma obrigação mínima da colaboradora o compromisso de implementar programa de *compliance* e de o submeter a auditoria externa, se for o caso.[674] No Rio de Janeiro, o Decreto nº 46.366/2018 também aduz que a comissão responsável pela negociação do acordo de leniência poderá propor cláusulas que assegurem a obrigação de adotar ou aprimorar programas de integridade.[675]

Negotiated Settlements in Bribery Cases: A Principled Approach. Northampton: Edward Elgar, 2020. p. 83-84.

[670] MAKINWA, Abiola; SØREIDE, Tina. Introduction. *In*: MAKINWA, Abiola; SØREIDE, Tina. *Negotiated Settlements in Bribery Cases*: A Principled Approach. Northampton: Edward Elgar, 2020. p. 6.

[671] No Brasil, a primeira experiência de utilização notória de monitor independente ocorreu com a celebração, pelo Ministério Público Federal, de acordo de leniência com a Odebrecht S.A. Conforme Cláusula 6ª, inciso X, além do Apêndice 4 da versão pública do Termo de Acordo de Leniência, a empresa aquiesceu se sujeitar a monitoramento independente da implementação do acordo.

[672] Cf. MAKINWA, Abiola. Public/private co-operation in anti-bribery enforcement: non-trial resolutions as a solution? *In*: MAKINWA, Abiola; SØREIDE, Tina. *Negotiated Settlements in Bribery Cases*: A Principled Approach. Northampton: Edward Elgar, 2020. p. 66.

[673] MAKINWA, Abiola; SØREIDE, Tina. Introduction. *In*: MAKINWA, Abiola; SØREIDE, Tina. *Negotiated Settlements in Bribery Cases*: A Principled Approach. Northampton: Edward Elgar, 2020. p. 6.

[674] Esse é o teor do item 7.5 da Orientação nº 07/2017, sobre Acordos de Leniência, da 5ª Câmara de Coordenação e Revisão – Combate à corrupção.

[675] Thiago Marrara sustenta que a exigência, por meio de um decreto, de que seja implementado ou aprimorado um sistema de conformidade anticorrupção seria ilegal, uma vez que não consta na Lei nº 12.846/2013 e não se mostra essencial ao funcionamento do acordo. Discordamos dessa posição. A celebração de um acordo de leniência não é um direito subjetivo da empresa que pretende colaborar. A lei fixa os requisitos mínimos para tanto,

Na prática, os acordos de leniência celebrados pelas autoridades brasileiras já refletem o entendimento de que a preservação das empresas e a reengenharia do setor privado também são interesses públicos a serem tutelados. A CGU/AGU, com base no acordo de leniência celebrado com a Odebrecht S.A., ainda em julho de 2018, passou a prever, nas pactuações da espécie, que o interesse público restava atendido pela solução negocial também pela necessidade de "preservar a própria existência da empresa e a continuidade de suas atividades" e de "assegurar a adequação e efetividade das práticas de integridade da empresa, prevenindo a ocorrência de ilícitos e privilegiando, em grau máximo, a ética e transparência na condução de seus negócios". No caso do Ministério Público, como observa Raquel de Mattos Pimenta, o escopo dos acordos de leniência foi sendo expandido gradativamente, sendo que, também a partir do termo celebrado com a Odebrecth S.A., ainda em dezembro de 2016, consignou-se expressamente que o atendimento do interesse público envolvia também a preservação da atividade empresária e a adequação e efetividade das práticas de integridade,[676] nos mesmos termos registrados aqui, posteriormente incorporados pela CGU/AGU.

Todavia, como já analisado no Capítulo 5, a previsão de cláusulas sobre programas de integridade em acordos de leniência não deve ser vista ingenuamente, como se tais previsões fossem uma espécie de panaceia ou "santo graal", a curar todos os problemas.[677] A despeito da importância da reengenharia empresarial como contrapartida às sanções premiais concedidas, as dificuldades e complexidades relacionadas à

---

com o escopo de vincular a Administração Pública em seu aspecto negocial. Para além dos elementos mínimos legais, o Poder Público pode tutelar outros valores de interesse público na negociação, desde que concernentes à proteção da integridade pública. As razões de interesse público que justificam a inserção no acordo de cláusulas que propiciem o engajamento das empresas na luta contra a corrupção foram expostas não apenas na presente seção, mas também ao longo da seção 3.4 e do Capítulo 5. MARRARA, Thiago. Acordo de leniência na Lei Anticorrupção: pontos de estrangulamento da segurança jurídica. *Revista Digital de Direito Administrativo*, v. 6, n. 2, p. 110, 2019.

[676] PIMENTA, Raquel de Mattos. *A construção dos acordos de leniência da lei anticorrupção*. São Paulo: Blucher, 2020. p. 105-108, 131-133.

[677] Tanto não o são que a reincidência em práticas ilícitas relacionadas ao FCPA se faz presente nos Estados Unidos, ao ponto de o Departamento de Justiça, em 2017, haver decidido que somente concederia reduções sancionatórias como benefícios às empresas uma única vez. Cf. HAWLEY, Susan; KING, Colin; LORD, Nicholas. Justice for whom? The need for a principled approach to Deferred Prosecution Agreements in England and Wales. *In*: MAKINWA, Abiola; SØREIDE, Tina. *Negotiated Settlements in Bribery Cases*: A Principled Approach. Northampton: Edward Elgar, 2020, p. 345; e ODED, Sharon. Trumping recidivism: assessing the FCPA corporate enforcement policy. *Columbia Law Review Online*, v. 118, p. 135-152, out. 2018.

implementação desses sistemas permanecem as mesmas examinadas no Capítulo 5 (cf. seções 5.4 e 5.5). Programas meramente formais de *compliance* pouco ou nada contribuirão para o aprimoramento dos padrões de integridade pública e privada. Há que existir esforço privado para que se tornem efetivos.

Considerando a sobreposição da atuação do MPF e da CGU/AGU (em esfera federal) na celebração de acordos de leniência (cf. seção 6.3.3), não se descarta o risco, ainda, de que possam existir exigências ou expectativas conflitantes entre diferentes autoridades públicas em relação aos programas de integridade adotados pelas empresas, quando houver celebração de acordos de leniência tanto com o Ministério Público como com órgãos da Administração. Nesse sentido, Raquel de Mattos Pimenta observa que o amplo poder de influência que a CGU assume sobre programas de integridade das empresas que celebraram acordos de leniência com aquele órgão pode se mostrar uma situação delicada quando algumas das mesmas empresas "já se encontravam submetidas a condições de implementação de programa de integridade perante seu acordo no MPF".[678] Essa pode se tornar mais uma fonte de ruído pela insuficiente coordenação e cooperação no sistema brasileiro anticorrupção.

De toda sorte, é essa possibilidade de contribuir para a reengenharia empresarial que viabiliza que os acordos de leniência não sejam apenas um instrumento para sanção negociada a eventos do passado, mas instrumentais para a dissuasão de episódios futuros (cf. seção 2.6.1).[679] Permite-se, assim, que o Estado premie ou exija, a partir de então, a adoção pelas empresas das necessárias práticas de autorregulação anticorrupção, robustecendo os sistemas privados anticorrupção (cf. seção 3.4.4).

Na mesma linha, como afirma Jennifer Arlen, por meio dos acordos, as autoridades públicas podem transformar as empresas de cúmplices nas atividades ilícitas a policiais corporativos, vigiando os indivíduos.[680] Caio Farah Rodriguez é ainda mais incisivo. Para ele, como as empresas colaboradoras estão sujeitas a regras e fiscalização

---

[678] PIMENTA, Raquel de Mattos. *A construção dos acordos de leniência da lei anticorrupção*. São Paulo: Blucher, 2020. p. 136.

[679] Em semelhante sentido, cf. GARRETT, Brandon L. The path of FCPA settlements. *In*: MAKINWA, Abiola; SØREIDE, Tina. *Negotiated Settlements in Bribery Cases*: A Principled Approach. Northampton: Edward Elgar, 2020. p. 40, 166.

[680] ARLEN, Jennifer. Corporate Criminal Enforcement in the United States: Using Negotiated Settlements to Turn Potential Corporate Criminals into Corporate Cops. *NYU School of Law, Public Law Research Paper*, n. 17-12, ago. 2018.

rigorosas por parte das autoridades públicas, "estarão em desvantagem competitiva se suas concorrentes se valerem de práticas ilícitas".[681] Assim, em suas palavras, as empresas que colaboram com o Poder Público passam a servir como "'cães de guarda' dos mercados em que atuam".[682]

Mas não é apenas pela imposição direta de cláusulas sobre programas de integridade em um acordo concreto que o regime de leniência influencia o engajamento empresarial no esforço anticorrupção. A estruturação adequada de um regime de soluções negociais cria, por si só, incentivos às práticas de autorregulação empresarial.

Na verdade, para que a autorregulação empresarial seja efetivamente executada pela empresa, é fundamental que exista um regime de leniência estruturado a contento. Se o modelo negocial é atraente e a empresa constata que estará em melhor situação jurídica se, de forma voluntária, levar às autoridades eventuais atos ilícitos cometidos, naturalmente restará incentivado o aprimoramento das medidas de controle interno, sobretudo de automonitoramento e daquelas tendentes à referida autodenúncia[683] (cf. seção 3.4.4). Em sentido oposto, não havendo estímulos para levar às autoridades eventuais ilícitos praticados no seio empresarial, igualmente não haverá razão para que busque identificar tais malfeitos por meio do automonitoramento interno.

6.3 Requisitos para um regime de leniência eficiente e os problemas do modelo brasileiro

Os objetivos de interesse público passíveis de serem obtidos por meio de um regime negocial, vistos anteriormente, não se materializarão de forma espontânea. Como entes maximizadores de lucros, as empresas só tenderão a ingressar em negociações público-privadas quando

---

[681] RODRIGUEZ, Caio Farah. Além de enfrentar a corrupção, Lava Jato impõe capitalismo a empresários. *Folha de S.Paulo*, São Paulo, 2 jul. 2017. Disponível em: https://www1.folha.uol.com.br/ilustrissima/2017/07/1897570-choque-de-legalidade-e-adequacao-do-capitalismo-sao-herancas-da-lava-jato.shtml. Acesso em: 26 ago. 2020.

[682] Idem.

[683] Em semelhante sentido, cf. ARLEN, Jennifer. The potential promise and perils of introducing deferred prosecution agreements outside the U.S. *In*: MAKINWA, Abiola; SØREIDE, Tina. *Negotiated Settlements in Bribery Cases*: A Principled Approach. Northampton: Edward Elgar, 2020. p. 171. É importante observar que o oposto também é verdadeiro. Caso o regime de soluções negociais não se revele atraente para as empresas, os incentivos para a estruturação de programas de conformidade efetivos e completos, que cumpram todas as funções de autorregulação empresarial, provavelmente não se farão presentes.

acreditarem que restarão em melhor situação jurídica celebrando pactuações com o Poder Público do que permanecendo inertes.

É verdade que, para empresas infratoras, a solução negocial também pode se revelar vantajosa, por pelo menos três razões: (i) propicia reduções sancionatórias frente ao que teriam que arcar na hipótese de responsabilização integral por parte do Estado; (ii) evita gastos que teriam para se defender em expedientes sancionatórios, impedindo, ainda, possíveis transtornos à atividade empresária que poderiam advir das investigações do Poder Público; (iii) guarda menor reprobabilidade social do que a condenação em um expediente sancionatório, poupando a empresa de maiores danos reputacionais que adviriam de uma condenação em expedientes punitivos.

Contudo, essas vantagens em potencial podem não se mostrar suficientes para compensar os ônus que as empresas suportarão ao celebrar um acordo de leniência. Cabe ao poder estatal desenhar um conjunto de incentivos aptos a alcançar as finalidades de interesse público que a solução consensual pode proporcionar.

Esse arranjo há que ser feito cuidadosamente. Os economistas há muito observam que um desenho de regime de leniência mal feito pode gerar consequências não intencionais, abrindo espaço para comportamentos estratégicos por parte dos infratores, que podem acabar por reforçar as relações corruptas.[684] Além disso, como visto no Capítulo 3 (cf. seção 3.5.2), regimes negociais mal desenhados podem também comprometer o efeito dissuasório da ameaça punitiva, caso se tornem apenas uma saída fácil para que empresas negociem sanções reduzidas, sem que haja relevantes contrapartidas de interesse público em troca.[685]

Serão analisados, a seguir, três requisitos mínimos que devem se fazer presentes em um regime de leniência eficiente, bem como sua relação com o modelo incorporado ao Brasil. São eles: (i) o real temor de punição como condição fundamental para a autodenúncia; (ii) a concessão de suficientes benefícios e punições; e (iii) as necessárias transparência, previsibilidade e segurança jurídica.

---

[684] BUCCIROSSI, Paolo; SPAGNOLO, Giancarlo. Leniency policies and illegal transactions. *Journal of Public Economics*, v. 90, p. 1283-1296, 2006; BOEHM, Frédéric; LAMBSDORFF, Johann. Corrupción y anticorrupción: una perspectiva neo-institucional. *Revista de Economía Institucional*, v. II, n. 21, p. 63, 2009.

[685] Nesse sentido, cf. ARLEN, Jennifer. The potential promise and perils of introducing deferred prosecution agreements outside the U.S. *In*: MAKINWA, Abiola; SØREIDE, Tina. *Negotiated Settlements in Bribery Cases*: A Principled Approach. Northampton: Edward Elgar, 2020. p. 158.

6.3.1 O real temor de punição como requisito fundamental para a autodenúncia

Uma condição fundamental para que existam estímulos à autodenúncia é a de que a empresa acredite que há real risco de vir a ser punida, ainda que não colabore com as autoridades públicas. Essa questão é usualmente ignorada nos debates sobre acordos de leniência no Brasil. Para que o instituto funcione, a empresa precisa considerar que o Estado é capaz de, autonomamente, descobrir o ato lesivo e produzir provas suficientes para impor as devidas punições. Caso a empresa não enxergue, no aparato estatal, um risco relevante de sancionamento (cf. seção 3.3), possivelmente não verá razão para a autodenúncia. Provavelmente preferirá lidar com suas falhas de integridade apenas internamente.

O ponto é importante para a realidade brasileira.[686] Já se analisou (cf. seção 3.3.3.1) que a efetividade do sistema punitivo brasileiro para casos de corrupção provavelmente é menor que 5%. Por simplificação, considere-se como 5% a probabilidade de que o Poder Público consiga, por meio de seus próprios recursos, punir um eventual episódio de corrupção. Nesse cenário, em sentido oposto, há 95% de chance de um malfeito restar absolutamente impune.

Em linguagem matemática singela, a "punição" esperada pela empresa, em um quadro como o visto, pode ser calculada pela multiplicação da magnitude total das punições pela probabilidade de incidência. Nesse conceito de "punição" não se computam apenas as sanções como conceito técnico-jurídico, mas também todos os demais custos que a empresa deveria suportar em razão dos ilícitos praticados. Incluem-se, portanto, outros custos, a exemplo das perdas reputacionais e dos valores necessários para a reparação integral do dano. Vejamos:

$$0{,}05 \times (\text{punição total})$$

Ou seja, a punição esperada corresponde a apenas 5% da magnitude total dos custos que sobre ela incidiriam caso venha a ser identificada e punida. Por exemplo, se a empresa acredita que teria que arcar com R$1 bilhão em sanções e reparações de dano, na hipótese de vir a ser alcançada pelos braços do Poder Público, e que a probabilidade

---

[686] A argumentação que segue baseia-se em ARLEN, Jennifer. The Failure of the Organizational Sentencing Guidelines. *University of Miami Law Review*, v. 66, n. 2, p. 337-339, jan. 2012.

de que esse quadro se materialize é de apenas 5%, a punição esperada pela empresa corresponde a apenas R$50 milhões, ainda que, conforme a prescrição legal genérica, tenha que pagar R$1 bilhão na hipótese de vir a ser punida.

Contudo, caso a empresa reporte seus ilícitos às autoridades, a probabilidade de punição subirá de 5% para 100%. Sofrerá, com absoluta certeza, algum sancionamento. Novamente como hipótese ilustrativa, imaginemos que, pelos atos lesivos praticados, a empresa deva pagar uma multa no valor de R$1 bilhão. Para simplificação, consideremos que não haja danos adicionais a serem ressarcidos. Nos termos do art. 16, §2º, da Lei nº 12.846/2013, a celebração do acordo permitirá a redução da multa em até dois terços. Assim, nesse caso, a empresa terá que pagar, após admitir participação no ilícito, uma sanção mínima em montante um pouco maior que R$333 milhões, que é consideravelmente maior que a punição esperada no valor de apenas R$50 milhões.

Seguindo esse mesmo exemplo simplificado, para que o valor punitivo esperado em celebrar o acordo fosse igual ou menor que o valor esperado quando a empresa não coopera com as autoridades, a probabilidade de que o Poder Público conseguisse impor sanções à empresa, independentemente da colaboração privada, deveria saltar de 5% para pelo menos um terço (aproximadamente 33,33%), parâmetro que parece totalmente inverossímil para a realidade brasileira (cf. Capítulo 4). Portanto, considerando os dados ilustrativos desse exemplo, celebrar um acordo de leniência não seria uma estratégia racional para a empresa.

Naturalmente, essa situação hipotética é apenas uma simplificação da realidade, que tem por escopo demonstrar, com cálculos singelos, a profunda conexão entre o presente eixo da estratégia anticorrupção integrada com a necessária efetividade da ameaça sancionatória às pessoas jurídicas. Mesmo no cenário mencionado, alguma empresa poderia pretender a celebração de um acordo de leniência apenas para atenuar os potenciais danos reputacionais que adviriam de uma persecução por um ato de corrupção ou por desejo de seus sócios ou investidores de colaborar com as autoridades públicas.

De toda sorte, é importante observar que, não havendo a devida estruturação do regime de responsabilização das pessoas jurídicas (cf. seção 3.3 e Capítulo 4), o programa de leniência também tende a não funcionar a contento.

Comentando a expansão global de soluções negociais na seara anticorrupção, que geralmente se inspira no modelo norte-americano, Richard Messick alertava que os defensores da expansão dos *deferred prosecution agreement* (DPAs) norte-americanos provavelmente perceberiam logo que esse instituto fora dos Estados Unidos não conseguiria apresentar a mesma eficácia que possui naquele País. Para o autor, o principal motivo para o êxito do sistema negocial estadunidense é o receio que paira sobre os infratores de que a persecução pelos atos ilícitos representará tamanho custo para a empresa que poderá levá-la à falência. Em tradução livre:

> O que faz os DPAs e outros tipos de acordos pré-julgamento funcionarem nos Estados Unidos é a ameaça de que, se a corporação não concordar em celebrar o acordo, haverá um julgamento, em que será provável a condenação, seguida de uma sanção séria, provavelmente capaz de destruir a empresa. (...) [O] que leva as empresas acusadas de corrupção pelas autoridades norte-americanas a concordar com uma multa, introduzir programas de conformidade ética e anticorrupção e até mesmo ajudar os promotores a reunir provas contra seus oficiais, funcionários e agentes é o medo da condenação em caso de julgamento.[687]

Em suma, sem uma robusta e crível ameaça sancionatória promovida pelos órgãos de controle, é provável que soluções negociais, a exemplo do acordo de leniência brasileiro, não consigam alcançar suas finalidades públicas, uma vez que possivelmente não se revelarão atraentes para as empresas.

O ponto parece se confirmar considerando os acordos de leniência firmados no Brasil. Até o encerramento deste trabalho, a CGU, conjuntamente com a AGU, havia celebrado, seguindo as diretrizes da Lei nº 12.846/2013, quinze diferentes acordos de leniência.[688] Destes, pelo menos doze eram relacionados às investigações atinentes à Operação Lava Jato e seus desdobramentos. Ao que parece, ao conseguir abalar de algum modo o equilíbrio estável da corrupção (cf. seção 1.6), a referida Operação criou o temor punitivo necessário para conduzir empresas à celebração de acordos de leniência. Possivelmente, a mesma circunstância não se repetiu em outros episódios de corrupção que se seguiram, como se observa no diminuto número de acordos celebrados quanto a eventos distintos.

---

[687] MESSICK, Rick. What Chinese Cuisine and Deferred Prosecution Agreements Have in Common. *The Global Anticorruption Blog*, 18 abr. 2018. Disponível em: https://globalanticorruptionblog.com/2018/04/18/what-chinese-cuisine-and-deferred-prosecution-agreements-have-in-common/. Acesso em: 6 out. 2020.

[688] Dados disponíveis em: https://www.gov.br/cgu/pt-br/assuntos/responsabilizacao-de-empresas/lei-anticorrupcao/acordo-leniencia. Acesso em: 7 jul. 2021.

Aliás, a mesma falta de ameaça sancionatória talvez ajude a explicar também o porquê de acordos de leniência firmados por Estados ou Municípios não serem usuais, ainda que alguns desses entes tenham sido lesados até mesmo em episódios concernentes à Lava Jato. É possível que órgãos de controle locais não tenham conseguido criar, em outras esferas da federação, suficiente grau de ameaça sancionatória às empresas, não havendo, assim, estímulos suficientes à pactuação público-privada.

6.3.2 A concessão de suficientes benefícios e proteções

Para criar estímulos à colaboração, o Poder Público também deverá conceder à empresa suficientes benefícios na forma de mitigações ou isenções das punições previstas no ordenamento. Essas vantagens precisam compensar o fato de que, confessando ilícitos, a pessoa jurídica de direito privado receberá algum tipo de sanção estatal, enquanto, caso não coopere, poderá até escapar impune.

Assim, é fundamental que haja uma diferença substancial entre o tamanho das punições a serem impostas na hipótese de autodenúncia empresarial, em comparação com as punições aplicadas quando da detecção das condutas tão somente por mérito estatal. Como a probabilidade de o Estado conseguir punir a conduta indevida sem auxílio de particulares não costuma ser elevada, quando o fizer, deverá impor uma sanção com substancial rigor, a compensar a baixa probabilidade de detecção (cf. seção 3.3.2). Nas precisas palavras de Jennifer Arlen, "as sanções impostas sobre as empresas que se recusam a se autodenunciar ou a cooperar precisam ser muito altas, de modo a tornar o silêncio pouco atrativo, a despeito de o risco de detecção e punição ser baixo".[689]

Com efeito, o Estado precisa desenhar um modelo em que a colaboradora não termine em situação pior do que a daquela empresa que opta por esconder uma conduta ilícita de que tenha conhecimento. Aproveitando o exemplo suscitado na seção anterior, a punição total esperada de uma empresa que se autodenuncia às autoridades (punição reduzida) precisa ser menor que a punição esperada de uma empresa que não coopera com o Poder Público. Assim, considerando

---

[689] ARLEN, Jennifer. The potential promise and perils of introducing deferred prosecution agreements outside the U.S. *In*: MAKINWA, Abiola; SØREIDE, Tina. *Negotiated Settlements in Bribery Cases*: A Principled Approach. Northampton: Edward Elgar, 2020. p. 166.

a probabilidade de 5% para a efetiva aplicação de punições, como foi apontado, a punição reduzida pela autodenúncia deve ser menor que 0,05 x (punição total) prevista pela legislação.

punição reduzida < 0,05 x (punição total)

Novamente, no conceito de punição total e de punição reduzida não se computam apenas as sanções como conceito técnico-jurídico, mas também os demais custos que a empresa deveria suportar em razão dos ilícitos praticados, seja no cenário em que colabora, seja no cenário em que reste inerte. Incluem-se, assim, custos que não são propriamente sanções, a exemplo dos valores necessários para a reparação integral do dano e atinentes às perdas reputacionais. Por exemplo, uma empresa que colabora provavelmente virá a ressarcir o dano provocado, como é exigido pela lei brasileira. A que se omite em colaborar incorre em apenas uma (baixa) probabilidade de vir a ser condenada a ressarcir tais prejuízos.

Dessa forma, para um regime de leniência ser atrativo, o abrandamento punitivo deveria ser de tal magnitude que compensaria a baixa probabilidade de a empresa vir a ser punida independentemente de sua colaboração com o Poder Público. Na prática, por questões de política punitiva, provavelmente se mostrará inviável conceder mitigações ou isenções sancionatórias de tal ordem.

Não fosse o bastante, o arranjo institucional do ordenamento jurídico pode tornar esse equilíbrio consideravelmente mais complexo e exigir, por conseguinte, a concessão de outras proteções para tornar o modelo de leniência atrativo.

Ao negociar um acordo por atos de corrupção, uma empresa acaba inevitavelmente fornecendo informações que comprometem a si própria ou a pessoas físicas a ela vinculadas em relação a outros ilícitos, que, não raras vezes, são apurados por órgãos públicos distintos.[690] Em acordos da espécie, é comum que, como requisito para a celebração, a empresa tenha que confessar sua participação no ilícito. É o que ocorre no Brasil, nos termos do art. 16, §1º, III, da Lei nº 12.846/2013.

Por exemplo, a atuação ilícita para frustrar a concorrência em uma licitação mediante a organização de um cartel entre empresas potencialmente concorrentes – com a participação de um agente público

---

[690] LUZ, Reinaldo Diogo; SPAGNOLO, Giancarlo. Leniency, collusion, corruption, and whistleblowing. *Journal of Competition Law & Economics*, v. 13, n. 4, p. 731, 2017.

que tenha sido corrompido para erguer barreiras à entrada no mercado por meio de cláusulas editalícias – representa também uma infração à ordem econômica pela Lei nº 12.529/2011. Nesse sentido, o art. 29 da Lei nº 12.846/2013 explicita que a incidência do referido diploma não exclui as competências do CADE e de órgãos do Poder Executivo para processar e julgar os fatos que constituam infrações à ordem econômica. Assim, a ciência pela autoridade de defesa da concorrência acerca do ilícito poderá, em tese, ensejar a inauguração de expedientes para a responsabilização da empresa também nessa seara.

Ainda mais sensível é o fato de que os ilícitos também representam delitos penais perpetrados pelas pessoas físicas envolvidas. As informações fornecidas no acordo poderão propiciar que os indivíduos que efetivamente perpetraram as condutas respondam criminalmente por seus atos.

Ocorre que quem está por trás das tratativas para um acordo de leniência, em nome da companhia, também é uma pessoa física. Por vezes, será o mesmo indivíduo que incorreu nos delitos penais conexos aos atos lesivos objetos da negociação. Um dirigente de uma empresa não terá incentivos para conduzir a pessoa jurídica em um acordo de leniência se puder ser pessoalmente afetado pelas informações fornecidas. Afinal, é improvável que esteja disposto a se entregar em holocausto para salvar o ente personalizado.

Em outras hipóteses, os indivíduos que podem sofrer as repercussões criminais do acordo de leniência são pessoas sensíveis para as relações empresariais. São os casos das empresas familiares, bastante usuais no Brasil. Estariam os dirigentes da pessoa jurídica dispostos a apresentar elementos fático-probatórios em desfavor de integrantes da família controladora?

Como bem observam Reinaldo Diogo Luz e Giancarlo Spagnolo, nos cenários mencionados, os incentivos legais não estão devidamente alinhados, o que reduz a atratividade dos acordos. Os estímulos para a denúncia, criados pelo regime de leniência, restam enfraquecidos pelos desincentivos concernentes ao risco de responsabilização da pessoa jurídica por infrações que escapam à extensão do acordo, bem como pela possibilidade até mesmo de prisão das pessoas físicas sensíveis para as relações empresariais.[691]

---

[691] Idem.

6.3.2.1 A inexistência de repercussão criminal pelo modelo da Lei nº 12.846/2013

Um fator que pode representar um dos principais desestímulos à adesão ao modelo de leniência previsto na Lei nº 12.846/2013 concerne justamente à ausência de repercussão criminal do instrumento consensual em exame. Caso as pessoas físicas envolvidas – que não raramente continuam influentes na administração empresarial – pretendam também obter proteções penais para si, deverão recorrer a instrumentos negociais celebrados diretamente com o Ministério Público, seja por meio de uma paralela colaboração premiada, prevista na Lei nº 12.850/2013, seja por meio da adesão a um acordo de leniência firmando pelo *Parquet*, conforme construção jurídica elaborada pelo MPF, que não possui expressa previsão legal. Aliás, a inexistência de mitigação penal aos indivíduos, pelo regime da Lei nº 12.846/2013, foi um dos fatores que levou o MPF a construir seus próprios acordos de leniência, com possibilidade de adesão pelas pessoas físicas, produzindo reflexos na seara criminal (cf. seção 6.3.3).[692]

Especialmente na realidade brasileira, em que mesmo grandes empresas são sociedades familiares, há uma inequívoca associação entre as pessoas jurídicas e os indivíduos que perpetraram diretamente os ilícitos.[693] Não é tecnicamente pertinente, portanto, que um regime de leniência pretenda segregar, de forma artificial, pessoas físicas e jurídicas e espere que os indivíduos associados às entidades colaboradoras sejam lançados às garras do Direito Penal.

Em um quadro fático e normativo como esse, não é surpreendente que o acordo de leniência com o Ministério Público (cf. seção 6.3.3), construção capaz de conceder proteção na esfera penal às pessoas físicas, tenha encontrado maior acolhida dos interessados que a pactuação oferecida em esfera federal por CGU/AGU com fulcro na Lei nº 12.846/2013. Nesse sentido, cabe observar que, desde a celebração do primeiro acordo de leniência pelo MPF – atinente a eventos relacionados à Operação Lava Jato –, firmado com a empresa SOG Óleo e Gás S/A

---

[692] Sobre a importância, observada pelo Ministério Público Federal, de que o ordenamento jurídico garantisse proteção penal para as pessoas físicas vinculadas à empresa colaboradora, notadamente em um ambiente de empresas familiares, ver a entrevista de Carlos Fernando dos Santos Lima, transcrita em PIMENTA, Raquel de Mattos. *A construção dos acordos de leniência da lei anticorrupção*. São Paulo: Blucher, 2020. p. 93.

[693] Sobre a conexão entre pessoas físicas e jurídicas e a necessidade de lidar com essa realidade para o deslinde dos casos relacionados à Lava Jato, cf. PIMENTA, Raquel de Mattos. *A construção dos acordos de leniência da lei anticorrupção*. São Paulo: Blucher, 2020. p. 103-105.

e outras colaboradoras ainda em 2014, já havia previsão de proteção na seara cível e criminal a pessoas físicas que subscrevessem o acordo, conforme se depreende da cláusula 8ª, alíneas *c* e *d*, da versão pública do referido termo de leniência.

Causa estranheza que o desenho brasileiro de acordos de leniência na seara anticorrupção tenha cometido o equívoco de desconsiderar a necessária preservação criminal de indivíduos, uma vez que o país já tinha experiência no tema. A Lei nº 12.529/2011, ao regulamentar os acordos de leniência no sistema brasileiro de defesa da concorrência, dispõe sobre a repercussão criminal da pactuação, consignando que o cumprimento do acordo leva à extinção automática da punibilidade de crimes relacionados.[694] Para aumentar a segurança jurídica em relação aos reflexos penais, o CADE passou a contar com o Ministério Público nas negociações e na assinatura dos referidos acordos.[695]

É importante frisar que não há qualquer contradição entre a sustentada importância de reflexos criminais nos acordos de leniência com o escopo central de que se consiga alcançar as pessoas físicas infratoras por meio de tal instrumento (cf. seção 6.2.1.1). Com efeito, uma das justificativas de interesse público para a solução negocial é viabilizar a responsabilização dos indivíduos infratores, o que é fundamental para a dissuasão do comportamento delitivo dos indivíduos e, por conseguinte, das empresas (cf. seção 3.2). Todavia, tal fim só será alcançado se as pactuações forem ultimadas e cumpridas. Sem a celebração das tratativas bilaterais, não serão fornecidas as informações imprescindíveis para responsabilizar pessoas físicas. Se o Estado insistir em não conceder proteção sancionatória a qualquer pessoa

---

[694] Ana Paula Martinez lembra que o tema já gerou controvérsias doutrinárias. Em suas palavras, "[m]uitos sustentam ser o acordo de leniência inconstitucional por ofender o princípio da reserva de jurisdição previsto no artigo 5º da Constituição Federal e por violar a indisponibilidade da ação penal pública incondicionada, de titularidade privativa do Ministério Público, conforme o artigo 129, I, da Constituição Federal, ao deixar a cargo da autoridade administrativa a decisão sobre a extinção ou não da punibilidade no campo penal. Tal crítica, no entanto, parece-nos equivocada. Não se trata de ofensa à reserva de jurisdição, e tampouco à delegação da atividade julgadora penal. O que a lei faz quanto ao instituto da leniência é o que qualquer comando normativo faz: atribui a determinado ato ou fato consequências jurídicas. Nesse caso, a extinção da punibilidade decorre de um ato jurídico: a celebração do acordo de leniência entre a União e um autor da infração à ordem econômica, ao qual, desde que tenha seu cumprimento reconhecido pelo Tribunal do CADE, imputam-se consequências normativas". MARTINEZ, Ana Paula. *Repressão a cartéis*: interface entre Direito Administrativo e Direito Penal. São Paulo: Singular, 2013. p. 269-270.

[695] Cf. MARTINEZ, Ana Paula. *Repressão a cartéis*: interface entre Direito Administrativo e Direito Penal. São Paulo: Singular, 2013. p. 273.

física envolvida, é possível que não consiga sancionar ninguém, em um quadro de absoluta impunidade.[696]

6.3.2.2 A mitigação sancionatória no Brasil

Anteriormente, apontamos que o BATNA (ou MAPAN) da Administração Pública, em relação aos acordos de leniência, não é dos mais convidativos, uma vez que o histórico de êxito na responsabilização pela via judicial ou administrativa das pessoas jurídicas que cometem ilícitos, sem a colaboração do próprio meio empresarial, não é animador (cf. seção 6.2.2). Em contrapartida, justamente pelas mesmas razões, o BATNA das empresas é consideravelmente atraente. A probabilidade de que acabem impunes quando cometem ilícitos não é desprezível. Nesse cenário, sobretudo para estimular a autodenúncia sobre fatos dos quais o Poder Público ainda não tenha qualquer conhecimento, as mitigações sancionatórias precisam ser expressivas.

No entanto, há um delicado *trade-off* nessa relação. Por um lado, não se pode permitir que a sanção negociada, aplicada após a celebração do instrumento consensual, acabe por se tornar tão reduzida que não se equipare ao custo social provocado pela atividade ilícita (cf. seção 3.3.2.2). Nesse caso, a corrupção, seguida pela solução negocial do caso, tornar-se-ia um bom negócio para a empresa.[697] Por conseguinte, o acordo macularia o necessário efeito dissuasório da sanção, aniquilando as consequências esperadas do segundo eixo da abordagem integrada (cf. seção 3.3). Por outro lado, se não forem concedidos suficientes abrandamentos sancionatórios, o instrumento negocial bilateral simplesmente deixará de ser atraente. Não há solução fácil para essa tensão, que dependerá da zelosa quantificação das penalidades e demais consequências jurídicas a cada caso concreto.

---

[696] A experiência estadunidense com o *Yates Memo* parece também apontar nesse sentido (cf. seção 3.2.3). Como já visto, há evidências de que a abordagem "tudo ou nada" – concernente à exigência de que, para conseguir qualquer espécie de benefício, as empresas providenciassem, com o DOJ, os fatos relevantes relacionados a todos os indivíduos envolvidos em ilícitos corporativos – acabou jamais sendo implementada em sua literalidade. Muito pelo contrário, esse requisito começou a produzir um efeito colateral, inviabilizando a colaboração empresarial. GARRETT, Brandon L. *Declining corporate prosecutions*, p. 23-34. Disponível em: https://papers.ssrn.com/sol3/papers.cfm?abstract_id=3360456##. Acesso em: 29 out. 2019.

[697] Em semelhante sentido, cf. SØREIDE, Tina. *Regulating corruption in international markets*: why governments introduce laws they fail to enforce, p. 11. Disponível em: https://papers.ssrn.com/sol3/papers.cfm?abstract_id=3086715. Acesso em: 10 nov. 2019.

Talvez considerando essa preocupação, o legislador brasileiro optou por conceder benefícios premiais apenas moderados. Há dúvidas, no entanto, se esse abrandamento sancionatório é suficiente para tornar o modelo negocial atrativo. Afinal, mesmo após a assinatura dos acordos de leniência, podem subsistir punições nada triviais.

O regime negocial brasileiro prevê apenas a leniência parcial, reduzindo ou isentando a incidência de determinadas sanções, mas mantendo, em interpretação literal, a possibilidade de aplicação de outras.[698] Não há ainda, nos termos da lei, qualquer consequência em relação à obrigação de reparar integralmente o dano causado, que se mantém mesmo após a celebração da pactuação (art. 16, §3º, da Lei nº 12.846/2013).[699]

A própria redução da multa administrativa, que é a consequência premial mais tangível do acordo, também apresenta limitações. O legislador não fixou patamar mínimo para tal mitigação sancionatória, mas apenas seu teto máximo, concernente à minoração em dois terços do valor devido.[700] O poder discricionário atribuído às autoridades públicas acaba, inevitavelmente, incrementando a insegurança no

---

[698] Como brevemente descrito, nos termos do art. 16, §2º, da Lei nº 12.846/2013, a celebração do acordo isentará a pessoa jurídica das sanções previstas no art. 19, IV, do referido diploma, qual seja, a proibição de receber incentivos, subsídios, subvenções, doações ou empréstimos de órgãos ou entidades públicas e de instituições financeiras públicas ou controladas pelo Poder Público, bem como no art. 6º, II, referente à publicação extraordinária da decisão condenatória. Além disso, ainda conforme o art. 16, §2º, da lei em comento, haverá redução da multa (prevista no art. 6º, I) em até dois terços do seu valor. Assim, mesmo após a colaboração com a Administração Pública, a pessoa jurídica continua sujeita a uma quantidade considerável de sanções em potencial, o que pode reduzir a atratividade desse acordo. Com efeito, não há qualquer menção a repercussão nas demais sanções sujeitas à reserva de jurisdição, previstas no art. 19 da Lei, que são consideravelmente gravosas: perdimento dos bens, direitos ou valores que representem vantagem ou proveito direta ou indiretamente obtidos na infração, suspensão ou interdição parcial de suas atividades e dissolução compulsória da pessoa jurídica. Em tese, pelo texto legal, todas poderiam continuar a ser aplicadas em desfavor da pessoa jurídica, caso condenada em demanda de responsabilização ajuizada pelo Ministério Público ou pelos órgãos de Advocacia Pública, independentemente da celebração do acordo.

[699] A própria compreensão do que estaria incluído na reparação integral do dano suscita controvérsias. Ante a dificuldade de obter certeza quanto ao superfaturamento, o TCU chegou a elaborar estudo econométrico para tentar identificar o nível médio de sobrepreço em determinadas contratações, sustentando que esse parâmetro deveria ser utilizado como *proxy* em acordos de leniência. Sobre a dificuldade para a interpretação do que seria dano ao erário e tratando de diferentes visões sobre o tema, inclusive do referido estudo elaborado pelo TCU, cf. PIMENTA, Raquel de Mattos. *A construção dos acordos de leniência da lei anticorrupção*. São Paulo: Blucher, 2020. p. 153-157.

[700] Em semelhante sentido, MARRARA, Thiago. Acordo de leniência na Lei Anticorrupção: pontos de estrangulamento da segurança jurídica. *Revista Digital de Direito Administrativo*, v. 6, n. 2, p. 105, 2019.

acordo e dificultando que a empresa colaboradora calcule a vantagem ou não da colaboração com o Poder Público. No mais, considerando a base de cálculo utilizada para a referida multa – atinente, como regra, ao valor do faturamento bruto do exercício anterior ao da instauração do processo administrativo[701] –, é bastante provável que, mesmo após a aplicação da redução premial (ainda que no teto máximo de dois terços), a magnitude sancionatória continue a ser consideravelmente elevada.

A presença dos órgãos de advocacia pública nas negociações, a exemplo do que ocorre na esfera federal, conforme regulamentado pela Portaria Conjunta CGU/AGU nº 4/2019, viabilizou também a transação da aplicação de sanções relacionadas à Lei nº 8.429/1992.[702] Ocorre que, com a alteração na lei por ato de improbidade administrativa, que expressamente dispõe que as sanções daquela lei não se aplicarão às pessoas jurídicas caso o ato seja também sancionável pela Lei nº 12.846/2013 (cf. seção 4.4.3), esclareceu-se que essa dupla incidência era hipótese de *bis in idem*, a ser rechaçada – como de fato veio a ser pelo legislador – por aqueles que pretendem uma interpretação sistemática e orgânica do sistema brasileiro de combate à corrupção (cf. seção 4.8.2).

Nessa mesma seara, o Ministério Público, ao negociar seus acordos de leniência no formato que construiu, também costumava conceder benefícios em feitos de natureza civil, notadamente relacionados à improbidade administrativa, comprometendo-se a suspender ou não ajuizar demandas da espécie ou, ao menos, a ajuizá-las, apenas com efeitos meramente declaratórios.

Um dos mais relevantes fatores para a atratividade dos acordos no Brasil concerne à possibilidade de isenção ou atenuação também das sanções administrativas previstas nos arts. 86 a 88 da Lei nº 8.666/1993 (atualmente presentes nos arts. 155 e 156 da Lei nº 14.133/2021), conforme autorizado pelo art. 17 da Lei nº 12.846/2013. É o que permite que as sanções de exclusão dos procedimentos de contratações públicas sejam afastadas em razão da solução negocial celebrada com o Poder Público. Entretanto, mais uma vez, o ordenamento atribui tal benefício a juízo discricionário da autoridade negociante, reduzindo a tangibilidade

---

[701] Nos termos do art. 6º da Lei nº 12.846/2013, a multa administrativa variará entre 0,1% e 20% do faturamento bruto do último exercício anterior ao da instauração do processo administrativo, excluídos os tributos, a qual nunca será inferior à vantagem auferida, quando for possível sua estimação. Caso não seja possível utilizar o critério do valor do faturamento bruto da pessoa jurídica, a multa será de R$6.000,00 a R$60.000.000,00. Os arts. 17 a 22 do Decreto Federal nº 8.420/2015 minudenciam a forma de cálculo da referida multa.

[702] São exemplos de regulamentação nesses termos o art. 12, III, da Portaria Conjunta nº 4/2019 e o art. 56, III, do fluminense Decreto nº 46.366/2018.

desse benefício, o que macula a transparência e a previsibilidade da negociação.[703] Ainda assim, essa possibilidade de mitigação sancionatória é provavelmente o principal fator a levar empresas a celebrar acordos de leniência no Brasil, a despeito de todos os problemas de desenho do instituto.

6.3.3 Transparência, previsibilidade e segurança jurídica: o modelo multiagências à brasileira e a incerteza em relação aos acordos celebrados

As soluções negociais precisam ocorrer em um ambiente previsível para as empresas. Três diferentes elementos compõem o cenário de previsibilidade: (i) transparência quanto ao regramento da negociação público-privada; (ii) previsibilidade quanto a todos os prêmios e custos que incidirão sobre a empresa, a permitir a realização de um cálculo de custo-benefício; e (iii) segurança jurídica quanto à pactuação estabelecida com as autoridades públicas.

Se não houver transparência e previsibilidade em relação às regras em que se dará a cooperação com a Administração, bem como quanto às punições remanescentes que lhe serão impostas a despeito da cooperação, dificilmente a empresa será capaz de realizar o cálculo de custo-benefício necessário para decidir pela cooperação com o Poder Público.[704] Por óbvio, não se deve esperar que a pessoa privada denuncie práticas que poderiam restar para sempre desconhecidas quando sequer consegue determinar com precisão as consequências jurídico-financeiras de adotar tal linha de ação.[705] Quanto mais tangíveis forem as sanções premiais, bem como os custos remanescentes para as

---

[703] O aumento da tangibilidade dos benefícios, a incrementar a previsibilidade e transparência das negociações, vem se revelando uma recente preocupação no modelo estadunidense de acordos na seara de corrupção, como relatado em MAKINWA, Abiola. Public/private co-operation in anti-bribery enforcement: non-trial resolutions as a solution? *In*: MAKINWA, Abiola; SØREIDE, Tina. *Negotiated Settlements in Bribery Cases*: A Principled Approach. Northampton: Edward Elgar, 2020. p. 64-66.

[704] Sobre o tema, cf. também LUZ, Reinaldo Diogo; SPAGNOLO, Giancarlo. Leniency, collusion, corruption, and whistleblowing. *Journal of Competition Law & Economics*, v. 13, n. 4, p. 759, 2017.

[705] Cf. SØREIDE, Tina. *Corruption and Criminal Justice*. Cheltenham: Edward Elgar, 2016. p. 187.

empresas, maior será a chance de que haja certeza quanto à vantagem de buscar a solução negocial.[706]

No mesmo sentido, não havendo segurança jurídica no que concerne aos dados e às consequências do acordo,[707] bem como ao respeito, pela Administração e por terceiros, ao pactuado, dificilmente a cooperação com o Poder Público se revelará uma estratégia acolhida pelas empresas.

No entanto, o regime brasileiro de leniência não se notabilizou, até o momento, pela previsibilidade ou segurança jurídica, muito pelo contrário. A falta de organicidade do sistema brasileiro de combate à corrupção também cobra seu preço em relação à atratividade do modelo negocial. Aqui trataremos dos dois pontos mais graves acerca da matéria: a incerteza sobre com quem negociar e a ausência de segurança jurídica quanto ao acordo firmado.

Como bem aponta Egon Bockmann Moreira, em qualquer negociação, um elemento mínimo a assegurar a previsibilidade e a segurança jurídica das tratativas é o de que as partes se reúnam para negociar com aqueles que têm poder para negociar o interesse transacionado.[708] No entanto, no modelo de leniência brasileiro, não há transparência nem mesmo sob esse aspecto basilar.

---

[706] Tratando da importância da tangibilidade dos benefícios, cf. MAKINWA, Abiola. Public/private co-operation in anti-bribery enforcement: non-trial resolutions as a solution? *In*: MAKINWA, Abiola; SØREIDE, Tina. *Negotiated Settlements in Bribery Cases*: A Principled Approach. Northampton: Edward Elgar, 2020. p. 64-65.

[707] A segurança jurídica também envolve a importância da manutenção da confidencialidade das informações que inevitavelmente serão apresentadas às autoridades. Em especial na hipótese de um acordo se frustrar, a empresa restará em situação delicada, uma vez que os fatos praticados serão de conhecimento das autoridades, ainda que não possuam os elementos probatórios necessários para o sancionamento. Assim, como parte da segurança jurídica, é importante que haja máxima segregação de funções dentro do Poder Público, como forma de assegurar que as informações restem restritas aos agentes que participam da negociação, diminuindo o risco de vazamentos, ainda que em favor de outros agentes públicos. A necessária segregação de funções foi expressamente prevista como uma ação sistêmica a ser desempenhada pelos órgãos públicos signatários do Acordo de Cooperação Técnica celebrado entre MPF, CGU, AGU, MJSP e TCU em matéria de combate à corrupção, especialmente em relação aos acordos de leniência da Lei nº 12.846/2013, coordenado pelo STF, que foi firmado por quase todos os envolvidos em 6 de agosto de 2020. Conforme item (1) da terceira ação sistêmica, caberia aos órgãos "implementar mecanismos que garantam a segregação de funções entre os agentes que tiverem acesso aos documentos apresentados na negociação, de modo a respeitar o §7º do art. 16 da Lei nº 12.846/2013". Disponível em: http://www.stf.jus.br/arquivo/cms/noticiaNoticiaStf/anexo/Acordo6agosto.pdf. Acesso em: 9 out. 2020.

[708] MOREIRA, Egon Bockmann. Tribunais de Contas podem controlar acordos de leniência? *Gazeta do Povo*, Curitiba, 13 jul. 2018. Disponível em: https://www.gazetadopovo.com.br/justica/colunistas/egon-bockmann-moreira/tribunais-de-contas-podem-controlar-acordos-de-leniencia-77we8fvgzumzr9nykivxoond3/. Acesso em: 10 out. 2020.

A sobreposição de diferentes autoridades públicas a atuar nessa seara (cf. seção 4.2.1) suscita dúvidas quanto ao respeito interinstitucional aos acordos firmados, reduzindo ainda mais a atratividade do instrumento, que já padece de outros problemas em seu desenho.[709]

A insegurança jurídica se manifesta desde o início da pretensão negocial: quem a empresa deveria procurar para negociar o acordo? Coexiste em paralelo um duplo arranjo de acordos da espécie: aquele previsto na literalidade do art. 16 da Lei nº 12.846/2013, celebrado, na esfera federal, por uma atuação conjunta da CGU com a AGU;[710] e a sistemática de acordos de leniência celebrados pelo Ministério Público.

O protagonismo do MPF em operações anticorrupção, notadamente no bojo da Lava Jato, bem como os evidentes problemas de desenho normativo textualmente previstos na Lei nº 12.846/2013, levaram o *Parquet* federal a celebrar transações com particulares, as quais também restaram denominadas de acordos de leniência, embora a Lei nº 12.846/2013 não atribua ao órgão ministerial a competência para a celebração de tratativas da espécie.

De toda sorte, em interpretação sistemática do ordenamento jurídico,[711] como exposto na Orientação nº 07/2017 e na Nota Técnica nº 1/2017 da 5ª Câmara de Coordenação e Revisão – Combate à corrupção, o *Parquet* federal entendeu também ser competente para a celebração de transações da espécie. Pela interpretação do MPF – considerando a indissolúvel associação entre a responsabilização prevista na Lei nº 12.846/2013, a responsabilização penal e a responsabilização por improbidade administrativa –, a participação do *Parquet* seria fundamental para viabilizar a transversalidade e a organicidade do sancionamento

---

[709] No mesmo sentido, Luiz Inácio Adams aduz que "[t]al confusão sistêmica torna o sistema tão instável que as empresas que desejam colaborar têm receio de fazê-lo, tal o nível de insegurança sinalizado pelos agentes públicos na implementação do cipoal legislativo que existe hoje no Brasil. O receio é de que, na busca de colaborar, acabem por serem envolvidos em uma trama de interpretações e alternância de comportamentos do Estado, ao ponto de se verem, tal como Dante, abandonando toda a esperança de terem algum resultado positivo com a colaboração". ADAMS, Luís Inácio. Acordo de leniência e a cooperação entre os órgãos públicos. *Consultor Jurídico*, 17 ago. 2020. Disponível em: https://www.conjur.com.br/2020-ago-17/publico-privado-acordo-leniencia-cooperacao-entre-orgaos-publicos. Acesso em: 10 out. 2020.

[710] Portaria Conjunta nº 4/2019, de autoria da CGU e da AGU.

[711] Segundo o item 7.1 da Orientação nº 07/2017, sobre Acordos de Leniência, da 5ª Câmara de Coordenação e Revisão – Combate à corrupção, a base jurídica para os acordos celebrados pelo *Parquet* seriam: art. 129, I, da Constituição de 1988; art. 5º, §6º, da Lei nº 7.347/1985; art. 26 da Convenção de Palermo; art. 37 da Convenção de Mérida; arts. 3º, §2º e §3º, do Código de Processo Civil; arts. 840 e 932, III, do Código Civil; arts. 16 a 21 da Lei nº 12.846/2013; e a Lei nº 13.140/2015.

estatal nas distintas esferas de responsabilização (cível, administrativa e penal) admitidas no ordenamento pátrio.

A solução jurídica encontrada pelo *Parquet* federal permitiu que os acordos de leniência celebrados com pessoas jurídicas passassem a ter repercussão nas esferas criminal e cível de pessoas físicas envolvidas, o que de fato é importante para o sucesso do instituto (cf. seção 6.3.2.1).[712] O êxito do MPF nessas negociações é confirmado pelo fato de que, mesmo após anos de utilização do instituto, o número de acordos celebrado pelo *Parquet* ainda é consideravelmente maior que a quantidade de pactuações firmadas por CGU/AGU.

No entanto, a despeito da iniciativa de interpretação pragmática do Direito promovida pelo *Parquet* para contornar as deficiências da legislação brasileira, o esforço acabou por criar considerável insegurança jurídica no regime, tanto em relação à atuação do próprio Ministério Público[713] como no que tange às tratativas celebradas pelos órgãos do Executivo. Por conta do paralelismo de regimes de leniência e da sobreposição institucional e normativa do sistema, pode ser que determinados órgãos públicos não reconheçam o instrumento bilateral celebrado por seus pares e continuem a pretender adotar medidas sancionatórias em desfavor da colaboradora.

Além disso, a duplicidade de caminhos possíveis para a negociação do acordo de leniência desperta outra anomalia atinente à insegurança jurídica: a empresa infratora passa a poder escolher, por critérios subjetivos e/ou de conveniência, com qual autoridade pública buscará um acordo. No limite, poderá até buscar verificar com qual delas

---

[712] Na Nota Técnica nº 1/2020 – 5ª CCR, a 5ª Câmara de Coordenação e Revisão – Combate à corrupção uniformiza os critérios para termos de adesões ou subscrições de pessoas físicas a acordos de leniência. MINISTÉRIO PÚBLICO FEDERAL. *Nota Técnica nº 2/2020 – 5ª CCR*. Disponível em: http://www.mpf.mp.br/atuacao-tematica/ccr5/notas-tecnicas/docs/nt-1_2020_5ccr_05-05-redacao-final-nt-al-com-adesoes-ultima-versao.pdf. Acesso em: 9 out. 2020.

[713] Em ao menos um precedente, o Poder Judiciário questionou a competência do Ministério Público Federal para a celebração de acordos da espécie, consignando que a competência seria da CGU e que, sem a ratificação dos termos pelo órgão competente, não se gerariam os efeitos previstos naquele ato negocial. No precedente, o Grupo Odebrecht havia firmado instrumento consensual com o Ministério Público Federal. A União Federal, entendendo que o acordo não vinculava CADE, Petrobrás ou a própria União, pretendia manter a indisponibilidade de bens da empresa. Em respeito ao princípio da segurança jurídica, não houve declaração de nulidade absoluta do negócio jurídico, mas, constatando o vício de competência no acordo de leniência celebrado, exigiu-se a ratificação pela CGU ou a rerratificação, com participação dos demais interessados. TRF 4ª Região. Agravo de Instrumento nº 5023972-66.2017.4.04.0000. 3ª Turma. Relatora: Des. Vânia Hack de Almeida. Sessão de 22.08.2017. Intimação Eletrônica em 24.08.2017.

obteria termos mais vantajosos para si, reduzindo o efeito dissuasório do acordo (cf. seção 6.2.1).

Entendemos que, no sistema jurídico brasileiro, por diferentes razões, o Ministério Público contribuiria para a eficiência do regime de leniência (cf. seção 6.5). Todavia, essa participação deve ser alcançada ou pela formal cooperação interinstitucional, ou pelo aprimoramento normativo do instituto, a ensejar maior previsibilidade e segurança jurídica.

Algumas tentativas de cooperação entre MPF e CGU/AGU foram adotadas ao longo do tempo. Como bem relata Raquel de Mattos Pimenta, em abril de 2018, a CGU, a AGU e o MPF celebraram conjuntamente acordo de leniência com as agências de publicidade MullenLowe Brasil e FCB Brasil.[714] Posteriormente, ainda em 2018, CGU/AGU e MPF, separadamente, celebraram com a SBM Offshore o primeiro exemplo de acordo espelhado entre os órgãos. No entanto, essa composição entre eles não se mostrou, ao longo do tempo, "necessariamente estável ou sistemática",[715] podendo "decorrer de peculiaridades do caso ou, até mesmo, da confiança entre as pessoas envolvidas".[716]

Em esforço para a cooperação institucional, a CGU, a AGU, o TCU e o MPF, sob a coordenação do STF, fizeram vir a público, em 2020, um Acordo de Cooperação Técnica em matéria de combate à corrupção no Brasil, especialmente em relação aos acordos de leniência. O acordo busca fomentar a atuação cooperativa e sistêmica dos órgãos de controle envolvidos no sistema anticorrupção brasileiro, especialmente nos grandes casos de corrupção.

Entre as definições, restou estabelecido que, "visando incrementar-se a segurança jurídica e o trabalho integrado e coordenado das instituições", a CGU e a AGU conduziriam as negociações dos acordos de leniência. Sem prejuízo, conforme primeira ação operacional, CGU, AGU e MPF poderiam buscar atuar de forma coordenada para a negociação desses arranjos e, se cabível, de paralelos acordos de colaboração premiada, "a fim de que se resolva, simultaneamente, a responsabilidade de pessoas físicas e jurídicas, conforme o caso, pelos ilícitos de natureza corruptiva descritos na Lei nº 12.846, de 2013, na Lei nº 8.429, de 1992, bem como na legislação penal correlata". Caso não haja a atuação conjunta com o MPF, após a celebração do acordo

---

[714] PIMENTA, Raquel de Mattos. *A construção dos acordos de leniência da lei anticorrupção*. São Paulo: Blucher, 2020. p. 136-138.
[715] Ibid. p. 145.
[716] Ibid.

poderia haver o compartilhamento, com o *Parquet* e com a polícia, dos elementos necessários para a responsabilização penal das pessoas físicas.

Embora longe de ser um modelo ideal de leniência, o pretendido incremento da previsibilidade e da segurança jurídica do modelo não durou sequer um dia. Na data marcada para a assinatura do documento, não houve ratificação pelo MPF. Poucos dias depois, a 5ª Câmara de Coordenação e Revisão – Combate à corrupção do MPF publicou a Nota Técnica nº 2/2020, com as razões para a discordância institucional da assinatura do Acordo de Cooperação. Segundo o estudo técnico do Ministério Público, ante a umbilical relação dos acordos de leniência com a responsabilização criminal das pessoas físicas e por ser o *Parquet* o titular da ação penal, nos termos do art. 129, I, da Constituição de 1988, o modelo proposto pelo Acordo de Cooperação, ao afastar a legitimidade do MPF para negociar Acordos de Leniência previstos na Lei nº 12.846/2013, seria inconstitucional.[717]

Não se nega, aqui, a relevância da atuação do Ministério Público em soluções negociais relacionadas a casos de corrupção, como ficou evidente pelos acordos celebrados nos últimos anos. Todavia, juridicamente, não há inconstitucionalidade no Acordo de Cooperação. Como bem exposto por Egon Bockmann Moreira, o acordo de leniência é um negócio jurídico-administrativo, com tipicidade fechada. Cabe à lei específica preceituar não apenas seus requisitos, como também a

---

[717] "A modelagem de cooperação interinstitucional, cristalizada no Acordo de Cooperação Técnica, limita inconstitucionalmente a atuação cível do Parquet Federal no enfrentamento da corrupção, reduzindo a abrangência da missão outorgada pela Constituição na proteção do patrimônio público e social (artigo 129, inciso III da CF). Esta conclusão é detectável na primeira ação operacional disposta no Acordo, pelo qual ao MPF fica reservada a atuação criminal em face de pessoas físicas investigadas por corrupção, enquanto é reconhecida à CGU/AGU a legitimidade para a responsabilização de pessoas jurídicas envolvidas na corrupção, incluindo a negociação e celebração de Acordos de Leniência". Além disso, "[a] Comissão de Assessoramento entende que o texto apresentado no Acordo de Cooperação Técnica resolve questões pendentes exclusivamente entre os órgãos que o assinaram, não sendo efetivo em relação ao problema da falta de segurança jurídica, tanto para as pessoas empresárias que pretendem colaborar, quanto para o interesse público. Com esta fisionomia há uma falha insanável na concepção de 'balcão único' nos moldes propostos, porque a modelagem simplesmente ignorou não só a legitimação cível do Parquet na proteção ao patrimônio público e social, como também ignorou a relação dos acordos de leniência com a responsabilização criminal de pessoas físicas autoras dos ilícitos desvendados, máxime a corrupção, o que implica no inconstitucional alijamento do MPF, que é o titular da ação penal". E conclui assentando que "É inconstitucional afastar a legitimidade do MPF na celebração de Acordos de Leniência, com pessoas jurídicas, no regime da Lei nº 12.846/2013, de modo que todas as ilações extraídas desta premissa sem sustentáculo jurídico e presentes no Acordo de Cooperação Técnica, não devem ser chanceladas pelo MPF". MINISTÉRIO PÚBLICO FEDERAL. *Nota Técnica nº 2/2020 – 5ª CCR*, p. 7, 12, 44. Disponível em: http://www.mpf.mp.br/atuacao-tematica/ccr5/notas-tecnicas/docs/nota-tecnica-2-2020-acordo-de-cooperacao-acordo-de-leniencia-final.pdf. Acesso em: 5 out. 2020.

competência para sua celebração.[718] O referido Acordo de Cooperação apenas acolhe o modelo instituído por decisão legislativa na Lei nº 12.846/2013. A própria nomenclatura utilizada pelo legislador – "acordo de leniência" –, transplantada do Direito antitruste, já sinaliza que se pretendia a incorporação de um instituto negocial notadamente com a Administração Pública, e não com o *Parquet*. Entender que o Acordo de Cooperação em comento é inconstitucional se assemelha a interpretar que a própria Lei nº 12.846/2013 também seria inconstitucional em sua regulamentação sobre leniência.

No mais, não parece haver mácula à titularidade da ação penal pelo Ministério Público (art. 129, I, Constituição de 1988) – que é expressamente respeitada pelo acordo. Haveria, sim, manifesta inconstitucionalidade se o regime tivesse atribuído consequências criminais aos acordos celebrados sem a anuência do *Parquet*, o que não foi o caso. Tampouco parece haver mácula à competência para a tutela do patrimônio público e social (art. 129, III, Constituição de 1988), que continuará a poder ser promovida pelo *Parquet* por todos os instrumentos jurídicos à sua disposição. Cabe também observar que os demais acordos de leniência do ordenamento jurídico (Lei nº 12.529/2011 e Lei nº 13.506/2017) são igual e intimamente relacionados a condutas criminais e à proteção de interesses difusos, não havendo, em nenhum deles, a atribuição de competência negocial ao Ministério Público.

A explícita interpretação do Ministério Público acaba por reforçar a insegurança jurídica sobre os acordos de leniência celebrados pelo modelo da Lei nº 12.846/2013 e a incerteza sobre com quem negociar, o que pode afugentar ainda mais os interessados na solução negocial. Se levada ao limite, a tese jurídica sustentada pelo *Parquet* implicaria inconstitucionalidade de todos os acordos de leniência que venham a ser celebrados nos termos da Lei nº 12.846/2013 por órgãos do Executivo, de qualquer esfera federativa, sem a anuência do Ministério Público, embora tal requisito não figure na lei. Será que alguma empresa se sentiria confortável em pactuar um negócio jurídico-administrativo da espécie imaginando que poderão ter sua validade questionada pelo Ministério Público com atuação local?

De fato, a colaboração do Ministério Público nas tratativas seria essencial para melhor alinhar os incentivos à celebração do acordo

---

[718] MOREIRA, Egon Bockmann. Tribunais de Contas podem controlar acordos de leniência? *Gazeta do Povo*, Curitiba, 13 jul. 2018. Disponível em: https://www.gazetadopovo.com.br/justica/colunistas/egon-bockmann-moreira/tribunais-de-contas-podem-controlar-acordos-de-leniencia-77we8fvgzumzr9nykivxoond3/. Acesso em: 10 out. 2020.

(cf. seção 6.5). Todavia, equívocos no desenho de institutos jurídicos, como os apresentados pela Lei nº 12.846/2013, não necessariamente representam inconstitucionalidades. No mais das vezes – como é o caso aqui –, são apenas criticáveis – porém constitucionais – opções legislativas.

Como se não bastassem as dúvidas sobre com quem transacionar, ainda restam questionamentos quanto ao destino de tais instrumentos após eventual fiscalização do Tribunal de Contas.[719] Considerando a generalidade das expressões constitucionais que dispõem sobre a competência dos Tribunais de Contas para "fiscalização contábil, financeira, orçamentária, operacional e patrimonial" e a ausência de definição constitucional ou infralegal sobre o papel a ser desempenhado pela Corte em relação aos acordos de leniência, por meio das Instruções Normativas nº 74/2015[720] e nº 83/2018[721] (que revogou a primeira), o TCU exarou seu entendimento de que os instrumentos consensuais em exame se sujeitavam à sua jurisdição fiscalizatória, que poderia ser exercida até mesmo concomitantemente ao curso das negociações. Ademais, no primeiro ato normativo, o Tribunal expressamente consignou que a

---

[719] Para um histórico dos diversos conflitos que ocorreram entre o Tribunal de Contas da União e as autoridades negociadoras de acordos de leniência anticorrupção, cf. PIMENTA, Raquel de Mattos. *A construção dos acordos de leniência da lei anticorrupção*. São Paulo: Blucher, 2020. p. 151-153, 157-163.

[720] Por meio da Instrução Normativa nº 74/2015, o Tribunal de Contas exigia a sua aprovação de cada uma das etapas da negociação, conforme rito estabelecido no referido ato normativo, mediante pronunciamento conclusivo quanto à legalidade, legitimidade e economicidade dos atos praticados. No mais, registrava-se que a celebração da pactuação não afastava a eventual aplicação de sanções previstas na Lei nº 8.443/1992. A exigência de uma espécie de ratificação do Tribunal de Contas a cada ato de uma negociação ainda em formulação suscitou não apenas críticas doutrinárias, mas também atritos com a AGU e a CGU, que restaram expostos no Aviso Interministerial nº 02/2018/AGU/CGU dirigido à Presidência da Corte de Contas. Para críticas doutrinárias, cf. BARCELLOS, Ana Paula de. Submissão de acordos de leniência ao TCU necessita de esclarecimentos. *Consultor Jurídico*, 25 fev. 2015. Disponível em: https://www.conjur.com.br/2015-fev-23/ana-barcellos-submissao-acordos-leniencia-tcu-gera-duvidas. Acesso em: 9 out. 2020; ROSILHO, André. Poder Regulamentar do TCU e o Acordo de Leniência da Lei Anticorrupção. *Direito do Estado*, n. 133, ano 2016. Disponível em: http://www.direitodoestado.com.br/colunistas/Andre-Rosilho/poder-regulamentar-do-tcu-e-o-acordo-de-leniencia-da-lei-anticorrupcao. Acesso em: 9 out. 2020.

[721] Com a publicação da Instrução Normativa nº 83/2018, que revogou a anterior, o TCU ratificou a sua competência fiscalizatória, porém eliminou a pretensão de fiscalização a cada etapa das negociações. As autoridades celebrantes deveriam, no entanto, informar, em até cinco dias úteis, sobre a instauração de procedimento para celebrar o acordo de leniência, o que lhe permitiria ainda exercer sua fiscalização durante as tratativas. Registrou-se, no mais, que as autoridades celebrantes poderiam ser responsabilizadas pessoalmente pela inclusão de cláusulas ou condições que limitem ou dificultem a atuação do Tribunal de Contas da União, bem como a eficácia e a execução de suas decisões, nos termos da Lei nº 8.443/1992, o que, inevitavelmente, também cria um ambiente de incerteza jurídica sobre os próprios agentes públicos responsáveis pela negociação da solução consensual.

celebração da pactuação não afastava a eventual aplicação de sanções previstas na Lei nº 8.443/1992. Em suma, a corte de contas entende que é competente para apreciar a legalidade, a legitimidade e a economicidade do acordo, nos termos do art. 71 da Constituição de 1988, bem como para instaurar processo com fulcro na Lei nº 8.443/1992 e apurar o montante total do dano acarretado pelos infratores

Ainda pairam dúvidas doutrinárias sobre qual seria a extensão do poder de fiscalização do Tribunal de Contas nos instrumentos bilaterais aqui examinados. Ana Paula de Barcellos sustenta que os acordos "não são, em si, atos que envolvam a utilização de recursos públicos federais", e sim atos jurídico-administrativos de natureza sancionadora, "não se enquadrando dentre aqueles, nos termos da Constituição, que cabe ao Tribunal de Contas rever e menos ainda aprovar previamente".[722] Em relação ao autoatribuído poder fiscalizatório durante a negociação dos acordos, André Rosilho esclarece que o poder constitucional do Tribunal é fiscalizar atos e contratos, não lhe competindo, contudo, "fiscalizar (e muito menos aprovar ou rejeitar) minutas de acordos que sequer foram publicadas, sob pena de imiscuir-se em seara própria do Executivo (praticar atos, celebrar contratos e formular acordos)".[723] Em semelhante sentido, Egon Bockmann Moreira lembra que acordos de leniência são negócios jurídico-administrativos típicos, com competência e requisitos definidos em lei, sendo certo que a lei atribui a órgãos do Poder Executivo – e não ao Tribunal de Contas – a competência negocial. Assim, o "conteúdo do acordo integra o núcleo, duro e indevassável, da competência discricionária desses órgãos públicos".[724]

Em sentido contrário, embora sem explicitar qual seria a extensão fiscalizatória do Tribunal de Contas, Marianna Montebello Willeman sugere que a já revogada Instrução Normativa nº 74/2015 do TCU seria compatível com a compreensão de que "as atribuições de controle conferidas aos Tribunais de Contas possuem sede na Constituição

---

[722] BARCELLOS, Ana Paula de. Submissão de acordos de leniência ao TCU necessita de esclarecimentos. *Consultor Jurídico*, 25 fev. 2015. Disponível em: https://www.conjur.com.br/2015-fev-23/ana-barcellos-submissao-acordos-leniencia-tcu-gera-duvidas. Acesso em: 9 out. 2020.

[723] ROSILHO, André. Poder Regulamentar do TCU e o Acordo de Leniência da Lei Anticorrupção. *Direito do Estado*, n. 133, ano 2016. Disponível em: http://www.direitodoestado.com.br/colunistas/Andre-Rosilho/poder-regulamentar-do-tcu-e-o-acordo-de-leniencia-da-lei-anticorrupcao. Acesso em: 9 out. 2020.

[724] MOREIRA, Egon Bockmann. Tribunais de Contas podem controlar acordos de leniência? *Gazeta do Povo*, Curitiba, 13 jul. 2018. Disponível em: https://www.gazetadopovo.com.br/justica/colunistas/egon-bockmann-moreira/tribunais-de-contas-podem-controlar-acordos-de-leniencia-77we8fvgzumzr9nykivxoond3/. Acesso em: 10 out. 2020.

Federal e, portanto, não podem ser obstadas pela legislação ordinária".[725] Assim, os "acordos de leniência estão sujeitos a controle externo pelos TCs, para aferição de sua legalidade, economicidade e legitimidade, nos termos do art. 71 da Constituição Federal".[726] Indo além, Benjamin Zymler e Francisco Sérgio Alves sustentam que o controle de legalidade e regularidade do TCU permitiria que o Tribunal fiscalizasse os benefícios concedidos pelas autoridades negociantes e até se as provas oferecidas pela colaboradora foram efetivas para a alavancagem investigatória ou se poderiam ter sido obtidas de outro modo.[727]

Todos esses elementos de incerteza futura quanto ao que foi pactuado, em razão da supervisão de outra instância de controle,[728] tornam-se fatores a comprometer as soluções negociais com o Poder Público, em prejuízo à utilização dos instrumentos de consensualidade no combate à corrupção, podendo inviabilizar o alcance das finalidades públicas que se pretende alcançar por meio dessas soluções negociais.

Entretanto, a despeito da insegurança que perdurou ao longo do tempo, já se observam também movimentos relevantes para a harmonização da atuação fiscalizatória do Tribunal de Contas com a sistemática dos acordos de leniência. O TCU já teve a oportunidade de decidir que, para não inviabilizar as atividades econômicas da empresa colaboradora, a sanção de declaração de inidoneidade aplicada pela própria Corte de Contas poderia ter sua eficácia suspensa, em razão da celebração de acordo de leniência por outras instâncias de controle, ainda

---

[725] WILLEMAN, Marianna Montebello. *Accountability democrática e o desenho institucional dos Tribunais de Contas no Brasil*. 2. ed. Belo Horizonte: Fórum, 2020. p. 320-321.

[726] Idem.

[727] ZYMLER, Benjamin; ALVES, Francisco Sérgio Maia. Acordos de Leniência e o papel do TCU. *Interesse Público*, ano 20, n. 107, p. 159-160, jan./fev. 2018.

[728] A instabilidade das decisões administrativas, em razão da estrutura do sistema de controle no Brasil, não é um problema apenas em relação aos acordos de leniência. "A atual estrutura do sistema de controle desfavorece decisões definitivas. Isso é especialmente verdade nas grandes decisões públicas, como as normas de alto impacto regulatório, contratos de elevado valor econômico e políticas públicas controversas. Salvo excepcionais exceções, essas são todas decisões provisionais. Por um lado, decisões mais sofisticadas tomadas pelo Poder Público requerem um controle mais incisivo, o que é salutar ao sistema. A crítica se coloca quanto ao modo de controle, que torna o exercício das competências públicas apenas uma fase inicial da decisão final, a qual apenas advirá após a manifestação do controlador. Novamente nos deparamos com o deslocamento de competência do Poder Público para os controladores". MARQUES NETO, Floriano de Azevedo Marques; PALMA, Juliana Bonacorsi de. Os sete impasses do controle da Administração Pública no Brasil. *In*: PEREZ, Marcos Augusto; SOUZA, Rodrigo Pagani. *Controle da Administração Pública*. Belo Horizonte: Fórum, 2017. p. 36.

que após o trânsito em julgado do acórdão do TCU, condicionada ao cumprimento dos termos do negócio jurídico-administrativo pactuado.[729]

Também já se entendeu no TCU que, por um "dever de uniformidade e coerência" com os demais órgãos do Estado, o Tribunal poderia, em "atitude de deferência ao acordo firmado por outro órgão de controle e de respeito ao microssistema de combate à corrupção e de defesa da probidade administrativa", sobrestar o processo sancionatório da Corte de Contas quando utiliza somente evidências obtidas por meio da colaboração privada com o Poder Público, ausentes outras provas autônomas àquelas obtidas por meio do acordo.[730]

Já o STF decidiu que, em relação à atuação fiscalizatória, "há dever interinstitucional de respeito aos acordos de leniência".[731] No julgamento da medida cautelar no mandado de segurança preventivo nº 35.435/DF, o Ministro Gilmar Mendes deferiu liminar para impedir a decretação de inidoneidade, pelo Tribunal de Contas, em decorrência dos mesmos fatos, de empresa colaboradora que havia celebrado acordo de leniência com o Ministério Público, no bojo do qual se previa o afastamento da referida penalidade. Em sua decisão, o Ministro entendeu que o Tribunal de Contas "deve limitar-se ao escopo de buscar integralmente a reparação do dano causado, sem inviabilizar o cumprimento dos citados acordos".[732] Nesses termos, o TCU poderia utilizar-se de outros mecanismos para esse fim, mas não a aplicação de penalidade tão gravosa que pudesse, em reflexo, inviabilizar o cumprimento do acordo firmado por outros órgãos.

Em continuação, quando do julgamento do mérito, em voto-conjunto proferido no julgamento dos Mandados de Segurança nº MS 35.435, MS 36.173, MS 36.496 e MS 36.526, acompanhado pela maioria da 2ª Turma, o Ministro Gilmar Mendes consignou que "há inegável sobreposição fática entre os ilícitos admitidos pelas colaboradoras perante a CGU/AGU e o objeto de apuração do controle externo".[733]

---

[729] TCU. Acórdão nº 1689/2020. Plenário. Relator: Min. Benjamin Zymler. Data da Sessão: 01.07.2020. Data da publicação: 13.07.2020.

[730] TCU. Acórdão nº 1690/2020. Plenário. Relator: Min. Benjamin Zymler. Data da Sessão: 01.07.2020. Data da publicação: 13.07.2020.

[731] MOREIRA, Egon Bockmann. STF e TRF-4 têm dever de respeito interinstitucional aos acordos de leniência. *Consultor Jurídico*, 1º jun. 2020. Disponível em: https://www.conjur.com.br/2020-jun-01/egon-moreira-stf-trf-respeito-aos-acordos-leniencia. Acesso em: 10 out. 2020.

[732] MENDES, Gilmar. STF. Medida cautelar em mandado de segurança nº 35.435/DF. Data de julgamento: 13.04.2018.

[733] MENDES, Gilmar. STF. Voto-conjunto proferido no julgamento dos Mandados de Segurança nº 35.435, 36.173, 36.496 e 36.526. Data de julgamento: 26.05.2020.

Para além do risco de *bis in idem* (cf. seção 4.8.2), o Ministro assinalou que há que concretizar os objetivos de alinhamento institucional e de preservação da segurança jurídica, bem como garantir a efetividade do sistema anticorrupção. Assim, "se essa sanção for aplicada por outro órgão a despeito do estrito cumprimento dos acordos firmados pelas empresas com o Estado, seriam totalmente minados os incentivos de cumprimento da colaboração probatória no âmbito do acordo de leniência".[734]

No Acordo de Cooperação Técnica celebrado por CGU, AGU e TCU, a que já se referiu, também há um esforço quanto à harmonização da participação da Corte de Contas. Segundo o texto, no curso da negociação de um acordo de leniência, quando algum ilícito revelado envolvesse fatos sujeitos à jurisdição do Tribunal de Contas, AGU e CGU encaminhariam à Corte de Contas informações necessárias e suficientes para a estimação dos danos decorrentes de tais fatos. Havendo manifestação do TCU apontando que os valores negociados já são suficientes para quitar o dano por ele estimado, o Tribunal daria quitação condicionada ao pleno cumprimento do acordo. Caso os valores fossem insuficientes para a reparação integral do dano, AGU e CGU complementariam as negociações em busca de tal valor, não estando impedidas, no entanto, de celebrar o acordo, sem quitação quanto a esse ponto, caso não haja consenso nas negociações complementares.

Encerrada a negociação, o Tribunal de Contas também receberia o compartilhamento das informações para eventual responsabilização, em sede de tomadas de contas especial ou de fiscalização de contratos, das demais pessoas, físicas ou jurídicas, envolvidas nos ilícitos revelados pela empresa colaboradora, bem como para apuração de eventual dano não resolvido pelo acordo de leniência.

Em sendo respeitado tal Acordo de Cooperação Técnica, a atuação fiscalizatória do TCU se limitaria, em cooperação interinstitucional com os demais atores públicos relevantes, notadamente à estimativa do dano integral decorrente dos ilícitos, a ser ressarcido pela empresa leniente, campo de natural *expertise* da Corte de Contas, reduzindo a imprevisibilidade e a insegurança jurídica que pairou nos últimos anos.

---

[734] Idem.

6.4 Como se comporta quem deve e não teme? As consequências dos problemas no desenho do modelo de leniência brasileiro para a celebração de acordos e para a instauração de programas de integridade

O regime de leniência brasileiro, como hoje estruturado, terá futuro com o fim da Operação Lava Jato? A despeito de todos os problemas de desenho do instituto, apontados nas seções anteriores, a crível ameaça sancionatória, oriunda dos êxitos da Operação Lava Jato, conseguiu empurrar diversos infratores à colaboração estatal.

Sem fazer qualquer juízo acerca da referida Operação, é certo que a Lava Jato conseguiu suscitar efetivo temor de responsabilização aos indivíduos e às pessoas jurídicas instrumentalizadas para a atividade delitiva. Excluindo esse elemento sancionatório, teria ocorrido, espontaneamente, a autodenúncia empresarial? Parece certo que não. Como já pudemos destacar antes, quase a totalidade dos acordos de leniência celebrados pelas autoridades competentes guardam relação com eventos relacionados à Lava Jato.

Nesse contexto, é possível que somente aquelas empresas que já estavam muito temerosas de sofrer severas punições pelo Estado, em razão das investigações avançadas pelo órgão ministerial, tenham concordado em compor com o Poder Público, a despeito de todos os problemas de desenho do atual modelo de leniência.

Assim, a leniência brasileira na seara anticorrupção não parece ter conseguido alcançar o esperado efeito dissuasório, desequilibrando a estabilidade das transações corruptas colusivas (cf. seção 6.2.1), e não o fará enquanto não estiver presente o requisito da existência de real temor de punição, independentemente da colaboração privada (cf. seção 6.3.1).

As incertezas intrínsecas ao regime de leniência também levam a outras consequências negativas para o enfrentamento da corrupção empresarial. Os problemas no desenho do modelo desestimulam a organização de programas de *compliance* anticorrupção verdadeiramente efetivos. Se uma empresa adota rigorosos procedimentos de automonitoramento interno – úteis à dissuasão de ilícitos em suas estruturas –, é possível que venha a identificar atos de corrupção cometidos internamente. Nesse momento, a empresa deveria encontrar uma estrutura estatal segura e coerente, para a qual pudesse reportar tais ilícitos e, assim, assegurar uma melhor situação jurídica para si. Não é o que ocorre no Brasil. Caso decida reportar um malfeito e colaborar com os órgãos de controle, a pessoa jurídica de direito privado se deparará com um regime de consideráveis instabilidades.

Não havendo solução jurídica previsível e confiável para o tratamento das informações sobre ilícitos que possam ser identificados em suas estruturas, o meio empresarial restará desestimulado a implementar medidas de automonitoramento. Novamente se coloca a interconexão entre diferentes eixos da abordagem integrada. Sem um regime de solução negocial atrativo, é improvável que haja pleno engajamento empresarial no esforço anticorrupção.

Por fim, os problemas no sistema de incentivos do regime negocial acabam por reforçar os laços de corrupção entre empresas e agentes públicos. Ainda que pretenda colaborar, a empresa possivelmente se questionará se vale a pena enfrentar as incertezas para obter abrandamentos sancionatórios que talvez não sejam de todo expressivos, ainda mais considerando a diminuta probabilidade de vir a ser punida pelo Estado autonomamente. Não enxergando na solução consensual um caminho transparente e previsível, a melhor alternativa para a empresa pode ser incrementar esforços, em conjunto com os agentes públicos corrompidos, para que seus ilícitos jamais sejam identificados pelas autoridades.

6.5 Breves propostas para a reorientação do regime de leniência no Brasil

Ao longo deste capítulo, foram descritos diversos problemas do regime de leniência pátrio. Cabe agora apresentar proposições prescritivas. A primeira – e fundamental – já foi ressaltada na seção anterior: o adequado sistema de incentivos para a leniência depende da estruturação de crível e substancial ameaça sancionatória por parte do Estado. Caso esse cenário não se faça presente, é provável que nem mesmo o melhor desenho de incentivos intrínseco ao regime de leniência consiga torná-lo atrativo.

Para além disso, alguns aprimoramentos normativos poderiam aumentar a atratividade do modelo. Inicialmente, parece incoerência que, nos termos da Lei nº 12.846/2013, a colaboração empresarial não mitigue ou afaste expressamente a incidência de sanções por ato de improbidade ou de natureza civil previsto nos incisos I a III do art. 19. Essa decisão não deveria caber discricionariamente às autoridades negociantes. O negócio celebrado com o infrator indica o desinteresse estatal em prosseguir com medidas judiciais de índole sancionatória, ainda mais quando concernem a sanções severas, a exemplo de dissolução compulsória da pessoa jurídica ou suspensão de suas atividades. Apenas demandas judiciais condenatórias atinentes à reparação integral do dano, que não é afastada pela colaboração, deveriam prosseguir.[735]

Também a fim de incrementar a tangibilidade dos benefícios concedidos por meio da celebração do negócio jurídico em tela, seria importante que fosse fixado, ainda que por ato normativo infralegal, um patamar mínimo de abrandamento da multa, a permitir um cálculo dos benefícios a serem obtidos, mesmo no pior cenário. Atualmente, a legislação fixa apenas um patamar máximo de redução da multa administrativa, qual seja, dois terços do valor.

Com o escopo de estimular a voluntária autodenúncia sobre eventos ainda desconhecidos pela Administração, seria pertinente que houvesse premiação adicional quando fossem trazidas informações sobre fatos que não sejam objeto de qualquer investigação pelo Poder Público. Retomando o parágrafo anterior, uma medida singela seria a concessão de benefícios máximos, a exemplo da redução da multa administrativa no patamar de dois terços, em ato vinculado, para a empresa que se autodenuncie em relação a ilícitos sobre os quais não existe nenhum processo investigativo ou sancionatório em curso. Já se a empresa se limitasse a cooperar para esclarecer fatos que já são objeto de apuração pelo Poder Público, incidiria a discricionariedade dos negociadores para conceder distintos patamares de abrandamento sancionatório, conforme previsto em lei.[736]

Outro caminho seria que infratores que trouxessem à luz informações sobre ilícitos que ainda não são objeto de investigação pelos órgãos de controle necessariamente se beneficiassem, em ato vinculado, do afastamento das sanções de exclusão dos procedimentos de contratações públicas, o que não necessariamente precisaria ocorrer nas demais

---

[735] Na prática, independentemente das previsões legais, os órgãos de controle que celebram os negócios jurídico-administrativos já não manejam medidas de responsabilização judicial, quando não negociam o afastamento dessas medidas. Todavia, essa incoerência normativa fomenta a insegurança jurídica na celebração dos acordos, notadamente porque há uma multiplicidade de legitimados para o ajuizamento de demandas sancionatórias, que podem não se entender vinculados aos termos do que restou pactuado.

[736] Traçando a distinção entre "leniência prévia" e "leniência concomitante ao processo", Thiago Marrara também sustenta patamares distintos de abrandamento sancionatório. "[A] lei deixou de fazer uma importante distinção entre a leniência prévia e a leniência concomitante ao processo. Para a leniência prévia, seria ideal que se garantisse um benefício maior que o da concomitante, já que o infrator confessa algo desconhecido pelo Estado. Todavia, o legislador ignorou essa distinção e, ao igualar o benefício, acabou por criar um regime legal que desestimula a cooperação anterior à abertura do processo administrativo". MARRARA. Op. cit. p. 102.

hipóteses. Esse desenho reforça a premiação atribuída à autodenúncia sobre fatos inteiramente novos para a Administração.

Como já tivemos a oportunidade de expor (cf. seção 5.7.3), acreditamos que, naqueles entes que não possuem recursos suficientes para averiguar a efetividade de um programa de integridade, a mitigação sancionatória derivada da presença desse sistema só deveria ser concedida quando da celebração de um acordo de leniência. Seria um atrativo adicional à colaboração negocial com a Administração Pública, momento em que a empresa poderia demonstrar seu efetivo engajamento no esforço anticorrupção, indo além da mera retórica sobre um sistema de *compliance* que, por vezes, revela-se meramente de fachada.

Outra questão relevante se refere à inexistência de repercussão criminal da leniência no regime atual (cf. seção 6.3.2.1). Consequências na seara penal exigem, no entanto, que o Ministério Público tome parte das negociações, ante o fato de o órgão ser o titular da ação penal (art. 129, I, Constituição de 1988). Na realidade brasileira, em que há considerável número de empresas familiares, a participação do *Parquet* seria um fator importante para ampliar a atratividade do acordo, como, aliás, o êxito do MPF na negociação de acordos jurídicos da espécie parece ratificar.

Essa não é a única razão que nos faz entender que a atuação conjunta do Ministério Público contribuiria para um regime de leniência mais adequado. Considerando que o objetivo central da solução negocial é obter alavancagem investigativa necessária para responsabilizar pessoas físicas infratoras, a colaboração do *Parquet* é imprescindível para valorar a novidade, a higidez e a suficiência dos meios de prova apresentados para a utilização notadamente na esfera criminal.[737]

Além disso, na história recente brasileira, o Ministério Público conseguiu promover uma ameaça crível de responsabilização suficiente para levar infratores à colaboração com o Poder Público. Considerando que o temor sancionatório é um requisito para o escorreito funcionamento de um regime de leniência, essa *expertise* investigativa e sancionatória não deveria ser desprezada.

---

[737] Em semelhante sentido, também opinando sobre a essencial oitiva do *Parquet* para a valoração fático-probatória, Victor Alexandre Pereira aduz: "Parece-nos, pois, evidente que a prévia oitiva do parquet se faz essencial na celebração dos pactos de leniência, afinal a atuação solitária da CGU pode resultar num substrato fático-probatório já averiguado. Ou seja, a CGU não tem condições de avaliar a novidade das informações oferecidas pelas pessoas jurídicas pactuantes, dado o sigilo das operações promovidas pelo Ministério Público Federal. Isto traz consequências negativas às investigações, já que, uma vez assegurados certos benefícios, não mais remanesce interesse das empresas em colaborar com novas provas". PEREIRA, Victor Alexandre El Khoury M. Acordo de leniência na Lei Anticorrupção (Lei nº 12.846/2013). *Revista Brasileira de Infraestrutura*, ano 5, n. 9, p. 96, jan./jun. 2016.

Por fim, a participação do Ministério Público nas negociações contribui como força fiscalizatória para que a solução negocial não seja desvirtuada para se tornar instrumento de leniência de compadrio, risco que não pode ser descartado quando tratamos de uma realidade de corrupção sistêmica em diversos cenários da Administração Pública (cf. seções 1.6 e 2.1) e quando a lei autoriza, como regra, que tais negócios jurídicos administrativos sejam celebrados pela autoridade máxima de qualquer órgão ou entidade da Administração Estadual ou Municipal. Em entes públicos que sequer possuem um órgão de Controladoria ou de advocacia pública robustos, como é a realidade da maior parte dos Municípios brasileiros, com mais razão ainda se mostra relevante a presença do Ministério Público em eventuais negociações da espécie.

A sugestão de colaboração ministerial nas negociações insere-se, na verdade, em um problema maior do regime de leniência brasileiro. Enquanto o instrumento estiver cercado por imprevisibilidades e insegurança jurídica, somente empresas em situação jurídica já bastante difícil considerarão compor com o Poder Público e, provavelmente, tenderão a procurar o Ministério Público, ante a possibilidade de concessão de benefícios penais às pessoas físicas, ao arrepio do modelo expresso na Lei nº 12.846/2013. Conceder maior organicidade aos acordos no sistema brasileiro anticorrupção é fundamental.

Acreditamos que o instrumento capaz de conferir a devida segurança jurídica quanto à participação dos diferentes órgãos do sistema brasileiro anticorrupção seria a introdução de modelo assemelhado à conferência de serviços italiana (cf. seção 4.8.3). Seria uma hipótese de competência de serviços obrigatória entre as autoridades competentes para a celebração dos feitos, a ser convocada pelo órgão procurado pela potencial empresa colaboradora. A solução permitiria até a convocação de entidades responsáveis pela tutela de outros bens jurídicos, a exemplo do CADE, quando ocorrem, pelos mesmos atos, infrações à ordem econômica. Todavia, ainda que a conferência de serviços se restringisse apenas aos órgãos do núcleo do sistema brasileiro anticorrupção, o avanço para a segurança jurídica dos acordos já seria considerável.

6.6 Conclusões parciais: o que esperar do futuro do modelo brasileiro de leniência?

As soluções negociais para o tratamento de episódios de corrupção foram recebidas com entusiasmo no Brasil. Não há dúvidas de que contribuíram para maior eficiência do regime brasileiro de enfrentamento desses ilícitos, tanto por promover alavancagem investigativa como por assegurar a aplicação de sanções e o ressarcimento antecipado dos danos.

No entanto, é possível que o instrumento só tenha sido acolhido por uma parcela diminuta de empresas infratoras: aquelas que já estavam acuadas e receosas da imposição de severas sanções pelo êxito obtido pelas investigações da Operação Lava Jato. É improvável que o atual regime de leniência brasileiro esteja contribuindo para a instabilidade das práticas corruptas colusivas, como se espera de um mecanismo da espécie.

Esse cenário não é o que se espera em uma estratégia eficiente de enfrentamento da corrupção empresarial. Leniência não pode se tornar porta de saída para as (poucas) empresas receosas do poder punitivo estatal. É preciso organizar melhor o sistema de incentivos produzido pelo modelo. Afinal, um regime de leniência não funciona a contento passivamente. Pelo contrário. Um empurrão é fundamental. Depende da existência de crível e substancial ameaça sancionatória sobre as pessoas físicas e jurídicas infratoras, respeitando, evidentemente, todos os ditames do Estado de Direito. Portanto, é fundamental que o primeiro e o segundo eixos da estratégia integrada de enfrentamento da corrupção aqui proposta estejam funcionando a contento para que o regime de leniência também seja suficientemente atrativo.

No entanto, a interconexão entre os eixos aqui abordados vai além. Um regime de leniência mal construído torna-se pouco atrativo. Com isso, impossibilita-se que o sistema de incentivos seja instrumentalizado para alcançar as pessoas naturais (tanto as que estão dentro da Administração como as vinculadas às empresas) que cometeram os delitos. Desperdiça-se, portanto, uma possível ferramenta para incrementar a dissuasão aos indivíduos.

No mais, os problemas no desenho de incentivos também desestimulam a organização de programas de *compliance* anticorrupção verdadeiramente efetivos, uma vez que, não havendo um caminho dotado da devida segurança jurídica para o tratamento dos delitos eventualmente descobertos por tais programas, não haverá suficientes incentivos para que a empresa se empenhe em práticas de automonitoramento.

Toda essa conjuntura, por fim, contribui para o reforço dos laços de corrupção entre agentes públicos e privados. Não havendo uma porta de saída das transações corruptas, a expectativa dos envolvidos é a de que as partes se manterão naquela relação. É possível que a estratégia mais eficiente, ainda mais em um contexto de corrupção sistêmica (cf. seção 1.6), seja continuar na prática delitiva, acentuando os esforços, em conjunto com os agentes públicos corrompidos, para que seus ilícitos jamais venham à tona.

Para que o regime de soluções negociais possa alcançar os objetivos de interesse público que o justificam, não será suficiente olhar apenas para o conjunto de estímulos e desestímulos intrínsecos ao desenho do instituto. Mostra-se imprescindível uma abordagem integrada do enfrentamento da corrupção, com a devida atenção aos problemas e complexidades dos outros relevantes eixos de atuação.

CONCLUSÃO

O arranjo normativo-institucional brasileiro para o enfrentamento da corrupção empresarial, pelo lado da oferta, produz um eficiente e adequado sistema de incentivos? É a pergunta central que motivou esta obra. Atentando-se aos estímulos acarretados pelo atual desenho, a resposta é negativa. Frente a todas as complexidades e incoerências expostas ao longo dos capítulos anteriores, confirma-se a hipótese de que a responsividade do modelo pátrio não produz os resultados almejados; pelo contrário, os incentivos disfuncionais gerados pelo atual desenho podem até acarretar a consequência não intencional de reforçar as relações corruptas entre empresas e agentes públicos, tornando o problema ainda mais difícil de ser combatido.

Essa externalidade negativa manifesta-se de diferentes formas: (i) a imprevisibilidade e a insegurança jurídica sobre tantas variáveis referentes ao desenho punitivo e ao regime de leniência naturalmente reduzem a propensão de que uma empresa venha a colaborar com o Estado para esclarecer o ilícito em que se envolveu; (ii) os estímulos inadequados para o engajamento empresarial no esforço anticorrupção permitem que algumas companhias apenas emulem a organização de políticas de conformidade, deixando aquelas mais íntegras em desvantagem competitiva; e, (iii) mais grave, a obscuridade sobre como se dará a relação com a atividade persecutória estatal – em um ambiente repleto de incertezas jurídicas – possivelmente ajuda a estabilizar a transação corrupta, criando incentivos para que a empresa adote o máximo de empenho para camuflar o acordo, reforçando seus laços de colaboração com agentes públicos ímprobos.

O regime de combate à corrupção instituído pela Lei nº 12.846/2013 ainda apresenta outra deficiência, que é seu excessivo otimismo quanto ao empenho da própria Administração Pública em promover o *enforcement* da política anticorrupção, quadro que não é realista no Brasil.

Entre nós, há cenários de corrupção sistêmica como um equilíbrio estável na Administração, o que torna pouco crível que ocorrerá, nesses casos, empenho genuíno no combate à corrupção. Esse otimismo irrealista manifesta-se na competência para inauguração de PAR ou celebração de acordo de leniência, conferida à autoridade máxima de cada órgão como regra, bem como em um modelo de leniência negociado apenas pela própria Administração. Além disso, a crença de que a Administração terá, em todos os casos, ímpeto político e capacidade institucional para exercer metarregulação sobre políticas de integridade empresarial também parece uma premissa questionavelmente otimista acerca das competências e possibilidades da gestão pública média brasileira.

A abordagem integrada em quatro diferentes eixos, utilizada neste trabalho, contribui para que se perceba o inevitável entrelaçamento de diferentes instrumentos jurídicos utilizados como resposta, pelo lado da oferta, ao desafio da corrupção empresarial. Corroborando a primeira hipótese suscitada na Introdução, um eficiente sistema de incentivos para o enfrentamento da corrupção empresarial precisa integrar diferentes eixos de atuação. A inadequada estruturação dos incentivos atinentes a um desses mecanismos comprometerá o funcionamento de outros, resultando em um regime disfuncional.

Sem a pretensão de sintetizar todas as imbricações demonstradas ao longo deste livro, pode-se afirmar que um adequado desenho punitivo, construído com base na tradicional teoria da dissuasão, é fundamental para criar uma ameaça sancionatória crível, substancial e previsível sobre as pessoas jurídicas. Sem esse efeito, também não se formarão estímulos para que as empresas adotem efetivas políticas internas de prevenção ou para que se denunciem quando identificarem malfeitos cometidos por pessoas físicas a elas vinculadas. De fato, ao mesmo tempo que soluções negociais permitem maior eficiência na responsabilização de indivíduos e empresas infratores, a estruturação de um sistema de incentivos que torne a pactuação bilateral atraente depende da existência de crível e substancial probabilidade de responsabilização pelo Estado. No mais, os incentivos ao automonitoramento interno estão também condicionados à existência de um regime atrativo de solução consensual das infrações cometidas. Não havendo um arcabouço jurídico transparente e seguro para a colaboração empresarial com os órgãos de controle, o Poder Público também desperdiçará a oportunidade de impulsionar a reengenharia empresarial daquelas companhias que tenham vivenciado ilícitos em suas estruturas.

Ao tratarmos do arranjo normativo-institucional para o enfrentamento da corrupção empresarial, não devemos ignorar o fato de que quem verdadeiramente comete ilícitos são as pessoas físicas. A empresa é apenas uma realidade técnica, composta, em verdade, de um amálgama de indivíduos que a ela se vinculam por interesses pessoais. Quando decidem perpetrar atos de corrupção, as pessoas naturais estão, em geral, atuando em favor de seus próprios interesses. As companhias são beneficiárias diretas de práticas que almejam, ao fim, favorecer os indivíduos que incorrem nos delitos.

Assim, confirmando a quarta hipótese aqui investigada, um mais bem estruturado sistema de incentivos para o enfrentamento da corrupção empresarial exigirá que cada um dos eixos integrados seja organizado objetivando alcançar os indivíduos que estão por trás das práticas delitivas, com o escopo de conformar seus comportamentos.

Nessa toada, o regime de responsabilização das pessoas jurídicas precisa ser bem construído para que as empresas não se beneficiem, direta ou indiretamente, dos ilícitos cometidos pelos indivíduos, não encorajando ou se omitindo em relação à prática ilícita. Já os programas de integridade devem ser estimulados porque, desde que efetivos, são considerados mecanismo custo-efetivo para conformar comportamentos dos indivíduos vinculados. Por fim, o desenho de um regime negocial atrativo para as empresas deve ter por principal escopo obter alavancagem investigatória em relação às pessoas naturais que perpetraram atos ilícitos.

Em proposições objetivas, as diversas conclusões adotadas ao longo deste trabalho podem ser assim sintetizadas:

1. A corrupção empresarial junto à Administração Pública apresenta considerável potencial de dano à sociedade. Além do desvirtuamento de recursos públicos e da afronta a diversos princípios constitucionais, prejudica a consecução de projetos e políticas públicas, maculando indiretamente direitos fundamentais. Ao menoscabar o ideal republicano para colocar a máquina pública a serviço de interesses privados espúrios, a corrupção erode a própria crença social no Estado e na capacidade da Administração Pública de desempenhar suas funções, levando a um sentimento de pessimismo e desesperança em relação ao Poder Público, às instituições políticas e até ao próprio regime democrático.

2. A despeito da gravidade do problema, as evidências empíricas existentes indicam que esses malfeitos empresariais ocorrem com maior frequência do que se supõe frente ao reduzido número de casos que vêm à luz.

3. Adotando uma acepção abrangente de corrupção, um conceito suficiente para o fenômeno seria *a conduta dolosa de desvirtuamento ou voltada ao desvirtuamento do Poder Público para satisfazer interesses privados (próprios ou de terceiros) de qualquer natureza*. Essa conotação permite enquadrar como corrupção também os atos lesivos à Administração cometidos por pessoas jurídicas.

4. Não parece haver qualquer determinismo histórico-cultural sobre os altos níveis de corrupção do Brasil. Países que hoje são referência no controle da corrupção, a exemplo da Dinamarca, dos Estados Unidos e da Suécia, também apresentavam, no passado, quadros de significativa corrupção. Conquanto as causas da corrupção sejam complexas e multifacetadas, sob uma perspectiva jurídico-econômica o problema é fruto, em alguma medida, do arranjo normativo-institucional vigente, que pode criar desestímulos ou perversos incentivos à proliferação da corrupção.

5. Afastando-se de dilemas morais, a perspectiva econômica de análise da corrupção busca identificar, no sistema de incentivos advindo do desenho jurídico-institucional, quais elementos estimulam ou desestimulam a ocorrência de ilícitos da espécie. Sob a leitura econômica, a corrupção guarda estrita relação com os incentivos e desincentivos a que os agentes públicos e privados estão expostos.

6. A análise econômica indica que se reforçam os incentivos à ocorrência de corrupção quando: (i) há um poder estatal cuja forma de exercício desperta interesse dos agentes privados; e (ii) um agente público concentra poder para a prática de um ato de alocação de benefícios escassos ou imposição de custos ao particular. O quadro se agrava notadamente quando esse poder estatal é exercido discricionariamente, em um cenário de pouca *accountability* e com assimetria no poder de barganha entre as partes. No entanto, a alocação de recursos escassos é uma função típica do Estado, razão pela qual não é surpreendente que a corrupção se manifeste com frequência na Administração Pública.

7. Embora, à luz da análise econômica do Direito, a corrupção na Administração Pública sempre represente um dilema de agência, o quadro por vezes também se caracteriza como um problema de ação coletiva. Nesse cenário, o nível de corrupção será influenciado por comportamentos condicionais, ou seja, pela expectativa que se tem em relação à conduta dos outros atores naquele meio. Ademais, se a corrupção passar a ser vista como uma norma social, ou seja, como a

"regra do jogo" em um dado segmento ou localidade, o atuar corrupto tenderá a se consolidar e se tornará a melhor estratégia a ser adotada.

8. Nesse contexto, a corrupção em uma determinada localidade ou segmento econômico-social também se revela como um fenômeno com múltiplos possíveis equilíbrios. A depender das expectativas que se tem em relação à conduta dos demais atores que interagem naquele meio, pode haver a consolidação em um equilíbrio de corrupção sistêmica ou de baixa corrupção. Em outros termos, pode-se formar um círculo vicioso de corrupção ou um círculo virtuoso de corrupção controlada, a depender das normas sociais ("regras do jogo") adotadas.

9. A Administração Pública brasileira apresenta situações de corrupção sistêmica como um equilíbrio estável. Ao adotar um conceito amplo de corrupção, o problema se revela ainda maior, uma vez que relações de favorecimento particularistas estão disseminadas na seara pública. O princípio da impessoalidade ainda não saiu do texto da Constituição para ser incorporado com naturalidade nas práticas administrativas brasileiras. No entanto, mesmo quando adotadas acepções mais restritas de corrupção, o equilíbrio corrupto pode ser identificado pelo menos em segmentos específicos da Administração. Um exemplo de quadro de corrupção sistêmica ocorre nas compras e contratações públicas de alguns entes da federação, como se percebe pela sucessão de escândalos que vêm à tona, que se somam, ainda, a todas as tentativas de corrupção que puderam ser evitadas preventivamente e aos episódios que jamais serão descobertos.

10. Quando a corrupção se torna um equilíbrio estável na Administração, uma empresa que pretenda celebrar negócios jurídicos com o Poder Público não terá incentivos para atuar com integridade. Não será vantajoso deixar de incorrer em corrupção enquanto seus potenciais concorrentes adotam condutas ilícitas impunemente. Quando a corrupção faz parte das "regras do jogo" para o relacionamento com a Administração Pública, o comportamento ótimo, dadas as expectativas em relação à falta de integridade dos demais participantes daquele meio, passa a ser ingressar também em práticas corruptas.

11. Como qualquer transação econômica, a corrupção também apresenta um lado de demanda e um lado de oferta. As expectativas de controle da corrupção sistêmica por meio da diminuição da demanda por corrupção vêm se frustrando em diversas partes do mundo. O número de histórias recentes de êxito na melhoria desse quadro parece ser diminuto, mesmo após a implementação de reformas típicas da caixa de ferramentas anticorrupção.

12. No entanto, um olhar para a demanda por corrupção não é o único possível. A corrupção empresarial também pode ser analisada pelo lado da oferta, ou seja, sob o ângulo do suprimento das vantagens indevidas. Considerando os elevados ganhos que a corrupção proporciona para o lado da demanda, parece mais provável que o empenho para modificações no quadro de integridade venha do lado da oferta de corrupção. Assim, a ênfase na análise dos incentivos que recaem sobre a oferta de corrupção carrega a esperança de que o segmento corporativo possa vir a atuar como um grupo de interesse em favor de reformas que o beneficiem como grupo.

13. De fato, para as empresas que se aproveitam da corrupção, o quadro sistêmico desse ilícito é vantajoso. Porém, para o meio empresarial coletivamente considerado, a corrupção é um cenário *second best*, ou seja, o equilíbrio possível em um ambiente em que a corrupção se tornou a "regra do jogo".

14. Ainda que a corrupção possa ser nociva para as empresas como grupo, seria ingênuo esperar que o meio empresarial combata sozinho a corrupção pelo lado da oferta. Empresas são entidades maximizadoras de lucro e, assim, tenderão a adotar a estratégia que as coloque em melhor situação jurídica e financeira. Nesse contexto, cabe ao Estado estruturar um sistema de incentivos que estimule a desestabilização do equilíbrio de corrupção pelo lado da oferta.

15. A percepção de que a corrupção empresarial poderia ser enfrentada também pelo lado da oferta, assim como a constatação de que o próprio meio corporativo seria capaz de ter um papel destacado no abalo ao equilíbrio corrupto – desde que incentivado a tanto –, levou a uma verdadeira expansão global de normas relacionadas ao tema.

16. No mais, em um cenário como o brasileiro, em que se configuram episódios de corrupção como equilíbrio, o quadro de demanda por corrupção tende a ser bastante resiliente. Uma análise realista, que escape da romantização ou do excessivo otimismo quanto ao potencial da Administração Pública em combater a sua própria corrupção, exige que se conceda atenção também à oferta do ilícito em exame.

17. A expansão global do enfrentamento da corrupção empresarial pelo lado da oferta chegou ao Brasil. O movimento foi materializado pela aprovação da Lei nº 12.846/2013. Considerando a ainda recente trajetória brasileira na resposta à corrupção empresarial sob o enfoque da oferta, convém examinar mais profundamente se o desenho normativo-institucional atualmente vigente no país já produz um eficiente e adequado sistema de incentivos.

18. O regime instituído pela Lei nº 12.846/2013 pressupõe, de forma excessivamente otimista, um efetivo engajamento da Administração Pública no tratamento da corrupção em sentido amplo – seja por meio do processo administrativo de responsabilização, seja por algum exercício de verificação de programas de integridade, seja por meio da cuidadosa solução negocial dos ilícitos identificados, o que não parece realista para todos os casos no Brasil, considerando os inequívocos cenários de corrupção sistêmica que por vezes ocorrem.

19. Embora erradicar a corrupção nas relações público-privadas seja um objetivo improvável de ser alcançado, é possível desenhar um sistema de incentivos que tente induzir as empresas a atuar em conformidade com o ordenamento jurídico, reduzindo a oferta de corrupção, bem como a colaborar com o esforço anticorrupção.

20. Para tanto, impende enfrentar os problemas reais do desenho jurídico-institucional e buscar soluções para tornar o regime de resposta à corrupção empresarial mais adequado e eficiente, afastando-se de dogmas e idealizações teóricas da literatura jurídica.

21. Essa abordagem vai ao encontro da moderna visão de que pequenas reformas anticorrupção incrementais, adotadas gradualmente, com o escopo de aprimorar o sistema de incentivos, podem também, ao longo do tempo, levar a mudanças das expectativas e normas sociais, resultando em um quadro normativo-institucional preferível e em um novo equilíbrio na matéria.

22. Um eficiente sistema de incentivos deve ser norteado por dois objetivos centrais: (i) prevenir e dissuadir a ocorrência de condutas ilícitas, obtendo voluntária e proativa conformidade ao ordenamento jurídico; e (ii) reduzir os custos sociais totais decorrentes dos episódios de corrupção, que englobam também o custo do aparato estatal de controle desses ilícitos. O aprimoramento do atual sistema de incentivos nessa seara deve, portanto, pautar-se nesses escopos fundamentais.

23. Além disso, esse regime anticorrupção precisa ser aplicado por órgãos dotados de suficiente autonomia técnica e decisória – em relação aos anseios do meio político – para cumprir o seu mister.

24. Respeitados esses objetivos centrais, um regime eficiente de enfrentamento da corrupção empresarial deve se apoiar em quatro diferentes eixos complementares e interconectados: (i) a dissuasão dos indivíduos, por meio do risco de responsabilização pessoal, notadamente no âmbito penal; (ii) a dissuasão da pessoa jurídica por meio de um regime de responsabilização adequadamente estruturado; (iii) o engajamento das empresas à colaboração com o esforço anticorrupção; e (iv) um regime de estímulo à autodenúncia e à solução negocial.

25. Nenhum dos quatro eixos seria capaz de alterar, isoladamente e de modo sustentável, o quadro de corrupção empresarial existente no país. Todos apresentam limitações de ordem técnica. Sendo a corrupção um problema complexo e policêntrico, somente a combinação de diferentes mecanismos será capaz de produzir uma estratégia eficiente de enfrentamento desse mal. Assim, os referidos eixos devem ser estruturados de forma apropriada e organizados de modo integrado aos demais, formando, em conjunto, um sistema de incentivos adequado e eficiente para o tratamento da corrupção empresarial.

26. O primeiro eixo concerne à dissuasão de delitos cometidos pelos indivíduos, como parte necessária da contenção da corrupção empresarial. As empresas não podem virar espécies de bodes expiatórios para que as pessoas naturais restem impunes. Um regime assim não seria hábil a dissuadir a corrupção empresarial. Insere-se, entre os escopos de cada um dos demais eixos, conseguir conformar o comportamento dos indivíduos com a criação de desincentivos ao cometimento de ilícitos.

27. Contraditoriamente ao movimento da fuga para o Direito Administrativo, tendência que reinou no direito brasileiro nas últimas décadas, quando do advento da Operação Lava Jato observou-se que a utilização do Direito Penal se revelou um instrumento mais efetivo para a desestabilização do equilíbrio corrupto do que os mecanismos de responsabilização administrativa ou de reparação civil. A experiência brasileira, assim como a norte-americana, denota que a ameaça de responsabilização individual, notadamente na esfera penal, também se mostra essencial para a dissuasão da corrupção empresarial, embora, sozinha, igualmente também não seja capaz de modificar o quadro em definitivo.

28. O segundo eixo de um regime eficiente de enfrentamento da corrupção empresarial concerne à dissuasão das próprias pessoas jurídicas por meio da estruturação de um desenho punitivo pautado na teoria da dissuasão. Embora um ilícito empresarial cometido não possa ser desfeito, a teoria da dissuasão indica que é possível organizar estratégias estatais para evitar a ocorrência de ilícitos da espécie.

29. Como ferramenta de análise econômica, a teoria da dissuasão aponta que a escolha por sucumbir ou não à adoção de práticas corruptas passa, ao menos em alguma medida, pela maximização da utilidade, mediante o sopesamento entre benefício esperado e risco esperado pela atividade ilícita. Assim, a corrupção pode ser dissuadida também pelo correto balanceamento entre a probabilidade de efetiva punição e a magnitude de eventuais medidas a serem infligidas.

30. No entanto, a possibilidade de êxito no controle da corrupção por meio dessa estratégia é limitada. A histórica baixa efetividade e o alto custo da persecução estatal aos atos de corrupção, além das restrições da racionalidade humana, tornam o nível ótimo de dissuasão – almejado pela teoria – um mero exercício teórico. Seguindo a lógica de uma abordagem integrada, o Poder Público precisa complementar as intuições da teoria da dissuasão com outras reflexões.

31. O terceiro eixo da abordagem integrada para o enfrentamento da corrupção empresarial se refere ao engajamento das próprias empresas no esforço anticorrupção. Por mais contraditório que possa parecer, uma estratégia eficiente de enfrentamento da corrupção corporativa deve contar com a colaboração do próprio meio empresarial. Afinal, as empresas encontram-se em posição única para conformar o comportamento dos indivíduos que a ela se vinculam, podendo, assim, contribuir decisivamente para a prevenção e para a dissuasão dos ilícitos.

32. Para fomentar o engajamento empresarial no esforço anticorrupção, o Estado deve lançar mão de um regime composto de responsabilização, que une elementos da teoria da dissuasão – mediante a previsão de rigorosas punições – com a previsão de sanções positivas, a fim de estimular comportamentos socialmente relevantes. A Lei nº 12.846/2013 representa justamente a adoção de um modelo da espécie no Brasil. Nesse contexto, os programas de integridade emergem como uma convenção internacionalmente utilizada para mensurar o engajamento na luta contra a corrupção, sendo a contrapartida que o Estado estimula, como parte do regime de responsabilização, em troca das sanções premiais.

33. O quarto eixo concerne à estruturação de um regime adequado de estímulo à autodenúncia empresarial e à adoção de soluções negociais. Ao redor do mundo, um número considerável de casos de corrupção só é descoberto e punido porque, em algum momento, as empresas envolvidas decidem firmar instrumentos jurídico-administrativos bilaterais com a Administração Pública. A expansão internacional do instituto chegou também ao Brasil, onde instrumentos de composição consensual e pragmática de interesses público-privados encontram-se em expansão no Direito Administrativo.

34. A partir dos quatro eixos mencionados, no Capítulo 4 analisou-se mais detidamente o regime brasileiro para a responsabilização de pessoas jurídicas por ato de corrupção, responsável pela dissuasão de práticas ilícitas pelas empresas. Viu-se que o regime é marcado por três características centrais: a desarmonia normativo-institucional, a baixa efetividade punitiva e a imprevisibilidade em relação às sanções a serem aplicadas.

35. Considerando que a moralidade e a integridade públicas são bens jurídicos sensíveis, o legislador pretendeu conferir a elas proteções reforçadas, não apenas por meio de uma multiplicidade de atores a se ocuparem de suas tutelas, mas também por intermédio de uma miríade de normas jurídicas e esquemas de responsabilização. Não houve, contudo, o devido cuidado de buscar organicidade ao modelo.

36. O modelo multiagências à brasileira não vem produzindo todos os potenciais benefícios esperados de um desenho institucional da espécie. A multiplicidade institucional, que deveria se guiar pela colaboração e complementariedade, também resulta, no país, em uma nociva disputa por protagonismo e relevância, bem como em sobreposições ineficientes e em comprometimento da segurança jurídica.

37. Seja em relação ao sancionamento administrativo, seja no que concerne à responsabilização por instrumentos processuais, ainda subsistem diversos problemas no desenho do regime punitivo das pessoas jurídicas no Brasil. A presença de um conjunto de incentivos eficiente para o estímulo aos *whistleblowers* poderia contribuir para minorar o quadro, tornando-se um canal para que mais informações sobre os malfeitos chegassem aos órgãos de controle. No entanto, à luz das experiências estrangeiras, o regramento sobre a matéria no ordenamento jurídico brasileiro ainda precisa ser aprimorado para alcançar as finalidades pretendidas.

38. A tormentosa sobreposição entre as Leis nº 8.429/1992 e 12.846/2013 é um exemplo da referida desarmonia normativo-institucional. Entendemos que, com a reforma da Lei nº 8.429/1992, o art. 3º, § 2º, deve ser interpretado não apenas para impedir o duplo sancionamento, pelos menos fatos, com base em diplomas distintos, mas também para evitar que demandas diversas sejam ajuizadas com fulcro em regimes de responsabilização distintos, evitando, assim, também o *bis in idem* processual. Afinal, o art. 3º, § 2º, da Lei nº 8.429/1992 em verdade reconhece que havia *bis in idem* na anterior sobreposição entre as Leis nº 8.429/1992 e 12.846/2013. Portanto, quando os fatos examinados caracterizarem atos lesivos à Administração Pública nos termos do art. 5º da Lei nº 12.846/2013, a pessoa jurídica não deve responder por ato de improbidade administrativa, mas apenas com fulcro na Lei Anticorrupção.

39. Essa também é a mais adequada leitura sob uma interpretação pragmática do Direito Administrativo, equacionando a sobreposição normativa e concedendo maior previsibilidade e transparência ao regime de responsabilização pela via judicial.

40. Os diversos problemas no desenho do processo administrativo de responsabilização – que poderia, em tese, representar um instrumento para o mais efetivo sancionamento de empresas que cometessem atos de corrupção – apontam para um cenário de provável baixa efetividade do novo instrumento, que poderá se mostrar também inábil a produzir a necessária ameaça sancionatória exigida por um regime de responsabilização adequadamente estruturado.

41. Na seara de compras e contratações públicas, as medidas de exclusão dos procedimentos tornaram-se, ao redor do mundo, usuais instrumentos para responder à violação à integridade em licitações e contratos. Pela extrema gravidade, a medida é considerada um dos mais efetivos meios para dissuadir futuros malfeitos. No entanto, há também potenciais externalidades negativas advindas do uso desse instrumento, em razão da redução concorrencial que pode provocar nos mercados e dos efeitos sociais reflexos, como falências e desemprego.

42. Equilibrando esse *trade-off*, o eventual manejo mais intenso do instrumento precisa vir acompanhado de soluções para o autossaneamento das empresas, que permitam afastar a exclusão daqueles entes personalizados que tenham colaborado com a Administração para a remediação de seus ilícitos. De toda sorte, os potenciais impactos concorrenciais das medidas de exclusão, que se somam à usual discricionariedade em sua aplicação, acabam trazendo inconsistência e imprevisibilidade também na aplicação dessas medidas.

43. Ao longo deste livro, verificou-se que a desarmonia normativo-institucional e a imprevisibilidade sancionatória trazem consequências não intencionais e indesejadas para o sistema, que podem inclusive reforçar ainda mais a sua já baixa efetividade.

44. Com efeito, a imprevisibilidade sancionatória, com o risco até de "empilhamento das sanções", que se soma à desarmonia institucional, reduz a propensão de que a empresa venha a colaborar com a Administração Pública para esclarecer o ilícito em que se envolveu, afetando a efetividade do terceiro e do quarto eixos da abordagem integrada proposta. Mais grave, a obscuridade sobre como se dará a relação com a atividade persecutória estatal cria incentivos para que a empresa adote o máximo de empenho para camuflar o acordo, reforçando os seus laços de colaboração com o agente público corrupto.

45. Apesar de a hipótese ser de difícil comprovação empírica, acreditamos que a desarmonia normativo-institucional e a imprevisibilidade sancionatória trazem consequências não intencionais e indesejadas para o sistema, que podem inclusive reforçar ainda mais a sua já baixa efetividade. Os riscos de um indevido "empilhamento das sanções", bem como de *bis in idem*, que podem dar azo a punições desproporcionais – somando-se, ainda, a uma série de outras inseguranças jurídicas existentes no regime brasileiro de tratamento da corrupção empresarial –, reduzem a propensão de que a empresa venha a colaborar com a Administração Pública para esclarecer o ilícito em que se envolveu, afetando a efetividade dos terceiro e quarto eixos da abordagem aqui proposta.

46. Ademais, ainda mais grave, a obscuridade sobre como se dará a relação com a atividade persecutória estatal cria incentivos para que a empresa adote o máximo de empenho para camuflar o acordo, reforçando os seus laços de colaboração com os agentes públicos corruptos. Considerando a verdadeira dependência estatal da cooperação privada para a persecução de ilícitos empresariais, trata-se de uma crítica externalidade negativa do desenho pátrio de responsabilidade empresarial, que tende a acentuar a já diminuta efetividade do regime.

47. Aprimorar a organicidade do desenho punitivo brasileiro inevitavelmente passa pela maior aproximação dos órgãos de controle, incrementando a transversalidade do regime.

48. Entendemos que a releitura do sistema brasileiro anticorrupção à luz de uma mais robusta concepção do princípio da vedação ao *bis in idem* contribuiria naturalmente para a maior harmonização do regime. Esse novo olhar deve considerar três diferentes vertentes do princípio: formal, material e processual.

49. De toda sorte, considerando a organização do sistema brasileiro anticorrupção, composto de uma multiplicidade de atores autônomos entre si e inseridos em distintos planos federativos, não é singelo promover a releitura à luz do *bis in idem*, anteriormente proposta. A mera expectativa de maior aproximação voluntária dos diferentes órgãos de controle não parece ser o bastante. Para viabilizar maior organicidade ao sistema multiagências, notadamente em um quadro com planos federativos autônomos, a incorporação de instrumento baseado na conferência de serviços italiana seria medida salutar.

50. O terceiro eixo emerge justamente das limitações para conseguir dissuadir a corrupção apenas pelas ameaças punitivas estatais, bem como da considerável assimetria informacional entre os órgãos de controle e as empresas infratoras. O quadro aponta para a essencialidade do engajamento das próprias pessoas jurídicas no esforço de promover a integridade pública.

51. Por convenção, ao redor do mundo adotam-se os programas de *compliance*/integridade como meio para a materialização e comprovação do engajamento no esforço anticorrupção. Oriundos da experiência norte-americana, a adoção de práticas de *compliance* anticorrupção nos Estados Unidos seguiu uma trajetória distinta da ocorrida no Brasil. Naquele país, o instrumento surgiu por estratégia das próprias empresas e se consolidou por uma conjugação dos interesses do meio empresarial com os das autoridades públicas. Aqui, a política foi imposta pelo Estado por meio de atos normativos oponíveis às empresas.

52. Há interesse público na organização dessas estruturas, desde que genuinamente efetivas. Afinal, são o mecanismo mais custo-efetivo para a conformação do comportamento dos indivíduos que se vinculam às empresas, uma vez que o Estado jamais teria recursos e capilaridade suficientes para fiscalizar todos os atores do mercado em busca do alinhamento de seus interesses com os da sociedade.

53. No entanto, programas de *compliance*/integridade não são um fim em si mesmo. Não há qualquer valor intrínseco à simples presença formal de estruturas da espécie. Para serem relevantes, as políticas em exame devem ser efetivas em alcançar as suas finalidades públicas, quais sejam, as atividades de autocontrole privado para fins públicos, na denominação de Carlos Ari Sundfeld, que são as práticas de autorregulação anticorrupção empresarial necessárias para a conformação de um agir íntegro por parte dos indivíduos que se vinculam às pessoas jurídicas.

54. Com o auxílio da análise econômica, pode-se afirmar que o programa efetivo consiste em um "conjunto de políticas e procedimentos que uma empresa racional, maximizadora de lucros, implementaria se enfrentasse uma sanção esperada que igualasse o custo social das violações".[738] Dito de outro modo, seriam as medidas que uma empresa espontaneamente colocaria em prática se o Estado fosse capaz de implementar o nível ótimo de dissuasão.

55. A despeito de certa euforia no Brasil em relação aos programas de *compliance*, há diversas complexidades para a organização de estímulos à implementação de políticas efetivas. Ao mesmo tempo em

---

[738] Cf. MILLER, Geoffrey. An economic analysis of effective compliance programs. *In*: ARLEN, Jennifer. *Research handbook on corporate crime and financial misdealing*. Cheltenham: Edward Elgar Publishing Limited, 2018, p. 256.

que os programas representam custos para as empresas, a Administração Pública apresenta escassez de recursos materiais e humanos necessários para a avaliação dos sistemas em tela. O cenário cria incentivos perversos para a estruturação de programas meramente de fachada, que apenas se limitem a atender formalmente os requisitos estabelecidos pelos atos normativos, mas sem qualquer compromisso com a real efetividade.

56. Não fosse o bastante, os programas da espécie foram concebidos para lidar com episódios de corrupção que podem ser definidos como dilemas de agência dentro da estrutura empresarial, não para o enfrentamento de corrupção sistêmica, que se materializa por meio de um conluio entre a alta cúpula dirigente corporativa e o mais elevado escalão da Administração Pública. Além disso, inserido em uma política estatal de metarregulação, o instrumento desperta os mesmos notórios desafios de qualquer modelo regulatório da espécie. No mais, a concessão de benefícios legais como forma de incentivar a estruturação de tais programas pode dar azo a um problema de risco moral.

57. Nesse cenário de complexidades, não cabe uma postura ingênua por parte da Administração quando da organização de incentivos para o engajamento empresarial no esforço anticorrupção. O primeiro questionamento que os formuladores da política pública estatal deverão se fazer é se o arranjo normativo-institucional sancionatório é capaz de criar, independentemente da colaboração privada, ameaça crível e substancial de punição em relação ao cometimento de atos de corrupção. Veja que essa preocupação se conecta com os eixos anteriores da estratégia integrada de enfrentamento da corrupção empresarial. Em caso negativo, é possível que as empresas ainda não estejam sequer suficientemente estimuladas para organizar políticas de prevenção genuínas, já que o real risco de punição é diminuto.

58. Além disso, convém perquirir se a Administração Pública local teria suficientes recursos e conhecimento técnico para avaliar satisfatoriamente, caso seja necessário, a efetividade de um programa de integridade. Se a resposta for positiva, então o legislador pode se sentir confortável a estimular a presença de políticas de *compliance* mediante a concessão de sanções positivas. Todavia, se a resposta for negativa, cenário que certamente é o mais provável em relação à maior parte dos Municípios e Estados do Brasil, o regime de responsabilização baseado no cumprimento de contrapartidas tenderá a não alcançar o seu fim. O Poder Público precisará adotar uma estratégia normativa que estimule a presença das estruturas em exame, sem levar à proliferação apenas formal de sistemas de integridade.

59. Um dos caminhos seria o de evitar conceder abrandamentos sancionatórios pela mera existência de programas de integridade, postergando a sanção premial para o momento em que a empresa tenha, inequivocamente, demonstrado a sua colaboração com o Poder Público, tanto para o deslinde dos episódios como para a remediação do malfeito. Nesse sentido, propomos que o ordenamento jurídico não deveria conceder substanciais sanções positivas apenas em tese, pela simples presença das políticas de integridade, passando, em compensação, a fornecer benefícios ainda maiores do que os atuais quando uma empresa celebra acordo de leniência.

60. Além de todas as dificuldades intrínsecas às políticas de conformidade, há também as complexidades extrínsecas, atinentes à estruturação de um sistema de incentivos que estimule o efetivo engajamento empresarial no esforço anticorrupção. A primeira já destacamos anteriormente: o arranjo normativo-institucional sancionatório precisa ser capaz de gerar crível e substancial receio de punição, independentemente da colaboração privada, para que as companhias restem estimuladas à adoção de políticas preventivas. Mas não é só isso. Para que haja incentivos ao automonitoramento e à autodenúncia, é imprescindível que seja estruturado um atrativo regime de soluções negociais com o Poder Público.

61. O quarto eixo da proposta de abordagem integrada para o enfrentamento da corrupção empresarial concerne ao desenho de um regime de incentivos à autodenúncia empresarial e à solução negocial. Ao redor de todo o mundo, a resolução negocial dos casos de corrupção empresarial, por meio da celebração de alguma espécie de instrumento jurídico-administrativo bilateral, tornou-se o principal caminho para o tratamento desses episódios.

62. O Brasil seguiu a referida tendência internacional ao adotar um regime negocial na Lei nº 12.846/2013. No referido diploma, optou-se pelo modelo de acordos de leniências, que são acordos administrativos integrativos bilaterais, celebrados pela Administração Pública e empresas infratoras.

63. Há interesse público na adoção de soluções negociais aos casos de corrupção, desde que por meio de um regime adequadamente estruturado, hábil a alcançar as finalidades públicas esperadas e relacionadas ao combate à corrupção.

64. A primeira dessas finalidades públicas concerne à produção de efeito dissuasório em relação à corrupção. A existência de um regime jurídico que estimule soluções consensuais, por meio de sanções

positivas, contribui para minar a confiança recíproca entre as partes e incrementar a instabilidade do arranjo corrupto. Ademais, como parte do direito administrativo sancionador, os acordos asseguram a imposição de sanções pelo Poder Público (ainda que reduzidas) em um ambiente de notória impunidade. No mais, viabilizam a denominada "alavancagem probatória" ou "alavancagem investigativa", em razão da obtenção de informações que talvez jamais seriam de conhecimento dos órgãos de controle se não fosse por meio da colaboração privada.

65. É imprescindível que essa alavancagem probatória seja voltada às pessoas físicas que cometeram os delitos. Embora muito esforço negocial seja consumido em debates acerca da magnitude das sanções aplicadas ou dos valores atinentes à reparação dos danos, o escopo central da política deve ser o de alcançar os indivíduos que estão por trás das infrações perpetradas pelas empresas. Somente assim se conseguirá produzir efeito dissuasório em relação às pessoas naturais, que ficarão mais receosas de punição.

66. A segunda finalidade pública atinente às soluções negociais diz respeito aos seus aspectos de eficiência. Nem sempre o caminho mais eficiente para a tutela do interesse público será o de perseguir, a todo custo, a punição do ato corrupto. Mesmo porque não será raro que a busca pela aplicação integral de penalidades termine em absoluta impunidade. Soluções consensuais em diversos segmentos do Direito Administrativo brasileiro vêm permitindo, em abordagem pragmática, a redução da litigiosidade e a obtenção de resultados eficientes, com a economia de escassos recursos públicos. A melhor alternativa ao acordo (BATNA) seria buscar a imposição de punições e a reparação do dano pelas vias convencionais, caminho esse que não costuma ser profícuo.

67. A terceira finalidade pública atendida pelas soluções negociais seria a tentativa de preservação das atividades produtivas, bem como a busca pela reengenharia do setor privado, por meio do estímulo a políticas de integridade efetivas.

68. O interesse público passível de ser tutelado por meio de soluções negociais não será alcançado espontaneamente. Como entes maximizadores de lucros, as empresas somente tenderão a ingressar em negociações público-privadas quando acreditarem que estarão em melhor situação jurídica celebrando pactuações com o Poder Público do que permanecendo inertes.

69. Há três grandes requisitos necessários para a estruturação de um regime de leniência: o real temor de punição, independentemente da colaboração privada; a concessão de suficientes benefícios e proteções, a incentivar a colaboração com o Poder Público; e a transparência, previsibilidade e segurança jurídica desse regime jurídico.

70. No Brasil, os três requisitos carregam os seus problemas. É possível que a limitada efetividade do regime punitivo não desperte o temor sancionatório necessário para tornar o regime negocial atrativo, a não ser quando ocorrem excepcionais choques de rigor sancionatório nessa seara, a exemplo de uma grande campanha anticorrupção, como a Lava Jato. A inexistência de repercussão criminal em relação aos acordos firmados, entre outros problemas relacionados aos abrandamentos sancionatórios concedidos (ou não) pela legislação, também pode ser um fator a comprometer a atratividade do instrumento. Soma-se, ainda, considerável imprevisibilidade e insegurança jurídica no quadro negocial.

71. Observando os problemas do modelo brasileiro, é possível que o regime de leniência só tenha sido acolhido por uma parcela diminuta de empresas infratoras: aquelas que já estavam acuadas e receosas da imposição de severas sanções pelo êxito obtido pelas investigações da Operação Lava Jato. É bastante duvidoso que o regime de leniência brasileiro esteja contribuindo, de forma duradoura, para a instabilidade das práticas corruptas colusivas, como se espera de um mecanismo da espécie. Aliás, os dados sobre os acordos já firmados – quase em sua totalidade relacionados a fatos desvendados pela Operação Lava Jato – parecem confirmar essa interpretação.

72. Não é o cenário que se espera em uma estratégia eficiente de enfrentamento da corrupção empresarial. Leniência não pode se tornar porta de saída para as (poucas) empresas receosas do poder punitivo estatal.

73. As limitações do desenho punitivo, que se somam às diversas incertezas do modelo, fazem com que, para as empresas, no mais das vezes seja racional apostar que os ilícitos cometidos pelo seu pessoal jamais virão à luz. Os problemas no sistema de incentivos do regime negocial acabam por reforçar os laços de corrupção entre empresas e agentes públicos. Ainda que pretenda colaborar, é possível que a empresa questione se vale a pena enfrentar as incertezas para obter abrandamentos sancionatórios que talvez não sejam de todo expressivos, ainda mais considerando a diminuta probabilidade de vir a ser punida sem a sua própria colaboração. Não enxergando na solução consensual um caminho transparente e previsível, a melhor alterativa para a empresa provavelmente será permanecer na prática corrupta, incrementando esforços, em conjunto com os agentes públicos corrompidos, para que seus ilícitos jamais sejam identificados pelas autoridades.

74. Diversos aprimoramentos intrínsecos ao regime de leniência brasileiro poderiam ser adotados para torná-lo mais atrativo. No entanto, o futuro do instrumento depende de reformas extrínsecas ao regime de leniência, atinentes aos demais eixos da estratégia integrada de enfrentamento da corrupção. Aliás, essa observação final caberia para qualquer um dos demais eixos da abordagem integrada de enfrentamento da corrupção empresarial, uma vez que, como visto, todos dependerão da complementação dos demais para, em conjunto, formar um sistema de incentivos eficiente.

ENCERRAMENTO

O diagnóstico de tantas disfunções no atual arranjo normativo-institucional para o enfrentamento da corrupção empresarial não deve levar à desesperança. muito pelo contrário. A consciência sobre os problemas existentes no modelo brasileiro é requisito imprescindível para que se possa aperfeiçoá-lo.

As propostas para aprimoramento do combate à corrupção pelo lado da oferta, apresentadas ao longo deste trabalho, vão ao encontro do entendimento de que reformas anticorrupção incrementais, com o escopo de melhor direcionar o sistema de incentivos, podem levar a mudanças das expectativas e das normas sociais vigentes, contribuindo para que se alcance um novo equilíbrio na matéria. Embora seja improvável que a corrupção empresarial perante a Administração Pública venha a ser erradicada em curto prazo, os aperfeiçoamentos normativo-institucionais concretamente promovidos conduzirão a um equilíbrio preferível em relação ao atual.

Derradeiramente, é importante frisar que, como pudemos constatar nos primeiros capítulos deste trabalho, não há qualquer determinismo histórico em relação aos elevados níveis de corrupção no Brasil. O quadro pode ser combatido e controlado por aqui, assim como ocorreu em outras partes do mundo. Sem depositar esperanças em panaceias ou fórmulas mágicas – que não existem – e sem acreditar em platitudes e superficialidades propaladas em retóricas políticas sobre o tema, caberá ao Brasil encontrar seu próprio caminho. Não se deve perder de vista que é muito provável que o cenário de corrupção na Administração Pública brasileira já tenha sido pior no passado. O Direito brasileiro já demonstrou capacidade de reação. Cabe perseverar.

REFERÊNCIAS

8 ESTADOS e 17 capitais ainda não regulamentaram Lei Anticorrupção. *Consultor Jurídico (Conjur)*, 29 ago. 2019. Disponível em: https://www.conjur.com.br/2019-ago-29/estados-17-capitais-nao-regulamentaram-lei-anticorrupcao. Acesso em: 11 mar. 2020.

ABRANCHES, Sérgio. *Presidencialismo de Coalizão*: raízes e evolução do modelo político brasileiro. São Paulo: Companhia das Letras, 2018. Edição Kindle.

ACKERMAN, Bruce. Good-bye, Montesquieu. *In:* ROSE-ACKERMAN, Susan; LINDSETH. Peter L.; EMERSON, Blake (Ed.). *Comparative Administrative Law*. Cheltenham: Edward Elgar Publishing Limited, 2017.

ADAMS, Luís Inácio. Acordo de leniência e a cooperação entre os órgãos públicos. *Consultor Jurídico*, 17 ago. 2020. Disponível em: https://www.conjur.com.br/2020-ago-17/publico-privado-acordo-leniencia-cooperacao-entre-orgaos-publicos. Acesso em: 10 out. 2020.

AIDT, Toke S. Economic Analysis of Corruption: A Survey. *The Economic Journal*, v. 113, n. 491, p. F632-F652, nov. 2003.

ALVES, Rogério Pacheco. Improbidade administrativa e acordos de não persecução. *Jota*, 23 jun. 2020. Disponível em: https://www.jota.info/opiniao-e-analise/artigos/improbidade-administrativa-e-acordos-de-nao-persecucao-23062020. Acesso em: 10 out. 2020.

ANJOS, Débora Carvalho Mascarenhas dos; MATA, Paula Carolina de Oliveira Azevedo da. Considerações sobre a (in)constitucionalidade da Lei nº 12.846/2013. *In*: FORTINI, Cristiana. *Corrupção e seus múltiplos enfoques jurídicos*. Belo Horizonte: Fórum, 2018.

ARANHA, Ana Luiza; FILGUEIRAS, Fernando. Instituições de *accountability* no Brasil: mudança institucional, incrementalismo e ecologia processual. *Cadernos*, n. 44. Brasília: Enap, 2016.

ARANTES, Rogério B. Polícia Federal e Construção Institucional. *In*: AVRITZER, Leonardo; FILGUEIRAS, Fernando (Orgs.). *Corrupção e Sistema Político no Brasil*. Rio de Janeiro: Civilização Brasileira, 2011.

ARANTES, Rogério B.; MOREIRA, Thiago. Democracia, instituições de controle e justiça sob a ótica do pluralismo estatal. *Opinião Pública*, v. 25, n. 1, p. 97-135, jan./abr. 2019.

ARAÚJO, Thiago Cardoso. *Análise econômica do direito no Brasil*: uma leitura à luz da teoria dos sistemas. Rio de Janeiro: Lumen Juris, 2017.

ARÊDES, Sirlene Nunes. *Ne bis in idem*: direito fundamental constitucional aplicável na relação entre as esferas penal e administrativa geral no direito brasileiro. *Direito, Estado e Sociedade*, n. 52, p. 204-240, jan./jun. 2018.

ARLEN, Jennifer. Corporate Criminal Enforcement in the United States: Using Negotiated Settlements to Turn Potential Corporate Criminals into Corporate Cops. *NYU School of Law, Public Law Research Paper*, n. 17-12, ago. 2018.

ARLEN, Jennifer. Corporate criminal liability: theory and evidence. *In*: HAREL, Alon; HYLTON, Keith. *Research Handbook on the Economics of Criminal Law*. Cheltenham: Edward Elgar Publishing Limited, 2012.

ARLEN, Jennifer. Public consultation on liability of legal persons: compilation of responses. *Organisation for Economic Co-operation and Development Anti-Corruption Division, Directorate for Financial and Enterprise Affairs*, nov. 2016. Disponível em: https://www.oecd.org/daf/anti-bribery/Online-consultation-compilation-contributions.pdf. Acesso em: 18 set. 2019.

ARLEN, Jennifer. The Failure of the Organizational Sentencing Guidelines. *University of Miami Law Review*, v. 66, n. 2, p. 321-362, jan. 2012.

ARLEN, Jennifer. The potential promise and perils of introducing deferred prosecution agreements outside the U.S. *In*: MAKINWA, Abiola; SØREIDE, Tina. *Negotiated Settlements in Bribery Cases*: A Principled Approach. Northampton: Edward Elgar, 2020.

ARLEN, Jennifer. The potentially perverse effects of corporate criminal liability. *Journal of Legal Studies*, vol. XXIII, p. 833-867, jun. 1994.

ARLEN, Jennifer; KRAAKMAN, Reinier. Controlling corporate misconduct: an analysis of corporate liability regimes. *New York University Law Review*, v. 72, n. 4, p. 687-754, 1997.

ARQUÉ, Joan Ramon Borrell; GONZÁLEZ, Juan Luis Jiménez; HARO, José Manuel Ordónez de. Redefiniendo los incentivos a la colusión: el programa de clemencia. *Revista de Economía ICE* – 50 aniversario de la primera ley de competencia en España, n. 876, p. 17-36, jan./fev. 2014.

ATHAYDE, Amanda. *Manual dos Acordos de Leniência no Brasil*: teoria e prática – CADE, BC, CVM, CGU, AGU, TCU, MP. Belo Horizonte: Fórum, 2019.

AURIOL, Emmanuelle; HJELMENG, Erling; SØREIDE, Tina. Deterring Corruption and Cartels: In Search of a Coherent Approach. *Concurrences*, n. 1, 2017.

AURIOL, Emmanuelle; SØREIDE, Tina. An economic analysis of debarment. *International Review of Law and Economics*, v. 50, p. 36-49, 2017.

AYRES, Ian; BRAITHWAITE, John. *Responsive regulation*: transcending the deregulation debate. Nova York: Oxford University Press, 1992.

AYRES, Ian; BRAITHWAITE, John. Governing Corporate Compliance. *Boston College Law Review*, v. 50, issue 4, p. 949-1019, 2009.

BALDWIN, Robert; CAVE, Martin; LODGE, Martin. *Understanding Regulation*: Theory, Strategy, and Practice. 2. ed. Oxford: Oxford University Press, 2012.

BANDIERA, Oriana; PRAT, Andrea; VALLETTI, Tommaso. Active and Passive in Government Spending: Evidence from a Policy Experiment, *American Economic Review*, v. 99, n. 4, p. 1278-1308, set. 2009.

BANERJEE, Abhijit V.; DUFLO, Esther. *Boa economia para tempos difíceis*. Rio de Janeiro: Zahar, 2020.

BAPTISTA, Patrícia. *Transformações do Direito Administrativo*. 2. ed. Rio de Janeiro: Lumen Juris, 2018.

BAPTISTA, Patrícia. Transformações do Direito Administrativo: 15 anos depois – reflexões críticas e desafios para os próximos quinze anos. *In*: BRANDÃO, Rodrigo. BAPTISTA, Patrícia (Org.). *Direito Público*. Rio de Janeiro: Freitas Bastos, 2015.

BARBÃO, Jaqueline; OLIVEIRA, Fabiana Luci de. Retratos do Cadastro Nacional de Condenados por Ato de Improbidade Administrativa e por Ato que Implique Inelegibilidade (CNCIAI). *Revista CNJ*, v. 02, p. 24-32, 2017.

BARCELLOS, Ana Paula de. *Curso de direito constitucional*. 3. ed. Rio de Janeiro: Forense, 2020.

BARCELLOS, Ana Paula de. Submissão de acordos de leniência ao TCU necessita de esclarecimentos. *Consultor Jurídico*, 25 fev. 2015. Disponível em: https://www.conjur.com.br/2015-fev-23/ana-barcellos-submissao-acordos-leniencia-tcu-gera-duvidas. Acesso em: 9 out. 2020.

BARCELLOS, Ana Paula de; MOURA, Ricardo Faé de; CASTRO, Marcia C. Human rights, inequality and public interest litigation: a case study on sanitation from Brazil. *Panorama of Brazilian Law*, n. 5-6, p. 149-171, 2016.

BARROSO, Luís Roberto; OSORIO, Aline. O Supremo Tribunal Federal em 2017: a República que ainda não foi. *Consultor Jurídico*. Disponível em: https://www.conjur.com.br/dl/retrospectiva-barroso-2017-parte.pdf. Acesso em: 29 mar. 2020.

BECCARIA, Cesare. *On crimes and punishments*. Indianapolis: Hackett Pub. Co., 1986.

BECKER, Gary S. *Crime and Punishment*: An Economic Approach. Disponível em: http://www.nber.org/chapters/c3625.pdf. Acesso em: 17 set. 2019.

BECKER, Gary S. *The Economic Approach to Human Behavior*. Chicago: University of Chicago Press, 1976.

BECKER, Gary S. *The Economics of Discrimination*. Chicago: University of Chicago Press, 1957.

BECKER, Gary S. The Economic Way of Looking at Life. *Coase-Sandor Institute for Law & Economics Working Paper*, n. 12, 1993. Disponível em: https://chicagounbound.uchicago.edu/law_and_economics/510/. Acesso em: 21 set. 2019.

BENEDETTO, Maria De. Corruption and Controls. *European Journal of Law Reform*, issue 4, p. 479-501, 2015.

BENTHAM, Jeremy. *An introduction to the principles of morals and legislation*. Oxford: Claredon, 1996.

BEDNAR, Richard J.; STYLES, Angela B.; MCDOWELL, Jull. United States. In: PÜNDER, Hermann; PRIEß, Hans-Joachim; ARROWSMITH, Sue. *Self-Cleaning in Public Procurement Law*. Berlim: Heymanns Verlag, 2009.

BIERCE, Ambrose. *The Devil's Dictionary*. Toronto: Dover Publications, 1993.

BITENCOURT, Cezar Roberto. *Tratado de Direito Penal*: Parte Geral. 25. ed. São Paulo: Saraiva, 2019.

BIGONI, Maria *et al*. Trust, Leniency, and Deterrence. *The Journal of Law, Economics, and Organization*, v. 31, n. 4, p. 663-689, mar. 2015.

BINENBOJM, Gustavo. *Uma teoria do Direito Administrativo*: direitos fundamentais, democracia e constitucionalização. 3. ed. rev. e atual. Rio de Janeiro: Renovar, 2014.

BINENBOJM, Gustavo; CYRINO, André. Art. 28 da LIND – A cláusula geral do erro administrativo. *Revista de Direito Administrativo*. Edição Especial: Direito Público na Lei de Introdução às Normas de Direito Brasileiro – LINDB (Lei nº 13.655/2018), p. 203-224, nov. 2018.

BLACK, Caroline et al. *Anti-corruption & Bribery in the United Kingdom*. Disponível em: https://www.lexology.com/library/detail.aspx?g=b4fc3f99-4168-4884-a4c3-d0ed3f7ff3f0. Acesso em: 29 fev. 2020.

BLACK, Julia. Paradoxes and Failures: "New Governance" Techniques and the Financial Crisis. *The Modern Law Review*, v. 75, issue 6, p. 1037-1063, 2012.

BOAS, Taylor C.; HIDALGO, F. Daniel; MELO, Marcus André. *American Journal of Political Science*, v. 63, issue 2, abr. 2019.

BOBBIO, Norberto. *Da estrutura à função*: novos estudos de teoria do direito. Barueri: Manole, 2006.

BOEHM, Frédéric; LAMBSDORFF, Johann. Corrupción y anticorrupción: una perspectiva neo-institucional. *Revista de Economía Institucional*, v. II, n. 21, p. 45-72, 2009.

BORGES, Laryssa. "Todas as empresas pagavam propina", diz delator. *Veja*, São Paulo, 15 set. 2015. Disponível em: https://veja.abril.com.br/politica/todas-as-empresas-pagavam-propina-diz-delator/. Acesso em: 6 jan. 2020.

BOTTINI, Pierpaolo Cruz. Aspectos penais e processuais penais ao enfrentamento à corrupção. *In*: QUEIROZ, Ronaldo Pinheiro; SALGADO, Daniel de Resende; ARAS, Vladimir. *Corrupção*: aspectos sociológicos, criminológicos e jurídicos. Salvador: Juspodivm, 2020.

BRODT, Luís Augusto; MENEGHIN, Guilherme de Sá. Responsabilidade penal da pessoa jurídica: um estudo comparado. *Revista dos Tribunais*, v. 961, nov. 2015.

BUELL, Samuel W. *Capital Offenses*: Business Crime and Punishment in America's Corporate Age. Nova York: W.W. & Company, 2016.

BUTLER, Jeffrey V.; SERRA, Danila; SPAGNOLO, Giancarlo. Motivating Whistleblowers. *Management Science. Articles in Advance*, p. 1-17, 2019.

CAILLAUD, Bernard; LAMBERT-MOGILIANSKY, Ariane. Accountability in Complex Procurement Tenders. *PSE Working Papers*, n. 2017-24, 2017.

CALDERÓN, Reyes; ÁLVAREZ-ARCE, José Luis; MAYORAL, Silvia. Corporation as a Crucial Ally Against Corruption. *Journal of Business Ethics*, v. 87, suplemento 1, p. 319-332, 2009.

CANETTI, Rafaela Coutinho. *Acordo de leniência*: fundamentos do instituto e os problemas de seu transplante ao ordenamento jurídico brasileiro. Belo Horizonte: Fórum, 2018.

CANETTI, Rafaela Coutinho; MENDONÇA, José Vicente Santos de. Corrupção para além da punição: aportes da economia comportamental. *Revista de Direito Econômico e Socioambiental*, v. 10, n. 1, p. 104-125, jan./abr. 2019.

CARAZZA, Bruno. *Dinheiro, eleições e poder*: as engrenagens do sistema político brasileiro. São Paulo: Companhia das Letras, 2018.

CARSON, Lindsey D. *Deterring Corruption*: Beyond Rational Choice Theory. Disponível em: https://ssrn.com/abstract=2520280. Acesso em: 10 out. 2020.

CARSON, Lindsey D.; PRADO, Mariana Mota. Usando a multiplicidade institucional para enfrentar a corrupção como um problema de ação coletiva: lições do caso brasileiro. *In*: FORTINI, Cristiana. *Corrupção e seus múltiplos enfoques jurídicos*. Belo Horizonte: Fórum, 2018.

CARSON, Lindsey D.; PRADO, Mariana Mota. Using institutional multiplicity to address corruption as a collective action problem: lessons from the Brazilian case. *The Quarterly Review of Economics and Finance*, v. 62, p. 56-65, 2016.

CARSON, Lindsey D.; PRADO, Mariana Mota. Brazilian Anti-Corruption Legislation and its Enforcement: Potential Lessons for Institutional Design. *IRIBA Working Paper*, n. 9, July 2014.

CARVALHO, Paulo Roberto Galvão de. Legislação anticorrupção no mundo: análise comparativa entre a lei anticorrupção brasileira, o Foreign Corrupt Practices Act norte-americano e o Bribery Act do Reino Unido. *In*: SOUZA, Jorge Munhós; QUEIROZ, Ronaldo Pinheiro. *Lei Anticorrupção*. Salvador: Juspodivm, 2015.

CARVALHO, Victor Aguiar de. As complexidades e consequências não intencionais da exigência de programas de integridade em contratações públicas. *Fórum de Contratação e Gestão Pública – FCGP*, Belo Horizonte, ano 19, n. 222, p. 67-75, jun. 2020.

CARVALHO, Victor Aguiar de. *Cartéis em licitações*: concorrência, incentivos e prevenção aos conluios nas contratações públicas. Rio de Janeiro: Lumen Juris, 2018.

CARVALHO, Victor Aguiar de. Corrupção e análise econômica: como o sistema de incentivos influencia o quadro de comportamentos ilícitos. *In*: CYRINO, André; MIGUEIS, Anna Carolina; PIMENTEL, Fernanda Morgan (Coord.). *Direito Administrativo e Corrupção*. Belo Horizonte: Fórum, 2020.

CARVALHO, Victor Aguiar de. Corrupção nas contratações públicas: dois instrumentos analíticos para a detecção de indevidos incentivos. *Revista Eletrônica da PGE-RJ*, v. 1, n. 2, 2018. Disponível em: https://revistaeletronica.pge.rj.gov.br:4432/comum/code/MostrarArquivo.php?C=MTI4. Acesso em: 22 jan. 2020.

CARVALHO, Victor Aguiar de. Declaração de inidoneidade por ato lesivo previsto na Lei Anticorrupção. *Jota*, 26 fev. 2021. Disponível em: https://www.jota.info/opiniao-e-analise/artigos/declaracao-de-inidoneidade-por-ato-lesivo-previsto-na-lei-anticorrupcao-26022021. Acesso em: 27 fev. 2021.

CARVALHO, Victor Aguiar de. Programas de integridade em contratações públicas: boas intenções, resultados incertos. *Jota*, 17 mar. 2020. Disponível em: https://www.jota.info/coberturas-especiais/inova-e-acao/programas-de-integridade-em-contratacoes-publicas-boas-intencoes-resultados-incertos-17032020. Acesso em: 6 maio 2020.

CARVALHO, Victor Aguiar de. Regime sancionatório da nova Lei de Licitações e autossaneamento dos infratores. *Jota*, 16 fev. 2021. Disponível em: https://www.jota.info/opiniao-e-analise/artigos/regime-sancionatorio-da-nova-lei-de-licitacoes-e-autossaneamento-dos-infratores-16022021. Acesso em: 27 fev. 2021.

CARVALHO, Victor Aguiar de. Requiring Public Contractors To Have Anticorruption Compliance Programs May Sound Like a Good Idea – But Not When Government Capacity Is Lacking. *The Global Anticorruption Blog*, 17 jan. 2020. Disponível em: https://globalanticorruptionblog.com/2020/01/17/requiring-public-contractors-to-have-anticorruption-compliance-programs-may-sound-like-a-good-idea-but-not-when-government-capacity-is-lacking/#more-15261. Acesso em: 22 jan. 2020.

CARVALHO FILHO, José dos Santos. *Manual de Direito Administrativo*. 28. ed. rev., ampl. e atual. São Paulo: Atlas, 2015.

CASSESE, Sabino. *Istituzioni di diritto amministrativo*. 4. ed. Milão: Giuffrè, 2012.

CASTELLANO, Nathaniel. Suspensions, Debarments, and Sanctions: A Comparative Guide to United States and World Bank Exclusion Mechanisms. *Public Contract Law Journal*, v. 45, n. 3, p. 403-448, 2016.

CENTRO DE PESQUISAS SOBRE O SISTEMA DE JUSTIÇA BRASILEIRO. *Índice de Desempenho da Justiça – IDJus 2013*. Disponível em: http://cpjus.idp.edu.br/wp-content/uploads/2015/03/IDJUSn4_relatorio_pesquisa_23.02.15.pdf. Acesso em: 9 mar. 2019.

COMPLIANCE TOTAL. *Os 7 Elementos*. Disponível em: https://www.compliancetotal.com.br/compliance/os-sete-elementos. Acesso em: 21 jan. 2020.

CONSELHO ADMINISTRATIVO DE DEFESA ECONÔMICA (CADE). *Versão pública do "Histórico da Conduta"* – acordo de leniência celebrado com a Andrade Gutierrez Engenharia S/A e com executivos e ex-executivos da empresa acerca de suposto cartel na licitação para obras públicas de serviços de engenharia e construção para urbanização do Complexo do Alemão, do Complexo de Manguinhos e da Comunidade da Rocinha. Disponível em: http://sei.cade.gov.br/sei/institucional/ pesquisa/documento_consulta_externa.php?gYn7ZzDHY2-K9fJ5iSD0XIHzNrFmnAaR-4YZLmLvB fmm6KH8HguLm2HYtYr _1TXOWwfLZ8tCD3pQ1Q_fI_8ynA,,. Acesso em: 29 nov. 2017.

CONSELHO ADMINISTRATIVO DE DEFESA ECONÔMICA (CADE). *Versão pública do "Histórico da Conduta"* – acordo de leniência celebrado com a Construtora OAS S/A e com executivos e ex-executivos da empresa acerca de suposto cartel em obras de construção, manutenção e reparos de rodovias do Arco Metropolitano do Rio de Janeiro. Disponível em: http://sei.cade.gov.br/sei/ institucional/pesquisa/documento_consulta_externa.php?D HXwvMt2b5cI0lkRJtSHFYE9mf0Jv-bzPQL2WKl40xB02oBNcU9r1bBjAKGhNlZknb48h M0nbsIrp145JY1uQ,,. Acesso em: 29 nov. 2017.

CONTROLADORIA GERAL DA UNIÃO (CGU). *Empresa Pró-Ética*. Disponível em: http://www.cgu.gov.br/assuntos/etica-e-integridade/empresa-pro-etica. Acesso em: 21 nov. 2019.

CONTROLADORIA GERAL DA UNIÃO (CGU). *Manual para implementação de programas de integridade – orientações para o setor público*. Disponível em: https://www.cgu.gov.br/Publicacoes/etica-e-integridade/arquivos/manual_profip.pdf. Acesso em: 25 nov. 2019.

CONTROLADORIA GERAL DA UNIÃO (CGU). *Programa de integridade*: Diretrizes para Empresas Privadas. Disponível em: https://www.gov.br/cgu/pt-br/centrais-de-conteudo/publicacoes/integridade/arquivos/programa-de-integridade-diretrizes-para-empresas-privadas.pdf. Acesso em: 25 nov. 2019.

COOTER, Robert; ULEN, Thomas. *Direito & Economia*. Tradução: Luis Marcos Sander; Francisco Araújo da Costa. 5. ed. Porto Alegre: Bookman, 2010.

COOTER, Robert; ULEN, Thomas. *Law & Economics*. 6. ed. Boston: Pearson, 2012.

COPELAND, Katrice Bridges. The Yates Memo: Looking for "Individual Accountability" in All the Wrong Places. *Iowa Law Review*, v. 102, p. 1897-1927, 2017.

CUÉLLAR, Mariano-Florentino; LEVI, Margaret; WEINGAST, Barry. *Conflict, institutions and public law*: reflections on twentieth-century America as a developing country.

Disponível em: https://ostromworkshop.indiana.edu/pdf/seriespapers/2017fall-colloq/levi-paper.pdf. Acesso em: 10 set. 2020.

CUÉLLAR, Mariano-Florentino; STEPHENSON, Matthew C. Taming Systemic Corruption: The American Experience and its Implications for Contemporary Debates. *QoG Working Paper Series*, n. 6, set. 2020.

CUSTO da corrupção no Brasil chega a R$ 69 bi por ano. *FIESP*, 2013. Disponível em: http://www.fiesp.com.br/noticias/custo-da-corrupcao-no-brasil-chega-a-r-69-bi-por-ano. Acesso em: 20 jul. 2020.

CYRINO, André; MENDONÇA, José Vicente Santos de. A lei anticorrupção como lei nacional? *In*: CYRINO, André; MIGUEIS, Anna Carolina; PIMENTEL, Fernanda Morgan (Coord.). *Direito Administrativo e Corrupção*. Belo Horizonte: Fórum, 2020.

DA ROS, Luciano. *Accountability* legal e Corrupção. *Revista da CGU*, v. 11, n. 20, p. 1251-1275, 2019.

DALLAGNOL, Deltan; POZZOBON, Roberson. Ações e reações no esforço contra a corrupção no Brasil. *In*: PINOTTI, Maria Cristina (Org.). *Corrupção*: lava jato e mãos limpas. São Paulo: Portfolio-Penguin, 2019.

DARROUGH, Masako N. The FCPA and the OECD Convention: some lessons from the U.S. Experience. *Journal of Business Ethics*, v. 93, issue 2, p. 255-276, 2010.

DAVIS, Frederick. France's New Anticorruption Law – What Does It Change? *The Global Anticorruption Blog*, 2 mar. 2017. Disponível em https://globalanticorruptionblog.com/2017/03/02/frances-new-anticorruption-law-what-does-it-change/#more-8094. Acesso em: 15 set. 2020.

DAVIS, Kevin. Public consultation on liability of legal persons: compilation of responses. *Organisation for Economic Co-operation and Development Anti-Corruption Division, Directorate for Financial and Enterprise Affairs*, nov. 2016. Disponível em: https://www.oecd.org/daf/anti-bribery/Online-consultation-compilation-contributions.pdf. Acesso em: 18 set. 2019.

DEPARTMENT OF JUSTICE; SECURITIES AND EXCHANGE COMMISSION. *FCPA*: A Resource Guide to the U.S. Foreign Corrupt Practices Act. Disponível em: https://www.justice.gov/sites/default/files/criminal-fraud/legacy/2015/01/16/guide.pdf. Acesso em: 13 nov. 2019.

DI PIETRO, Maria Sylvia Zanella. Comentários ao art. 18. *In*: DI PIETRO, Maria Sylvia Zanella; MARRARA, Thiago (Coord.). *Lei anticorrupção comentada*. 2. ed. Belo Horizonte: Fórum, 2018.

DI PIETRO, Maria Sylvia Zanella. Comentários ao art. 19. *In*: DI PIETRO, Maria Sylvia Zanella; MARRARA, Thiago (Coord.). *Lei anticorrupção comentada*. 2. ed. Belo Horizonte: Fórum, 2018.

DIAMANTIS, Mihailis E.; LAUFER, William S. Prosecution and Punishment of Corporate Criminality. *Annual Reviews of Law and Social Science*, v. 15, p. 453-472, 2019.

DIXIT, Avinash. Corruption: Supply-Side and Demand-Side Solutions. *In*: MAHENDRA DEV, S.; BABU, P. G. (Eds.). *Development in India*. Londres: Springer, 2016.

DIXIT, Avinash. How Business Community Institutions Can Help Fight Corruption. *The World Bank Economic Review*, v. 29, Issue suppl_1, p. S25–S47, 2015.

DIXIT, Avinash. Anti-corruption Institutions: some history and theory. *In*: BASU, K.; CORDELLA, T. (Ed.) *Institutions, Governance and the Control of Corruption*. Washington: Palgrave Macmillan, 2018.

DUBOIS, Pascale Helene. Domestic and International Administrative Tools to Combat Fraud & Corruption: A Comparison of US Suspension and Debarment with the World Bank's Sanctions System. *University of Chicago Legal Forum*, p. 195-236, 2012.

DYCK, Alexander; MORSE, Adair; ZINGALES, Luigi. *How pervasive is corporate fraud?* 2017. Disponível em: https://www.law.nyu.edu/sites/default/files/upload_documents/Adair%20Morse%20How%20Pervasive%20is%20Corporate%20Fraud.pdf. Acesso em: 26 maio 2020.

DYCK, Alexander; MORSE, Adair; ZINGALES, Luigi. Who Blows the Whistle on Corporate Fraud? *The journal of finance*, v. LXV, n. 6, p. 2213-2252, 2010.

EDWARDS, Travis. When and Why do Corrupt Politicians Champion Corruption Reform? A Character Study. *The Global Anticorruption Blog*, 13 mar. 2017. Disponível em: https://globalanticorruptionblog.com/2017/03/13/when-and-why-do-corrupt-politicians-champion-corruption-reform-a-character-study/. Acesso em: 19 nov. 2019.

EHRLICH, Isaac. Participation in Illegitimate Activities: A Theoretical and Empirical Investigation. *Journal of Political Economy*, v. 81, n. 3, p. 521-565, maio/jun. 1973.

ENGORON, Ian A. A Novel Approach to Defining "Whistleblower" in Dodd-Frank. *Fordham Journal of Corporate & Financial Law*, v. XXIII, n. 1, p. 257-299, 2017.

ENGSTROM, David Freeman. Bounty regimes. *In*: ARLEN, Jennifer. *Research handbook on corporate crime and financial misdealing*. Cheltenham: Edward Elgar Publishing Limited, 2018.

ESTADOS UNIDOS DA AMÉRICA. *2018 Guidelines manual*. Disponível em: https://www.ussc.gov/guidelines/2018-guidelines-manual. Acesso em: 8 nov. 2019.

ESTADOS UNIDOS DA AMÉRICA. *Justice Manual*. Disponível em: https://www.justice.gov/jm/justice-manual. Acesso em: 27 out. 2019.

FIANI, Ronaldo. *Teoria dos jogos*. Rio de Janeiro: Elsevier, 2015.

FIGHTING fraud: a never-ending battle. *PwC's Global Economic Crime and Fraud Survey*. Disponível em: https://www.pwc.com/gx/en/forensics/gecs-2020/pdf/global-economic-crime-and-fraud-survey-2020.pdf. Acesso em: 26 maio 2020.

FISMAN, Ray; GOLDEN, Miriam A. *Corruption*: what everyone needs to know. Nova York: Oxford University Press, 2017.

FONSECA, Cibele Benevides Guedes da. *Colaboração premiada*. Belo Horizonte: Del Rey, 2017.

FULLER, Lon L. The forms and Limits of Adjudication. *Harvard Law Review*, v. 92, n. 2, p. 353-409, 1978.

FUNDO MONETÁRIO INTERNACIONAL (FMI). *Corruption*: costs and mitigating strategies. 2016. Disponível em: https://www.imf.org/external/pubs/ft/sdn/2016/sdn1605.pdf. Acesso em: 10 set. 2020.

FURTADO, Lucas Rocha. *Brasil e corrupção*: análise de casos (inclusive a lava jato). Belo Horizonte: Fórum, 2018.

G20. *G20 Osaka's Leaders Declaration*. Disponível em: https://g20.org/en/g20/Documents/2019-Japan-G20%20Osaka%20Leaders%20Declaration. pdf. Acesso em: 9 maio 2020.

GARCIA, Emerson; ALVES, Rogério Pacheco. *Improbidade Administrativa*. 7. ed. rev., ampl. e atual. São Paulo: Saraiva, 2013.

GARRETT, Brandon L. *Declining corporate prosecutions*. Disponível em: https://papers.ssrn.com/sol3/papers.cfm?abstract_id=3360456##. Acesso em: 29 out. 2019.

GARRETT, Brandon L. The corporate criminal as scapegoat. *Virginia Law Review*, v. 101, n. 7, p. 1789-1853, nov. 2015.

GARRETT, Brandon L. The path of FCPA settlements. *In*: MAKINWA, Abiola; SØREIDE, Tina. *Negotiated Settlements in Bribery Cases*: A Principled Approach. Northampton: Edward Elgar, 2020.

GARRETT, Brandon L. The Public Interest in Corporate Settlements. *Boston College Law Review*, v. 58, issue 5, p. 1483-1543, 2017.

GARRETT, Brandon L. *Too big to jail*: how prosecutors compromise with corporations. Cambridge: The Belknap Press of Harvard University Press, 2014.

GAROUPA, Nuno. The Theory of Optimal Law Enforcement. *Journal of Economic Surveys*, v. 11, n. 3, p. 267-295, set. 1997.

GAVRONSKI, Alexandre Amaral. *Efetivação das condenações nas ações de responsabilização por improbidade administrativa*: manual e roteiro de atuação. 2. ed. Brasília: MPF, 2019.

GLOSSARY. U4 Anti-Corruption Resource Centre. Disponível em: https://www.u4.no/terms#. Acesso em: 19 jul. 2020.

GODOY, Arnaldo Sampaio de Moraes; MELLO, Patrícia Perrone Campos. A titularidade dos direitos fundamentais por parte das pessoas jurídicas. A empresa como agente de efetivação dos direitos sociais: notas introdutórias ao direito empresarial constitucional. *Revista Brasileira de Políticas Públicas*, v. 6, n. 3, dez. 2016.

GOMES JÚNIOR, Luiz Manoel (Coord.). *Lei de improbidade administrativa*: obstáculos à plena efetividade do combate aos atos de improbidade. Brasília: Conselho Nacional de Justiça, 2015.

GRUNER, Richard S. Lean Law Compliance: Confronting and Overcoming Legal Uncertainty in Business Enterprises and Other Complex Organizations. *New York University Journal of Law & Business*, v. 11, n. 2, p. 247-332, 2014.

GUERRA, Sérgio; PALMA, Juliana Bonacorsi de. Art. 26 da LINDB – Novo regime jurídico de negociação com a Administração Pública. *Revista de Direito Administrativo*, Edição Especial: Direito Público na Lei de Introdução às Normas de Direito Brasileiro – LINDB (Lei nº 13.655/2018), p. 63-92, nov. 2018.

HANNS, Luiz Alberto. Qual das três corrupções decidiremos combater? *O Estado de S. Paulo*, 27 maio 2017. Disponível em: https://economia.estadao.com.br/noticias/geral,qual-das-tres-corrupcoes-decidiremos-combater,70001816141. Acesso em: 19 jul. 2020.

HAUGH, Todd. "Cadillac Compliance" Breakdown. *Stanford Law Review Online*, v. 69, p. 198-208, abr. 2017.

HASNAS, John. The centenary of a mistake: one hundred years of corporate criminal liability. *American Criminal Law Review*, v. 46, p. 1329-1358, 2009.

HAWKINS, Keith. *Environment and Enforcement*. Oxford: Oxford University Press, 1984.

HAWLEY, Susan; KING, Colin; LORD, Nicholas. Justice for whom? The need for a principled approach to Deferred Prosecution Agreements in England and Wales. In: MAKINWA, Abiola; SØREIDE, Tina. *Negotiated Settlements in Bribery Cases*: A Principled Approach. Northampton: Edward Elgar, 2020.

HEINEN, Juliano. *Comentários à Lei Anticorrupção* – Lei nº 12.846/2013. Belo Horizonte: Fórum, 2015.

HESS, David. A business ethics perspective on Sarbanes-Oxley and the organizational sentencing guidelines. *Michigan Law Review*, v. 105, p. 1781-1816, jun. 2007.

HESS, David. Business, corruption, and human rights: towards a new responsibility for corporations to combat corruption. *Wisconsin Law Review*, v. 4, p. 641-693, set. 2017.

HESS, David. Catalyzing Corporate Commitment to Combating Corruption. *Journal of Business Ethics*, v. 88, p. 781-790, 2009.

HESS, David. Combating Corruption in International Business: The Big Questions. *Ohio Northern University Law Review*, v. 41, n. 3, p. 679-696, 2015.

HESS, David. *Corruption and the Multinational Corporation*. Disponível em: https://papers.ssrn.com/sol3/papers.cfm?abstract_id=3040812. Acesso em: 11 nov. 2019.

HESS, David. Ethical infrastructures and evidence-based corporate compliance and ethics programs: policy implications from the empirical evidence. *New York University Journal of Law & Business*, v. 12, n. 2, p. 317-368, 2016.

HESS, David; FORD, Cristie. Corporate Corruption and Reform Undertakings: A New Approach to an Old Problem. *Cornell International Law Journal*, v. 41, issue 2, p. 307-346, 2008.

HEYWOOD, Paul M. *Routledge Handbook of Political Corruption*. Londres: Routledge, 2015.

HOLDER, Eric. Bringing Criminal Charges Against Corporations. *Memorandum*, 16 jun. 1999. Disponível em: https://www.justice.gov/sites/default/files/criminal-fraud/legacy/2010/04/11/charging-corps.PDF. Acesso em: 27 out. 2019.

HOUGH, Dan. *Analysing corruption*. Newcastle: Agenda Publishing, 2017.

HUFF, Kevin B. The Role of Corporate Compliance Programs in Determining Corporate Criminal Liability: A Suggested Approach. *Columbia Law Review*, v. 96, n. 5, p. 1252-1298, jun. 1996.

INDIVIDUALIDADES exuberantes. *O Estado de S. Paulo*, São Paulo, 2 out. 2018. Disponível em: https://opiniao.estadao.com.br/noticias/geral,individualidades-exuberantes,70002528291. Acesso em: 25 abr. 2020.

INSTITUTO NÃO ACEITO CORRUPÇÃO. *Radiografia das Condenações por Improbidade Administrativa*. Disponível em: http://naoaceitocorrupcao.org.br/2017/radiografia/. Acesso em: 15 abr. 2020.

INTERNAL REVENUE SERVICE. *History of the Whilstleblower/Informant Program*. Disponível em: https://www.irs.gov/compliance/history-of-the-whilstleblower-informant-program. Acesso em: 8 maio 2020.

INSTITUTO DE PESQUISA ECONÔMICA APLICADA (IPEA). *Comunicados do IPEA n° 83* – Custo unitário do processo de execução fiscal na justiça federal. Disponível em: http://www.ipea.gov.br/portal/images/stories/PDFs/comunicado/110331_comunicadoipea 83.pdf. Acesso em: 9 mar. 2019.

JOHNSTON, Michael. Political will – or political won't. *International Affaris Forum*, p. 13-16, 2016.

JOHNSTON, Michael. *Syndromes of Corruption*: wealth, power and democracy. Cambridge: Cambridge University Press, 2005.

JORDÃO, Eduardo. Art. 22 da LIND – Acabou o romance: o reforço do pragmatismo no direito público brasileiro. *Revista de Direito Administrativo*. Edição Especial: Direito Público na Lei de Introdução às Normas de Direito Brasileiro – LINDB (Lei n° 13.655/2018), p. 63-92, nov. 2018.

JORDÃO, Eduardo. Por mais realismo no controle da administração pública. *Direito do Estado*, n. 183, 2016. Disponível em: http://www.direitodoestado.com.br/colunistas/ Eduardo-Jordao/por-mais-realismo-no-controle-da-administracao-publica. Acesso em: 10 out. 2020.

JUCÁ, Ivan; MELO, Marcus André; RENNÓ, Lucio. The Political Cost of Corruption: Scandals, Campaign Finance, and Reelection in the Brazilian Chamber of Deputies. *Journal of Politics in Latin America*, v. 08, n. 2, p. 3-36, 2016.

JUSTEN FILHO, Marçal. Corrupção e contratação administrativa: a necessidade de reformulação do modelo jurídico brasileiro. *Gazeta do Povo*, Curitiba, 5 jun. 2015. Disponível em: http://www.gazetadopovo.com.br/vida-publica/justica-e-direito/ colunistas/marcal-justen-filho/corrupcao-e-contratacao-administrativa-a-necessidade-de-reformulacao-do-modelo-juridico-brasileiro-0plrukcqg5ficcjqzrcnfcbbu. Acesso em: 26 jul. 2020.

KARPOFF, Jonatham; LEE, D. Scott; MARTIN, Gerald S. *Foreign Bribery*: Incentives and Enforcement. Disponível em: https://ssrn.com/abstract=1573222. Acesso em: 8 out. 2019.

KHAN, Mushtaq H. Determinants of corruption in developing countries: the limits of conventional economic analysis. *In*: ROSE-ACKERMAN, Susan (Ed.). *International Handbook on the Economics of Corruption*. Cheltenham: Edward Elgar Publishing Limited, 2006.

KLITGAARD, Robert. *Controlling Corruption*. Berkeley: University of California Press, 1988.

KPMG. *Fraud risk management*: Developing a strategy for prevention, detection and response. Disponível em: https://home.kpmg/cn/en/home/insights/2014/05/fraud-risk-management-strategy-prevention-detection-response-o-201405.html. Acesso em: 17 dez. 2019.

KRAWIEC, Kimberly D. Cosmetic compliance and the failure of negotiated governance. *Washington University Law Quarterly*, v. 81, n. 2, p. 487-544, 2003.

KRAWIEC, Kimberly D. Organization Misconduct: Beyond the Principal-Agent Model. *Florida State University Law Review*, v. 32, issue 2, p. 571-615, 2005.

KURER, Oskar. Definitions of corruption. *In*: HEYWOOD, Paul M. *Routledge Handbook of Political Corruption*. Londres: Routledge, 2015.

LAMBSDORFF, Johann Graf. Preventing corruption by promoting trust: Insights from behavioral science. *Passauer Diskussionspapiere, Volkswirtschaftliche Reihe*, v. 69, n. 15, 2015.

LAMBSDORFF, Johann Graf. *The Institutional Economics of Corruption and Reform*: Theory, Evidence, and Policy. Cambridge: Cambridge University Press, 2007.

LANGEVOORT, Donald. Behavioral ethics, behavioral compliance. *In*: ARLEN, Jennifer. *Research handbook on corporate crime and financial misdealing*. Cheltenham: Edward Elgar Publishing Limited, 2018.

LANGEVOORT, Donald. Cultures of compliance. *American Criminal Law Review*, v. 54, n. 4, p. 933-078, 2017.

LANGEVOORT, Donald. Monitoring: the behavioral economics of corporate compliance with law. *Columbia Business Law Review*, n. 1, p. 71-118, 2002.

LAUFER, William S. A Very Special Regulatory Milestone. *University of Pennsylvania Journal of Business Law*, v. 20, n. 2, p. 392-428, 2017.

LAUFER, William S. Compliance and Evidence: Glimpses of Optimism from a Perennial Pessimist. *In*: TIEDEMANN, Klaus et al. *Die Verfassung moderner Strafrechtspflege*. Baden-Baden: Nomos, 2016.

LAUFER, William S. Corporate liability, risk shifting, and the paradox of compliance. *Vanderbilt Law Review*, v. 52, issue 5, p. 1343-1420, 1999.

LEITE, Alaor; TEIXEIRA, Adriano. *Crime e política*: corrupção, financiamento irregular de partidos políticos, caixa dois eleitoral e enriquecimento ilícito. Rio de Janeiro: Editora FGV, 2017.

LESSIG, Lawrence. "Institutional Corruption" Defined. *Journal of Law, Medicine and Ethics*, v. 41, n. 3, p. 1-4, 2013.

LEVCOVITZ, Silvio. *A corrupção e a atuação do judiciário federal 1991 – 2010*. 2014. Dissertação (Mestrado em Ciência Política) – Faculdade de Ciência Política da Universidade Federal de São Carlos, São Carlos, 2014.

LEVITT, Steven D.; MILES, Thomas J. The Empirical Study of Criminal Punishment. *In*: POLINSKY, A. Mitchell; SHAVELL, Steven (Eds.). *The Handbook of Law and Economics*. Amsterdã: North-Holland, 2007.

LIMONGI, Fernando. Apresentação. *In*: RODRIGUES, Fabiana Alves. *Lava Jato*: aprendizado institucional e ação estratégica na Justiça. São Paulo: WMF Martins Fontes, 2020.

LOBEL, Orly. New Governance as Regulatory Governance. *In*: LEVI-FAUR, David (Ed.). *The Oxford Handbook of Governance*. Oxford: The Oxford University Press, 2014.

LOPES, Raquel. Lei Anticorrupção completa sete anos em vigor, mas estados resistem a regulamentação. *Folha de S.Paulo*, São Paulo, 7 fev. 2021. Disponível em: https://www1.folha.uol.com.br/poder/2021/02/lei-anticorrupcao-completa-sete-anos-em-vigor-mas-estados-resistem-a-regulamentacao.shtml. Acesso em: 27 mar. 2021.

LUZ, Reinaldo Diogo; SPAGNOLO, Giancarlo. Expanding Leniency to Fight Collusion and Corruption. *Free Network*, out. 2016.

LUZ, Reinaldo Diogo; SPAGNOLO, Giancarlo. Leniency, collusion, corruption, and whistleblowing. *Journal of Competition Law & Economics*, v. 13, n. 4, p.729-766, 2017.

MACHADO, Maíra Rocha. Uma agenda de pesquisa em Direito a partir do caso TRT. *In*: MACHADO, Maíra Rocha; FERREIRA, Luisa M. Abreu. *Estudos sobre o caso TRT*. São Paulo: Direito GV, 2014.

MAINWARING, Scott; WELNA, Christopher (Ed.). Democratic Accountability in Latin America. Nova York: Oxford University Press, 2003.

MAKINWA, Abiola; SØREIDE, Tina. Introduction. *In*: MAKINWA, Abiola; SØREIDE, Tina. *Negotiated Settlements in Bribery Cases*: A Principled Approach. Northampton: Edward Elgar, 2020.

MALGRAIN, Ludovic; PICCA, Jean-Pierre. *Compliance in France in 2019*. Disponível em: https://www.whitecase.com/publications/article/compliance-france-2019. Acesso em: 28 set. 2020.

MANACORDA, Stefano. Towards an Anti-Bribery Compliance Model: Methods and Strategies for a "Hybrid Normativity". *In*: MANACORDA, Stefano; CENTONZE, Francesco; FORTI, Gabrio (Ed.). *Preventing Corporate Corruption*: The Anti-Bribery Compliance Model. Londres: Springer, 2014.

MAKINWA, Abiola. Public/private co-operation in anti-bribery enforcement: non-trial resolutions as a solution? *In*: MAKINWA, Abiola; SØREIDE, Tina. *Negotiated Settlements in Bribery Cases*: A Principled Approach. Northampton: Edward Elgar, 2020.

MAKINWA, Abiola; SØREIDE, Tina. *Structured Settlements for Corruption Offences*: Towards Global Standards? IBA Anti-Corruption Committee: Structured Criminal Settlements Subcommitte. Disponível em: https://www.oecd.org/corruption/anti-bribery/IBA-Structured-Settlements-Report-2018.pdf. Acesso em: 2 out. 2020.

MANKIW, N. Gregory. *Introdução à Economia*: princípios de micro e macroeconomia. Trad. 2. ed. Rio de Janeiro: Campus, 2001.

MARAVALL, José Maria. The Rule of Law as a Political Weapon. *In*: MARAVALL, José Maria; PRZEWORSKI, Adam (Ed.). *Democracy and the Rule of Law*. Cambridge: Cambridge University Press, 2003.

MARQUES NETO, Floriano de Azevedo Marques. O Direito Administrativo e a Corrupção. *In*: CYRINO, André; MIGUEIS, Anna Carolina; PIMENTEL, Fernanda Morgan (Coord.). *Direito Administrativo e Corrupção*. Belo Horizonte: Fórum, 2020.

MARQUES NETO, Floriano de Azevedo Marques. Pena de morte e responsabilidade das empresas. *Valor Econômico*, Rio de Janeiro, 30 jul. 2015. Disponível em: https://valor.globo.com/legislacao/noticia/2015/07/30/pena-de-morte-e-responsabilidade-das-empresas.ghtml. Acesso em: 10 out. 2020.

MARQUES NETO, Floriano de Azevedo Marques. Sistema anticorrupção do país gera incerteza jurídica. *Consultor Jurídico*, 19 ago. 2018. Disponível em: https://www.conjur.com.br/2018-ago-19/floriano-marques-neto-sistema-anticorrupcao-gera-incerteza-juridica. Acesso em: 25 abr. 2020.

MARQUES NETO, Floriano de Azevedo; FREITAS, Rafael Véras de. *Comentários à Lei nº 13.655/2018* (Lei da Segurança para a Inovação Pública). Belo Horizonte: Fórum, 2019.

MARQUES NETO, Floriano de Azevedo Marques; PALMA, Juliana Bonacorsi de. Os sete impasses do controle da Administração Pública no Brasil. *In*: PEREZ, Marcos Augusto; SOUZA, Rodrigo Pagani. *Controle da Administração Pública*. Belo Horizonte: Fórum, 2017.

MARQUETTE, Heather; PEIFFER, Caryn. Grappling with the "real politics" of systemic corruption: Theoretical debates versus "real-world" functions. *Governance*, p. 1-16, 2017.

MARRARA, Thiago. Acordo de leniência na Lei Anticorrupção: pontos de estrangulamento da segurança jurídica. *Revista Digital de Direito Administrativo*, v. 6, n. 2, p. 95-113, 2019.

MARTINEZ, Ana Paula. *Repressão a cartéis*: interface entre Direito Administrativo e Direito Penal. São Paulo: Singular, 2013.

MARTINS JÚNIOR, Wallace Paiva. Comentários ao art. 30. *In*: DI PIETRO, Maria Sylvia Zanella; MARRARA, Thiago (Coord.). *Lei anticorrupção comentada*. 2. ed. Belo Horizonte: Fórum, 2018.

MASCARENHAS, Rodrigo Tostes de Alencar. Notas sobre a aplicação do princípio da vedação do *bis in idem* entre processos de apuração de responsabilidade de distintas naturezas. *In*: COUTINHO, Francisco Pereira; GRACIA, Julia. *Atas do I curso sobre mecanismos de prevenção e combate à corrupção na Administração Pública*. Lisboa: Cedis, 2019.

MASCARENHAS, Rodrigo Tostes de Alencar. O medo e o Ato Administrativo. *Direito do Estado*, n. 289, 2016. Disponível em: http://www.direitodoestado.com.br/colunistas/rodrigo-tostes-mascarenhas/o-medo-e-o-ato-administrativo. Acesso em: 10 out. 2020.

MCADAMS, Richard H.; ULEN, Thomas S. Behavioral criminal law and economics. *In*: GAROUPA, Nuno (Ed.). *Criminal Law and Economics*. Cheltenham: Edward Elgar, 2009.

MCCARTHY, William. The Role of Power and Principle in Getting to YES. *In*: BRESLIN, J. William; RUBIN, Jeffrey Z. (Ed.). *Negotiation*: theory and practice. Cambridge: Program on Negotiation Books, 2010.

MCKENDALL, Marie; DEMARR, Beverly; JONES-RIKKERS, Catherine. Ethical compliance programs and corporate illegality: testing the assumptions of the corporate sentencing guidelines. *Journal of Business Ethics*, v. 37, issue 4, p. 367-383, jun. 2002.

MELO, Marcus André. Corrupção sistêmica. *Folha de S.Paulo*, São Paulo, 29 maio 2017. Disponível em: https://www1.folha.uol.com.br/opiniao/2017/05/1887989-corrupcao-sistemica.shtml. Acesso em: 2 ago. 2020.

MELO, Marcus André; PEREIRA, Carlos. *Making Brazil Work*. Nova York: Palgrave Macmillan, 2013.

MENDONÇA, José Vicente Santos de. *Direito Constitucional Econômico*: a intervenção do Estado na Economia à luz da razão pública e do pragmatismo. Belo Horizonte: Fórum, 2014.

MERCURO, Nicholas; MEDEMA, Steven G. *Economics and the Law*: from Posner to Postmodernism and beyond. 2. ed. Princeton: Princeton University Press, 2006.

MESSICK, Rick. Developing States Should Demand that Firms Doing Business with Them Have an Anticorruption Compliance Program. *The Global Anticorruption Blog*, 8 out. 2014. Disponível em: https://globalanticorruptionblog.com/2014/10/08/developing-states-should-demand-businesses-doing-business-with-them-have-an-anticorruption-compliance-program/. Acesso em: 22 jan. 2020.

MESSICK, Rick. What Chinese Cuisine and Deferred Prosecution Agreements Have in Common. *The Global Anticorruption Blog*, 18 abr. 2018. Disponível em: https://globalanticorruptionblog.com/2018/04/18/what-chinese-cuisine-and-deferred-prosecution-agreements-have-in-common/. Acesso em: 6 out. 2020.

MILLER, Geoffrey. An economic analysis of effective compliance programs. *In*: ARLEN, Jennifer. *Research handbook on corporate crime and financial misdealing*. Cheltenham: Edward Elgar Publishing Limited, 2018.

MILLER, Geoffrey. *The law of governance, risk management, and compliance*. Nova York: Wolters Kluwer Law & Business, 2014.

MINISTÉRIO PÚBLICO FEDERAL. *Nota Técnica nº 1/2017 – 5ª CCR*. Disponível em: http://www.mpf.mp.br/atuacao-tematica/ccr5/notas-tecnicas/docs/nt-01-2017-5ccr-acordo-de-leniencia-comissao-leniencia.pdf. Acesso em: 6 mar. 2020.

MINISTÉRIO PÚBLICO FEDERAL. *Nota Técnica nº 2/2020 – 5ª CCR*. Disponível em: http://www.mpf.mp.br/atuacao-tematica/ccr5/notas-tecnicas/docs/nt-1_2020_5ccr_05-05-redacao-final-nt-al-com-adesoes-ultima-versao.pdf. Acesso em: 9 out. 2020.

MINISTÉRIO PÚBLICO FEDERAL. *Nota Técnica nº 2/2020 – 5ª CCR*. Disponível em: <http://www.mpf.mp.br/atuacao-tematica/ccr5/notas-tecnicas/docs/nota-tecnica-2-2020-acordo-de-cooperacao-acordo-de-leniencia-final.pdf>. Acesso em: 05 out. 2020.

MONTEIRO, Fernandes Mendes. *Anti-corruption agencies*: solution or modern panacea? Lessons from ongoing experiences. Disponível em: https://www2.gwu.edu/~ibi/minerva/Fall2013/Fernando_Monteiro.pdf. Acesso em: 29 fev. 2020.

MORAIS, José Mauro de. A crise no setor de petróleo e gás natural no Brasil e as ações para o retorno dos investimentos. *In*: DE NEGRI, João Alberto; ARAÚJO, Bruno César; BACELETTE, Ricardo. *Desafios da Nação*: artigos de apoio. Brasília: Ipea, 2018. v. 2.

MORAIS, José Mauro de. STF e TRF-4 têm dever de respeito interinstitucional aos acordos de leniência. *Consultor Jurídico*, 1º jun. 2020. Disponível em: https://www.conjur.com.br/2020-jun-01/egon-moreira-stf-trf-respeito-aos-acordos-leniencia. Acesso em: 10 out. 2020.

MORAIS, José Mauro de. Tribunais de Contas podem controlar acordos de leniência? *Gazeta do Povo*, Curitiba, 13 jul. 2018. Disponível em: https://www.gazetadopovo.com.br/justica/colunistas/egon-bockmann-moreira/tribunais-de-contas-podem-controlar-acordos-de-leniencia-77we8fvgzumzr9nykivxoond3/. Acesso em: 10 out. 2020.

MOREIRA, Egon Bockmann; CAGGIANO, Heloísa Conrado. O controle da corrupção e a Administração Pública: o dever de negociar como regra. *In*: CYRINO, André; MIGUEIS, Anna Carolina; PIMENTEL, Fernanda Morgan (Coord.). *Direito Administrativo e Corrupção*. Belo Horizonte: Fórum, 2020.

MORO, Sergio. Sobre a operação Lava Jato. *In*: PINOTTI, Maria Cristina (Org.). *Corrupção*: lava jato e mãos limpas. São Paulo: Portfolio-Penguin, 2019.

MOURÃO, Licurgo; SHERMAN, Ariane; SERRA, Rita Chió. *Tribunal de Contas Democrático*. Belo Horizonte: Fórum, 2018.

MUNGIU-PIPPIDI, Alina. Controlling corruption through collective action. *Journal of Democracy*, v. 24, n. 1, p. 101-115, jan. 2013.

MUNGIU-PIPPIDI, Alina. Seven Steps to Control of Corruption: The Road Map. *Daedalus*, v. 147, n. 3, p. 20-34, 2018.

MUNGIU-PIPPIDI, Alina. *The Quest for Good Governance*: how societies develop control of corruption. Cambridge: Cambridge University Press, 2015.

MUNGIU-PIPPIDI, Alina. The Rise and Fall of Good-Governance Promotion. *Journal of Democracy*, v. 31, n. 1, p. 88-102, jan. 2020.

MUNGIU-PIPPIDI, Alina; JOHNSTON, Michael. *Transitions to Good Governance*: creating virtuous circles of anti-corruption. Cheltenham: Edward Elgar Publishing, 2017.

MUNGIU-PIPPIDI, Alina; KUKUTSCHKA, Roberto Martinez Barranco; MONDO, Bianca Vaz. *Anti-Corruption Policies Revisited*. Disponível em: http://anticorrp.eu/wp-content/uploads/2013/08/D3_1Global-comparative-trend-analysis-report1.pdf. Acesso em: 27 jul. 2020.

NAGIN, Daniel S. Deterrence: A review of the evidence by a criminologist for economists. *Annual Review of Economics*, v. 5, p. 83-105, ago. 2013.

NASCIMENTO, Vanderson de Souza. *Estado do Rio adota medidas para garantir integridade em contratações emergenciais*. Disponível em: http://www.cge. rj.gov.br/2020/05/05/%e2%80%a2-estado-do-rio-adota-medidas-para-garantir-integridade-em-contratacoes-emergenciais/. Acesso em: 18 maio 2020.

NOHARA, Irene Patrícia. Comentários ao art. 8º. *In*: DI PIETRO, Maria Sylvia Zanella; MARRARA, Thiago. *Lei Anticorrupção Comentada*. 2. ed. Belo Horizonte: Fórum, 2018.

NOVAES, Camila Souza. A guerra contra a corrupção no Brasil: uma perspectiva psicológica. *Revista Populus*, v. 5, p. 215-247, 2018.

NYRERÖD, Theo; SPAGNOLO, Giancarlo. Myths and Numbers on Whistleblower Rewards. *SITE Working Paper Series*, n. 44, Stockholm Institute of Transition Economics, apr. 2018.

ORGANIZAÇÃO PARA A COOPERAÇÃO E DESENVOLVIMENTO ECONÔMICO (OCDE). *Behavioural Insights for Public Integrity*: Harnessing the Human Factor to Counter Corruption. Paris: OECD Publishing, 2018.

ORGANIZAÇÃO PARA A COOPERAÇÃO E DESENVOLVIMENTO ECONÔMICO (OCDE). *Collusion and Corruption in Public Procurement*. 2010. Disponível em: http://www.oecd.org/daf/competition/cartels/46235884.pdf. Acesso em: 15 mar. 2020.

ORGANIZAÇÃO PARA A COOPERAÇÃO E DESENVOLVIMENTO ECONÔMICO (OCDE). *Committing to Effective Whistleblower Protection*. Paris: OECD Publishing, 2016.

ORGANIZAÇÃO PARA A COOPERAÇÃO E DESENVOLVIMENTO ECONÔMICO (OCDE). *Government at a Glance 2019*. Paris: OECD Publishing, 2019. Disponível em: https://www.oecd.org/gov/government-at-a-glance-22214399.htm. Acesso em: 15 mar 2020.

ORGANIZAÇÃO PARA A COOPERAÇÃO E DESENVOLVIMENTO ECONÔMICO (OCDE). *Implementing the OECD Principles for Integrity in Public Procurement*: Progress since 2008. Disponível em: http://www.oecd-ilibrary.org/governance/implementing-the-oecd-principles-for-integrity-in-public-procurement_9789264201385-e. Acesso em: 8 jun. 2020.

ORGANIZAÇÃO PARA A COOPERAÇÃO E DESENVOLVIMENTO ECONÔMICO (OCDE). *OECD Foreign Bribery Report*: An Analysis of the Crime of Bribery of Foreign Public Officials. Paris: OECD Publishing, 2014.

ORGANIZAÇÃO PARA A COOPERAÇÃO E DESENVOLVIMENTO ECONÔMICO (OCDE). *Phase 3 report on implementing the OECD anti-bribery convention in Brazil*. Outubro 2014. Disponível em: https://www.oecd.org/daf/anti-bribery/Brazil-Phase-3-Report-EN.pdf. Acesso em: 9 out. 2020.

ORGANIZAÇÃO PARA A COOPERAÇÃO E DESENVOLVIMENTO ECONÔMICO (OCDE). *Resolving Foreign Bribery Cases with Non-Trial Resolutions*: Settlements and Non-Trial Agreements by Parties to the Anti-Bribery Convention. Disponível em: http://

www.oecd.org/corruption/Resolving-Foreign-Bribery-Cases-with-Non-Trial-Resolutions.htm. Acesso em: 25 jan. 2020.

ORGANIZAÇÃO PARA A COOPERAÇÃO E DESENVOLVIMENTO ECONÔMICO (OCDE). *The rationale for fighting corruption.* CleanGovBiz – Integrity in practice. Disponível em: https://www.csrhellas.net/network/wp-content/uploads/media/Anti-corruption_ISO.pdf. Acesso em: 20 jul. 2020.

ODED, Sharon. *Corporate Compliance*: New Approaches to Regulatory Enforcement. Cheltenham: Edward Elgar Publishing Limited, 2013.

ODED, Sharon. Coughing Up Executives or Rolling the Dice? Individual Accountability for Corporate Corruption. *Yale Law & Policy Review*, v. 35, issue 1, p. 49-86, 2017.

ODED, Sharon. Trumping recidivism: assessing the FCPA corporate enforcement policy. *Columbia Law Review Online*, v. 118, p. 135-152, out. 2018.

ODED, Sharon. Yates Memo – Time for Reassessment? *Compliance & Enforcement*. Disponível em: https://wp.nyu.edu/compliance_enforcement/2017/04/20/yates-memo-time-for-reassessment/. Acesso em: 29 out. 2019.

O'DONNELL, Guillermo. Accountability horizontal e novas poliarquias. *Lua Nova*, n. 44, p. 27-54, 1998.

O'DONNELL, Guillermo. Illusions About Consolidation. *Journal of Democracy*, v. 7, n. 2, p. 33-47, abr. 1996.

OFFICE OF INSPECTOR GENERAL. *Compliance Program Guidance for Hospitals*. Disponível em: https://oig.hhs.gov/compliance/compliance-guidance/index.asp. Acesso em: 21 jan. 2020.

OLIVEIRA, Ana Carolina Carlos de. *Direito de Intervenção e Direito Administrativo Sancionador*: o pensamento de Hassemer e o Direito Penal Brasileiro. 2012. Dissertação (Mestrado em Direito) – Faculdade de Direito da Universidade de São Paulo, São Paulo, 2012.

OLIVEIRA, Gustavo Justino de; SOUSA, Otavio Augusto Venturini. Controladoria-Geral da União: uma agência anticorrupção? *In*: PEREZ, Marcos Augusto; SOUZA, Rodrigo Pagani. *Controle da Administração Pública*. Belo Horizonte: Fórum, 2017.

OLIVEIRA, Rafael Carvalho Rezende; NEVES, Daniel Amorim Assumpção. O sistema brasileiro de combate à corrupção e a Lei nº 12.846/2013 (Lei Anticorrupção). *Revista Brasileira de Direito Público – RBDP*, Belo Horizonte, ano 12, n. 44, p. 9-21, jan./mar. 2014.

OSÓRIO, Fabio Medina. *Direito Administrativo Sancionador*. 2. ed. rev. e atual. São Paulo: Revista dos Tribunais, 2005.

OSÓRIO, Fabio Medina. Natureza da ação de improbidade administrativa. *Revista de Direito da Procuradoria Geral*, Edição Especial: Administração Pública, Risco e Segurança Jurídica, 2014

OSÓRIO, Fabio Medina. *Teoria da Improbidade Administrativa*: má gestão pública, corrupção, ineficiência. São Paulo: Revista dos Tribunais, 2013.

PAINE, Lynn Sharp. Managing for Organizational Integrity. *Harvard Business Review*, mar./abr. 1994.

PALMA, Juliana Bonacorsi de. O Brasil precisa de um programa público de reportantes contra a corrupção? Juridicidade e proteção para relatos envolvendo o Poder Público. *In*: CYRINO, André; MIGUEIS, Anna Carolina; PIMENTEL, Fernanda Morgan (Coord.). *Direito Administrativo e Corrupção*. Belo Horizonte: Fórum, 2020.

PALMA, Juliana Bonacorsi de. O novo regime de proteção da identidade do denunciante junto ao TCU. *Jota*, 18 set. 2019. Disponível em: https://www.jota.info/opiniao-e-analise/colunas/controle-publico/o-novo-regime-de-protecao-da-identidade-do-denunciante-junto-ao-tcu-18092019. Acesso em: 9 maio 2020.

PALMA, Juliana Bonacorsi de. Regulação e autoridade: o poder sancionador na regulação. *In*: MEDAUAR, Odete; SCHIRATO, Vitor Rhein (Org.). *Poder de polícia na atualidade*. Belo Horizonte: Fórum, 2014.

PALMA, Juliana Bonacorsi de. *Sanção e acordo na Administração Pública*. São Paulo: Malheiros, 2015.

PEREIRA, Cesar A. Guimarães; SCHWIND, Rafael Wallbach. Autossaneamento (self-cleaning) e reabilitação de empresas no direito brasileiro anticorrupção. *Informativo Justen, Pereira, Oliveira e Talamini*, Curitiba, n. 102, ago. 2015. Disponível em: www.justen.com.br/informativo. Acesso em: 10 out. 2020.

PEREIRA, Cesar A. Guimarães; SCHWIND, Rafael Wallbach. Autossaneamento (*self-cleaning*), inidoneidade e suspensão do direito de licitar: lições do direito europeu e norte-americano. *Fórum de Contratação e Gestão Pública – FCGP*, ano 14, n. 165, p. 23-29, set. 2015.

PEREIRA, Victor Alexandre El Khoury M. Acordo de leniência na Lei Anticorrupção (Lei nº 12.846/2013). *Revista Brasileira de Infraestrutura*, ano 5, n. 9, p. 79-113, jan./jun. 2016.

PARKER, Christine; NIELSEN, Vibeke Lehmann. Corporate Compliance Systems: Could They Make Any Difference? *Administration & Society*, v. 41, n. 01, p. 3-37, mar. 2009.

PARKER, Christine; NIELSEN, Vibeke Lehmann. *The failure of Anti-Corruption Policies*: A Theoretical Mischaracterization of the Problem. Disponível em: https://www.qog.pol.gu.se/digitalAssets/1350/1350163_2010_19_vpersson_rothstein_teorell.pdf. Acesso em: 28 jul. 2020.

PERSSON, Anna; ROTHSTEIN, Bo; TEORELL, Jan. Why Anticorruption Reforms Fail – Systemic Corruption as a Collective Action Problem. *Governance: An International Journal of Policy, Administration, and Institutions*, v. 26, n. 3, p. 449-471, jul. 2013.

PERSSON, Anna; ROTHSTEIN, Bo; TEORELL, Jan. Getting the basic nature of systemic corruption right: a reply to Marquette and Peiffer. *Governance: An International Journal of Policy, Administration, and Institutions*, v. 32, n. 4, p. 1-12, out. 2019.

PESTANA, Márcio. *Lei Anticorrupção*: Exame sistematizado da Lei nº 12.846/2013. Barueri: Manole, 2016.

PIETH, Mark. *Harmonising Anti-Corruption Compliance*: The OECD Good Practice Guidance 2010. Zurique: Dike, 2011.

PIETH, Mark. Negotiating settlements in a broader law enforcement context. *In*: MAKINWA, Abiola; SØREIDE, Tina. *Negotiated Settlements in Bribery Cases*: A Principled Approach. Northampton: Edward Elgar, 2020.

PIMENTA, Raquel de Mattos. *A construção dos acordos de leniência da lei anticorrupção*. São Paulo: Blucher, 2020.

PIMENTA, Raquel de Mattos. The Economic Theory of Public Enforcement of Law. *Journal of Economic Literature*, v. XXXVIII, p. 45-76, mar. 2000.

POSNER, Eric A. Probability Errors: Some Positive and Normative Implications for Tort and Contract Law. *Supreme Court Economic Review*, v. 11, p. 125-141, 2004.

POSNER, Richard A. *Economic Analysis of Law*. 4. ed. Boston: Little, Brown and Company, 1992.

POWER, Timothy J.; TAYLOR, Matthew M. Introduction: Accountability Institutions and Political Corruption in Brazil. In: POWER, Timothy J.; TAYLOR, Matthew M. (Ed.). *Corruption and Democracy in Brazil*: The struggle for accountability. Notre Dame: University of Notre Dame Press, 2011.

PRADO, Ana Laura. Movimento por transparência pede que empresas combatam a corrupção. *Época Negócios*, Rio de Janeiro, 31 jul. 2018. Disponível em: https://epocanegocios.globo.com/Empresa/noticia/2018/07/movimento-por-transparencia-pede-que-empresas-combatam-corrupcao.html. Acesso em: 14 set. 2020.

PRADO, Mariana Mota; CARSON, Lindsey; CORREA, Izabela. The Brazilian Clean Company Act: Using institutional multiplicity for effective punishment. *Osgoode Legal Studies Research Paper Series*, n. 48, v. 11, issue 10, 2015.

REINO UNIDO. *UK Bribery Act 2010*. Disponível em: http://www.legislation.gov.uk/ukpga/2010/23/contents. Acesso em: 7 nov. 2019.

REIS, Bruno Pinheiro Wanderley. Sistema eleitoral, corrupção e reforma política. *Revista do CAAP*, v. XIX, n. 1, p. 10-22, 2013.

REQUIÃO, Rubens. *Curso de direito comercial*. 34. ed. rev. e atual. São Paulo: Saraiva, 2015. v. 1.

ROBINSON, Nick; SATTAR, Nawreen. When corruption is an Emergency: "Good Governance" Coups and Bangladesh. *Fordham International Law Journal*, v. 35, p. 737-779, 2012.

RODRIGUES, Fabiana Alves. *Lava Jato*: aprendizado institucional e ação estratégica na Justiça. São Paulo: WMF Martins Fontes, 2020.

RODRIGUEZ, Caio Farah. Além de enfrentar a corrupção, Lava Jato impõe capitalismo a empresários. *Folha de S.Paulo*, São Paulo, 2 jul. 2017. Disponível em: https://www1.folha.uol.com.br/ilustrissima/2017/07/1897570-choque-de-legalidade-e-adequacao-do-capitalismo-sao-herancas-da-lava-jato.shtml. Acesso em: 26 ago. 2020.

ROSE-ACKERMAN, Susan. *Corruption*: a study in political economy. Nova York: Academic Press, 1978.

ROSE-ACKERMAN, Susan. Corruption & Purity. *Daedalus*, v. 147, n. 3, p. 98-110, 2018.

ROSE-ACKERMAN, Susan. Introduction and overview. In: ROSE-ACKERMAN, Susan (Ed.). *International Handbook on the Economics of Corruption*. Cheltenham: Edward Elgar Publishing Limited, 2006.

ROSE-ACKERMAN, Susan. The Institutional Economics of Corruption. *In*: GRAAF, Gjalt de; MARAVIC, Patrick von; WAGENAAR, Pieter (Eds.). *The Good Cause*: theoretical perspectives on corruption. Opladen & Farmington Hills: Barbara Budrich Publishers, 2010.

ROSE-ACKERMAN, Susan; PALIFKA, Bonnie J. *Corruption and Government – Causes, Consequences and Reform*. 2. ed. Nova York: Cambridge University Press, 2016.

ROSENSTEIN, Rod J. Remarks as prepared for delivery. *American Conference Institute's 34th International Conference on the Foreign Corrupt Practices Act*. Disponível em: https://www.justice.gov/opa/speech/deputy-attorney-general-rosenstein-delivers-remarks-34th-international-conference-foreign. Acesso em: 27 out. 2019.

ROSENSTEIN, Rod J. Remarks as prepared for delivery. *American Conference Institute's 35th International Conference on the Foreign Corrupt Practices Act*. Disponível em: https://www.justice.gov/opa/speech/deputy-attorney-general-rod-j-rosenstein-delivers-remarks-american-conference-institute-0. Acesso em: 27 out. 2019.

ROSENSTEIN, Rod J. Remarks as prepared for delivery. *New York City Bar White Collar Crime Institute*. Disponível em: https://www.justice.gov/opa/speech/deputy-attorney-general-rod-rosenstein-delivers-remarks-new-york-city-bar-white-collar. Acesso em: 23 abr. 2020.

ROSILHO, André. Poder Regulamentar do TCU e o Acordo de Leniência da Lei Anticorrupção. *Direito do Estado*, n. 133, ano 2016. Disponível em: http://www.direitodoestado.com.br/colunistas/andre-Rosilho/poder-regulamentar-do-tcu-e-o-acordo-de-leniencia-da-lei-anticorrupcao. Acesso em: 09 out. 2020.

ROTHSTEIN, Bo. What is the opposite of corruption? *Third World Quarterly*, v. 35, n. 5, p. 737-752, jul. 2014.

ROTHESTEIN, Bo; VARRAICH, Aiysha. *Making Sense of Corruption*. Cambridge: Cambridge University Press, 2017.

SANTOS, Rodrigo Valgas dos. *Direito Administrativo do medo*: risco e fuga da responsabilização dos agentes públicos. São Paulo: Thomson Reuters Brasil, 2020.

SCHWIND, Rafael Wallbach. *Resolução consensual de controvérsias administrativas*: elementos para a instituição da "conferência de serviço" no direito brasileiro. Mimeo.

SHAVELL, Steven. Criminal Law and the Optimal Use of Nonmonetary Sanctions as a Deterrent. *Columbia Law Review*, v. 85, n. 6, p. 1232-1262, out. 1985.

SHAVELL, Steven. *Foundations of economic analysis of law*. Cambridge: Harvard University Press, 2004.

SIEMENS. *The Siemens Compliance System*. Disponível em: https://www.collective-action.com/publications/other/116. Acesso em: 17 dez. 2019.

SILVA, José Afonso da. *Curso de Direito Constitucional Positivo*. 37. ed. rev. e atual. São Paulo: Malheiros, 2014.

SOKAL, Guilherme Jales. O novo CPC e o federalismo. *Revista Brasileira de Advocacia Pública*, ano 3, n. 4, p. 183-211, 2017.

SOLTES, Eugene. Evaluating the effectiveness of corporate compliance programs: establishing a model for prosecutors, courts and firms. *NYU Journal of Law & Business*, v. 14, n. 3, p. 965-1011, 2018.

SOLTES, Eugene. The frequency of corporate misconduct: public enforcement versus private reality. *Journal of Financial Crime*, v. 26, n. 4, p. 923-937, out. 2019.

SOLTES, Eugene. *Why they do it*: inside the mind of the white-collar criminal. Nova York: Public Affaris, 2016.

SONIN, Konstantin; LAMBERT-MOGILIANSKY, Ariane. Collusive Market Sharing and Corruption in Procurement. *Journal of Economics & Management Strategy*, v. 15, n. 4, p. 883-908, 2006.

SØREIDE, Tina. *Corruption and Criminal Justice*. Cheltenham: Edward Elgar, 2016.

SØREIDE, Tina. *Public consultation on liability of legal persons*: compilation of responses. Organisation for Economic Co-operation and Development Anti-Corruption Division, Directorate for Financial and Enterprise Affairs, nov. 2016. Disponível em: https://www.oecd.org/daf/anti-bribery/Online-consultation-compilation-contributions.pdf. Acesso em: 18 set. 2019.

SØREIDE, Tina. *Regulating corruption in international markets*: why governments introduce laws they fail to enforce. Disponível em: https://papers.ssrn.com/sol3/papers.cfm?abstract_id=3086715. Acesso em: 10 nov. 2019.

SØREIDE, Tina; ROSE-ACKERMAN, Susan. Corruption in State Administration. *In*: ARLEN, Jennifer. *Research handbook on corporate crime and financial misdealing*. Cheltenham: Edward Elgar Publishing Limited, 2018.

SOUZA, Jorge Munhós. Responsabilização administrativa na Lei Anticorrupção. *In*: SOUZA, Jorge Munhós; QUEIROZ, Ronaldo Pinheiro. *Lei Anticorrupção*. Salvador: Juspodivm, 2015.

SOUSA FILHO, Ademar Borges de. *O controle de constitucionalidade de leis penais no Brasil*: graus de deferência ao legislador, parâmetros materiais e técnicas de decisão. Belo Horizonte: Fórum, 2019.

SPAGNOLO, Giancarlo. *Divide et Impera*: Optimal Leniency Programs. Disponível em: https://papers.ssrn.com/sol3/papers.cfm?abstract_id=716143. Acesso em: 5 out. 2020.

SPALDING, Andy. South Korea: An anti-corruption tiger. *The FCPA Blog*, 16 fev. 2018. Disponível em: https://fcpablog.com/2018/02/16/south-korea-an-anti-corruption-tiger/. Acesso em: 15 set. 2020.

STEPHENSON, Matthew. Aggressive Criminal Law Enforcement Is Insufficient to Combat Systemic Corruption. But That Doesn't Mean It's Not Necessary. *The Global Anticorruption Blog*. 19 nov. 2019. Disponível em: https://globalanticorruptionblog.com/2019/11/19/aggressive-criminal-law-enforcement-is-insufficient-to-combat-systemic-corruption-but-that-doesnt-mean-its-not-necessary/. Acesso em: 19 nov. 2019.

STEPHENSON, Matthew. Corruption and democratic institutions: a review and synthesis. *In*: ROSE-ACKERMAN, Susan; LAGUNES, Paul (Org.). *Greed, corruption, and the modern state*. Cheltenham: Edward Elgar Publishing, 2015.

STEPHENSON, Matthew. Corruption Is Not (Mainly) an Assurance Problem. *The Global Anticorruption Blog*, 13 ago. 2019. Disponível em: https://globalanticorruptionblog.com/2019/08/13/corruption-is-not-mainly-an-assurance-problem/. Acesso em: 19 nov. 2019.

STEPHENSON, Matthew. Corruption as a Self-Reinforcing "Trap": implications for reform strategy. *QoG Working Paper Series*, n. 10, jun. 2019.

STEPHENSON, Matthew. Dear Governments: Please Don't Make Private Certification the Touchstone of an Adequate Anti-Bribery Program. *The Global Anticorruption Blog*, 5 fev. 2015. Disponível em: https://globalanticorruptionblog.com/2015/02/05/dear-governments-please-dont-make-private-certification-the-touchstone-of-adequate-anti-bribery-program/. Acesso em: 22 nov. 2019.

STEPHENSON, Matthew. Discurso vazio contra corrupção pode server para piorá-la. *Folha de S.Paulo*, São Paulo: 27 out. 2018. Disponível em: https://www1.folha.uol.com.br/ilustrissima/2018/10/discurso-vazio-contra-corrupcao-pode-servir-para-piora-la.shtml. Acesso em: 6 ago. 2020.

STEPHENSON, Matthew. It's Time to Abandon the "$2.6 Trillion/5% of Global GDP" Corruption-Cost Estimate. *The Global Anticorruption Blog*, 15 jan. 2016. Disponível em: https://globalanticorruptionblog.com/2016/01/05/its-time-to-abandon-the-2-6-trillion5-of-global-gdp-corruption-cost-estimate/. Acesso em: 20 jul. 2020.

STEPHENSON, Matthew. Klitgaard's Misleading "Corruption Formula". *The Global Anticorruption Blog*. Disponível em: https://globalanticorruptionblog.com/2014/05/27/klitgaards-misleading-corruption-formula/. Acesso em: 3 nov. 2019.

STEPHENSON, Matthew. The Supreme Court's McDonnel Opinion: a Post-Mortem. *The Global Anticorruption Blog*, 19 jul. 2016. Disponível em: https://globalanticorruptionblog.com/2016/07/19/the-supreme-courts-mcdonnell-opinion-a-post-mortem/. Acesso em: 13 jul. 2020.

SUNDFELD, Carlos Ari. *Compliance*: uma reflexão sobre os sistemas de controle nos setores privados e públicos. *Cadernos FGV Projetos*, ano 11, n. 28, nov. 2016.

SUNDFELD, Carlos Ari. Controle sabotando controle. *Jota*, 22 mar. 2017. Disponível em: https://www.jota.info/opiniao-e-analise/colunas/controle-publico/controle-sabotando-controle-22032017. Acesso em: 29 fev. 2020.

SUNDFELD, Carlos Ari *et al*. Surpresa positiva do STF no julgamento da MP 966. *Jota*, 21 mai. 2020. Disponível em: https://www.jota.info/opiniao-e-analise/artigos/supresa-positiva-do-stf-no-julgamento-da-mp-966-21052020. Acesso em: 30 set. 2020.

SUNDFELD, Carlos Ari; KANAYAMA, Ricardo Alberto. A promessa que a lei de improbidade administrativa não foi capaz de cumprir. In: *Combate à corrupção na Administração Pública – diálogos interinstitucionais*. Publicações da Escola da AGU, v. 12, n. 2, Brasília, maio/ago. 2020.

TAYLOR, Matthew M. Alcançando a Accountability: uma abordagem para o planejamento e implementação de estratégias anticorrupção. *Revista da CGU*, v. 11, n. 20, p. 1311-1330, 2019.

THALER, Richard H. *Misbehaving*: the making of behavioral economics. Nova York: W.W. Norton & Company, 2016.

THE DIRECTOR OF THE SERIOUS FRAUD OFFICE; THE DIRECTOR OF PUBLIC PROSECUTIONS. *Bribery Act 2010*: Joint Prosecution Guidance of The Director of the Serious Fraud Office and The Director of Public Prosecutions. Disponível em: https://www.cps.gov.uk/legal-guidance/bribery-act-2010-joint-prosecution-guidance-director-serious-fraud-office-and. Acesso em: 29 fev. 2019.

TOFFEL, Michael; SHORT, Jodi L. Coming Clean and Cleaning Up: Does Voluntary Self-Reporting Indicate Effective Self-Policing? *Journal of Law and Economics*, v. 54, p. 609-649, ago. 2011.

TORSELLO, Davide; VENARD, Bertrand. The Anthropology of Corruption. *Journal of Management Inquiry*, v. 25, n. 1, 2015.

TRANSPARÊNCIA INTERNACIONAL. *Barômetro Global da Corrupção*: América Latina e Caribe 2019. Disponível em: https://barometro.transparenciainternacional.org.br/. Acesso em: 12 set. 2020.

TRANSPARÊNCIA INTERNACIONAL. *The Anti-Corruption Plain Language Guide*. Disponível em: https://images.transparencycdn.org/images/2009_TIPlainLanguageGuide_EN.pdf. Acesso em: 18 jul. 2020.

TREVIÑO, Linda Klebe *et al*. Legitimating the legitimate: a grounded theory study of legitimacy work among Ethics and Compliance Officers. *Organizational Behavior and Human Decision Processes*, v. 123, p. 186-205, 2014.

TREVIÑO, Linda Klebe *et al*. Managing ethics and legal compliance: what works and what hurts. *California Management Review*, v. 41, n. 2, p. 131-151, 1999.

TREVIÑO, Linda Klebe; NELSON, Katherine A. *Managing business ethics:* straight talk about how to do it right. 6. ed. Hoboken: Wiley, 2014.

TREVIÑO, Linda Klebe; NIEUWENBOER, Niki A. de; KISH-GEPHART, Jennifer J. (Un) Ethical Behavior in Organizations. *Annual Review of Psychology*, vol. 65, p. 635-660, jan. 2014.

TUSHNET, Mark. Institutions protecting constitutional democracy: some conceptual and methodological preliminaries. *University of Toronto Law Journal*, v. 70, issue 2, p. 95-106, 2020.

TUSHNET, Mark. Law as a Crisis for the Rule of Law: A Speculative Essay. *Harvard Public Law Working Paper*, n. 17-45. 2017. Disponível em: https://papers.ssrn.com/sol3/papers.cfm?abstract_id=3029340. Acesso em: 7 ago. 2020.

UGUR, Mehmet; DASGUPTA, Nandini. *Evidence on the economic growth impacts of corruption in low-income countries and beyond*: a systematic review. Londres: EPPI-Centre, Social Science Research Unit, Institute of Education, University of London, 2011.

UNDERKUFFLER, Laura S. *Captured by evil*: the idea of corruption in law. New Haven: Yale University Press, 2013.

UNITED NATIONS OFFICE ON DRUGS AND CRIME (UNODC). *Guidebook on anti-corruption in public procurement and the management of public finances*, p. 25. Disponível em: https://www.unodc.org/documents/corruption/Publications/2013/Guidebook_on_anti-corruption_in_public_procurement_and_the_management_of_public_finances.pdf. Acesso em: 29 mar. 2020.

U.S. DEPARTMENT OF JUSTICE. *Evaluation of Corporate Compliance Programs*. Jun. 2020. Disponível em: https://www.justice.gov/criminal-fraud/page/file/937501/download. Acesso em: 29 set. 2020.

USLANER, Eric. *The Historical Roots of Corruption*: mass education, economic inequality and state capacity. Cambridge: Cambridge University Press, 2017.

VAN ALSTINE, Michael. Treaty Double Jeopardy: The OECD Anti-Bribery Convention and the FCPA. *Ohio State Law Journal*, v. 73, n. 5, p. 1321-1352, 2012.

VARRAICH, Aiysha. Corruption: an umbrella concept. *QoG Working Paper Series*, n. 5, jun. 2014.

VERÍSSIMO, Carla. *Compliance*: incentivo à adoção de medidas anticorrupção. São Paulo: Saraiva, 2017.

VORONOFF, Alice. *Direito administrativo sancionador no Brasil*. Belo Horizonte: Fórum, 2018.

WALSH, Charles J.; PYRICH, Alissa. Corporate compliance programs as a defense to criminal liability: can a corporation save its soul? *Rutgers Law Review*, v. 47, p. 605-690, 1995.

WILLEMAN, Marianna Montebello. *Accountability democrática e o desenho institucional dos Tribunais de Contas no Brasil*. 2. ed. Belo Horizonte: Fórum, 2020.

WILLIAMS-ELEGBE, Sope. *Fighting Corruption in Public Procurement*: A Comparative Analysis of Disqualification or Debarment Measures. Oxford: Hart Publishing, 2012.

WILLIAMS-ELEGBE, Sope. The implications of negotiated settlements for debarment in public procurement: a preliminary enquiry. *In*: MAKINWA, Abiola; SØREIDE, Tina. *Negotiated Settlements in Bribery Cases*: A Principled Approach. Northampton: Edward Elgar, 2020.

WRIGHT, Joshua D., GINSBURG, Douglas H. Behavioral Law and Economics: Its Origins, Fatal Flaws, and Implications for Liberty. *Northwestern University Law Review*, v. 106, n. 3, set. 2012. Disponível em: http://papers.ssrn.com/sol3/papers.cfm?abstract_id=2147940. Acesso em: 25 jul. 2020.

YATES, Sally Quillian. *Memorandum on Individual Accountability for Corporate Wrongdoing*. Disponível em: https://www.justice.gov/archives/dag/file/769036/download. Acesso em: 27 out. 2019.

ZENKNER, Marcelo. *Integridade governamental e empresarial*: um espectro da repressão e da prevenção à corrupção no Brasil e em Portugal. Belo Horizonte: Fórum, 2019.

ZYMLER, Benjamin; ALVES, Francisco Sérgio Maia. Acordos de Leniência e o papel do TCU. *Interesse Público*, ano 20, n. 107, p. 153-168, jan./fev. 2018.